Karsten Ellebrecht

»Ihr habt hier keinen Namen mehr!«

Die Geschichte des KZ-Außenlagers Bremen-Blumenthal

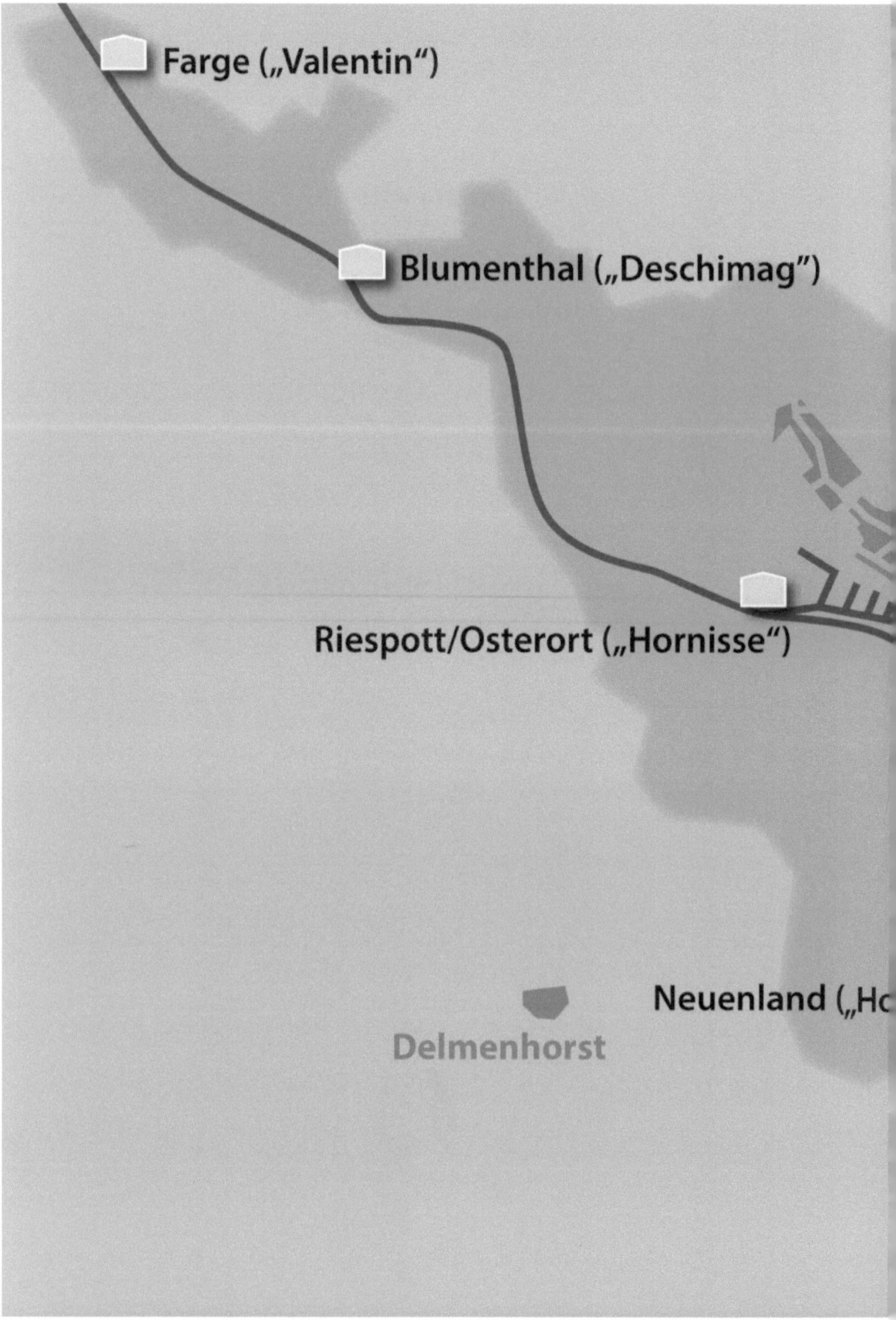
Farge („Valentin“)
Blumenthal („Deschimag“)
Riespott/Osterort („Hornisse“)
Delmenhorst
Neuenland („Ho

Die Bremer Außenlager des KZ Neuengamme

Karsten Ellebrecht

»Ihr habt hier keinen Namen mehr!«

Die Geschichte des KZ-Außenlagers Bremen-Blumenthal

Edition Falkenberg

2. durchgesehene Auflage 2022

Bgm.-Spitta-Allee 31, 28329 Bremen

produktsicherheit@edition-falkenberg.de

ISBN 978-3-95494-271-8
www.edition-falkenberg.de

Inhalt

Für Pierre, für Paulette

Geleitwort

75 Jahre sind Ende Januar 2020 vergangen, seit russische Soldaten das Lager von Auschwitz betraten und das Elend der schlimmsten Menschheitskatastrophe erblickten. Geschundene, ausgehungerte Menschen sahen ihnen aus ausgemergelten Körpern entgegen. Die wenigen Überlebenden eines irrwitzigen Vernichtungslagers.

75 Jahre sind am 26. April 2020 vergangen, seit in einem Bunker in Schwachhausen der Stadtkommandant von Bremen die Stadt an die britische Armee übergeben hat und damit das sinnlose Grauen des Zweiten Weltkrieges in Bremen beendet wurde.

75 Jahre hat es gedauert, bis uns Karsten Ellebrecht sein Werk über das Außenlager Bremen-Blumenthal des KZ Neuengamme vorlegen konnte. Manche werden sagen, das habe zu lange gedauert. Andere werden fragen, warum denn jetzt noch? Beide Seiten werden hoffentlich dieses Buch lesen, um die richtige Antwort zu erhalten, nämlich dass das Werk unverzichtbar und dem Autor für seine Mühe zu danken ist.

Immer im Januar jährt sich die Befreiung des Vernichtungslagers in Auschwitz. Deutschland gedenkt der schwärzesten Stunde seiner Geschichte. Das schlimmste Menschheitsverbrechen, die Shoa oder der Holocaust, steht im Mittelpunkt zahlreicher Gedenkstunden, Vorträge, Erinnerungen. Die Juden in Israel und der ganzen Welt haben nicht nur das Leid vor Augen, sondern den unendlichen Verlust so vieler Familienangehöriger, Verwandter oder Freunde. Andere Opfergruppen rücken seit einigen Jahren vom Rand des Erinnerns in den Mittelpunkt. Und niemals um des Erinnerns willen allein, sondern immer mit der Hoffnung, für die Zukunft aus dem Gedenken zu lernen. Junge Menschen, für die die Zeit vor 75 Jahren weit entfernte Geschichte ist, werden durch Gedenken als Teil des Geschichtsunterrichts schwerlich im Herzen zu erreichen sein. Deshalb war es so wichtig in den vergangenen Jahren, Zeitzeugen zu haben und sie erzählen zu lassen. Sie haben der jungen Zuhörerschaft die emotionale Ehrlichkeit vermittelt, die Fakten und Daten nicht herstellen können. Das vorliegende Buch kann hier eine wichtige Unterstützung sein. Denn es ist aus vielen Zeugnissen der Betroffenen zusammengestellt. Jeder Zeuge für sich steht in der Gefahr, als subjektiv und deshalb nicht so glaubwürdig wie Dokumente dazustehen. Aber jeder Zeuge, der übereinstimmend mit anderen die Gräuel im Blumenthaler Lager schildert, schreibt mit an einer historischen Wahrheit, der sich die Leser nicht entziehen können. Im nächsten Schritt muss es dann der Politik oder der politischen Bildung gelingen, jungen Menschen zu verdeutlichen, dass und wie Rassismus und Menschenverachtung die Grundlage gelegt haben für dieses grausame Bild. Und dass weder Rassismus noch Menschenverachtung aus unserer Gesellschaft und unserem täglichen Leben verschwunden sind.

Ende April/Anfang Mai vor 75 Jahren endeten die Kriegshandlungen, auch in Bremen. Das Buch von Karsten Ellebrecht kommt zum richtigen Zeitpunkt. Denn der Tag der Befreiung, der auch das Kriegsende bedeutet, war nicht nur der Zeitpunkt der Befreiung für die Opfer des Rassenwahns der Nazis, er bedeutete auch das Ende des Leidens so vieler, die in der Knechtschaft der Zwangsarbeit gelitten hatten. Das Außenlager Blumenthal des KZ Neuengamme war für viele Häftlinge für einige Monate der Name ihrer Hölle. Ihre tägliche Ausbeutung, ihre grausame Entmenschlichung erleben wir vermittelt durch die akribische Arbeit des Autors Karsten Ellebrecht. Damit wird das Bild vollständiger, das wir mit dem Bunker Valentin in Farge schon haben. Damit rücken neben den Opfern auch die Täter in die Mitte des Bildes, ihr Größenwahnsinn, ihre Grausamkeit, ihre Brutalität. Sorgsam zusammengetragen aus den Erinnerungen der Opfer, festgehalten für die Zukunft. Wir verbinden das nationalsozialistische Deutschland mit der Vernichtung Millionen von Menschen aus Rassenwahn, aus Grausamkeit, aus Habgier. In den Lagern in Farge oder in Blumenthal ging es nicht in erster Linie um Vernichtung, es ging um Ausbeutung, um grausame Habgier. Das Buch lenkt die Aufmerksamkeit auf diese Opfer und leistet damit einen wertvollen Beitrag, das Bild zu vervollkommnen.

Wir können mit immer weniger Zeitzeugen aus dem Kreis der Opfer sprechen. Das gleiche gilt aber auch für diejenigen, die immer geschwiegen haben nach dem Krieg. Die sich nicht vor Gericht verantworten mussten und die sich nicht vor der Familie verantworten wollten, vor den Kindern, den Enkeln. Die angeblich nichts gesehen haben, nie jemand denunziert haben, die Todesschüsse im Lager Blumenthal nicht gehört haben, obwohl die Häuser nicht weit weg standen. Manche Urenkel fragen sich, warum hat das Familiengedächtnis, die Überlieferung in der Nachbarschaft so versagt? Und sie suchen nach Zeugnissen, um sich ein Bild zu machen, ganz konkret. Wie war das in Farge, was war damals im Lager Blumenthal? Habt ihr von den Hinrichtungen nichts gehört, habt ihr den Marsch der Gefangenen nicht gesehen? Warum?

Das Buch von Karsten Ellebrecht kann helfen, Lücken zu füllen, kann Geschichte lebendig werden lassen. Es ist keine einfache Lektüre, wie könnte ein Buch, das historische Genauigkeit leisten will, auch mit der Leichtigkeit des Romans daher kommen. Aber das Buch sollte helfen, ein Stück Bremer Vergangenheit darzustellen, das es wert ist, nicht vergessen zu werden – um daraus zu lernen, gegen Krieg, Rassismus und Grausamkeit einzustehen. Deshalb ist das Buch wichtig, deshalb hätte es viel früher erscheinen sollen, als die Menschen noch lebten, die die Zeit erlebt haben, aber für ein solches Buch ist es nie zu spät. Es hat viele interessierte Leserinnen und Leser verdient, junge und alte.

Jens Böhrnsen
April 2020

Vorwort

Hat es Sinn, sich noch acht Jahrzehnte nach den Ereignissen für ein Lager auf der Bahrsplate in Bremen-Nord zu interessieren? Sie, liebe Leserin, lieber Leser, haben die Antwort schon gegeben, Sie müssen nicht mehr von der Notwendigkeit dieses Buches überzeugt werden. Sie halten es ja bereits in den Händen, um es zu lesen. Wir alle kennen die in ihrer Globalität abstrakten und in ihren Dimensionen unvorstellbaren Zahlen zu den Opfern der nationalsozialistischen Schreckensherrschaft und des von ihr begonnenen Eroberungskrieges: die auf 65 Millionen geschätzten Menschenleben, die der Krieg forderte, davon mehr als die Hälfte Zivilisten, die ca. 14 Millionen Opfer deutscher Massenverbrechen, darunter ca. 6,3 Millionen in den Vernichtungslagern und hinter der Ostfront ermordete Juden.

Schon weniger bewusst ist uns das Schicksal der Menschen in einzelnen Ländern. Die Zahl der Kriegsopfer in der Sowjetunion wird auf 27 Millionen geschätzt, davon die meisten Zivilisten. Das entspricht cinem Anteil von 14,2 % der Bevölkerung, noch übertroffen von Polen, mit 17,2 %. Wer aber weiß schon, dass Belarus ein Viertel seiner Bevölkerung im Krieg verlor? Ich selbst erfuhr erst 2019 anlässlich einer Gedenkfahrt davon. Wenig bekannt, obwohl Millionen umfassend, sind Opfergruppen wie die über 3 Millionen sowjetischen Soldaten, die ihr Leben in deutscher Gefangenschaft ließen, davon ca. zwei Drittel in sog. »Frontstalags«, unter freiem Himmel und ohne Nahrung sich selbst überlassen. Oder die ca. 1,1 Millionen zivilen Opfer der deutschen Hungerpolitik, die allein während der Belagerung von Leningrad starben.

Paradoxerweise noch unbekannter ist hingegen oft, was vor der eigenen Haustür geschah. Die Generation, die es miterlebt, zugesehen oder dabei mitgewirkt hat, hat davon nach dem Krieg meist beharrlich geschwiegen und die Erinnerung erfolgreich verdrängt (auch in Bremen-Blumenthal, wie hier im Ausblick auf die Nachkriegsgeschichte berichtet wird), bzw. die Schuld weit von sich selbst fort auf eine Handvoll Haupt-Kriegsverbrecher in Berlin geschoben. Die wenigen überlebenden Widerstandskämpfer, die sich zu Wort meldeten, störten in der Wirtschaftswunder-Bundesrepublik. Sie wurden als »Nestbeschmutzer« betrachtet, die Kommunisten unter ihnen sogar von Entschädigungsansprüchen wegen Verfolgung durch die Nationalsozialisten ausgeschlossen, wenn nicht sogar inhaftiert (1956 wurde die KPD wieder verboten).

Die Nachkriegsgeneration der Kinder wuchs überwiegend mit der »Zweiten Schuld« (Ralph Giordano) des Beschweigens auf. Aber unter ihnen wollten es einige genauer wissen. In den 1980er Jahren begann eine Reihe von lokalen Geschichtswerkstätten und betrieblichen Geschichtsgruppen, zu »graben, wo du stehst«, die noch lebenden Zeitzeugen zu befragen, Archive zu sichten, Bildungsangebote vor Ort zu machen und auch für Gedenkorte an historischer Stelle einzutreten, z.B. am ehemaligen U-Boot-Bunker Valentin, im ehemaligen Kriegsgefangenen- und KZ-Auffanglager Sandbostel und eben auch auf der Blumenthaler Bahrsplate.

Die Leserinnen und Leser aus Bremen und umzu unter Ihnen erinnern sich sicher, dass dies erst viele Jahrzehnte nach Kriegsende gelang und das Beharrungsvermögen der Nachgeborenen verlangte. Der Denkort Bunker Valentin wurde erst 2015 eröffnet, nachdem bereits 1983, auf Initiative des Vereins »Blumen für Farge«, ein Mahnmal zur Erinnerung an die »Vernichtung durch Arbeit« eingeweiht worden war – außerhalb des Geländes; zum Innenbereich hatten die angereisten ehemaligen Zwangsarbeiter keinen Zutritt. Immerhin war die Eröffnungsansprache vom damaligen Bremer Bürgermeister Hans Koschnick gehalten worden. In Sandbostel bedurfte es deutlich mehr persönlichen Mutes, gegen die Politiker in der Gemeinde und im Landkreis aufzustehen und sich für die Gedenkstätte Lager Sandbostel einzusetzen. Die Sprecher dieser Initiative und Autoren einer wissenschaftlichen Dokumentation, Klaus Volland und Werner Borgsen, wurden als Kommunisten beschimpft, erhielten anonyme Morddrohungen. Dennoch konnte 2013 die Gedenkstätte ihre Arbeit aufnehmen. Die beharrlichen »Nestbeschmutzer« erhielten sogar das Bundesverdienstkreuz, überreicht von demselben Landrat, der sich zuvor lange gegen das Projekt gesträubt hatte.

Über die vielfältigen Aktivitäten rund um das Lager auf der Bahrsplate, die seit den 1980er Jahren sichtbare Spuren hinterlassen haben, berichtet das abschließende Kapitel dieses Buchs. Es sei nicht verschwiegen, dass Erinnerungsarbeit auch in Bremen-Nord nicht auf ungeteilte Zustimmung stieß – von Widerständen gegen die Verlegung von »Stolpersteinen« in Vegesack weiß z.B. Wiltrud Ahlers zu berichten, in Rekum war Barbara Johr bei ihren Recherchen zum Farger Bunker auf wenig Auskunftsbereitschaft getroffen. Aber die wohlwollende Begleitung und Förderung solcher Projekte durch die offizielle Politik in Bremen (in meinem Fall auch Bremerhaven) stellte schon einen beachtlichen Unterschied zur Verstocktheit der politisch Verantwortlichen im niedersächsischen Beispiel dar.

Wie überall ist diese Auseinandersetzung vor Ort aus bürgerschaftlichem Engagement erwachsen und nicht etwa durch Senat oder Bürgerschaft initiiert. Bürgerinitiativen und »Barfuß-Historiker« machten oft den Anfang. Seit langem haben auch professionelle Historiker*innen solche alltagsgeschichtlichen Themen aufgegriffen.

Was das Besondere am Herangehen der Fachhistoriker ist, lässt sich an dem Buch, das Sie in Händen halten, gut aufzeigen. Es ist nicht etwa so, dass ihre Ergebnisse per se mehr gälten – schließlich erfüllten die erwähnten Arbeiten von Borgsen und Volland über das Lager Sandbostel alle Regeln der Zunft, und die Autoren wurden trotzdem verfemt. Es liegt auch nicht im sachlich-distanzierten Ton, der eine wissenschaftliche Darstellung auszeichnet, denn, wie das vorliegende Beispiel zeigt, muss das konsequente Bemühen um Objektivität Empathie nicht ausschließen, geht es Karsten Ellebrecht doch durchaus auch darum »diejenigen zu ehren, die sich gegen die faschistische Herrschaft auflehnten, ihr Leben verloren oder Schaden an Seele und körperlicher Gesundheit davontrugen.«

Es ist vielmehr, neben dem Blick für die umfassenderen Zusammenhänge, die dem professionellen Historiker geläufiger sind als dem Laien, vor allem der oftmals längere Atem – in diesem Fall fast 15 Jahre – den es braucht, um gewissermaßen jeden Stein umzudrehen, jedes noch so entlegene Archiv zu konsultieren, auch auf die Gefahr einer geringen Ausbeute hin. Und damit verbunden ist es die Akribie – fast 1.000 Fußnoten stehen dafür –, mit der jedes Detail nachgewiesen und belegt wird. Vor allem aber ist es die Redlichkeit, mit der auf die Grenzen der zu Tage geförderten Fakten hingewiesen wird, in diesem Fall vor allem die spärliche Verfügbarkeit der unmittelbar zeitgenössischen Quellen (vieles wurde bei Kriegsende geflissentlich beseitigt) und der Hinweis auf die Schwierigkeiten angesichts von »weißen Flecken, Unschärfen, offenen Fragen und Widersprüchen«. Dazu kommt die sorgfältige Abwägung der Plausibilität dieser oder jener Erinnerung, insbesondere in den Aussagen der Zeitzeugen, in unterschiedlichen Kontexten: z.B. vor Gericht, oder, im Fall der ehemaligen Deportierten, bei Anträgen auf Anerkennung als zivile Opfer oder in der Rückschau viele Jahrzehnte später. Es zeichnet den Autor Karsten Ellebrecht, zuvor einige Jahre im Dokumentationszentrum Blumenthal tätig, aus, dass er die Leserin, den Leser, immer wieder an dieser Suche nach belastbaren historischen Wahrheiten teilhaben lässt, indem er divergierende Aussagen nebeneinander präsentiert, und, wo es möglich ist, begründet entscheidet, welche in Anbetracht aller relevanten Umstände am glaubhaftesten erscheint.

Zu den Inhalten der Untersuchung will ich Ihrer Lektüre, lieber Leser, liebe Leserin, nicht vorgreifen. Ausgehend von eindrucksvollen Szenen bei der Evakuierung des Barackenlagers Bremen-Blumenthal auf der heutigen Bahrsplate, das zunächst für Zwangsarbeiter aller Art bei dem Krupp-eigenen Werftenverbund Deschimag eingerichtet worden war und ab August 1944 Außenlager des KZ Neuengamme wurde – die rund tausend Häftlinge waren überwiegend Belgier und Franzosen, aber auch Ost- und Südosteuropäer und Dänen – beleuchtet das Buch alle Facetten des Lageralltags: die Umstände der Deportation, die Ankunft in Neuengamme, die Entwürdigung und Enthumanisierung, die Existenzbedingungen wie Bekleidung, Ernährung und vor allem repressive Kontrolle, die Bedrohung durch Krankheit und Tod, die Bedingungen des Arbeitseinsatzes, aber auch Ermessensspielräume und unterschiedliche Grade der Menschenverachtung bei den deutschen Bewachern bzw. Mithäftlingen, die als Kapos fungierten, einerseits; Beispiele von Widerständigkeit, Resilienz und organisierter Solidarität bei den Gefangenen andererseits.

Der Autor gibt immer wieder den ehemaligen Häftlingen eine Stimme, zitiert sie mit besonders markanten Aussagen auch direkt, wie z.B. Robert Juillet, Henri Pâques, Raymond Poirson, Raymond Van Pée, André Duroméa, Jean und Georges Curial, Pierre Billaux, Guy Melen, Marcel Belgeonne, Gaston Vandekerkhove, Jean Thébault, Heinz Rosenberg, René Thirion, Petr P. Metla. Sie stehen stellvertretend für viele Opfer, auch für diejenigen, die das Lager nicht überlebten, wie der Häftlingsarzt René Leherpeux. Auf diese Weise haben zumindest einige doch wieder Namen, anders als es Raymond Van Pée von SS-Schergen verkündet worden war, die ihn mit den Worten eine Treppe hinab stießen: »Ihr habt hier keinen Namen mehr, ihr seid hier eine Nummer, mehr nicht, eine Nummer!«

Aber auch manche Täter – längst nicht alle sind bekannt –, werden im Buch namentlich genannt, z.B. der Lagerleiter SS-Hauptscharführer Richard-Johann vom Endt, der für alle Bremer KZ-Außenlager zuständige SS-Obersturmführer Hugo Benedict, die SS-Unterscharführer Oswald Jahn, Christian Sachau und Paul Michael¸ der »Rapportführer« Rudolph Hin(t)ze, der SS-Arzt Dr. Weidemann und der Dentist und NSDAP-Ortsgruppenleiter Carl Bungenstock.

Was wird Ihnen am Ende Ihrer Lektüre im Gedächtnis haften bleiben, liebe Leserin, lieber Leser? Die oben zitierte Szene, die dem Buch seinen Namen gab? Oder kleine Inseln der Menschlichkeit, wie die Äpfel, die Georges Curial fast zwei Wochen lang von einem Wachposten zugesteckt wurden und die er sein Leben lang nicht vergessen würde? Der Eintopf, der Henri Pâques heimlich von einem Schlosser gereicht wurde? Das halbe Brot, das Raymond Van Pée von einem Bäcker in Blumenthal bekam? Die Frau in der Straßenbahn, die ihm ein paar Kekse und ein paar Stück Zucker zusteckte, mit den Worten: »Ich hoffe, dass eine andere Mutter irgendwo in Russland meinem Sohn auch etwas zu essen gibt.«?

Oder, im Gegenteil, die menschenverachtenden Bedingungen, der Kampf der Hungernden um eine elende Kartoffel? Die jüdischen Häftlinge, die in besonderer Weise litten? Schikanen und Misshandlungen? Der Tote, der eine Woche lang in der Fäkaliengrube lag? Das Drama der versenkten Häftlingsschiffe in der Lübecker Bucht? Die als Arbeitsunfall getarnte Hinrichtung eines Verräters in den eigenen Reihen durch die Häftlinge, um weitere tödliche Denunziationen zu verhindern? Das im letzten Augenblick gescheiterte Tunnel-Fluchtprojekt eines französisch-belgischen Widerstandskomitees? Oder die von vielen Menschen bezeugte Hinrichtung der aus Frankreich deportierten polnischen Häftlinge Jan Wojtczak und Walenty Drewniak am 29. Oktober 1944?

Wie auch immer werden diejenigen unter Ihnen, die in Bremen und umzu leben, die idyllische Bahrsplate in Blumenthal nun mit anderen Augen sehen und genauer verstehen, woran die Gedenkanlage erinnern will. Diejenigen, die woanders leben, seien ermutigt, dort zu graben. Es lohnt sich, auch acht Jahrzehnte später.

Prof. em. Dr. Helga E. Bories-Sawala

1 Einleitung

»... wo ihnen kein Kalender, keine Uhr
und nicht die primitivsten Merkmöglichkeiten
zur Verfügung standen ...«[1]

Eine Evakuierung

Überlebende Häftlinge haben die dramatischen Ereignisse im Außenlager des KZ Neuengamme in Bremen-Blumenthal am Tag der Evakuierung geschildert. Möglicherweise geschah dies am Sonntag, den 8. April 1945. Das lässt eine Vielzahl von Erinnerungsberichten zunächst annehmen.[2] Am Vortag waren zu Fuß Häftlingskolonnen aus dem KZ Bremen-Schützenhof (Stadtteil Bremen-Gröpelingen) eingetroffen.[3] Die meisten befanden sich – wie auch die Blumenthaler KZ-Gefangenen – in einem erbarmungswürdigen Zustand, zerlumpt, abgemagert und krank. Die dreistöckigen Bettstellen wurden in dieser Nacht oft doppelt belegt. Doch dies war die geringste Sorge der Gefangenen. Allen war klar, dass der Krieg zu Ende ging. Die Bombenangriffe auf Bremen hatten zugenommen; das Artilleriefeuer der britischen Verbände auf der linken Weserseite war Tag für Tag deutlicher hörbar. Einige Angehörige der Wachmannschaften und – erstaunlich! – auch der SS waren leutselig geworden. Die Gefangenen schwankten zwischen Hoffnung und Furcht. Was sahen die Pläne ihrer Peiniger vor?

Am Sonntagmorgen ließ die SS die Revierkranken auf Lastwagen verladen. Kapo-Häftlinge warfen Mitgefangene ohne Rücksicht auf ihren schlechten Gesundheitszu-

1 1. Frankfurter Auschwitz-Prozess, mündliche Urteilsbegründung (19.8.1965), Tonbandmitschnitt, HHStAW Abt. 461/Staatsanwaltschaft beim LG Frankfurt am Main, VT-No. 182 (1), S. 7., URL: http://www.auschwitz-prozess.de/download.php?file=Urteilsbegruendung_1.pdf; Aufruf v. 22.12.2019.

2 Die folgende Schilderung folgt in weiten Teilen folgenden Veröffentlichungen: Marcel Belgeonne, Tragique destin dans l'enfer nazi (1991), S. 69; Henri Désirotte, La tragédie de Lubeck [sic] (1945), S. 67–68; André Duroméa, André Duroméa raconte: la Résistance, la Déportation ... le Havre (1987), S. 163–164.; Robert Juillet, Froides sont les cendres ou les martyrs sans étoiles, Typoskript 1988, S. 113–116, Archiv Internationale Friedensschule, Reg. Bahrsplate; Raymond Van Pée, Ik was 20 in 1944. Relaas uit Neuengamme en Blumenthal (1995), S. 124–125. Eine Diskussion des Räumungsdatums führe ich im Kapitel »Die Evakuierung des Lagers«. Alle Übersetzungen aus dem Französischen durch den Verfasser. In einzelnen Fällen liegt nicht das Original, sondern nur eine anderweitig entstandene Übersetzung vor.

3 Zum letzten der in Bremen entstandenen Neuengammer Außenlager: Uta Halle/Ulrike Huhn, Bremen-Gröpelingen, Bromberger Straße 117: Schützenhof – Internierungslager – Polenlager – KZ-Außenlager – Wohn- und Arbeitsort. Forschung und Erinnerung zur vielschichtigen Geschichte des Schützenhofs im 20. Jahrhundert (2019).

stand auf die Ladefläche. Der französische Arzt des Krankenreviers, selbst ein Häftling, protestierte, vermochte sich aber nicht durchzusetzen. Nach der Ausgabe einer Suppe rückten Marsch-Hundertschaften der restlichen Gefangenen in einem Intervall von etwa 30 Minuten in Richtung Bremen-Farge ab.

Kurz vor dem Abmarsch der siebten Kolonne, gegen 16 Uhr, ertönten Schreie aus einer Baracke. Alle noch verbliebenen Häftlinge wurden durchsucht. Der Funktionshäftling Bruno Glück*[4], als Kapo im Auftrag der SS zu Gewalthandlungen jeder Art ermächtigt, verfolgte vier oder fünf jugendliche Gefangene. Sie hatten in der Aufbruchssituation Tabak und Alkohol aus einem Versteck an sich genommen. Bruno jagte sie in eine Baracke, schlug sie mit einem Kabel bewusstlos und erstach sie. Er trat mit dem Messer aus dem Gebäude, wischte es ostentativ vor den letzten drei Marschsäulen an einem der Pfähle des Appellplatzes ab und sagte mit Blick zu dem SS-Lagerleiter: »Herr Kommandant, die klauen nicht mehr.«

Die erste Etappe des Elendszuges, der allen Überlebenden als »Todesmarsch« in Erinnerung bleiben würde, führte zum Lager- und Baustellenkomplex »Valentin« in Farge-Rekum an der Unterweser. Dabei handelte es sich um das größte Vorhaben der Kriegsmarine in den letzten Kriegsmonaten, den Bau einer gigantischen verbunkerten U-Boot-Werft.[5] Die Häftlinge aus Bremen-Blumenthal wurden zu den acht Kilometer entfernten Unterkünften des dortigen Lagers getrieben. Wer nicht mithalten konnte, wurde von dem SS-Mann, der die Kolonne auf dem Motorrad begleitete, mit der Pistole niedergeschossen und liegengelassen. Die Häftlinge sollten ihren Elendszug nach einer z. T. im Freien verbrachten Nacht gemeinsam mit Leidensgenossen aus anderen Lagern in Richtung des Hamburger Stadtteils Neuengamme fortsetzen müssen.

Versionen der Erinnerung

Die geschilderten Ereignisse sind von großer Eindringlichkeit und Plausibilität. Es ist keine Frage, dass sich das »Konzentrationslager Neuengamme, Arbeitslager Bremen-Blumenthal, Baarenplate«[6] in vieler Hinsicht wenig von anderen KZ-Außenlagern

4 Bruno Glück trug in Wirklichkeit einen anderen Namen. Häftlinge benenne ich mit Klarnamen, soweit ihr Verfolgungsschicksal nach dem Kriege bekannt geworden ist, etwa durch ihr Engagement in Ehemaligen-Verbänden, durch Veröffentlichungen und Vorträge, oder auch in Form von Häftlingsberichten, die von ihnen als Beiträge zur historisch-politischen Aufarbeitung verfertigt wurden. Bei einigen ehemaligen Gefangenen und anderen Zeitzeugen habe ich mich entschlossen, geänderte Namen oder Abkürzungen zu verwenden. Die Pseudonyme erhalten bei Erstnennung eine Kennzeichnung (*). Den einschlägigen Archiven und Gedenkstätten stelle ich eine Synopse mit Klarnamen zur Verfügung.

5 Heute befindet sich die nationale Gedenkstätte »Denkort Bunker Valentin« auf einem Teil des Geländes.

6 Diese Bezeichnung findet sich in den standesamtlichen Todesmeldungen des Lagerleiters. StAB 4,60/5-4819, Sterbebuch Standesamt Blumenthal.

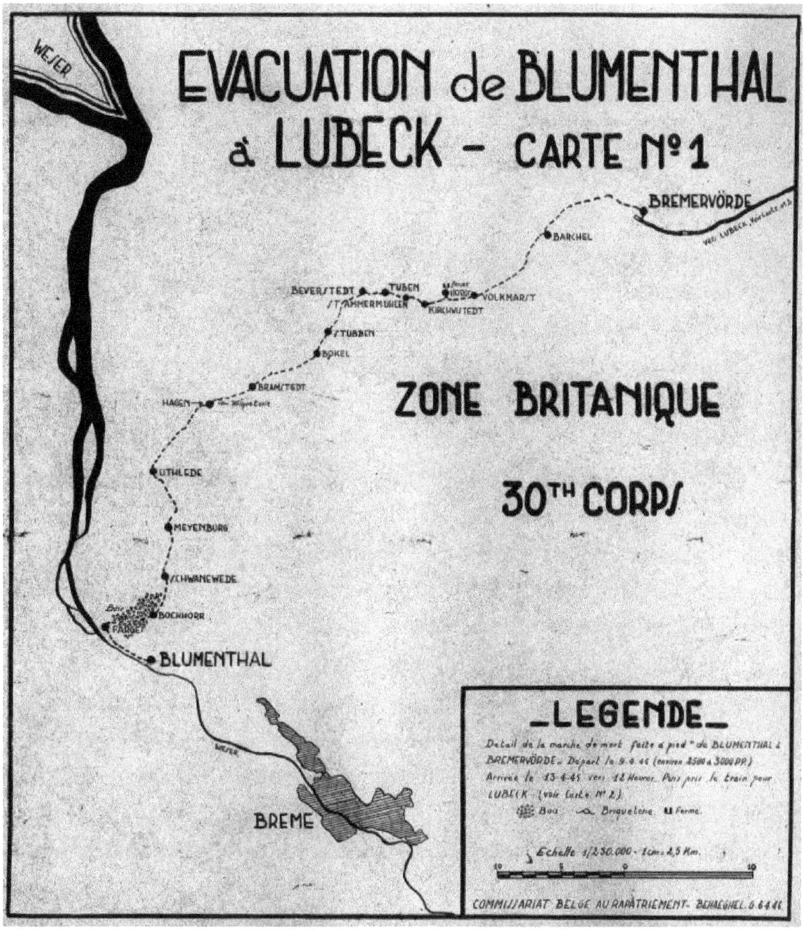

Die belgische Repatriierungsbehörde datierte den Fußmarsch der Häftlinge von Blumenthal nach Bremervörde auf den 9. bis 13. April 1945

dieser Größenordnung unterschied, die in der zweiten Hälfte des Jahres 1944 im NS-Herrschaftsbereich wie Pilze aus dem Boden geschossen waren. Die Todesrate war allerdings in diesem Lager vergleichsweise höher als in anderen Produktionslagern.[7] SS-Leute und Funktionshäftlinge konnten mit brutaler Gewalt gegen Häftlinge vorgehen, ohne dass ihnen Einhalt geboten wurde. Extremer Hunger und Krankheiten schwächten die Inhaftierten, und die Gefangenen zögerten, selbst bei schweren Beschwerden das Krankenrevier aufzusuchen. Menschenleben zählten wenig. Ein Mordgeschehen,

7 Zur Unterscheidung zwischen Bau- und Produktionslagern vgl. Marc Buggeln, Arbeit und Gewalt. Das Außenlagersystem des KZ Neuengamme (2009), S. 328–334.

wie geschildert, lässt sich zu den zahllosen Verbrechen in der Endphase des Krieges zählen, die die Zahl der Opfer in den letzten Wochen vor dem Ende der Naziherrschaft in die Höhe schnellen ließ.

Eine Darstellung des KZ-Lagers in Bremen-Blumenthal kann sich nur auf wenige Dokumente aus der Zeit seines Bestehens stützen. Die Lager-SS des Stammlagers (Hamburg-)Neuengamme verschleppte bei Kriegsende Häftlinge in Sammellager wie das Kriegsgefangenenlager Sandbostel und auf Schiffe an der Ostseeküste und ließ möglichst alle Dokumente vernichten. Auch in den Außenlagern wurden die Spuren erfolgreich in großem Maßstab beseitigt. Häftlingen gelang es in Neuengamme jedoch, wichtige Beweise der NS-Terrorherrschaft, wie etwa Krankenrevier-Totenbücher, zu verbergen.[8] Die Mehrzahl der für diese Untersuchung bedeutsamen Dokumente ist nach dem Krieg entstanden. So gibt es etwa die Recherche-Ergebnisse von belgischen und französischen Delegationen, die im Nachkriegsdeutschland nach Lagern und nach dem Schicksal von Landsleuten fahndeten. Vielfach entstanden aber in den Nachkriegsjahrzehnten auch schriftliche Zeugnisse von Überlebenden, hin und wieder auch Audio- oder Video-Dokumente. Dazu zählen auch die gezielten mündlichen und schriftlichen Befragungen ehemaliger Häftlinge, die ich durchführte, um eine möglichst große Informationsbasis zu sichern.

Erinnerungen an länger zurückliegende Ereignisse besitzen bekanntlich häufig nicht die Tiefenschärfe, die wir uns wünschen würden, um eine klare Version bestimmter Vorgänge zu erlangen. Dies gilt auch für die Schilderung der Ereignisse bei der Evakuierung des Lagers Bremen-Blumenthal. Dennoch sind Erinnerungen von Zeitzeugen für die Geschichtsschreibung des Konzentrationslagerwesens unerlässlich. Schauen wir uns stellvertretend für andere Vorgänge im Lager Bahrsplate an, welche Spanne des Erinnerten sich bei dem Versuch ergibt, dem Geschehen von Anfang April 1945 historisch näherzukommen.

Das im Kasten oben rechts geschilderte blutige Geschehen taucht in den meisten Berichten der Überlebenden auf. Wenn zutrifft, was Robert Juillet schreibt, kann nur ein kleiner Teil der Häftlinge Zeuge gewesen sein, denn ihm zufolge waren die meisten Hunderter-Kolonnen bereits abgerückt. In der Tat behaupten nur wenige, sie hätten mit eigenen Augen gesehen, was passiert sei. Marcel Belgeonne benennt in seinem Buch mit dem Titel »Tragisches Schicksal in der Nazi-Hölle« (1991)[9] wie auch viele andere Überlebende einen Kapo

8 Das »Komitee ehemaliger politischer Häftlinge« händigte den Alliierten unmittelbar nach ihrer Befreiung die versteckten Dokumente aus. Vgl. Alyn Beßmann/Peter Pirker/Lisa Rettl, KZ-Häftlinge als Akteure der Strafverfolgung von NS-Tätern. Britische Justizverfahren zu Verbrechen im KZ Neuengamme und im Außenlager Loibl/Ljubelj des KZ Mauthausen, in: KZ-Gedenkstätte Neuengamme (Hrsg.), Alliierte Prozesse und NS-Verbrechen. Beiträge zur Geschichte der nationalsozialistischen Verfolgung in Norddeutschland, Heft 19 (2020), S. 96.

9 Im Original: »Tragique destin dans l'enfer nazi«.

Bruno als Täter. Dieser habe fünf Männer, die gemeinsam ein Stück Brot gefunden und hatten verzehren wollten, in eine Stube eingeschlossen und einen nach dem anderen umgebracht; anschließend seien noch weitere fünf Mitgefangene von dem »deutschen Pack« ermordet worden.[11] Bei seiner Nachkriegsvernehmung in Belgien[12] gab er hingegen an, mit eigenen Augen gesehen zu haben, wie der Lagerleiter (sic!) am Tag des Abmarsches sechs russische Gefangene umgebracht habe, weil sie Brot und Zigaretten gestohlen hatten; er will auch gesehen haben, wie Bruno einen Russen oder Polen tötete, der sich versteckte, weil er das Lager nicht verlassen wollte. Raymond Van Pée, Angehöriger der letzten Marschkolonne, erinnert sich an fünf Erstochene, aber auch an einen jungen Franzosen, der sterbend an der Küchenbaracke lehnte, und an zwölf Tote, die im Waschraum lagen, insgesamt also an 18 Tote der letzten Tage des Lagers. Bei einer Vernehmung in Belgien 1946 gibt der ehemalige Häftling Vicor Roberti an: »[Bruno] war eine Bestie reinsten Wassers. Am Tag der Evakuierung erstach er ein Dutzend Gefangene, weil er seine Zigaretten nicht fand.«[13]. André Duroméa schildert detailliert, dass jeder einzelne Häftling auf den gestohlenen Tabak durchsucht wurde; er selbst hatte Mühe, sich rechtzeitig eines Bolzenschneiders zu entledigen. Nach seinen Angaben wurden insgesamt sieben Männer mit dem Messer umgebracht. Der ehemalige belgische Häftling Joseph Desaver schreibt: »Die Lagerchefs haben die Archive verbrannt und [...] Bruno hat unter unseren Augen fünf unglückselige Kameraden ermordet, und zwar zwei Franzosen und drei Russen; er hat sie mit einem Messer umgebracht.«[14] Sein Landsmann Jean-Marie Vanden Eynde äußert sich zurückhaltender: »Es gab ein solches Durcheinander im Lager, dass, so hieß es, ein Kapo einen oder mehrere Häftlinge erschlagen haben soll.«[15] Guy Melen gibt sich als Augenzeuge zu erkennen: »Kurz bevor wir mit dem Marsch beginnen und das Lager verlassen, sehen wir, wie Bruno, klein gewachsen

Vier junge Russen von dreizehn bis fünfzehn Jahren

Vier junge Russen von dreizehn bis fünfzehn Jahren nutzten einen Augenblick der Unachtsamkeit der Kapos und schlichen sich in die Küche, sicherlich mit dem Ziel, sich etwas zu essen zu »organisieren«! Bestimmt von einem Spitzel darauf hingewiesen, ertappte dieser psychopathische Wüterich [...] sie auf frischer Tat [...], kühl und mit Sadismus bringt er die armen Jungen um. Aber das Fürchterlichste bei dieser schwachsinnigen und unnötigen Tat: Er kannte die armen Jungen sehr gut, die, um nicht Hunger zu leiden, freiwillig mit ihm das Lager und seine Verderbtheit geteilt hatten.
Robert Juillet[10]

10 Froides, S. 115–116.
11 Belgeonne, Tragique, S. 69.
12 CEGESOMA, Ministère de la Justice, Commission des crimes de guerre, Dossier à charge du personnel du kommando Blumenthal 581/645 [zukünftig: Dossier 581/645].
13 Archiv des Auditorat général, Brüssel, Dossier Vom Endt, Aussage Victor Roberti.
14 DAO/SAVG/AfK, Dossier 16547, Joseph Desaver.
15 Jean-Marie Vanden Eynde, Blumenthal (2008).

aber als Mörder ein großer Lump, in eine Baracke hineingeht; zwei Russen oder Polen sind darin eingeschlossen, weil sie ihm Zigarren gestohlen haben, er tötet sie mit einem Messer; der Arzt versucht, das Massaker zu verhindern, aber er kommt mit blutigen Armen heraus, Bruno bedroht ihn auch.«[16]

Roger Vyvey erinnert sich bei seiner Vernehmung in der belgischen Heimat im Juli 1946, dass ein gewisser Fred am Vortag der Evakuierung vier Gefangene mit Messerstichen umgebracht habe, da diese dem Lagerältesten Brot gestohlen hätten.[17] Eine der frühen Veröffentlichungen stammt von Henri Désirotte.[18] Ihm zufolge gab es die ersten Toten dieses Tages, als die Kranken ohne Rücksicht auf ihren Zustand auf den Lastwagen geworfen wurden. Die Hunderter-Kolonnen standen zum Abmarsch bereit. Da wurde aus dem Verpflegungsbereich der Diebstahl von Brot gemeldet. Fünf Häftlinge wurden verdächtigt, Bruno zwang sie in die Baracke 5 und brachte sie mit einem Messer um.

Petr Petrowitsch Metla erinnert eine andere Mordwaffe: »Unser Lager [wurde] in die [sic] Reihe aufgestellt, der Lagererste und Kapos machten eine Runde durch alle Blocks. Währenddessen trat der Stubenälteste aus dem Block Nr. 4, Stube 3, heraus und las die Nummer von 4 russischen Häftlingen vor, führte sie in den Block 1 und erschoß sie. In ein paar Minuten kam der Lagerführer mit 2 SS-Männern, inspizierte ebenso alle Blocks. Dann ging er in den Block Nr. 1 hinein, kurz danach kam aus diesem Block ein SS-Mann heraus und rief den Stubenältesten. Man hörte einen leisen Klaps, der Lagerführer und SS-Leute kamen aus dem Block heraus und gingen zum Tor, der Stubenälteste erschien aber nie wieder. Das Evakuieren fing an.«[19] Aber auch eine weit weniger gravierende Version wird erinnert: »Am Tag der Evakuierung hat er [i.e. Bruno, K. E.] ein Dutzend Häftlinge mit Fäusten geschlagen, weil er seine Zigaretten nicht fand.«[20]

Was bleibt festzuhalten? Es scheint sicher, dass es bei der Räumung des Lagers einen schweren Vorfall gegeben hat, bei dem Funktionshäftlinge mit oder ohne Auftrag durch die SS andere Häftlinge misshandelt oder ermordet haben. Nichts spricht dagegen, dass eine solche Tat in Anwesenheit, ja geradezu im Einvernehmen mit der SS stattgefunden hat. Sind beim Abmarsch tote Häftlinge zurückgelassen worden? Dies ist wahrscheinlich. Die Lagerroutine sah vor, dass die Leichen im Waschhaus deponiert und etwa einmal in der Woche abgeholt wurden. Die Todesfälle des KZ auf der Bahrsplate wurden in den sieben Monaten seines Be-

16 Guy Melen, La Résistance (1993), unpaginiert, URL: http://bibliotheque.territoires-memoire.be/doc_num.php?explnum_id=1751; Aufruf v. 25.2.2019.

17 DAO/SAVG/AfK, Dossier Roger Vyvey.

18 Désirotte [ohne Vorname], Tragédie, S. 67–68.

19 Häftlingsbericht Petr P. Metla, ANg, 36-550.3/6 (vorliegende deutsche Übersetzung). Nur selten wird in einem Bericht über den Vorfall deutlich, ob der Zeitzeuge auch Augenzeuge war. So gibt Guy De L. zu Protokoll: »[…] sind zwei Häftlinge, ich glaube Russen, durch den Kapo Bruno Blich [sic] die Kehle oder der Bauch mit dem Messer aufgeschlitzt worden. Ich habe die Vorgänge nicht gesehen […], aber der Kapo Bruno Blich hat sich später dieser Taten gerühmt.« DAO/SAVG/AfK, Dossier François De Keghel, Bl. 4.

20 Vernehmung von Victor Roberti. (1946), dt. Übersetzung, StAB 4,89/3-986, S. 3.

stehens in der Dienststelle Blumenthal nur bis Dezember 1944 standesamtlich vermerkt. Für die Monate Januar bis April 1945 fehlen Einträge dieser Art. Sterbefall-Verzeichnisse des Lagers sind wohl zusammen mit der übrigen Registratur im Frühjahr 1945 vernichtet worden.

An diesem Beispiel lässt sich zeigen, dass die genaue Beschreibung von Vorfällen ohne die Existenz von ergänzenden Dokumenten oft auf Probleme stößt. Dennoch wird deutlich: Aufgrund der Erfahrungen, die die Überlebenden in den wenigen Monaten ihres KZ-Aufenthaltes machen mussten, hielten sie eine derartige Mordaktion an Mithäftlingen für absolut plausibel, ebenso wie das einverständige Verhalten von Kapos und der SS.

Rekonstruktion

Ich will den Versuch unternehmen, die Geschichte des KZ-Außenlagers so weit wie möglich nachzuvollziehen. Da zeitgenössische Dokumente rar sind, besteht die wichtigste Quellengattung in den Berichten von Überlebenden. Diese haben, indem sie Zeugnis ablegten, (Re-) Konstruktionsarbeit[21] geleistet. Derartige Zeugnisse sind in ihrer Vielfalt unentbehrlich als Informationen zur Herrschaftspraxis der SS, zu den Lebens- und Arbeitsbedingungen der Häftlinge, zu ihrer geistig-mentalen und körperlichen Verfassung im Lager, auch zum Stellenwert des Außenlagers im Ort Bremen-Blumenthal. Sie enthalten Namen, benennen Übergriffe und Verbrechen, sprechen von der Schwierigkeit und der Möglichkeit der Selbstbehauptung, der Solidarität, von Fluchtplänen, aber auch von menschlichen Tragödien.

Es ist wichtig, den Entstehungskontext der Dokumente im Auge zu behalten. Die Zeitzeugen[22] berichten zu unterschiedlichen Zeiten und mit unterschiedlichen Absichten. Ein Teil der Informationen, auf die ich mich stütze, stammt aus den Personalakten ehemaliger Häftlinge in Belgien und Frankreich. Diese stellten in ihren Herkunftsländern bei behördlichen Stellen den Antrag auf Anerkennung als politische Gefangene oder als Widerstandskämpfer. Daneben gibt es veröffentlichte Selbstzeugnisse, die unmittelbar nach der Befreiung entstanden, so etwa der Bericht[23] von Henri Pâques, der ihn einem begrenzten

21 Dazu grundlegend und stellenweise mit Bezug auf das Erleben eines ehemaligen Häftlings des KZ Bahrsplate: Ulrike Jureit, Erinnerungsmuster. Zur Methodik lebensgeschichtlicher Interviews mit Überlebenden der Konzentrations- und Vernichtungslager (1999); Ulrike Jureit, Konstruktion und Sinn. Methodische Überlegungen zu biographischen Sinnkonstruktionen (1998).

22 Aus Gründen der besseren Lesbarkeit verzichte ich bei der Benennung von Personengruppen auf die weibliche Form, wenn von beiden Geschlechtern die Rede ist. Mit Ausnahme des »Ostarbeiterlagers« handelt es sich bei den Bewohnern, Bewachern und anderweitig im Barackenkomplex Bahrsplate Untergebrachten und Tätigen fast ausschließlich um Männer.

23 Henri Pâques, Récit, Matricule Neuengamme 44.625, o.J., Archiv der Internationalen Friedensschule Bremen.

Kreis zugänglich machte. Andere Überlebende waren krank oder geschwächt und hatten zunächst damit zu tun, ihren Platz in der Nachkriegsgesellschaft zu finden. Sie brachten ihre Erinnerungen viel später, oft nach Ende des Berufslebens, zu Papier. Manche Ehemalige hat das Thema Deportation in doppeltem Sinne gefangen gehalten. In Vorträgen, durch Lektüre, Filme, eigene Berichte vor interessierten Gruppen, durch Treffen und Fahrten im Rahmen der Häftlingsverbände sind sie auf ihre Weise Fachleute ihrer eigenen Geschichte geworden. Hier sind Erzählmuster entstanden, die die Rekonstruktion der Erinnerung beeinflussten. Welche Geschehnisse gebe ich wieder, wenn ich vor einer Schulklasse stehe, welche verschweige ich? Hat das Leiden einen Sinn gehabt? Können Lektionen gelernt werden? Welche Moral möchte ich vermitteln? Die Überlebenden orientierten sich innerhalb der politischen Koordinaten ihres Landes, in einer lange währenden Nachkriegszeit, die vom Kalten Krieg geprägt war. Ein großer Teil der Inhaftierten war wegen ihrer Résistance-Tätigkeit verschleppt worden; unter ihnen hatten sich Kommunisten als besonders aktiv erwiesen. Würde die Solidarität, die sich im Lager über Parteigrenzen hinweg herausgebildet hatte, unter den westeuropäischen Überlebenden auch unter den Vorzeichen des Kalten Krieges weiterhin gelten, wenn es darum ging, Zeugnis abzulegen? Jedes Mal, wenn ehemalige Häftlinge einen Bericht abgaben, rekonstruierten sie die Vergangenheit neu, unter – zumeist unbewusster – Einbeziehung ihres nach der Befreiung erworbenen Wissens und im Hinblick auf das Setting und die Zielgruppe.

Es bleibt nicht aus, dass einzelne Aussagen präziser sind als andere. Die Existenz von weißen Flecken, Unschärfen, offenen Fragen und Widersprüchen kann nicht überraschen. Dies betrifft insbesondere Zahlen und Daten, häufig aber auch – wie wir gesehen haben – die Schilderung einzelner Geschehnisse. Der historischen Zunft fällt es zu, diese Aussagen zu bewerten. Dabei besteht stellenweise gewissermaßen die Gefahr einer Art von »Enteignung« [24]: Der Zeitzeuge ist aufgrund seiner Wahrnehmung und seiner Erinnerung überzeugt, die Tragödie seiner Deportation so und nicht anders erlebt zu haben. Der Respekt vor den tragischen Erlebnissen Einzelner und ihres Unterfangens, sich nachträglich zum Experten ihres Schicksals zu machen, ist unabweisbar. Dennoch bleibt bei dem Versuch einer historischen Erfassung die Notwendigkeit, das gesichert Scheinende vom Ungesicherten und vom Unwahrscheinlichen zu unterscheiden.

Es bleibt kein einfaches Unterfangen. Wie eingangs deutlich geworden ist, werden bestimmte Geschehnisse manchmal außerordentlich unterschiedlich erinnert. Es wird oft nicht deutlich, ob die Aussagenden selbst Augenzeugen waren.[25] Vielleicht hatte sich die

24 Helga Bories-Sawala, Erinnerung – Göttin, Liebesdienerin, Kronzeugin? Zum Stand der Oral History in Europa, Francia 24/3 (1997), S. 117–132. Ausführlicher zur Thematik: Helga Bories-Sawala, Franzosen im »Reichseinsatz«. Deportation, Zwangsarbeit, Alltag. Erfahrungen und Erinnerungen von Kriegsgefangenen und Zivilarbeitern. Bd. 1, Kapitel 2.3 »Interviews mit Zeitzeugen«, S. 76–97.

25 Van Pée, Ik was 20, S. 125, beschreibt beispielsweise zwei Orte des Verbrechens, das der Kapo Bruno beging, das Innere des Wohnraums und den Appellplatz; in seiner Situation dürfte er jedoch kaum das Mord-

Nachricht von dem Verbrechen bei Räumung des Blumenthaler Lagers noch am selben Abend unter den Häftlingen herumgesprochen, die die erste Nacht des Evakuierungsmarsches im KZ-Außenlager Bremen-Farge zubrachten. Dass bereits dort verschiedene Versionen entstanden, ist nachvollziehbar. Denkbar ist auch, dass nach der Rückkehr in die Heimat mündlich oder schriftlich Informationen über diesen Vorfall ausgetauscht und unterschiedlich verarbeitet wurden, etwa wenn sich die ehemaligen Häftlinge im Rahmen ihrer Verbände (z.B. in den französischen und belgischen »Amicales« und dem »Vriendenkring«) wiedertrafen oder sich an den jährlich stattfindenden Erinnerungsfahrten (»Pèlerinages«, »Bedevaarten«) beteiligten.

Sofern die Aussagen kurz nach der Befreiung und Heimkehr gemacht wurden, zielten sie häufig nicht darauf ab, eine ausgewogene Schilderung zu geben. Es galt vielmehr, Nachforschungen nach den Tätern zu erleichtern. Im Zentrum der Aussage von Roger Vyvey steht 1946 beispielsweise die Personenbeschreibung von 13 »Beulen«[26], er erinnert sich fast ausschließlich an ihre Vornamen. Vyveys Aussagen stammen aus einer wichtigen Quellengruppe, die bislang wenig Beachtung gefunden hat. Es handelt sich um die individuellen Dossiers von Zurückgekehrten oder der Angehörigen toter oder verschollener KZ-Gefangener, die Anträge auf Anerkennung als politischer Gefangener oder Widerstandskämpfer gestellt hatten und zu diesem Zweck teilweise detailliert über die Lagerhaft, Mitgefangene und einzelne Täter Auskunft geben mussten.

Die Leiden der Überlebenden erfordern einen respektvollen Umgang mit ihrer Geschichte und ihrer persönlichen Wahrheit. Es bleibt indes die Verpflichtung, eine Erzählung zu versuchen, die in hohem Maße plausibel bleibt. Ich werde daher die Perspektive der Opfer in den Vordergrund stellen, aber nicht darauf verzichten, an einzelnen Stellen auf Diskrepanzen und Widersprüchliches in den Aussagen hinzuweisen.

Etliche Geschehnisse in der Geschichte des Blumenthaler Lagers werden von mehreren Häftlingen beobachtet und wiedergegeben: das Verhalten einzelner Kapos, die Verlegung von Häftlingsgruppen in das Lager Schützenhof, die Hinrichtung zweier Polen, die Bestrafung von zwei Franzosen nach einem gescheiterten Fluchtversuch, einen womöglich tödlich verlaufenden Fall von Selbstjustiz unter osteuropäischen Gefangenen. Einige Ereignisse finden nach heutigem Kenntnisstand allerdings jeweils nur einen Zeitzeugen: ein Fall von tödlicher Selbstjustiz, als Arbeitsunfall getarnt, das Erfrierenlassen eines Häftlings in einer Wassertonne. Manche Berichte sind plausibel; ich habe sie daher in den Berichtszusammenhang aufgenommen. Andere muss ich – bei allem gebotenen Respekt – verwerfen. Um bei dem genannten Fall zu bleiben: Einen Gefangenen in aller Öffentlichkeit stunden-

geschehen in der Baracke miterlebt haben. Da er sich zur Abfassung seines Berichtes mit anderen Überlebenden verständigt hatte, liegt bei ihm auch nicht notwendigerweise Augenzeugenschaft vor.

26 Niederländisch für Peiniger, Unmensch.

lang der Qual des Erfrierens auszusetzen[27], hätte bei Mithäftlingen ebenfalls Empörung hervorgerufen und ebenso intensive Erinnerungsspuren hinterlassen, wie dies bei der Hinrichtung zweier polnischer Mithäftlinge der Fall war. Dagegen sind verschiedene Berichte über das Bespritzen mit kaltem Wasser in den Wintermonaten durchaus plausibel.[28]

Dass es oft keine Parallelerzählung gibt, mag auch der Überlieferungssituation geschuldet sein. Manche Passagen in den Berichten weisen Ungenauigkeiten oder Fehler auf. Ich werde derartige Berichte dennoch in Auszügen wiedergeben, soweit sie nach meiner Einschätzung stimmig sind und in das Gesamtbild passen. Punktuell werde ich auf abweichende Versionen hinweisen. Narrative Elemente in diesem Beitrag sollen einen hohen Stellenwert einnehmen; ich möchte damit der Stimme der Überlebenden Gehör verschaffen. Wenngleich passagenweise der Konjunktiv angebracht wäre, um methodisch sauber Erinnerungen und Bewertungen der Zeitzeugen zu referieren, so erlaube ich mir auch aus Gründen der besseren Lesbarkeit häufig die Benutzung des Indikativs, in der Annahme, dass der Leser eine eigene Bewertung vorzunehmen imstande ist.

Es ist inzwischen in der Forschung Konsens, dass die Quelle »Zeitzeugenbericht« aufgrund der zeitlichen Distanz zum Ereignis methodisch Herausforderungen besonderer Art mit sich bringt. Der Blumenthaler Häftling Heinz Rosenberg hat, beginnend mit seiner Ankunft in Schweden 1945, im Laufe mehrerer Jahre verschiedene Berichte hinterlassen, die u.a. in ein Buchprojekt[29] mündeten. 1993 interviewte ihn die Historikerin Ulrike Jureit. Sie kommt in ihren Untersuchungen[30] zu dem Ergebnis, dass die »möglicherweise über Jahrzehnte variierte Erfahrungssynthese« einen Umarbeitungsprozess darstellt, der im Ergebnis nicht fiktiv, jedoch insofern konstruiert ist, als er dem Bemühen um eine Sinnkonstruktion unterliegt. Die Forschung sei zu dem Ergebnis gekommen, dass für die Authentizität einer Erinnerung weniger die zeitliche Nähe zum erzählten Ereignis, sondern stärker die individuelle Wahrnehmungsfähigkeit zum Zeitpunkt des Erlebens sowie die Bedeutung, die der einzelne seinen persönlichen Erfahrungen zuspricht, ausschlaggebend seien.[31]

Trotz der häufig formulierten normativen Desiderata in dem Sinne, dass Historiker*innen sich bei der Schaffung von Quellen zurückhalten sollen, bin ich angesichts des hohen Alters der Zeitzeugen nicht davor zurückgeschreckt, Fragebögen zu verschicken, Videos anzufertigen, um Audio-Erinnerungen und Skizzen zu bitten, notfalls auch gezielt nachzufragen.

27 »Bremen hatte übrigens auch seine besonderen Strafarten. Im Winter wurde man beispielsweise für dreimaliges Auffallen durch sogenannte Faulheit folgendermaßen bestraft: Die Wachen füllten ein großes Faß mit Wasser. Dem Gefangenen wurden die Hände gebunden und er wurde in das Faß gesteckt, so daß der Kopf noch heraussah. Bei sehr kaltem Wind und Frost fror das Wasser, und der Gefangene erfror zur gleichen Zeit. Dies war ein grauenvoller, langsamer Tod.« Heinz Rosenberg, Jahre des Schreckens. … und ich blieb übrig, daß ich Dir's ansage (1985), S. 132. Vgl. auch Fußnote 473.

28 Vgl. Kapitel »Existenzbedingungen«.

29 Rosenberg, Jahre.

30 Jureit, Konstruktion, hier: Kapitel 2.

31 Jureit, Konstruktion, S. 6.

Es ist beabsichtigt, das KZ-Lager im Kontext des Ortes sowie die erlebte Wirklichkeit von beteiligten Personen, insbesondere die von Häftlingen, zu untersuchen. Ich benenne punktuell konträre Positionen und auch Streiche, die die Erinnerung spielt – ich hoffe, bei Wahrung des Respekts gegenüber den ehemaligen Insassen des Konzentrationslagers.

Damit will ich es den Leserinnen und Lesern ermöglichen, sich trotz der geringen Zahl zeitgenössischer Dokumente ein Bild der Geschehnisse zu machen. Es ist erfreulich, dass sich häufig die Klarnamen verwenden lassen. Schließlich geht es auch darum, mit der Namensnennung diejenigen zu ehren, die sich gegen die faschistische Herrschaft auflehnten, ihr Leben verloren oder Schaden an Seele und körperlicher Gesundheit davontrugen. Menschen wie sie wurden wegen ihres Kampfes gegen die Nazi-Diktatur m.E. nicht zu Unrecht einmal als die »kleinen Gründungsväter Europas« bezeichnet.[32] Ich möchte deutlich machen, dass Häftlinge – trotz begrenzter Möglichkeiten – oft auch Akteure waren, die sich mit ihrem Schicksal nicht abfanden. Dies ist zahlreich dokumentiert für eine Anzahl aus Belgien und Frankreich stammender Personen. Dies gilt auch für die mündlichen und schriftlichen Zeugnisse von Heinz Rosenberg, einem Deutschen jüdischer Herkunft, der mit seinen Kameraden durch das Ghetto von Minsk und zwölf Konzentrationslager gegangen war. Neben dem Verlust der meisten schriftlichen Quellen und den Schwierigkeiten der Zeitzeugenschaft muss aber auch festgestellt werden, dass die Überlieferung Ungleichgewichte beinhaltet. Die Mehrzahl der Häftlinge stammte aus Belgien und Frankreich, die Totenliste bezeugt aber auch die Anwesenheit von Häftlingen aus dem Baltikum, aus Ost- und Südosteuropa und Griechenland. Aus dieser Gruppe sind mir nur vier Häftlingsberichte von Inhaftierten aus der Sowjetunion und einer aus Polen bekannt. Dieser Mangel an Erfahrungsberichten ist kein Zufall, sondern ist mit den prekären Lebensumständen der ehemaligen Häftlinge nach Rückkehr in die Heimat zu erklären; sie erlaubten es ihnen durchweg nicht, sich offen zu äußern und in Verbänden zu organisieren.

Es gibt eine unübersehbare Zahl an wissenschaftlichen Veröffentlichungen zur Gesamtthematik oder zu ihren einzelnen Aspekten. Mir ist daran gelegen, angesichts einzelner Fragestellungen auf den Stand der gegenwärtigen Fachdiskussion oder auf bestimmte pointierte Positionen hinzuweisen, denn der Leser hat einen Anspruch darauf, nicht mit der Darstellung einer Auswahl von Quellen und der Deutung durch den Verfasser alleingelassen zu werden. Auf diese Weise möchte ich zu einer Darstellungsform gelangen, die Makro- und Mikroperspektiven vereinigt. Dem Leser soll die Gelegenheit gegeben werden, die Analysen und Wertungen des Autors nachzuvollziehen und ggf. zu einer eigenen Position zu gelangen. Diese Monografie wendet sich gleichermaßen an die interessierte Öffentlichkeit und an Fachhistoriker*innen.

32 So initiierte die italienische Europa-Abgeordnete Marta Vincenzi 2007 im Rahmen des 50. Jahrestages der Römischen Verträge in Brüssel eine Abfolge von Dokumentationen und Gesprächen im Gedenken an die »kleinen Gründungsväter Europas«.

2 Im Kontext: Das Deschimag-Lager auf der Bahrsplate in Bremen-Blumenthal (1942 bis 1945)

Die Baracken, die die KZ-Häftlinge Anfang April 1945 hinter sich ließen, waren die eines Außenlagers des KZ-Stammlagers Hamburg-Neuengamme. Im Südosten von Hamburg befand sich von 1938 bis 1945 das größte Konzentrationslager Nordwestdeutschlands, das KZ Neuengamme. Mehr als 100.000 Menschen aus ganz Europa gingen durch das Hauptlager und die mehr als 85 Außenlager. In Neuengamme und in den Außenlagern starben mindestens 42.900 Häftlinge. Diese wiesen bei Kriegsende dreimal so viele Gefangene auf wie das Hauptlager.[33]

Das Lager Bremen-Blumenthal lag auf dem Areal des vormaligen »Volksparks« Bahrsplate am Ufer der Weser. Sämtliche KZ-Stammlager des Deutschen Reichs entwickelten zu Kriegsende ein System von Außenlagern, das das gesamte Reich und Teile der (noch) besetzten Gebiete mit einem Geflecht von Betrieben der Rüstungswirtschaft und von Zwangsarbeiter-Unterkünften überzog. Spätestens 1942, nach dem Scheitern der deutschen Wehrmacht vor Moskau, musste allen Verantwortlichen in NS-Deutschland klar sein, dass nunmehr die Wende des Krieges eingetreten war. Vermehrt sollten nun auswärtige Arbeitskräfte die als Soldaten eingezogenen einheimischen Männer in den Betrieben ersetzen. Da Werbeaktionen in den besetzten Gebieten schon nach kurzer Zeit nicht mehr erfolgreich waren, griffen die NS-Instanzen zu Dienstpflichtmaßnahmen und Repressalien.[34] Insbesondere in den Gebieten der Sowjetunion gingen die Besatzer schnell zu massenhaften Repressionen und Verschleppungen über. Polnische Arbeitskräfte waren bereits ab 1940 verstärkt in Betrieben des Altreichs eingesetzt worden.[35] Ab 1940/41 galt es, für eine zunehmende Zahl von Arbeitskräften aus Westeuropa und für »Ostarbeiter«[36] Unterkünfte

33 Vgl. Detlef Garbe, Neuengamme – Stammlager, in: Wolfgang Benz/Barbara Distel, Der Ort des Terrors. Geschichte der nationalsozialistischen Konzentrationslager, Bd. 5 (2007), S. 331.

34 Zur Gruppe der Franzosen mit Bezug zu Bremen vgl. Helga Bories-Sawala, Franzosen.

35 Vgl. „Von der Anwerbung zur Deportation“, in: Ulrich Herbert, Fremdarbeiter. Politik und Praxis des „Ausländereinsatzes“ in der Kriegswirtschaft des Dritten Reiches (1999), S. 95–101.

36 Ich benutze den Begriff zukünftig als historischen Fachterminus und setze keine Anführungsstriche. Ostarbeiter wurden, obwohl überwiegend zwangsweise in das Reich verschleppt, offiziell als in einem Dienstpflicht-Vertragsverhältnis stehende Arbeitskräfte angesehen. Vgl. auch: Karsten Ellebrecht, Sowjetische Kriegsgefangene und »Ostarbeiter« auf der Bahrsplate. Zur Geschichte zweier Zwangsarbeiterlager in Bremen-Blumenthal 1942–1945, in: Bremisches Jahrbuch Bd. 95 (2016), S. 186–229.

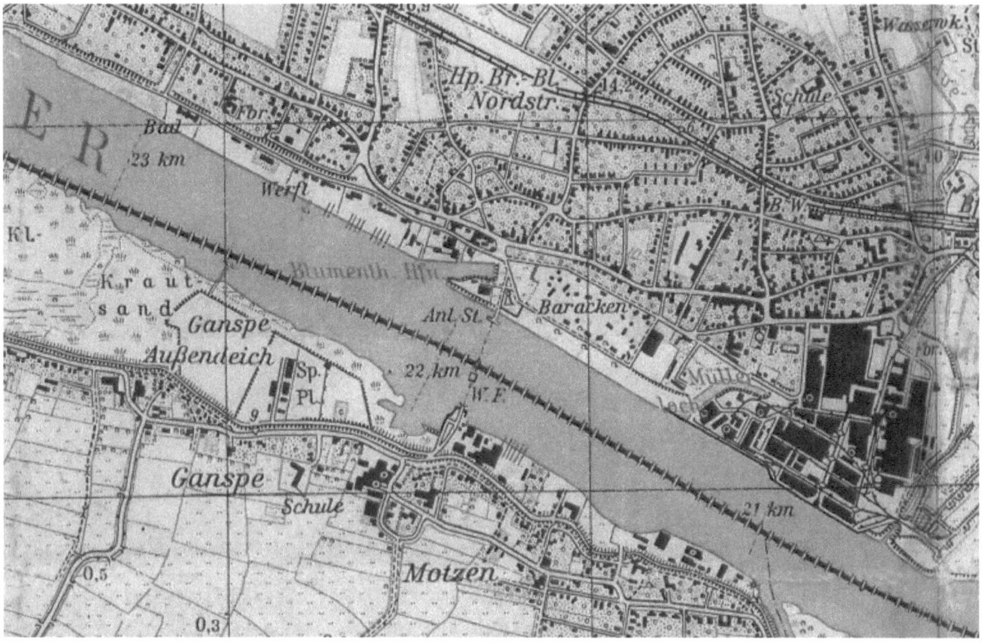

Topographische Karte 1957. Zu diesem Zeitpunkt bestand noch etwa ein Großteil der Baracken des einstigen Gesamtlagers der Deschimag

bereitzustellen, jedoch auch für jene »Russen«[37], die als »bolschewistische« Kriegsgefangene unter meist besonders schlechten Lebens- und Arbeitsbedingungen zu leiden hatten.[38] In diesem Kontext entstand das Deschimag-Lager Bremen-Blumenthal.

Hier, am Rande des Ortskerns Bremen-Blumenthal, war 1927 ein schilfbestandenes, halb verlandetes Areal mit Fluss-Sanden aufgeschüttet worden. Diese Baarenplate (heute: Bahrsplate) sollte nach dem Willen der Gemeinde zu einem Volkspark am Ufer der Weser umgestaltet werden. Erste Anpflanzungen wurden Mitte der 1930er Jahre vorgenommen; dabei achteten die Landschaftsplaner darauf, dass genügend Freiflächen reserviert wurden, um zukünftig NS-geprägte Großveranstaltungen – wie etwa Aufmärsche zum 1. Mai – abhalten zu können.

Der Funktionswandel zu einem mit Baracken bestückten Lagergelände hatte Anfang 1942 begonnen. »Obergruppenführer! Unsere schöne Barenplate ist, wie ich höre,

37 In den Dokumenten findet sich häufig die Kollektivbezeichnung »Russe«, wenn Bürger der Sowjetunion (zumeist Russen oder Ukrainer) gemeint sind.

38 Vgl. dazu Ellebrecht, Sowjetische Kriegsgefangene, S. 222–226. Zum zahlenmäßigen Umfang der Beschäftigung von Nichtdeutschen im Reichsgebiet siehe Marc Buggeln, Die Zwangsarbeit im Deutschen Reich 1939–1945 und die Entschädigung vormaliger Zwangsarbeiter nach dem Kriegsende: Eine weitgehend statistische Übersicht (2017), URL: https://www.historikerkommission-reichsarbeitsministerium.de/sites/default/files/inline, Aufruf v. 12.5.2019.

nunmehr endgültig zur Bebauung mit Baracken für bolschewistische Gefangene frei gegeben worden. Wir hatten, nachdem Sie sich persönlich dafür eingesetzt hatten, auf eine für die hiesige Bevölkerung günstige Lösung gehofft, aber anscheinend sind die Kriegsverhältnisse stärker gewesen. Unser Bedauern – um keinen stärkeren Ausdruck zu gebrauchen – ist groß, zumal wir der Überzeugung sind, dass die Angelegenheit für alle befriedigend hätte ablaufen können.«[39]

Mit diesen Worten wandte sich Anfang 1942 der Personalchef eines der größten Industriebetriebe Bremens, der Bremer Wollkämmerei (BWK) in Bremen-Blumenthal, an den Regierenden Bremer Bürgermeister Heinrich Böhmcker. Seine Einwände waren vergeblich, ebenso wie die der lokalen NSDAP-Kreisleitung. Zudem warnte das Gesundheitsamt vor einer Seuchengefahr. Jedoch hatten Vertreter der Krupp-Werft A.G. »Weser« (Deschimag) und das für die Region Bremen zuständige Rüstungskommando X bereits Anfang 1942 entschieden, auf diesem Parkgelände in kürzester Zeit ein Lager mit Untereinheiten einzurichten. Die Deschimag (Deutsche Schiff- und Maschinenbau Aktiengesellschaft) war 1926 durch den Zusammenschluss von acht norddeutschen Werften unter Führung der in Bremen beheimateten A.G. »Weser« entstanden. 1941 übernahm der Krupp-Konzern die Aktienmehrheit. Die Belegschaft der A.G. »Weser« bestand 1944 zu etwa 20 Prozent aus Kriegsgefangenen, Ostarbeitern und anderen ausländischen »Zivilarbeitern« sowie 1.500 KZ-Häftlingen. Der »Lagerverwaltung der Gemeinschaftsläger der Deschimag« unterstanden bei Kriegsende in Bremen acht Lager mit einer Kapazität von 7.000 Personen.[40]

Ein Lageplan des Geländes von Juli 1942 ist erhalten geblieben. Er trägt den Titel »Wollkämmerei, Bremen-Blumenthal Barackenlager auf der Baar-Plate«.[41]

Das Ostarbeiterlager

Im östlichen Teil des ehemaligen Parks errichtete die Deschimag als Trägerin ein Ostarbeiterlager mit einer Kapazität von ca. 1.000 Personen. Die Ostarbeiter des Deschimag-Lagers arbeiteten vorwiegend in gepachteten Werkhallen der BWK, aber auch in benachbarten Werften. Einzelaussagen von sowjetischen »Zivilgefangenen« und Blumenthaler Anwohnern lassen eine stark unzureichende Versorgung erkennen. Entsprechend hoch mag die Todesquote gewesen sein.[42] In einem abgetrennten Teil inner-

39 Wilhelm Peters, Schreiben v. 23.3.1942, StAB 3-M.2.h.3-306, Bremer Vulkan.

40 StAB 3 R.1.m. Nr. 18/107. Zur Geschichte der Deschimag s. Peter Kuckuk/Hartmut Pophanken, Die A.G. »Weser« 1933 bis 1945: Handels- und Kriegsschiffbau im Dritten Reich, in: Peter Kuckuk (Hrsg.), Bremer Großwerften im Dritten Reich (1993), S. 11–103.

41 Eine Beschreibung und die Diskussion von Einzelaspekten finden sich im Anhang I.

42 Zu der Schwierigkeit, diese genau zu bestimmen vgl. Ellebrecht, Sowjetische Kriegsgefangene, S. 215–216.

halb des Ostarbeiterlagers entstand eine Quarantäneanstalt. Das Hauptgesundheitsamt wollte mit dieser Einrichtung durch die Bekämpfung von Infektionen und Epidemien der Furcht vor einer Seuchengefahr Rechnung tragen. Für eine kurze Zeit (1943) waren in diesem Lagerareal auch französische Kriegsgefangene untergebracht, die von heimischen Dachdeckern und Glasern angefordert werden konnten.[43] Auf dem Gelände befanden sich ebenfalls Unterkünfte der 4. Kompanie der 36. Marine-Ersatzabteilung, die für Arbeiten in Betrieben der Region wie auch für die Bewachung der einzelnen Lager eingesetzt war. Das Ostarbeiterlager hatte bis Anfang April 1945 Bestand.

Das Lager für sowjetische Kriegsgefangene

Ein Arbeitseinsatz sowjetischer Kriegsgefangener im Reichsgebiet war ursprünglich nicht vorgesehen. Im Gegenteil, die Verantwortlichen der faschistischen Führung trafen Entscheidungen, die zur Folge hatten, dass im Zuge der ersten militärischen Erfolge nach dem Überfall auf die Sowjetunion ein Großteil der sowjetischen Kriegsgefangenen an Seuchen und Unterernährung zugrunde ging. Mit dem militärischen Scheitern vor Moskau Ende 1941 begann ein Prozess der Revision einer Abwehrhaltung bezüglich eines »Russeneinsatzes« im Reich. Diese Horrorvorstellungen über seine »volkspolitischen Gefahren«, bei NSDAP-Mitgliedern gleichermaßen verankert wie bei der restlichen Bevölkerung, hatten gravierende Auswirkungen für den Arbeitseinsatz und die Versorgung der sowjetischen Gefangenen.

Mutmaßlich sieben oder acht Wohnbaracken[44] für die sowjetischen Soldaten und mehrere Funktionsbaracken befanden sich im Westteil des Areals. Über Digitalisate von Personalkarten ist die Präsenz der Rotarmisten ab Februar 1943 fassbar.[45] Die Dokumente erhellen auch, dass im Lager Blumenthal in nur 15 Monaten 72 Todesfälle zu beklagen waren. Als Gründe einer hohen Morbidität und Todesquote nannten von der Universitätsklinik Hamburg-Eppendorf angeforderte medizinische Fachgutachter Mangelernährung und Kalorienverlust, bedingt durch fehlenden Schutz vor der Witterung während des Transports auf Schiffen zur Arbeitsstelle – also vermutlich zur Baustelle des Projekts »Valentin« – sowie die kräfteraubenden Bauarbeiten im Freien. Am 31. Mai 1944 kam es zu einem besonders gravierenden Vorfall. Auf gleich drei Perso-

---

43 Vgl. Ellebrecht, Sowjetische Kriegsgefangene, S. 212.

44 Diese Annahme lässt sich aufgrund der Angaben von Häftlingen des im August 1944 eingerichteten KZ-Außenlagers machen – unter der Voraussetzung, dass dieses den gesamten zuvor von Rotarmisten belegten Bereich umfasste.

45 So durch Vermerke auf der Kriegsgefangenen-Personalkarte des Soldaten Nikolaj Salijenko, Erkennungsmarken-No. 147568, URL: https://obd-memorial.ru/html/info.htm?id=300905727&p=2, Aufruf v. 14.04.2020.

nalkarten findet sich der Vermerk »Am 31.5.44 in Bremen-Blumenthal erschossen«.[46] In der Nähe des Kriegsgefangenenlagers könnte auch die Hinrichtung eines polnischen Zwangsarbeiters im Jahre 1943 stattgefunden haben.[47]

An zwei Orten auf der Bahrsplate waren Marinesoldaten unterschiedlicher Waffengattungen in Baracken untergebracht. Ein Teil arbeitete in benachbarten Betrieben, andere wurden zu Bewachungsaufgaben verpflichtet, zunächst bei den gefangenen Rotarmisten, später bei KZ-Häftlingen, die im August 1944 die Unterkünfte der anderweitig verlegten sowjetischen Kriegsgefangenen bezogen.

Zur Rüstungsregion Bremen

Die KZ-Gefangenen gehörten aus der Sicht der NS-Führung zu einer weiteren, der letzten Arbeitskraftreserve, die sich die NS-Kriegswirtschaft hatte sichern können. Der vom faschistischen Deutschland ausgelöste Zweite Weltkrieg war als »Rassekrieg« geführt worden. Das Scheitern des Hitler'schen Blitzkriegkonzepts zwang die Verantwortlichen, massiv den Einsatz ausländischer Arbeitskräfte, ja sogar die Rückverlegung jüdischer Zwangsarbeiter[48] in das Reich zu organisieren. Seit Kriegsbeginn 1939 hatte eine verstärkte Umstrukturierung in der Belegschaft der Kriegswirtschaftsbetriebe stattgefunden. Die Bremische Handelskammer beklagte wiederholt die »Vernachlässigung« Bremens bei der Versorgung mit ausländischen Arbeitskräften, deren Anteil (20%) an den Erwerbstätigen im Reichsvergleich (25%) deutlich zu gering läge; dabei betrüge der Umfang der Produktion für kriegswichtige Zwecke fast 80 Prozent.[49] Die Region Bremen war zu einem der bedeutendsten Rüstungsstandorte im Deutschen Reich geworden. Dies war vor allem dem Ausbau der Werft- und Luftfahrtindustrie geschuldet. Vor allem ab 1942 wurden in großer Eile Barackenlager für die »Fremdländischen« errichtet. In der Rüstungsregion Bremen entstanden über 400 Lager und Unterkünfte[50] für Zwangsarbeiter jeder Art, in Bremen-Nord allein über 70.[51]

46 S. Ellebrecht, Sowjetische Kriegsgefangene, S. 224–225.

47 So der ehemalige Zwangsarbeiter Zbyszko Matuszewski, in: Christoph Schminck-Gustavus (Hrsg.), Hungern für Hitler. Erinnerungen polnischer Zwangsarbeiter im Deutschen Reich 1940–1945 (1984), S. 26.

48 Zum Begriff »Zwangsarbeit« zuletzt grundsätzlich: Marc Buggeln, Unfreie Arbeit im Nationalsozialismus. Begrifflichkeiten und Vergleichsaspekte zu den Arbeitsbedingungen im Deutschen Reich und in den besetzten Gebieten, in: Marc Buggeln/Michael Wildt (Hrsg.), Arbeit im Nationalsozialismus (2014), S. 231–251.

49 Vermerk zu einer Besprechung von Karl Kohl (Handelskammer) mit Herrn Kaphahn (Landesarbeitsamt Niedersachsen) am 19.11.1942, Archiv Handelskammer Bremen (HK SZ) I 19, Bd. 9.

50 Ich danke Peter-Michael Meiners für die Mitteilung (26.6.2019). Näheres im Kreisarchiv Osterholz, Osterholz-Scharmbeck, Fundus P.-M. Meiners.

51 Vgl. URL: http://www.friedensschule-bremen.de/lagerlandschaft_bremen_nord.html.

Für den Einsatz »gemeinschaftsfremder« Arbeitskräfte waren die Verantwortlichen in ein Dilemma geraten: Einerseits sollten beispielsweise beim Einsatz für die Kriegsproduktion die Unterkünfte möglichst in der Nachbarschaft bereits bestehender Industrieanlagen errichtet werden[52], und damit häufig in der Nähe der deutschen Wohnbevölkerung, die somit in Kontakt mit im Grunde unerwünschten Ausländern – ja sogar sowjetischen »Untermenschen« – kamen. Diese, so die Horrorvision, waren womöglich an lebensgefährlichen Infektionen erkrankt und könnten Tuberkulose, Fleckfieber oder andere ansteckende Krankheiten verbreiten. Sogar jüdische Menschen aus osteuropäischen Ländern oder solche, die Monate zuvor aus ihrer deutschen Heimat in Ghettos und Lager im Osten deportiert worden waren, gelangten als dringend benötigte Arbeitskräfte für die Rüstungsproduktion ins Reichsgebiet. So wurden in Bremen ungarische Jüdinnen für die gefährliche Arbeit der Trümmerbeseitigung eingesetzt.[53] Der Göttinger Heinz Rosenberg beschrieb nach dem Krieg, wie er mit anderen jüdischen Leidensgenossen das Ghetto von Minsk und viele Lager überlebte, bevor er in eines der aus seiner Sicht brutalsten Lager, nämlich Bremen-Blumenthal, verlegt wurde.[54] Andererseits durften aus der Sicht der NS-Kriegswirtschaft die elenden Arbeits- und Lebensbedingungen die Produktivität nicht über Gebühr einschränken. Je nach Häftlings-Kategorisierung, Zeitpunkt der Ankunft im Lager, Arbeitseinsatz- und Unterbringungsort wiesen die Lebensverhältnisse der Gefangenen eine große Spanne auf. Das Leben eines KZ-Häftlings etwa unterschied sich in extremer Weise von dem eines freien oder dienstverpflichteten »Westarbeiters«[55]. Auch die Verfolgungsschicksale von Ostarbeitern und sowjetischen Kriegsgefangenen, die in ihrer ethnischen Herkunft fast identisch waren, gestalteten sich aufgrund ihres jeweiligen Status sehr unterschiedlich.

In der Region Bremen-Nord banden vornehmlich zwei Großprojekte Material und Arbeitskräfte. Im Gebiet der Farge-Rekumer und der Schwaneweder Heide entstanden zwei gigantische unterirdische Tanklager, eines – nicht fertiggestellt – für die Marine und ein zweites, seit 1938 realisiert von der Wirtschaftlichen Forschungsgesellschaft

52 Dem Rüstungsministerium gelang es, die Verfügungsgewalt des SS-Wirtschaftsverwaltungshauptamtes über die Steuerung des Häftlingseinsatzes einzuschränken. »Speer ordnete am 9. Oktober 1944 an, daß ab sofort sämtliche Neuanträge auf Arbeitseinsatz von Konzentrationslagerhäftlingen nicht mehr an das bisher zuständige, sondern an das Rüstungsministerium zu richten seien, das seine Anweisungen dann dem WVHA weiterleiten würde. [...] Die Lager wurden [...] nicht zu eigenen Werkseinheiten, sie waren in ihrer ökonomischen Funktion im wesentlichen Verleihbetriebe für die Privat- und Staatsindustrie; die Lagerkommandanten waren dafür verantwortlich, daß das geforderte Kontingent an Arbeitskräften zur Verfügung stand.« Falk Pingel, Häftlinge unter SS-Herrschaft. Widerstand, Selbstbehauptung und Vernichtung im Konzentrationslager (1978), S. 127.

53 Hartmut Müller, »Wie sollt ich je vergessen« – KZ-Außenlager Obernheide. Erinnerte Geschichte. Bremen 2020.

54 Heinz Rosenberg, Jahre, S. 127–129.

55 Mit Bremer Bezug, nunmehr auf Deutsch erschienen: Yves Bertho, Ich war Pierre, Peter, Pjotr (2016). Originaltitel: Yves Bertho, Ingrid (1976).

(Wifo). Es handelte sich dabei um Kriegsvorbereitungen durch eine staatliche Tarngesellschaft. Das zweite Vorhaben reihte sich ein in die zahlreichen Verbunkerungs- und Untertage-Verlagerungs-Projekte der letzten Kriegsmonate. Am Ufer der Weser wurde eine U-Boot-Montage-Werft errichtet. Für dieses Projekt mit dem Tarnnamen »Valentin« schufteten Arbeitskräfte, die im Bereich der Schwaneweder Heide untergebracht waren. Darunter befanden sich auch Insassen eines KZ-Außenlagers, die in ihrer Mehrzahl in einem noch nicht fertiggestellten unterirdischen Treibstoffbunker untergebracht waren.

KZ-Außenlager in Bremen während der Endphase des Krieges: eine Übersicht

In der Rüstungsregion Bremen entstanden in den letzten Monaten des Krieges insgesamt acht Außenlager von Neuengamme.[56] Im Stammlager wurden die Statistiken geführt: Allein zwischen dem 25. Dezember 1944 und dem 25. März 1945 kamen in den zu diesem Zeitpunkt noch bestehenden sechs Bremer Lagern – mindestens – 515 Häftlinge zu Tode.[57]

Hindenburgkaserne in Bremen-Huckelriede

Die II. SS-Baubrigade wurde 1942 bis 1944 zur Trümmerbeseitigung in Bremen eingesetzt. Überwiegend handelte es sich um osteuropäische Gefangene. Die Unterkunft befand sich in der Hindenburg-Kaserne (Bremen-Neustadt). Die Brigade wurde im April 1944 wieder nach Hamburg verlegt. Im Lager starben 168 Häftlinge.

Stuhr-Obernheide

Nach Abzug der SS-Baubrigade setzte die SS 300 polnische und 500 ungarische Jüdinnen zur Trümmerbeseitigung ein. Wegen der Zerstörung des Lagers Hindenburg-Kaserne im September 1944 verlegte die SS die Frauen in Unterkünfte bei Obernheide/Stuhr in der Nähe von Bremen. Die Gefangenen wurden für den Bau von Behelfsheimen und für die Trümmerbeseitigung eingesetzt. Mindestens zehn Todesopfer sind bekannt.

56 Neun, wenn das Vorgängerlager Neuenlande (auch: Neuenland) separat gezählt wird; vgl. Karte S. 33. Einschlägige Monografien zu einzelnen Lagern: Müller, Die Frauen; Eike Hemmer/Robert Milbradt, Bunker »Hornisse«. KZ-Häftlinge in Bremen und die U-Boot-Werft der A.G. »Weser« 1944/45 (2005); Marc Buggeln, Bunker »Valentin«. Marinerüstung, Zwangsarbeit und Erinnerung (2010). Rezente kommentierte Materialsammlung mit Kommentar: Peter-Michael Meiners, Die Lager der Baustelle U-Bootbunkerwerft »Valentin«. Ergebnisse einer Recherche, Teil 2 (2014). Außenlager wurden regional von einem »Stützpunkt« aus verwaltet. In der Region Bremen war dies das Lager Riespott (Parallelbezeichnung: Osterort), geleitet von SS-Obersturmführer Hugo Benedict. Vgl. auch die rezente Veröffentlichung zum Außenlager Schützenhof von U. Halle/U. Huhn, Bremen-Gröpelingen (2019).

57 ¼-jähriger [sic] Bericht über die Krankenbewegungen der Häftlinge im Konz.-Lager Hmb.-Neuengamme v. 29.3.1945, S. 1, 1.1.30.0/0019/0034, ITS Digitales Archiv Arolsen. Vgl. Abb. S. 35.

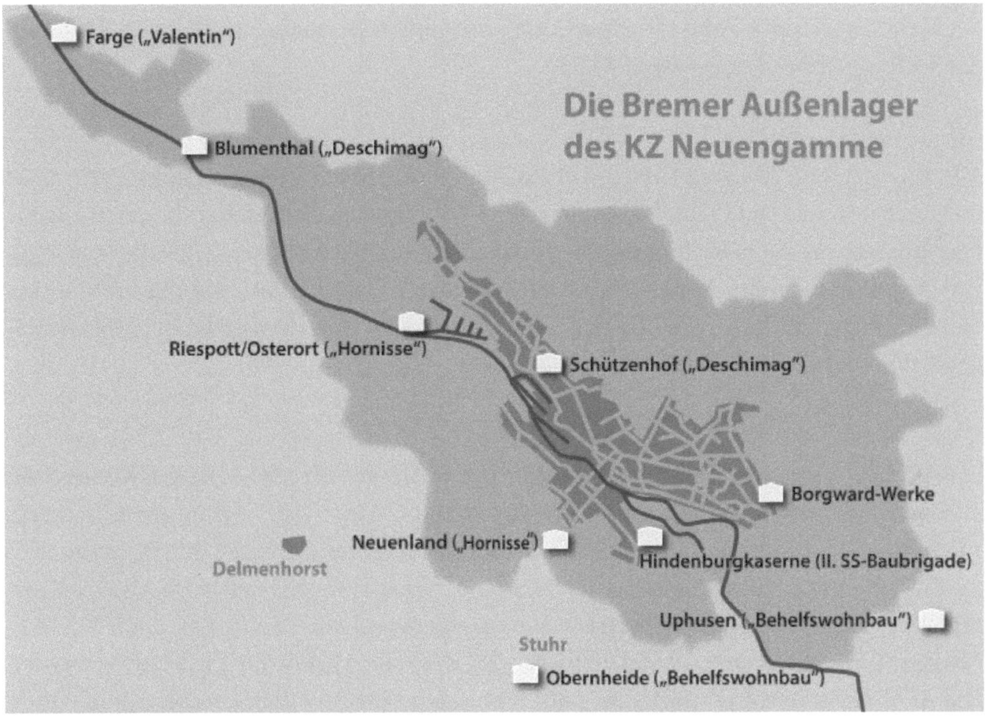

In der Region Bremen entstanden zwischen 1942 und 1945 neun KZ-Außenlager des Konzentrationslagers Hamburg-Neuengamme. Die Lager Uphusen, Obernheide, Riespott, Schützenhof, Blumenthal und Farge waren bis Anfang April 1945 belegt (Kartengestaltung Michael Tessmer, gwf-ausstellungen)

Uphusen (bei Bremen)

Zwischen Februar und April 1945 fertigten 100 ungarische Jüdinnen in einer Dependance von Obernheide Teile für den Bau von Behelfsheimen.

Bremen-Sebaldsbrück

Von August bis Oktober 1944 arbeiteten vorwiegend russische und polnische KZ-Häftlinge bei der Firma Borgward (Bremen-Sebaldsbrück) in der Produktion von Kraftfahrzeugen. Nach schweren Bombenschäden wurde das 1.000-Mann-Lager geräumt.

Bremen-Neuenland(e), später: Riespott/Osterort

Das Lager Bremen-Neuenland(e) befand sich in der Nähe des Flughafens und bestand seit August 1944. Am 28. November 1944 wurden die ca. 900 Häftlinge, meistens französische und sowjetische Gefangene, in das Lager Riespott (auch als Osterort bezeichnet) verlegt. Dessen Insassen wurden beim U-Boot-Bunker-Vorhaben mit dem Tarnnamen »Hornisse« eingesetzt. Das Projekt bestand in der Überbunkerung eines Baudocks der Krupp-eigenen Großwerft Deschimag mit Sitz in Bremen-Gröpelingen. Die Zahl der Todesopfer beträgt mindestens 120.

Bremen-Gröpelingen

Das Lager Schützenhof in Bremen-Gröpelingen war in der zweiten Jahreshälfte 1944 errichtet worden. Die Gefangenen, darunter 400 ungarische Juden, arbeiteten für die Deschimag-Werft bei der Produktion von U-Boot-Teilen, aber auch beim Bau des Bunker-Projekts Hornisse. Außerdem waren sie bei der Trümmerbeseitigung im Stadtgebiet eingesetzt. Es hatte die höchste Todesquote unter den Bremer Konzentrationslagern (mindestens 268 Opfer).

Bremen-Farge

Das Vorhaben mit dem Tarnnamen »Valentin« in Bremen-Rekum zielte im Kontext der alliierten Lufthoheit u. a. darauf ab, für den neuen U-Boot-Typ XXI zwei verbunkerte Montage- und Reparaturwerften an der Unterweser zu errichten. Zu den insgesamt bis zu 12.000 dort tätigen Arbeitskräften zählten Kriegsgefangene, ausländische Zwangsarbeiter, Gefangene eines Arbeitserziehungslagers und auch Häftlinge eines KZ-Außenlagers. Diese waren zum Teil in einem unterirdischen Treibstofftank untergebracht. Die Zahl der Todesopfer dürfte sich auf mehr als 1.700 belaufen. Die Baustelle wurde von 1943 bis 1945 betrieben.

Bremen-Blumenthal

Das KZ-Außenlager Bremen-Blumenthal wurde im August 1944 auf dem Gelände des ehemaligen Weserstrandparks Bahrsplate eingerichtet. Das Gros der Häftlinge arbeitete in Gebäuden der benachbarten Wollkämmerei unter der Leitung der Deschimag / A.G. »Weser«. Ein zweites Arbeitskommando wurde zeitweise in der Stammwerft in Gröpelingen eingesetzt und Weihnachten 1944 in das neu entstandene Lager Schützenhof verlegt.

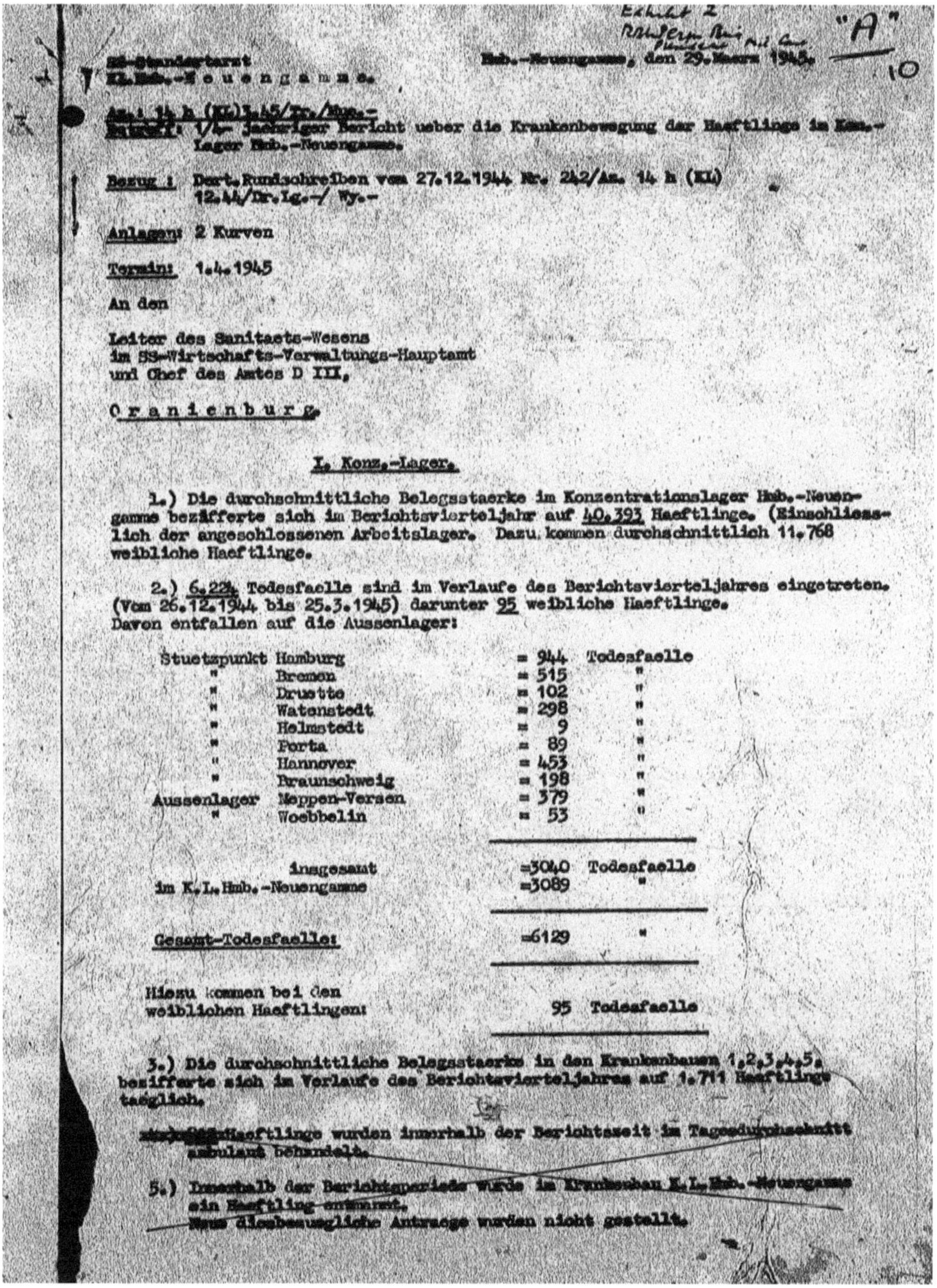

SS-Standortarzt
KL.Hmb.-N e u e n g a m m e.

Hmb.-Neuengamme, den 29.Maerz 1945.

Az.: 14 h (KL)3.45/Dr./Mue.-
Betreff: 1/4- jaehriger Bericht ueber die Krankenbewegung der Haeftlinge im Kzm.-Lager Hmb.-Neuengamme.

Bezug: Dort.Rundschreiben vom 27.12.1944 Nr. 242/Az. 14 h (KL) 12.44/Dr.Lg.-/ Wy.-

Anlagen: 2 Kurven

Termin: 1.4.1945

An den

Leiter des Sanitaets-Wesens
im SS-Wirtschafts-Verwaltungs-Hauptamt
und Chef des Amtes D III,

O r a n i e n b u r g.

I. Konz.-Lager.

1.) Die durchschnittliche Belegsstaerke im Konzentrationslager Hmb.-Neuengamme bezifferte sich im Berichtsvierteljahr auf 40.393 Haeftlinge. (Einschliesslich der angeschlossenen Arbeitslager. Dazu kommen durchschnittlich 11.768 weibliche Haeftlinge.

2.) 6.224 Todesfaelle sind im Verlaufe des Berichtsvierteljahres eingetreten. (Vom 26.12.1944 bis 25.3.1945) darunter 95 weibliche Haeftlinge.
Davon entfallen auf die Aussenlager:

Stuetzpunkt	Hamburg	= 944	Todesfaelle
"	Bremen	= 515	"
"	Druette	= 102	"
"	Watenstedt	= 298	"
"	Helmstedt	= 9	"
"	Porta	= 89	"
"	Hannover	= 453	"
"	Braunschweig	= 198	"
Aussenlager	Meppen-Versen	= 379	"
"	Woebbelin	= 53	"
	insgesamt	=3040	Todesfaelle
im K.L.Hmb.-Neuengamme		=3089	"
Gesamt-Todesfaelle:		=6129	"
Hiezu kommen bei den weiblichen Haeftlingen:		95	Todesfaelle

3.) Die durchschnittliche Belegsstaerke in den Krankenbauten 1,2,3,4,5, bezifferte sich im Verlaufe des Berichtsvierteljahres auf 1.711 Haeftlinge taeglich.

~~Haeftlinge wurden innerhalb der Berichtszeit im Tagesdurchschnitt ambulant behandelt.~~

~~5.) Innerhalb der Berichtsperiode wurde im Krankenbau K.L.Hmb.-Neuengamme ein Haeftling entmannt.
Neue diesbezuegliche Antraege wurden nicht gestellt.~~

Vierteljahresbericht des SS-Standortarztes von Neuengamme an die Zentrale in Oranienburg (b. Berlin), Seite 1. Für den Stützpunktbereich Bremen werden 515 Todesfälle genannt. Das Dokument diente als Beweisstück im Kriegsverbrecherprozess gegen das Personal von Neuengamme

Die Begrenzungslinien markieren das Gesamtlager der Deschimag / A.G. »Weser«. Im Westen befand sich, separat eingezeichnet, das KZ-Außenlager. Fotoarchiv Ernst

Die Zwangsarbeiterunterkünfte befanden sich in einer Randlage Blumenthals, gleichwohl in Nähe zur Wohnbesiedlung. Luftbild von Otto Schulte, frühe 1960er Jahre. Verlag Neegenbargs Heide

3 Der Weg ins KZ-Außenlager Bremen-Blumenthal

Verhaftung und Verschleppung

Die Quellenlage bringt es mit sich, dass vorwiegend Berichte aus der Sicht französischer und belgischer Deportierter vorliegen. Die deutschen Besatzungsbehörden unternahmen Razzien, verfolgten und inhaftierten Widerstandskämpfer und unterzogen diese noch in ihrer Heimat brutalen Verhören und Folterungen. Über Transitzentren wurden sie ins Reichsgebiet verschleppt.[58] Französische Häftlinge gelangten über Transitlager wie Royallieu bei Compiègne in das KZ Neuengamme. Die Belgier wurden mit Zwischeninternierungen in verschiedenen Orten (Gent, Antwerpen, Brüssel und Lüttich) nach Norddeutschland verschleppt. Der Transport erfolgte in Güter- oder Viehwaggons, in denen es keine sanitären Einrichtungen gab. Bei einigen Transporten mussten die Häftlinge ihre Überkleidung zurücklassen und in Unterwäsche in die Waggons steigen. So sollten Fluchtversuche verhindert werden. Die Häftlingsberichte sprechen durchweg von unerträglichen Zuständen im Inneren der Waggons. Die Fahrt dauerte im Schnitt vier Tage. Die Waggons heizten sich bei sommerlichen Temperaturen extrem auf. Die Enge bewirkte, dass es zu Streitereien unter den Deportierten kam. Am schlimmsten war aber der Umstand, dass Nahrungsmittel und vor allem Wasser gar nicht oder nur sporadisch zur Verfügung standen. Bei Anzeichen von Fluchtplänen zögerten die Wachmannschaften nicht, Häftlinge an Ort und Stelle zu erschießen.

Der belgische Widerstandskämpfer Guy Melen berichtet: »Mehrtägige Fahrt in vollgepferchten Viehwaggons, eine bewaffnete Wache draußen; unsere ist betrunken und droht uns mehrfach, eine Handgranate durch das Gitter zu werfen. Nahrung: Brot, kein Wasser, kein WC, mit den Händen kratzen wir in einer Waggonecke eine kleine Öffnung frei. Einige Gefangene möchten drei oder vier Bretter entfernen und sich auf den Schotter fallen lassen, aber die Ablehnung ist mehr als 50%, da befürchtet wird, dass

58 Der letzte große Transport der Belgier mit 2.000 Personen gelangte in zwei Tagen ans Ziel (31.8.–1.2.1944). Vgl. Nationale Confederatie Politieke Gefangenen En Rechthebbenden Gewest Gent-Eeklo, Herinneringsstenen in Gent voor weerstanders van W.O.II, o.J. (2019), Einleitung. Für Neuengamme sind aus Frankreich fünf große Konvois nach Neuengamme bekannt, davon vier aus Compiègne-Royallieu und einer aus Belfort. Die französischen Häftlinge des Lagers Blumenthal entstammten den beiden Juli-Transporten. Angaben nach: Livre-Mémorial des déportés de France arrêtés par mesure de répression et dans certains cas par mesure de persécution 1940–1945, Bd. 2 (2004). Fast alle belgischen Häftlinge des Lagers Blumenthal entstammten dem Transport, der am 2.9.1944 in Neuengamme eintraf. Zu den massiven Transporten von KZ-Gefangenen ins Reich im Zusammenhang mit dem Außenlager-Ausbau vgl. Marc Buggeln, Das System der KZ-Außenlager. Krieg, Sklavenarbeit und Massengewalt, Bonn (2012), S. 137–140.

diejenigen, die nicht springen könnten, hingerichtet würden. Und das war nachvollziehbar, selbst wenn ich dafür war, es zu versuchen, so kam es nicht zur Ausführung.«[59]

Etliche Deportierte, die ihre Rolle als Opfer nicht akzeptierten, sannen auf Flucht. Ein Großteil hatte in der Tat zuvor Widerstand gegen die deutsche Besatzungsherrschaft geleistet, war als Geisel genommen worden oder hatte sich gegen angeordnete Zwangsarbeit aufgelehnt.[60] Die Deportierten erlebten, dass Häftlinge aus den Waggons herausgezogen und neben den Bahngleisen erschossen wurden. Die SS wertete die geringsten Indizien als Hinweise darauf, dass eine Flucht vorbereitet wurde.[61]

Pierre Billaux erinnert sich an drei qualvolle Tage im Güterwaggon: »Zuerst eine Disziplin, auf die man sich eingelassen hatte, damit jeder zurecht kommen konnte, die aber in Stücke geht, daraufhin Streitereien, die erdrückende Hitze, die unerträgliche Luft zusammen mit einem überschwappenden Notdurftkübel, und vor allem der Durst, der uns quält, vier Kameraden auf dem Schotter erschossen und die Hoffnung, dass mit der Ankunft im Lager der Albtraum enden würde.«[62]

Ankunft in Neuengamme[63]

Die Hoffnung des jungen Widerstandskämpfers Pierre Billaux zerplatzte sofort, als die Deportierten im Konzentrationslager Neuengamme, südöstlich von Hamburg gelegen, ankamen: »Die Schläge prasseln auf uns nieder, damit wir schneller aus den Waggons kommen, aufstellen in Fünferreihen unter Gebrüll, der Anblick der verächtlich und hochmütig blickenden SS-Leute mit der Reitpeitsche in der rechten Hand und der bedrohliche Hund, an der Leine mit der Linken gehalten, und diese seltsamen Personen in ihrer lächerlichen Ausstaffierung, die sich so merkwürdig benehmen und die die Waggons säubern müssen, die aber auch misshandelt werden, all das lässt uns sofort begreifen, dass wir in eine Welt geraten sind, die nichts mehr mit der zu tun hat, aus der wir kommen, und Furcht ergreift uns, wenn wir daran denken, was uns erwartet.«[64]

---

59 Melen, Résistance (1993).

60 Vgl. Garbe, Neuengamme – Stammlager, S. 321.

61 Beschreibungen bei: Artenay (Loiret) 1939–1945 (1995), S. 227; Eric und Jean-Pierre Brossard, Alice et Gaston. Un couple et son village dans la guerre. Artenay (Loiret) 1939-–1945, (1995), S. 227–229; Pierre Billaux, Matricule 39359 à Neuengamme, in: Caroline Langlois / Michel Reynaud, Elles et Eux et la Déportation. Quel engagement? (2005), Typoskript, S. 2, Archiv d. Vf.

62 Billaux, Matricule, S. 2.

63 Die folgenden allgemeinen Informationen zum Stammlager Neuengamme nach Hermann Kaienburg, »Vernichtung durch Arbeit«. Der Fall Neuengamme. Die Wirtschaftsbestrebungen der SS und ihre Auswirkungen auf die Existenzbedingung der KZ-Gefangenen (1991); Hermann Kaienburg, Das Konzentrationslager Neuengamme 1938–1945 (1997).

64 Pierre Billaux in: Langlois/Reynaud, Elles, S. 313; Zitat aus: Cauchemars d'un déporté de Neuengamme. Dessins de Pierre Fertil. Cahier des Archives départementales du Calvados No. 34 (2007), S. 14.

André Duroméa[65] überstand in Gemeinschaft mit einigen engen politischen Freunden die drei Tage und drei Nächte im überbelegten Waggon. Die Säge im Schuhabsatz, das Messer in der Tasche mussten schon in Compiègne zurückbleiben. Jemand hatte ein Messer im Anus verstecken können. Es wäre möglich gewesen, Bodenbretter im Waggon zu entfernen. Aber sich in Socken bei voller Fahrt auf den Schotter fallen zu lassen – undenkbar, zumal die Bewacher Ketten von den Waggons hängen ließen, die einem leicht den Schädel zerschlagen könnten. Und dann gab es noch die Menge derjenigen, die die Politischen aus Angst vor Vergeltung bestürmt hatten, bei der Abfahrt in Frankreich nicht die Marseillaise oder andere patriotische Lieder zu singen. Sie hofften, dass sie, in der Darstellung Duroméas meistens Kriminelle und Schwarzhändler, im Gegensatz zu den Kommunisten und anderen »Terroristen« in ein weniger hartes Lager kommen würden.

Wohl keiner der Ankommenden machte sich eine Vorstellung davon, was sie in Neuengamme erwartete. Zum ersten Mal, so Duroméa in seiner Erinnerung, sahen sie hintereinander aufgereiht Menschen in weiß und blau gestreiften Anzügen, andere hatten zivile Kleidung, aber an den Seiten waren Pinselstriche, auf dem Rücken ein Kreuz in derselben Farbe. Es würde sich wohl um deutsche Zuchthäusler handeln. Die Franzosen entrüsteten sich, als sie sahen, dass die Häftlinge ihre Mützen absetzten, wenn sie einem SS-Mann begegneten. Es war nicht zu verstehen, wie sich Menschen zu einem solchen Niveau an Unterwürfigkeit herablassen konnten … Wenige Tage würden genügen, um zu begreifen, dass sie sich in ihrer neuen Situation in nichts von den Gestalten unterschieden, die sie als so bizarr wahrgenommen hatten. Sie wussten nunmehr, dass sie ihr Leben aufs Spiel setzten, wenn sie vor einem SS-Mann nicht die Mütze zogen.

Am Tag nach der Ankunft mussten die Neuen ihre Essensvorräte abgeben, so auch den Inhalt der Rotkreuzpakete, die manche belgischen Gruppen noch am Abfahrtsort bekommen hatten. Sie wurden in Gemeinschaftsduschen gejagt, ihnen wurden Kopf- und Schambehaarung rasiert, sie wurden in Mund und After auf versteckte Objekte überprüft, und schließlich erhielten sie eine Zinkplakette mit einer Nummer. Diese würde in Zukunft ihre Identität darstellen. Der bürgerliche Name spielte keine Rolle mehr. Die erfahrenen Häftlinge im Lager schärften den Neuen ein, bei Strafe von Schlägen die Nummer und ihre deutsche Aussprache so schnell als möglich zu lernen. Pech, wenn jemand eine besondere Nummer wie 44.444 erhielt, diese auswendig gelernt hatte, er aber am Folgetag beim Appell auf den Aufruf »Fünfmal die vier« nicht reagierte …[66]

Diejenigen, die ihre Kleidung auf dem Transport behalten konnten, mussten diese nun abgeben. Alle erhielten in völliger Willkür andere Kleidungsstücke. André Duroméa äußerte sich folgendermaßen: »Wir streifen also diese ›Kleidung‹, diese Klamotten

65 Duroméa, André, S. 121.
66 Daher wurde Roger Vyvey nach Auskunft seines Enkels Kristof Van Mirop misshandelt.

über. Ich für meinen Teil habe eine zu große Reithose, eine ebenfalls zu große Jacke, die mir bis zu den Knien reicht. Das ganze beschmiert, wie es sich gehört, mit gelber Farbe, und zu guter Letzt bekomme ich eine russische Soldatenmütze mit Ohrenschützern. Als wir schließlich unsere Kameraden wiederfinden, müssen wir uns vor Lachen ausschütten angesichts unserer Verkleidung. Das Ziel der Nazis besteht darin zu erniedrigen, dann die Arbeitskraft von billigen Sklaven zu nutzen und schließlich den Menschen zu vernichten.«[67]

Die ritualisierte Entwürdigung, der alle Neuankömmlinge ausgesetzt waren, wurde unter dem Deckmantel der Erfassung, der Seuchenprophylaxe und der Neueinkleidung mit einem Maximum an Enthumanisierung betrieben. In der Folgezeit mussten SS und ihre Helfer den Terror nicht mehr gleichmäßig intensiv und durchgängig ausüben; es reichte aus, dass er punktuell immer wieder in Erscheinung trat, am wirkungsvollsten, wenn er mit Willkür und großer Grausamkeit verbunden war.[68] Ein Teil der neu Eintreffenden wurde in Quarantäneblocks untergebracht. Manche arbeiteten tagsüber in den oft mörderischen Arbeitskommandos des Stammlagers. Andere wiederum blieben nur zwei oder drei Tage in Neuengamme und gelangten dann mit einem Bahntransport in eines der Außenlager, in diesem Fall nach Bremen-Blumenthal.

Aufenthalt im Stammlager Neuengamme und der Weg ins »Kommando Blumenthal«

André Duroméa kam, wie die meisten Franzosen und Belgier, im September nach Blumenthal. Er hatte den Alltag im Stammlager und die auszehrenden Arbeiten mit aller Härte erfahren. Noch in Neuengamme verständigte er sich mit kommunistischen Genossen und anderen politischen Gefangenen aus Frankreich. Vielleicht war es möglich, sich zu einem Kommando zu melden, das Trümmer und Blindgänger räumte? So konnte man bei günstigen Umständen eine Flucht realisieren. Letztlich verabredete er sich jedoch mit zwei anderen, auf Transport nach Bremen zu gehen, wo Metallarbeiter gesucht wurden. Zu dieser Gruppe zählte auch der spätere Häftlingsarzt von Blumenthal, René Leherpeux.

Der Belgier Guy Melen nutzte die Zeit der Quarantäne.[69] Er begegnete bei einem der Appelle einem anderen Widerstandkämpfer, den er von gemeinsamen Treffen in

67 Duroméa, André, S. 124.

68 Dazu ausführlich: Kaienburg, »Vernichtung«, S. 51–53.

69 Melen, Résistance. Aus Berichten ehemaliger Häftlinge geht hervor, dass einige eine Zeitlang in Quarantäne verblieben, andere wurden bereits nach wenigen Tagen in das Lager Blumenthal überstellt. Laut Kaienburg war die Quarantäne spätestes 1944 zur Farce geraten; manche Gefangenen wurden bereits nach ein oder zwei Tagen anderenorts eingesetzt. Kaienburg, »Vernichtung«, S. 397.

Belgien kannte und erfuhr, dass sich kleine Zellen gebildet hatten, deren Mitglieder im Stammlager mit deutschen politischen Gefangenen bereits Kontakt aufnehmen konnten. Der Ukrainer Petr P. Metla hat an die Zeit in Neuengamme besonders schlechte Erinnerungen: »In den 12 bis 15 Tagen, die ich in Neuengamme verbrachte, kriegte ich mehr Schläge mit dem Gummi als in vier Monaten in Bremen-Blumenthal.«[70] Über andere Erfahrungen berichtet der Belgier Gustaaf Van Essche. Er blieb mit seinem Bruder Herman drei Tage in Neuengamme. »Wir sind hier keinen Misshandlungen ausgesetzt gewesen oder ich habe auch nicht gesehen, dass eine mir bekannte Person misshandelt worden ist.«[71] Auch der Belgier Joseph Desaver gibt an, außer der Aufnahmeprozedur keine schlimme Behandlung erfahren zu haben, obwohl ständig Misshandlungen drohten. In Blumenthal hingegen seien er und seine Mitgefangenen später jeden Tag ohne Grund geschlagen worden.[72] Der aus Compiègne im Juli 1944 deportierte Nicolas Dabrowski* durfte seiner Partnerin sogar einmalig eine Karte nach Paris schreiben.[73]

Würde man im Stammlager verbleiben oder in einem der zahlreichen neuen Außenlager eingesetzt werden? Offenbar gab es hier für den Einzelnen gelegentlich die Möglichkeit, sich an der Gestaltung seines Schicksals zu beteiligen – allerdings in Unkenntnis der wirklichen Verhältnisse. Raymond Van Pée beherzigte den Vorschlag des älteren Kameraden Theo Timmermans, wonach jederman in ihrer Gruppe, damit diese zusammenblieb, angeben sollte, er sei Schlosser.[74] André Mandrycxs, im Arbeitseinsatzbüro in Neuengamme tätig und unter Häftlingen für seine geheime Unterstützungstätigkeit bekannt, gab dem Belgier Gaston Vandekerkhove denselben Rat und nannte ihm ein Losungswort, damit er im neuen Lager schnell Kontakt zu französischen Kameraden fände. Auch Jean Thébault entschied sich für die Fabrikarbeit. Sein Onkel war enttäuscht und entschloss sich, in Neuengamme zu bleiben.[75] Andere wie Henri Désirotte wurden eingeteilt, ohne dass sie Gelegenheit hatten, sich für ein Arbeitskommando melden zu können.[76] Da keine Lagerliste des Außenlagers mehr existiert, sind wir auf jene Berufsangaben angewiesen, die vermutlich bei der Aufnahme in das KZ Neuengamme oder während des dortigen Aufenthalts im Rahmen des Datenerfassungsprojekts des

70 ANg, HB 1696, Petr Petrowitsch Metla.

71 Aussage Gustaaf Van Essche v. 11.12.1946, Auditorat général, Dossier Vom Endt (not. 1605/47).

72 Vernehmung v. 12.2.1946, DAO/SAVG/AfK, Dossier 16547.

73 DAVCC Caen/Frankreich, 21P 444235. Aus dem Schreiben von Mme Mo. an Nicolas Dabrowski: »Anfangs habe ich deine Karte aus Neuengamme erhalten. Ich habe dir alle 14 Tage geschrieben, wie man es erlaubte.« Zur postalischen Versorgung der Häftlinge vgl. Kapitel »Existenzbedingungen«.

74 DAO/SAVG/AfK, Dossier 16547 (Joseph Desaver).

75 Jean Thébault, Neuengamme, L'enfer de mes 20 ans (Typoskript 1994), S. 14.

76 Désirotte, Tragédie, S. 49. Dies kann man auch bei Michail Georgijewitsch Ssanin annehmen: »Ich bekam die Häftlingsnummer 57635 und wurde in die Quarantänebaracke 17 eingewiesen. Hier wurde ein Arbeitskommando der Metallarbeiter zusammengestellt, und ich kam in dieses Kommando und wurde in ein Außenlager nach Blumenthal bei Bremen am Ufer eines Flusses geschickt.« ANg, HB 1474.

Wirtschaftsverwaltungs-Hauptamtes der SS erfragt wurden.[77] Sie spiegeln die Wirklichkeit zwar nur unvollkommen wider. Dennoch dürfte der Anteil der von den Häftlingen nur behaupteten Berufsbezeichnungen begrenzt sein. Fast die Hälfte gab Berufe an, die für ihren Lageraufenthalt eher nicht hilfreich waren: Angestellter, Beamter, Polizist, Lehrer, Student, Kaufmann, Landwirt.[78] Die Neulinge hatten keine Vorstellung, dass bestimmte Angaben für sie günstig sein könnten und beispielsweise bewirken würden, dass sie in ein Produktionslager und nicht in ein viel härteres Baulager gelangen würden. Andererseits mussten sie auch befürchten, einem Praxistest unterzogen und bei falschen Angaben schwer bestraft zu werden. Gaston Vanderkerkhove warb bei manchen vergeblich, sich für das Produktionslager Blumenthal zu melden: »Ich konnte noch so sehr sagen, dass von hundert, die das von sich behaupteten, keine zehn Schlosser waren und dass die Kapos, die uns bei der Arbeit kontrollieren mussten, zu dumm waren, um beim Donnern zu helfen – es war in den Wind gepredigt.«[79]

77 Ich danke Frau Beßmann von der KZ-Gedenkstätte Neuengamme für den Hinweis. Es handelt sich um ein Hollerith-Lochkartensystem der Firma IBM.

78 Vgl. ANg, Auszug aus der Häftlingsdatenbank (s.v. Außenlager Blumenthal).

79 Gaston Vandekerkhove, 20 Ronsenaars in de hel van Neuengamme (1976), S. 24.

4 Neu im Lager Deschimag Bremen-Blumenthal

Die meisten Häftlinge, die nach Blumenthal gelangten, hatten traumatische Erfahrungen hinter sich. Gefängnisaufenthalte, Verhöre und Folterungen in der von den Deutschen besetzten Heimat, die Deportation unter Extrembedingungen, dazu die erniedrigenden Aufnahmerituale im Lager Neuengamme, die Herabwürdigung zu einer bloßen Nummer, die erschreckenden Erzählungen von Altgefangenen und – für einige – die extrem schweren Arbeitskommandos im Stammlager hatten sie die letzten Illusionen verlieren lassen, welchen Charakter ihre Gefangenschaft haben würde.

Das KZ in Bremen-Blumenthal war ein Ausländer-Lager, in dem eine kleine Zahl von SS-Leuten mit Hilfe von wenigen deutschen »grünen« Funktionshäftlingen und einer Marine-Wachmannschaft die Herrschaft ausübte. Der Kommandoführer des Blumenthaler Lagers, Richard-Johann vom Endt, wurde nach dem Krieg festgenommen und in Brüssel verhört. Die deutsche wie die französische Version enthalten wichtige Angaben: das Einrichtungsdatum des 20.8.44, der Hinweis auf die »Deschimag (Arbeitsgemeinschaft Weser[80])« als Betreiberin des Lagers und die Stärke des Erstkontingents in Höhe von 500 Personen. Andere Passagen sind missverständlich: »Die Häftlinge (500 Männer/Berufsverbrecher) 19 Deutsche davon, die übrigen waren politische Häftlinge anderer Nation) wuchsen im Laufe von neun Monaten auf 1.000 an. Hierunter waren dann insgesamt rund 200 Belgier.«[81] Die Bezeichnung »Berufsverbrecher« kann sich allein auf die deutschen Gefangenen beziehen, die einen »grünen Winkel« zusammen mit ihrer Häftlingsnummer trugen und in der Lagersprache auch als »BVler« oder »Grüne« bezeichnet wurden. Bezüglich der Gesamtzahl besteht Übereinstimmung mit einem Schreiben der Gestapo Bremen (1. September 1944), in dem Orte mit »Gefahrenmomenten«[82] aufgeführt sind: »Unterbringung von ca. 500 Häftlingen des KZ. Lagers Neuengamme im Lager Barenplate in der Nähe des Betriebs«.[83] Die ehemaligen belgischen Häftlinge Charles Lapaige und André De Rouck geben in der unmittelbaren Nachkriegszeit an, ein Kontingent von »800 Häftlingen aller Nationalitäten, vor allem Belgier – Franzosen« sei am 10. September 1944 von Neuengamme mit dem Ziel Bremen-Blumenthal in Gang gesetzt worden; der Konvoi sei dort am 12. oder 13. Septem-

80 Gemeint: A[ktien]-G[esellschaft] »Weser«. Näheres im Kapitel »Arbeitseinsatz«.

81 Commission Belge des Crimes de Guerre, Vernehmung v. 14.4.1947, CEGESOMA, Dossier 581/645.

82 Es handelt sich um eine Aufstellung von Objekten der Region, die im Fall »innerer Unruhen« von Alarmeinheiten gesichert werden sollten. Im Gegensatz zu anderen Plänen der SS (»Adler«, »Nachteule«) war beim »U-Fall« keine Verlegung ausländischer Zwangsarbeiter geplant. Vgl. Herbert Schwarzwälder, Geschichte der Freien Hansestadt Bremen, Bd. 4: Bremen in der NS-Zeit (1933–1945), Hamburg 1985, S. 601–602.

83 StAB 5,4 ZB No. 1970/4/10-61/9. Vgl. Abb. S. 45.

Aussage Richard-Johann vom Endt in Brüssel (1947)

Arbeitslager Blumenthal: Einrichtung erfolgte am 20.8.1944 zwecks Arbeitseinsatzes bei der Deschimag (Arbeitsgemeinschaft Weser). Die Häftlinge (500 Männer/Berufsverbrecher 19 Deutsche davon, die übrigen waren politische Häftlinge anderer Nation) wuchsen im Laufe von 9 Monaten auf 1.000 an. Hierunter waren dann insgesamt rund 200 Belgier. Ich kenne noch einen Belgier namens v a n ACHTEN (Vorname unbekannt, wahrscheinlich Jan, – Millionär aus Löwen – war ein politischer Häftling.) Die Barackenzahl für die Unterbringung der Häftlinge in Blumenthal betrug 8. Jede Baracke hatte ungefähr 2 große und 1 kleines Zimmer. Das große Zimmer beherbergte 32–38 Häftlinge, im kleinen Zimmer war gewöhnlich der Chefkapo mit seinem Stab untergebracht. Die Häftlinge arbeiteten 11 Stunden mit einer ¾ Stunde langen Pause einschließlich. Bei Übernahme des Lagers Blumenthal waren 40% Schwerst- und 60% Schwerarbeiter, weshalb sie eine Zusatzverpflegung erhielten. Diese bestand aus: 530 – 600 Gramm Brot, für Jugendliche bis zu 800 Gramm Brot, 4-mal je 30 Gramm Margarine in der Woche, 1-mal 80 Gramm Frischwurst, 2-mal 125 Gramm Quark und 125 Gramm Zucker, mittags erhielten die Häftlinge ¾ Liter Bunkersuppe von der Firma, für die sie arbeiteten. Abends erhielten sie 1 ½ Liter Suppe im Lager. Diese Suppen bestanden aus Kartoffeln, Gemüse, Fleisch, Nährmitteln. Die Häftlinge erhielten auch noch Prämiengelder, ausgezahlt von der Firma, in der Höhe von 1 – 15 Mark, für die sie entsprechende Faßware (Muschelwaren und Rauchwaren) kaufen konnten. Die Behandlung der Häftlinge seitens der Lagerführung war ohne Schläge, jedoch weiß ich, daß die einzelnen Kapos und auch Häftlinge unter sich sich [sic]gegenseitig geschlagen haben. Sämtliche Bestrafungen wurden vom Hauptlager Neuengamme verhängt. Unsererseits wurde nur der entsprechende Rapport gemacht. Neuengamme hat bei 3 Häftlingen (Keine Belgier!) Prügelstrafe bestehend aus 15 Schlägen verhängt. Sie wurde auf das Gesäß verhängt, indem die Kapos den Kopf zwischen die Beine nahmen und ein anderer die Schläge austeilte. Monatliche Durchschnittssterbeziffer betrug etwa 7. Das Lager hatte 4 Ärzte, davon 3 Zivilärzte und 1 französischer Häftlingsarzt (LEHROUX, wahrscheinlich in der Nähe von Paris zuhause). Am 7.4.1945 nachmittags erhielt ich den Befehl von Neuengamme, das Lager aufzulösen und die Häftlinge teils zu Fuß, teils mit der Bahn nach Neuengamme zurückzuführen. Bei Auflösung des Lagers hatte ich noch 1019 Häftlinge noch [sic], davon 900 Häftlinge in Neuengamme, der Rest fiel wegen Marschbeschwerden und anderen Beschwerden unterwegs aus, wurde aber ärztlich betreut und mit dem Omnibus dem Internationalen Roten Kreuz in Bremervörde übergeben. Ich selbst marschierte mit meinen Häftlingen bis FARGE, von dort weiter zu Fuß bis Bremervörde mit verschiedenem Nachtaufenthalt (bei Bauern), von hier aus per Bahn nach Neuengamme. Ausladepunkt WINSEN an der Luhe. Von hier aus in das Lager Fußmarsch. Tagesmarsch betrug ungefähr 18 Kilometer.

Vorgelesen – Genehmigt – Unterschrieben
Richard-Johann vom Endt[84]

84 Vernehmung v. 18.4.1947, Auditorat général, Dossier 1605 (Vom Endt), deutsche Version.

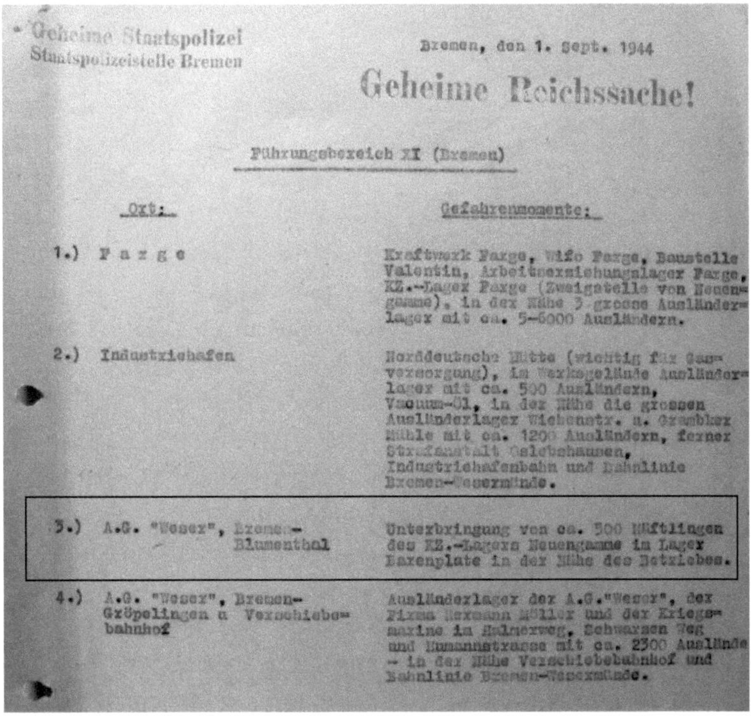

Geheime Staatspolizei
Staatspolizeistelle Bremen

Bremen, den 1. Sept. 1944

Geheime Reichssache!

Führungsbereich XI (Bremen)

Ort:	Gefahrenmomente:
1.) Farge	Kraftwerk Farge, Wifo Farge, Baustelle Valentin, Arbeitserziehungslager Farge, KZ.-Lager Farge (Zweigstelle von Neuengamme), in der Nähe 3 grosse Ausländerlager mit ca. 5–6000 Ausländern.
2.) Industriehafen	Norddeutsche Hütte (wichtig für Gasversorgung), im Werksgelände Ausländerlager mit ca. 500 Ausländern, Vacuum-Öl, in der Nähe die grossen Ausländerlager Wiehenstr. u. Grambker Mühle mit ca. 1200 Ausländern, ferner Strafanstalt Oslebshausen, Industriehafenbahn und Bahnlinie Bremen-Wesermünde.
3.) A.G. "Weser", Bremen-Blumenthal	Unterbringung von ca. 500 Häftlingen des KZ.-Lagers Neuengamme im Lager Barenplate in der Nähe des Betriebes.
4.) A.G. "Weser", Bremen-Gröpelingen u. Verschiebebahnhof	Ausländerlager der A.G. "Weser", der Firma Hermann Müller und der Kriegsmarine im Holmerweg, Schwarzen Weg und Humannstrasse mit ca. 2300 Auslände[illegible] – in der Nähe Verschiebebahnhof und Bahnlinie Bremen-Wesermünde.

Die NS-Alarmpläne sahen die Sicherung wichtiger Objekte und größerer Ausländerlager vor. Für September 1944 wurde das KZ Bahrsplate mit 500 Häftlinge ausgewiesen

ber eingetroffen.[85] Die Zahl der Belgier dürfte im Zuge weiterer Zugänge erheblich mehr als 200 betragen haben; diese Nationalität stellte vermutlich die größte Herkunftsgruppe im Lager.[86] Die Grundkonstellation wird durch vom Endts Darstellung deutlich: Deutsche Funktionshäftlinge (»grüne Kapos«) standen im Dienst der SS und verwalteten den Lager- und Arbeitsalltag, indem sie unter den ausländischen Mithäftlingen für »Disziplin«« sorgten. Ungeachtet ihrer tatsächlichen Biografie klassifizierte das SS-System die ausländischen Häftlinge unterschiedslos als politische Gefangene, die daher mit einem »roten Winkel« gekennzeichnet waren.[87]

Wenngleich vom Endt den 20. August 1944 als Datum der Errichtung des Lagers angibt, so lässt sich vor September kein Transport aus Neuengamme mit zeitgenössischen

85 Gemeinsame Erklärung von Charles Lapaige und André De Rouck (o. D.), DAO/SAVG/AfK, Dossier Désiré Achten.

86 Zu den Zahlen s. das Kapitel »Krankheit und Tod«.

87 Jens-Christian Wagner, Produktion des Todes. Das KZ Mittelbau-Dora (2015), S. 365.

> **Ich sehe immer noch diese Ankunft**
>
> Ich sehe immer noch diese Ankunft in Blumenthal und diesen kleinen Bahnhof, der nach meiner Erinnerung oben im Dorf lag. Es war ein Sonntag, das Wetter war wunderschön. Wir durchquerten Blumenthal, immer unter Bewachung natürlich. Die Hauptstraße war belebt, sie war voller Menschen. Leute waren in den Cafés; es gab Leute auf den Bürgersteigen; es gab Kinder, ich erinnere mich, die uns sehr feindselige Zeichen machten, die auf uns mit den Fingern zeigten, die uns mit Steinen bewarfen und die uns Worte zuriefen, die wir nicht verstanden, die jedoch sicherlich nicht freundlich waren; was sie sagten, war eher feindlich. Wir kamen also zu Fuß in dieses Außenlager in Blumenthal, das schon existierte. Da waren die Baracken; es war wahrscheinlich ein Arbeiterlager, das gerade geräumt worden war, und zwar kurz vorher.
>
> Unsere erste Arbeit bestand darin, die Baracken wieder herzurichten und sie zu reinigen, denn unsere Vorgänger hatten sie in einem widerwärtig schmutzigen Zustand zurückgelassen. Wir kamen genau nachmittags an und brauchten den Abend und einen Teil der Nacht für die Reinigungsarbeiten, um uns einrichten zu können. Wir schliefen in der Nacht in einem gewissen Durcheinander und wurden dann, am nächsten Tag, auf die Blocks aufgeteilt, die unsere endgültige Wohnstätte wurden. Und dann begann die Arbeit in Blumenthal.
>
> Raymond Poirson[88]

Dokumenten belegen. Allerdings findet sich hinsichtlich dieses Datums eine Übereinstimmung mit der Nachkriegsaussage des ehemaligen französischen Gefangenen Pierre Martin. Dieser gibt an, am 20. August 1944 auf die Bahrsplate gelangt zu sein.[89] Der Franzose Raymond Poirson gibt an, bereits im August 1944 im Lager Blumenthal gewesen zu sein.[90] Es ist denkbar, dass die Kapos – vielleicht zusammen mit einem kleinen Vorauskommando ausländischer Gefangener – bereits vor dem Eintreffen größerer Gruppen nach Blumenthal gebracht worden waren, um die Aufnahme eines größeren Kontingents vorzubereiten. Jean Thébault erinnert sich, dass er am 1. September (»mein Geburtstag«) eintraf.[91] Eine weitere Gruppe von Belgiern kam nach einem Aufenthalt von 2 ½ Tagen im Stammlager vermutlich am 7. September nach Bremen-Nord.[92]

Der Weg ins »Kommando Blumenthal«

Die Ankunftsorte der einzelnen Transporte nach Blumenthal sind offenbar unterschiedlich gewesen. Ein »höher gelegener Bahnhof« kann auf den Eisenbahn-Haltepunkt Mühlenstraße im Ort verweisen. In anderen Erinnerungen ist von mehreren Kilometern Marsch die Rede, so dass die Bahnhöfe Blumenthal oder auch Vegesack in Frage kommen. In Pierre Billaux' Erinnerung war der

88 Raymond Poirson, Récit de l'aventure dominante de ma vie: concentrationnaire à Neuengamme et dans le kommando extérieur à Bremen-Blumenthal, Audio-Kassette I, Dokumentationszentrum Blumenthal, 25a zwa 11/audio Nr. 95.

89 DAVCC, 21P 592665. Die Daten, an die sich ehemalige Häftlinge erinnern, sind verständlicherweise nicht durchweg zuverlässig.

90 Poirson, Audio-Kassette, Teil I.

91 Thébault, Neuengamme, S. 14.

92 Désirotte, Tragédie, S. 50.

Weg vom Bahnhof zum Lager recht kurz; er habe nicht, wie im Bericht A. Duroméas angeführt, durch einen Teil Blumenthals geführt; die Häftlinge seien vielmehr an einem Haus für Fremdarbeiter vorbeigekommen. Die eintreffenden Gruppen waren zumeist recht groß.[93] Ein Kommando von nicht mehr als drei SS-Leuten und etwa 30 älteren Marinesoldaten nahm Duroméa und seine Leidensgenossen in Empfang. Es führte die Häftlinge durch die Hauptstraße, an Cafés vorbei und durch den Alltagsverkehr. Für die einheimische Bevölkerung schienen die Gefangenen in KZ-Kleidung und mit geschorenem Kopf offenbar »Feinde« und »Terroristen« darzustellen. Zeitzeugen unter den Überlebenden erinnern sich daran, dass sie von der Bevölkerung mit deutlicher Verachtung wahrgenommen wurden.[94] Kinder benahmen sich feindselig ihnen gegenüber.[95] Es kam vor, dass Häftlinge von Einwohnern geschlagen wurden.[96] Die Ankommenden fanden ein »verdrecktes Lager« vor.[97] Sie mutmaßten, dass es vorher von sog. freien Arbeitern bewohnt gewesen sei.[98] Es blieb ihnen verborgen, dass hier kurz zuvor noch sowjetische Kriegsgefangene untergebracht gewesen waren.

Die ersten Tage als KZ-Häftling im Lager Blumenthal

Der Belgier Raymond Van Pée hat eine detaillierte Schilderung[99] der ersten Tage seiner Gefangenschaft in Blumenthal verfasst.

Nach zwei Tagen Fahrt im Viehwaggon von Hamburg in den Bremer Norden, in hockender Haltung, unter scharfer Bewachung durch je zwei Soldaten pro Waggon, mit einem halben Brot, aber ohne Flüssigkeit, kamen die ungefähr 600 Männer in Blumenthal an. Ungefähr zehn SS-Männer und ein Trupp älterer Marinesoldaten nahmen die Häftlinge in Empfang. Noch auf dem Weg zum Lager, so Van Pée, machte die Hälfte der Gefangenen Bekanntschaft mit der Brutalität des »grünen« Lagerältesten Karl, der mit der Faust oder mit einem Schlaginstrument zuschlug – offenbar in aller Öffentlichkeit, denn die Gruppe wurde durch den Ort geführt; die Passanten sahen sie an, als ob sie ein Trupp Galeerensträflinge seien. Es sei ihnen sicherlich gesagt worden, dass es sich um

93 Raymond Poirson spricht von einem Kontingent von 500 Personen. Récit, Audio-Kassette Teil I.

94 So Désirotte, Tragédie, S. 51.

95 Poirson, Audio-Kassette, Teil I.

96 René Thirion erinnert sich: » Sie haben uns dort für Terroristen gehalten. Sie haben uns auf dem Weg beschimpft und geschlagen, zwei, drei Kilometer mussten wir zu Fuß laufen.« Interview für den Film »Die leeren Gräber von Meensel-Kiezegem« (2005), Katinka Schröder/Hans-Jürgen Hellweg (Regie), Spur 12.

97 Poirson, Audio-Kassette, Teil I.

98 Duroméa, André, S. 134.

99 Van Pée, Ik was 20, S. 71–80. In digitaler Version URL: http://getuigen.be/Getuigenis/Van-Pee-Raymond/tkst.htm. Van Pées Schilderungen sind im Allgemeinen ungewöhnlich stimmig und plausibel; ich verwende daher etliche Elemente. Dennoch ist zu bedenken: 1995 veröffentlicht und mit Dialogen versehen, stellt dieser Bericht eine Mischung von Fiktion und »konstruierter Erinnerung« dar.

Verbrecher handele. Am Eingangstor zum Lager empfing sie der Lagerleiter mit drei Offizieren. Es ertönte das Kommando »Links, rechts, die Augen links, Mützen ab!«, und die Marschkolonne wurde an den SS-Leuten vorbei auf den Appellplatz geführt.

Dann erhielten die Neuen die ersten Informationen: Aufstehen um halb sechs, dann essen und die Stube in Ordnung bringen, um sieben Uhr Appell, Abendessen um 19 Uhr, schlafen gehen um 21 Uhr. Raymond Van Pée hatte Glück: Er konnte mit seinen Landsleuten aus Boechout in derselben Baracke Nr. 6 in einem Zimmer für ca. 30 Häftlinge zusammenbleiben. Stubenältester wurde Theo Timmermans, der erfolgreich alles daran setzte, möglichst viele Flamen in dieser Stube unterzubringen. Den Neulingen im KZ genügten bereits die wenigen Tage im Lager Neuengamme, sich über die lebenswichtige Bedeutung der Lagerhierarchie und ihrer ungeschriebenen Regeln zu unterrichten.

Auffällig ist, dass die Häftlinge in diesem geschilderten Fall den Stubenältesten selbst bestimmen konnten. In der Fachliteratur ist längere Zeit über den Begriff der »Häftlingsselbstverwaltung« gestritten worden.[100] SS und Wachmannschaften waren in Anbetracht geringer personeller Ressourcen nicht in der Lage, derartige Lager allein zu verwalten. Die von den KZ-Häftlingen als »Bindenträger« bezeichneten Mitgefangenen füllten dementsprechend wichtige Funktionen als Kapos[101], Blockälteste, Schreiber, Küchenhilfen, Mediziner, Krankenpfleger und Übersetzer aus und erhielten entsprechende Gratifikationen. Allen Inhabern solcher Posten war gemeinsam, dass sie jederzeit abberufen werden konnten. Andererseits konnte die Einnahme derartiger Posten für die Kameraden ihrer Bezugsgruppe von großer Bedeutung sein – als Quelle von Nahrung, Informationen, relativem Schutz. Auf der untersten Hierarchie-Ebene war es somit z.B. von großer Bedeutung, einen gerechten und verantwortungsbewussten Stubenältesten zu haben.

Zunächst, so Van Pée weiter, gingen die Neuankömmlinge umher, um festzustellen, in welchen Baracken Bekannte unter den Mitgefangenen untergekommen waren. Acht Belgier aus Thy-le-Château, dem Kloster der »Weißen Brüder«[102], so stellte sich heraus, waren zusammen auf Transport gekommen, Priester ebenso wie ihre Glaubensbrüder. Um 18 Uhr 30 ging das Lagertor auf. Etwa vierhundert zerlumpte KZ-Gefangene kamen von der Arbeit zurück. Ihre Berichte waren niederschmetternd: Es habe in ein paar Monaten schon viele Tote gegeben.[103] Auch an diesem Tag wurden drei schwer kranke Kameraden mitgeschleppt, die nach späteren Aussagen ihrer Kameraden die Nacht nicht überlebt hätten.

Es zeigte sich unmittelbar, dass die Entscheidung für Theo Timmermans als Vertreter der Stube eine gute Wahl war. Beim Brotaufteilen führte der bohrende Hunger oft zu der misstrauischen Frage, ob jemand übervorteilt würde. Dem Stubenältesten gelang es auch

---

100 Dazu im Überblick Wagner, Produktion, S. 363–368.

101 Genaueres im Kapitel »Im Dienste der SS«.

102 Der katholische Orden der »Pères Blancs« hatte seinen Missionsschwerpunkt in Afrika.

103 Das Lager bestand erst seit kurzer Zeit; der Belgier Michel De Backer war der erste, dessen Tod am 27.9.1944 der Lagerleiter vom Endt im Standesamt Blumenthal anzeigte (26.10.1944). StAB 4,60/5-4819.

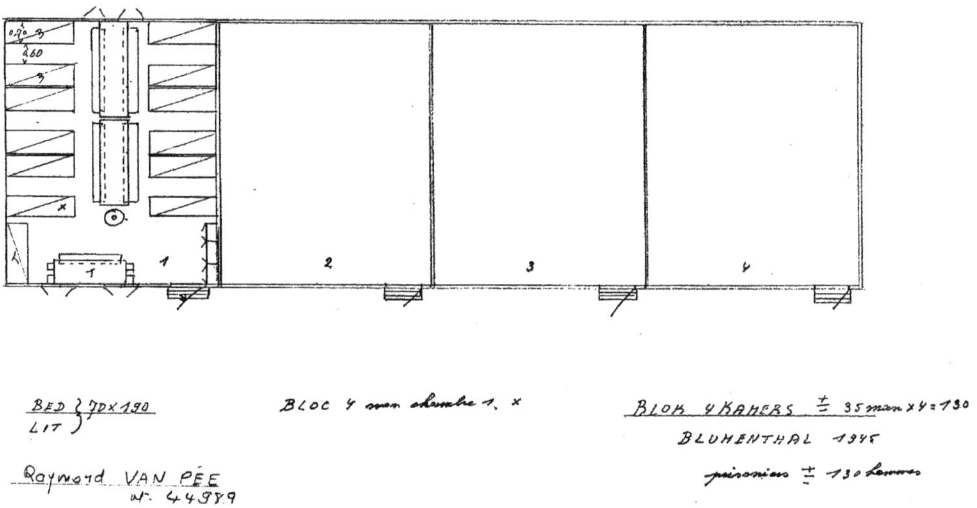

Grundriss einer Unterkunft. Der ehemalige Häftling Raymond Van Pée vermerkt in seiner Skizze pro Stube zwölf dreistöckige Bettstellen; danach konnten in einer Wohnbaracke 130 Mann untergebracht werden

in kritischen Situationen, das Gemeinschaftsgefühl zu stärken. Abends schon war der von ihm eingeteilte Stubendienst tätig geworden. Morgens ging es darum, dass in aller Eile die Betten gemacht wurden. Der zuoberst liegende Bettbewohner musste mit dem Bettenmachen beginnen, denn bei der Gelegenheit fiel Stroh und Streu auf das darunter liegende Bett. Dann meldete Timmermans dem zur Inspektion erschienen Kapo Heinz: »Stube eins, fertig!« Der Kapo fand vorgeblich schlecht gemachte Betten und bestrafte deren Besitzer mit Schlägen seiner Peitsche, während diese sich bemühten, gleichzeitig das Bett zu machen und mit einem Arm die Schläge auf den Kopf abzuwehren. Das Stroh, das dabei auf den Boden fiel, war dem Kapo Anlass, auf die Verantwortlichen des Stubendienstes einzuschlagen. Nach diesem ersten Morgen war die Hälfte aller Neuen mit Wunden übersät. Timmermans schlug vor, die Betten zukünftig schneller zu machen; er selbst wolle die Kontrolle noch intensiver ausüben, bevor die Inspektion kam.

Van Pées Bruder Robert war inzwischen der Schweißerkolonne in der Fabrik zugeteilt worden, andere den Schlosserwerkstätten. Da Raymond Van Pée keinen Beruf angegeben hatte, blieb er mit anderen zunächst für einige Tage im Lager und hatte dort Dienste zu verrichten.

Am dritten Tag wurden die Neulinge zur Schreibstube geführt. »Dort schwang Kapo Hennig*[104] das Zepter. Unter seiner Aufsicht wurden die Wände abgeschrubbt, die Fenster geputzt und zum Schluss der Flur gescheuert. »Kapo Hennig schlug nicht. Da ich Deutsch sprach, gab er mir die Befehle. […] Dieser Kapo war bei den SS-Leuten gut angeschrieben.

104 Ich übernehme die irrige Namensform der Version von Van Pée.

Am dritten Tag begann das Piesacken erneut

Am dritten Tag begann das Piesacken erneut. Nachdem fast alle Richtung Fabrik abmarschiert waren, blieben wir mit zwölf Mann auf dem Appellplatz zurück. Ich fühlte mich elend. Wir standen zusammen, acht Flamen und vier Wallonen. Ich sagte: Kommt, wir gehen in die Waschbaracke! Aber so weit kamen wir nicht. Karl rief: ›Ha, ihr wollt wohl nicht für das Großdeutsche Reich arbeiten. Wohl alle Studenten?‹ Wir nickten: ›Jawohl!‹ ›Nicht arbeiten, nicht essen! Mitkommen!‹ polterte er. Wir gingen in Richtung Waschräume und Klo. Dies war eine große Baracke mit zwei breiten langen Gängen und etwa fünfzig Becken mit Wasserhähnen. Rechts an der Außenkante war auf Sitzhöhe ein breites Holzbrett befestigt. Der Holzzaun führte an dieser Seite nicht ganz zum Boden, sondern ließ eine Öffnung von ungefähr einem halben Meter. Unterhalb des Zaunes befand sich eine Grube, die halb innerhalb und halb außerhalb der Baracke lag, zur Hälfte also an der offenen Luft. Für unser großes Geschäft mussten wir unsere Hosen runter ziehen und uns auf den Balken setzen. [...] An der Außenkante konnte man dann die breite Grube leerschaufeln. Das war unser erster Auftrag. [...] Ich musste an mich halten, um mich nicht zu übergeben. [...] Anfänglich machten wir die Fässer ganz voll. Aber als unsere Bewacher nicht hinsahen, füllten wir die Fässer nur zur Hälfte. Wir mussten die Fässer zum Lagerausgang tragen, dort mussten wir die stinkende Brühe in große Behälter gießen, die ein Bauer aus der Umgebung später mit Pferd und Wagen abholen würde. [...] Der vierte Arbeitstag im Lager hatte es aber wieder in sich! Karl hatte uns morgens schon ordentlich getriezt. Wir hatten insgesamt wohl zehn Fässer Scheiße weggeschleppt, als er sah, dass die Fässer nur halb voll waren. Wir bekamen ordentlich Prügel mit seinem Gummiknüppel, sowohl auf den Kopf wie auf den Rücken.
Raymond Van Pée[105]

105 Van Pée, Ik was 20, S. 76–78.

Er war verantwortlich für die Verwaltung und Versorgung des Lagers.«[106]

Van Pée lernte schnell, dass es darauf ankam, Arbeit zu haben, und diese, soweit sie nicht allzu unangenehm war und er nicht unter Beobachtung stand, zeitlich auszudehnen: Fenster putzen, Räume säubern. Dennoch schien die Gefahr, den willkürlichen Prügelattacken des Lagerältesten Karl ausgesetzt zu sein, zu groß. Ein Kamerad war von ihm so schwer geschlagen worden, dass er anschließend für zwei Monate im Krankenrevier des Lagers verbringen musste. Daher entschloss sich Van Pée nach sieben Tagen, sich zur Arbeit in der Fabrik zu melden: »Am folgenden Morgen stellte ich mich also zur Arbeitskolonne meines Bruders, und eine halbe Stunde später lernte ich die Gießerei kennen.«[107]

Van Pées ausführliche Schilderung vermittelt gut, auf welche brutale Weise die Neulinge in den Kosmos des Außenlagers eingeführt wurden. In Anbetracht des brutalen Regiments im Inneren des Lagers galt es, sich früh zu orientieren und Gefahrensituationen einzuschätzen: Welche Kapos schlugen (Karl, Heinz), welche nicht (Hennig)? Wie musste ich mit der aufgetragenen Arbeit umgehen? Es war wichtig, Freiräume zur Gestaltung zu nutzen: Die Stubengenossen konnten mehrheitlich einen Landsmann zum Ältesten bestimmen und Van Pée sich augenscheinlich ohne Probleme dem Arbeitskommando seines Bruders in der Fabrik zugesellen. Würde es auch zukünftig möglich sein, über sein Schicksal mitzubestimmen?

106 Van Pée, Ik was 20, S. 76f. So auch S. 108: « Kapo Hennig, onze schrijver ».

107 Van Pée, Ik was 20, S. 80.

5 Die Lager-SS

Es gibt nur wenige Berichte und Beschreibungen über den Lagerführer und andere SS-Leute des Lagers Blumenthal. Die Häftlinge hatten mit ihnen nur wenige Berührungspunkte.[108] Dies war zum einen vermutlich dem Wunsch der Bewacher geschuldet, möglichst wenig mit den unter hygienisch prekären Bedingungen lebenden Häftlingen in Kontakt zu kommen, die für sie eine Quelle von Infektionen waren.[109] Zum anderen war die Zahl der SS-Leute vor Ort sehr gering. Im letzten Kriegsjahr betrug das Verhältnis von SS-Personal zu Häftlingen im gesamten KZ-System 1:17, das im KZ Neuengamme 1:20.[110] Unter Einbeziehung auch von nicht der SS zugerechneten Wachmannschaften, z.B. aus der Wehrmacht, errechnet Marc Buggeln für die Männer-Außenlager von Neuengamme einen Bewachungsschlüssel von 1:8. In den Neuengammer KZ-Außenlagern verrichteten in den letzten drei Kriegsmonaten wohl deutlich weniger als 400 originär aus einer SS-Laufbahn hervorgegangene Bewacher ihren Dienst bei ca. 40.000 Außenlager-Häftlingen; viele waren ohne eigene Initiative in den Wachdienst gelangt. Hitler hatte im Frühjahr 1944 entschieden, dass in den KZ-Lagern auch andere Uniformierte wie Wehrmachtssoldaten, Zöllner und Hilfspolizisten zur Bewachung eingesetzt werden konnten. Als Hauptquelle, in der sich Aussagen über die verschiedenen Personalstärken kurz vor Kriegsende finden, kann der Quartalsbericht des Neuengammer SS-Standortarztes gelten[111], den dieser an den Leitenden Arzt K[onzentrations]L[ager] der Inspektion der Konzentrationslager in Oranienburg (bei Berlin) richtete. Danach waren für »Deschimag Bremen Blumenthal« zwei SS-Stellen vorgesehen. Daneben waren die Positionen des »Vertragsarztes« (»Marinestabsarzt Dr. Weid[e]mann«) und die des S.D.G. [Sanitätsdienstgehilfe)] SS-Uscha [SS-Unterscharführer] Michael benannt.[112] Das Gros der

108 »Wir kamen selbst nie unmittelbar in Kontakt mit den SS-Bewachern.« Dossier Frédéricq Piqué, CEGESOMA, Dossier 581/645.

109 »Morgens kontrollierten die SS-Leute die Belegung im Revier; sie gingen mit einem Tuch vor dem Mund durch die Reihen.« Pierre Billaux, Schriftliche Mitteilung, 9.3.2007, Archiv d. Vf.

110 Hierzu und zum Folgenden: Marc Buggeln, Unterschiedliche Lebens- und Arbeitsbedingungen in den Außenlagern des KZ Neuengamme unter Wehrmachts- und unter SS-Bewachung? Klärungsansätze auf der Basis quantitativer und qualitativer Daten, in: KZ-Gedenkstätte Neuengamme (Hrsg.), Wehrmacht und Konzentrationslager. Beiträge zur Geschichte der nationalsozialistischen Verfolgung in Norddeutschland, Heft 13 (2012), S. 40–51. Zur Zusammensetzung des Wachpersonals in den Außenlagern vgl. Marc Buggeln, Arbeit & Gewalt. Das Außenlagersystem des KZ Neuengamme (2009), S. 392–395.

111 »¼-jähriger Bericht über die Krankenbewegungen der Häftlinge im Konz.-Lager Hmb.-Neuengamme« v. 29.3.1945, 1.1.30.0/0019/0034, ITS Digitales Archiv.

112 Die beiden Letzteren waren nicht stationär, sondern übten ihre Funktion laut Liste auch in anderen Lagern der Region aus.

Bewacher war eine »SS-gest(ellte) Bewach(ungs)-Truppe«, nämlich 100 Angehörige der Kriegsmarine. Unter dem Vorbehalt, dass die Zahlen halbwegs real waren und es sich nicht um Soll-Werte handelte und bei Annahme einer Häftlingszahl von 1.000 lässt sich eine Relation von 1:10 ermitteln.

Der Alltag der Häftlinge war vornehmlich durch den Kontakt mit den zahlreichen Helfern der SS bestimmt: Marinesoldaten, deutsche Kapos, im Krankenrevier und auf der Schreibstube Beschäftigte, deutsche Vorarbeiter, einheimische und Häftlings-Übersetzer usw. Die SS war in größerer Zahl nur bei der Einlieferung von großen Kontingenten ins Lager und in Sondersituationen präsent, z.B. bei einer Hinrichtung. Ansonsten trat hin und wieder der Lagerleiter bei Ansprachen in Erscheinung.

Für die Bremer Lager war als Kommandant aller regionalen Außenlager (»Stützpunktleiter«) der langjährige SS-Mann Hugo Benedict eingesetzt. Dieser leitete zugleich das Lager Bremen-Neuenland. Aufgrund der umfangreichen Verwaltungstätigkeit übernahmen Stellvertreter (»Kommandoführer«) seine Funktion in den anderen Außenlagern. Er trat in den Augen der Gefangenen kaum in Erscheinung.

Der Lagerleiter Richard-Johann vom Endt

Nur wenigen ehemaligen Häftlingen des KZ-Außenlagers Blumenthal ist die Person des Kommandoführers eindrücklich erinnerlich. Dieser, Wehrmachts-Oberfeldwebel Richard-Johann vom Endt, nahm mit Einrichtung des Lagers die Funktion eines Kommandoführers im Dienstgrad eines SS-Hauptscharführers wahr.[113]

Richard-Johann vom Endt, Jahrgang 1904, wurde in Velbert (Bergisches Land) geboren und hatte Werkzeugschlosser gelernt. Er war somit Mitglied einer Generation, die den Ersten Weltkrieg als Jugendliche erlebte, jedoch nicht zum Einsatz kam. Von beständigen Siegesmeldungen der kaiserlichen Propaganda berauscht, wird er wie viele Gleichaltrige die Legende vom »Dolchstoß« in den Rücken des »im Felde« angeblich unbesiegten deutschen Heeres ebenso geglaubt haben wie die zahlreichen anderen nationalistischen Deutungen des »Schandfriedens« von Versailles. Es liegen keine Selbstzeugnisse vor; eine Affinität zum Militärischen war jedoch wohl vorhanden. Vom Endt gehörte zwischen 1923 und 1929 der auf 100.000 Angehörige beschränkten Reichswehr an. Seine Ausbildung erhielt er an einer Heeresfachschule. Der letzte Dienstgrad war Obergefreiter. Die Akten geben keinen Aufschluss darüber, warum er die Reichswehr 1929 verließ. Nach Jahren der Arbeitslosigkeit trat er am 09. Januar 1933 in den Stahl-

113 Die folgenden Angaben entstammen der SA-Akte vom Endts. BA Berlin, ZA II/02381.

Der Oberste SA-Führer.

Führer-Fragebogen

ausgestellt am 9. 7. 1934

Obergruppe: Hannover VI,
Standarte:

Gruppe: Niederrhein
Sturmbann: 045

Brigade:
Sturm:

sonst. Einheit: Geländesportschule Wahn/Rhld.

Vor- und Zuname: Vom Endt, Richard

Beruf: Strassenbahner
Wohnung: Wülfrath, Feldstrasse 5

Haupt- ~~oder nebenamtl~~ SA-Führer: Ausbildungs-Gruppenführer
Fernruf:

Geburtstag: 3. 1. 1904
Geburtsort: Velbert / Rhld.

~~ledig~~, verheiratet: ja
Unselbständige Kinder im Alter von: 9 Monate und 2 Jahre

Pensionsberechtigt: nein
auf Erwerb angewiesen: ja

Schulen, Lehrgang: Volksschule

Militärische Dienstzeit.

Friedenstruppe:

Feldtruppe:

Feldverwendung (mit Zeitangaben):

Verwundet:
Kriegsbeschädigt: %

Reichswehr usw.: 28. 3. 1923 bis 4. April 1929 R.I. 1/18

Auszeichnungen: Schiessabzeichen, Reichssportabzeichen

Letzter Dienstgrad: Obergefreiter

Militärische Spezialausbildung: L.M.G., Funker,

Welchem Freikorps oder Bund, welcher polit. Organisation haben Sie vor Eintritt in die N.S.D.A.P. angehört?
9.1.1933 bis 30.7.1933 Stahlhelm

Wenden!

Richard-Johann vom Endt wurde 1934 in der SA-Geländesportschule Neustrelitz die Eignung zum Gruppenführer bescheinigt. Seite 1 der Personalakte

helm[114] ein. Vermutlich erhoffte er sich eine neue Verwendung in militärischem Rahmen. Die NS-Machteroberung bewog ihn dazu, Mitglied der NDSAP zu werden (30. Juli 1933) und sich einen Tag später der SA anzuschließen. Mittlerweile war die paramilitärische Ausbildung der Reichwehr von der SA übernommen worden; sie trug den Tarnnamen »Chef des Ausbildungswesens« (AW). Vom Endt gab bei seinem Dienstantritt beim Chef AW als Wunsch an, bei der Kraftfahrabteilung einer Infanterieformation zum Einsatz zu kommen. Stattdessen erhielt er eine Ausbildung zum Gruppenführer in der Stammschule für Geländesport. Die Beurteilungen schwankten. Er sei ein »alter Soldat mit gewissenhaftem Pflichtbewusstsein«, »guter Dienstauffassung, ausreichender Lehrmethode und Kenntnissen«. Eine Beurteilung vom Januar 1935 gibt als Gesamturteil »sehr gut« an; der SA-Mann vom Endt sei charakterlich zuverlässig, gewissenhaft, ruhig. Erneut erhielt er jedoch am 12. Februar 1935 die Kündigung. Seine Frau wandte sich – angeblich ohne sein Wissen – in einem verzweifelten Brief an das Wehrkreiskommando Münster und schilderte, dass sie in Kürze das dritte Kind erwarte und die Familie keine Krankenversicherung besitze.

Vielleicht als Reaktion auf sein zwangsweises Ausscheiden beim Chef AW gab vom Endt seine Mitgliedschaft in der SA auf, erkannte aber vermutlich, dass dies ein Fehler war. In einem Schreiben an die »Landesführung VI. Münster« (22. Juli 1935) gab er an: »Meine Wiederaufnahme in die S.A. habe ich mit gleicher Post in Wahn beantragt.« Die Kränkungserfahrung hatte vom Endt womöglich seinerzeit bewogen, aus der NSDAP auszutreten. Zeitweise arbeitete er als Straßenbahnführer. Dann unternahm er einen neuen Versuch: Im Mai 1937 verzeichnete die NSDAP-Gaukartei vom Endt als neues Mitglied der Ortsgruppe Wülfrath. Dennoch scheint er bis Kriegsbeginn 1939 keine Verwendung in einer militärischen Einheit gefunden zu haben.

Im November 1947 wurde vom Endt aus dem britischen »War Criminals Holding Center« Hamburg-Fischbek den belgischen Behörden übergeben.[115] In seiner Vernehmung durch die Militärstaatsanwaltschaft in Brüssel[116] erläuterte er die Stationen seiner militärischen Laufbahn. Er habe für den November 1939 seine Einberufung zum Armee-Pi-Park 536 in Mettmann (Bergisches Land) erhalten. Im Februar 1941 sei seine Einheit nach Ostpreußen verlegt worden. Dort erkrankte er und wurde nach dem Verlust einer Niere und einem Lazarettaufenthalt in Königsberg zum Stab einer Infanteriedivision in Spa (Belgien) versetzt. Sein letzter Dienstgrad sei der eines Oberfeldwebels gewesen.[117]

114 Der Stahlhelm als größter Interessenverband der Kriegsteilnehmer stand in Opposition zum politischen System der Weimarer Republik. Er wurde in den Jahren 1933 bis 1935 gleichgeschaltet und bald darauf aufgelöst.

115 Archivbestand Auditorat général, Dossier 1605 (Vom Endt).

116 CEGESOMA, Dossier 581/645.

117 Vernehmung v. 22.11.1947, Archivbestand Auditorat général, Dossier 1605 (Vom Endt). Lt. Auskunft der Deutschen Dienstelle v. 22.4.2008 gehörte vom Endt ab 1.6.1941 zur Genesenden-Kompanie Pionier-Ersatzbataillon 16, Köln. Eine weitere Meldung weist ihn am 18.5.1944 als Angehörigen des 3./Infanterie-Sicherungs-Bataillons 651 aus.

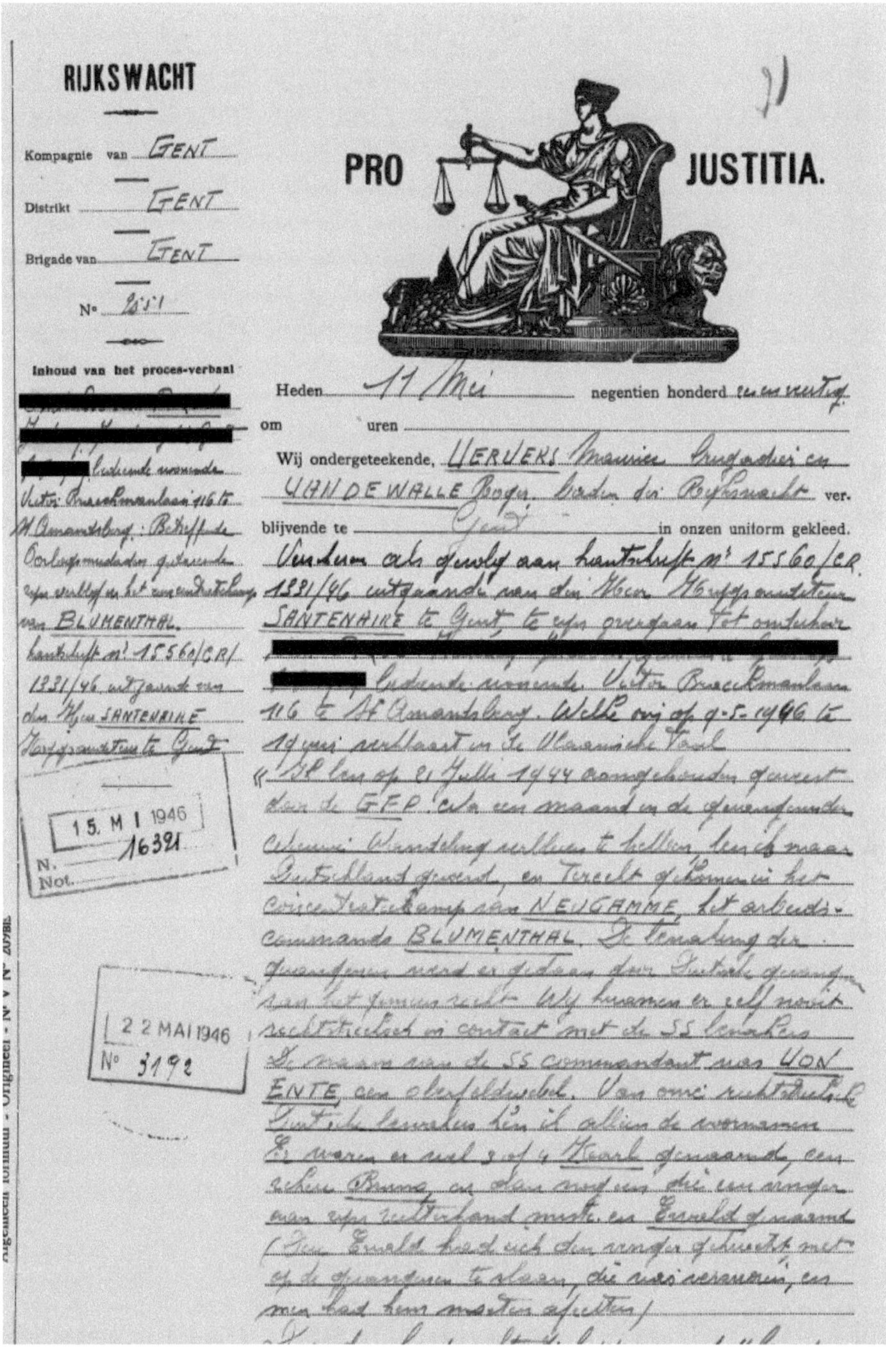

RIJKSWACHT

Kompagnie van GENT

Distrikt GENT

Brigade van GENT

N° 851

Inhoud van het proces-verbaal

PRO JUSTITIA.

Heden 11 Mei negentien honderd

om uren

Wij ondergeteekende, VERVERS Maurice Brigadier en VANDEWALLE Roger

ver. blijvende te Gent in onzen uniform gekleed.

15. M I 1946
N. 16321
Not.

22 MAI 1946
N° 3192

Protokoll der Aussage eines belgischen ehemaligen Häftlings (1947) mit Hinweisen auf den Lagerleiter und andere Täter

Vom Endt gab an, Mitte Mai zu einer Auffangstelle Lüneburg und von dort aus zum »SS-Wachbataillon Neuengamme Konzentrationslager« abkommandiert worden zu sein. In der Tat wurden im Zusammenhang mit der raschen Vermehrung der KZ-Außenlager und angesichts der desolaten Kriegslage verstärkt SS-Personal an die Front und invalide oder ältere Angehörige der Wehrmacht zum KZ-Wachdienst abkommandiert.[118] Häufig erfuhren die Soldaten nicht vorab, dass sie als Wachpersonal in KZ-Lagern dienen sollten. In der Marine blieben die Einheiten und Untereinheiten erhalten; ihre Angehörigen wurden weiter von ihren Vorgesetzten geführt. Die Vorgehensweise bei den Heeresangehörigen dagegen war nicht einheitlich. Manche verblieben in ihrem organisatorischen Zusammenhang, andere trugen die Heeresuniform weiter, mussten aber die entsprechenden Dienstgradabzeichen der SS führen. Einige Heeresangehörige wurden in der SS-Kleiderkammer neu ausgestattet und waren von Angehörigen der Waffen-SS nicht mehr zu unterscheiden. Für das KZ Neuengamme scheint belegt, dass Mütze und Kragenspiegel mit entsprechenden SS-Symbolen (Totenkopf, doppelarmiges Hakenkreuz) angelegt wurden. Es kann angenommen werden, dass der Außenlager-Kommandoführer vom Endt entweder eine SS-Uniform trug oder wegen der SS-Insignien an seiner Heeresuniform auch von Häftlingen als SS-Angehöriger identifiziert werden konnte.[119] 1944 war vom Endt 40 Jahre alt und aus gesundheitlichen Gründen nur bedingt militärisch einsatzfähig. Seine Laufbahn in der Endphase des Krieges war somit durch eine Entwicklung beeinflusst, die R. Möller folgendermaßen skizziert: »1944 fand ein weitgehender Personalaustausch der KZ-Wachmannschaften statt und gleichzeitig wurde die Stärke der Wachmannschaften – vor allem durch den Ausbau des Außenlagersystems – erheblich erhöht. Die langjährig aktiven Angehörigen der ›Polizeiverstärkung‹ gingen und es kamen Wehrmachtsangehörige, die im fünften oder sechsten Lebensjahrzehnt standen und/oder körperlich beeinträchtigt waren. […] Ein allgemeiner Humanitätsvorteil für die Häftlinge war damit jedoch nicht verbunden.«[120] Zu letzterem Ergebnis kommt auch M. Buggeln, der der Fragestellung nachgeht, ob weniger Häftlinge starben, wenn die Lagerführer aus der Wehrmacht stammten oder diese einen großen Einfluss auf das Lagergeschehen besaß.[121] Er stellt fest, dass die Sterblichkeit tendenziell nicht geringer war.

Vom Endt wurde somit, vermutlich ohne sein Zutun, zu den Wachmannschaften in Neuengamme als SS-Hauptscharführer versetzt. Dort erhielt er nach eigener Aussage, seinem Dienstgrad als Oberfeldwebel des Heeres entsprechend, den Rang eines SS-

118 Dazu und zum Folgenden detailliert: Reimer Möller, Wehrmachtsangehörige als Wachmannschaften im KZ Neuengamme, in: KZ-Gedenkstätte Neuengamme (Hrsg.), Wehrmacht und Konzentrationslager. Beiträge zur Geschichte der nationalsozialistischen Verfolgung in Norddeutschland, Heft 13 (2012), S. 24–39.

119 Ein Foto aus dem Außenlager Bremen-Farge, in dem vom Endt vor seiner Tätigkeit in Blumenthal nach eigenen Angaben Arbeitseinsatzführer war, belegt, dass unterschiedliche Uniformen und Uniform-Accessoires getragen wurden. Abbildung in: Buggeln, Bunker »Valentin«, S. 87.

120 Möller, Wehrmachtsangehörige, S. 36.

121 Buggeln, Unterschiedliche Lebens- und Arbeitsbedingungen, S. 40–50.

Hauptscharführers. Nach wenigen Tagen wurde er in das Neuengammer KZ-Außenlager Farge (bei Bremen) abkommandiert. Die Häftlinge dieses Kommandos wurden beim Bau des Bunkers »Valentin« eingesetzt. Das Projekt in Bremen-Farge war das wichtigste Projekt der deutschen Marine in der Endphase des Krieges.[122] Hier wuchs zwischen 1943 und März 1945 eine letztlich nie vollendete verbunkerte Montagewerft für den neuen U-Boot-Typ XXI heran. Die Arbeiten der zahlreichen Bauunternehmen aus der Region wurden flankiert von den beiden größten Werften Bremens, dem zum Thyssen-Konzern gehörenden Bremer Vulkan in Vegesack und der Krupp-Werft A.G. »Weser« (Deschimag) in Bremen-Gröpelingen, welche für den Innenausbau des Bunkers sowie für die Produktion und Zusammensetzung dezentral gefertigter U-Boot-Sektionen zuständig waren.

Die Arbeiten verrichteten im Wesentlichen insgesamt annäherungsweise 12.000 Zwangsarbeiter: sowjetische Kriegsgefangene, sog. Ostarbeiter, P-Polen[123], Insassen eines Arbeitserziehungslagers, zivile Zwangsarbeiter[124] und – als Rückgriff auf die letzte Arbeitsplatzreserve – Häftlinge des Stamm-KZ Neuengamme. Diese hatten ihre Unterkunft vornehmlich in einem unterirdischen Bunker, der ursprünglich als Schwerölbehälter dienen sollte. Vom Endt erwähnt in seiner Einlassung 40–50 Deutsche, auch Russen, Letten, Griechen, Franzosen sowie 200 Belgier; alle seien politische Häftlinge gewesen. In den 2 ½ Monaten seines Verbleibes in Farge habe es ungefähr 15 Todesfälle unter den Gefangenen gegeben. Die Zahl der Toten am Bauvorhaben »Valentin« lässt sich nicht zuverlässig ermitteln. Die Gesamtzahl der Opfer wird auf bis zu 1.700 geschätzt.[125] Darin sind nicht die Fälle von Häftlingen enthalten, die aufgrund der menschenfeindlichen Lebens- und Arbeitsbedingungen entkräftet in das Stammlager zurückgeschickt wurden und die Befreiung nicht erlebten.

Vom Endt gibt bei seinem Verhör in Brüssel an, er sei bei dem Vorhaben »Valentin« Arbeitseinsatzführer[126] gewesen, gewissermaßen »Verbindungsmann zwischen Lagerführung und Bauunternehmung«. Offenbar ist er davon überzeugt, dass man ihm kein Fehlverhalten nachweisen könne. »Ich wüsste nicht, warum (die belgischen Häft-

---

122 Zuletzt und umfänglich: Buggeln, Bunker »Valentin«.

123 Polnische Zwangsarbeiter, die einem diskriminierenden NS-Sonderrecht unterworfen waren.

124 So etwa die französischen Dienstverpflichteten des Service du Travail Obligatoire (STO). Vgl. Helga Bories-Sawala, Franzosen im »Reichseinsatz«. Deportation, Zwangsarbeit, Alltag. Erfahrungen und Erinnerungen von Kriegsgefangenen und Zivilarbeitern, 3 Bde. (1996).

125 Nach Heiko Kania, Neue Erkenntnisse über Opferzahlen und Zwangsarbeiter während des Baus des U-Boot-Werftbunkers »Valentin« in Bremen-Farge, URL: https://www.denkort-bunker-valentin.de/fileadmin/Lernen_Lehren/Texte_und_Karten/Heiko_Kania_Aufsatz_neue_Erkenntnisse.pdf, (2008); Aufruf v. 4.5.2019. Nach Einschätzung der Gedenkstätte »Denkort Bunker Valentin« starben in der Region beim Bau der Tanklager und des Bunkers mindestens 1.328 Menschen, vermutlich aber bis zu 1.700. Vgl. URL: https://www.denkort-bunker-valentin.de/gedenken/mahnmal-friedhoefe.html; Aufruf vom 9.4.2019. Eine Neubewertung der Opferzahlen steht noch aus.

126 Der ehemalige Häftling Z. S. gibt an, die Gefangenen in Farge hätten ihn »Rapportführer« genannt. StAB 4,89/3-985.

linge) Schläge erhalten sollten, da die Bauunternehmungen mit der Arbeit sehr zufrieden waren.« Es reizte ihn mit seiner Aussage jedoch offenbar, den SS-Obersturmführer Benedict, der für alle Bremer KZ-Außenlager zuständig war, herabzusetzen. Dessen Zivilberuf sei Stevedor[127] gewesen, »beauftragt mit Ein- und Ausladung der in Hamburg einlaufenden und auslaufenden Schiffe«. Er behauptete: »Sein Stellvertreter war ich selbst«. Dies war keineswegs der Fall. Lagerführer im KZ-Außenlager Farge war seit dem 12. Juni 1944 der Hauptmann des Heeres Ulrich Wahl. Dieser war ebenso wie vom Endt nicht mehr kriegsverwendungsfähig.[128] Es ist auffällig, dass vom Endt Wahl in seiner Vernehmung nicht erwähnte. Womöglich wollte er ihn vor alliierten Nachforschungen bewahren. Dies trifft jedoch nicht für andere SS-Chargen zu, mit denen er zusammen im selben Lager für NS-Kriegsverbrecher interniert war. Vom Endt führt auf: »Zur Lagerführung gehörten ferner: Oswald Jahn, SS-Unterscharführer, Hamburger (zur Zeit 7 CIC[129]), SS-Unterscharführer Christian Sachau, Schleswig-Holsteiner (zur Zeit 7 CIC)«. Wenn vom Endt sich selbst als wichtigen Funktionsträger in Farge darstellt, muss er sich halbwegs sicher sein, dass ihm die belgischen Inspektoren keine übermäßige Vernachlässigung von Häftlingen oder gewalttätige Übergriffe vorhalten konnten. So behauptet er: »Kein Häftling ist während meiner Zeit [in Farge] erschossen oder ermordet worden.« In der Tat ist die überlieferte Todesquote in den Monaten Mai, Juni und Juli 1944 auffällig gering. Vom Endt bezifferte sie auf 15 in 2 ½ Monaten.[130]

Das »Arbeitslager Blumenthal«, also das KZ-Außenlager, in dem vom Endt anschließend Kommandoführer wurde, nahm am 20. August 1944 seine Tätigkeit auf. In der Anfangsphase mit 500 Häftlingen belegt[131], konnte die SS in ihm mehr als 1.000 Personen unterbringen. In den 7 ½ Monaten seines Bestehens verloren hier, soweit bis heute bekannt, mindestens 125 Häftlinge im Lager ihr Leben.[132]

Während seiner Vernehmung im Brüsseler Militärgerichtsverfahren versucht vom Endt, den Anschein zu erwecken, es habe sich – ähnlich wie in Farge – um ein La-

127 Stevedore, auch Schauerleute genannt, waren tageweise in Gangs zusammengefasste Hafenarbeiter, die für das Löschen und Beladen von Stückgut zuständig waren.

128 Der Einsatz von Wehrmachtsangehörigen in bewachender und leitender Funktion in KZ-Außenlagern ging auf eine Initiative Speers zurück. Dieser hatte Himmler im Dezember 1943 vorgeschlagen, nicht frontaugliche Soldaten für die Bewachung von KZ-Häftlingen bei der Rüstungsproduktion einzusetzen.

129 Die britische Counter Intelligence (Abwehrorganisation) war in der unmittelbaren Nachkriegszeit u. a. mit dem Aufspüren von NS-Führungskräften und Kriegsverbrechern beauftragt. Diese wurden in Civil Internment Camps (CIC) zusammengefasst. Das CIC „Eselsheide" befand sich in Ostwestfalen-Lippe.

130 Nach dem Außenlager-Totenbuch von Neuengamme war in den Monaten Mai, Juni und Juli in Farge nur je ein Toter zu verzeichnen. Vgl. Buggeln, Arbeit, Anhang 4. Eine Zusammenschau der Ergebnisse der Fondation pour la Mémoire de la Déportation und der Datenbank des Denkorts Bunker Valentin ergibt die Zahl von 14 Opfern. Ich danke Marcus Meyer (Denkort) für den Hinweis.

131 Liste »Gefährdete Objekte und Gefahrenschwerpunkte im Führungsbereich XI Bremen«, Geheime Staatspolizei Bremen (1.9.1944), StAB 5,4 ZB No. 1970/4/10-61/9.

132 Liste der Toten: Häftlingsdatenbank Neuengamme; Projekt Internationale Friedensschule Bremen, Reg. Bahrsplate.

ger gehandelt, in dem bei der Grundversorgung und der Regeldurchsetzung Normalität herrschte. Nach seiner Darstellung wurden die Häftlinge je nach Einsatz als Schwerst- oder Schwerarbeiter unterschiedlich verköstigt; es habe Gelegenheit gegeben, Prämiengelder bei guter Arbeitsleistung zu erlangen. Die Lagerleitung habe keine Schläge gegen Häftlinge eingesetzt: »Die Behandlung der Häftlinge seitens der Lagerführung war ohne Schläge, jedoch weiß ich, daß die einzelnen Kapos und auch Häftlinge unter sich sich [sic] gegenseitig geschlagen haben.« Die bizarre sprachliche Formulierung (»unter sich sich gegenseitig«) beinhaltet vermutlich die Absicht, ein Handlungsfeld von Häftlingen und Funktionshäftlingen zu konstruieren, in dem diese unabhängig von der Lagerleitung untereinander gewalttätig wurden. Wenn es zu Körperstrafen gekommen sei, so vom Endt weiter, so aufgrund des vorgesehenen Verfahrens, wonach das Stammlager Neuengamme aufgrund eines Rapports aus Blumenthal eine körperliche Bestrafung (»15 Schläge auf das Gesäß«) anordnete, die dann von Kapos vollstreckt wurde. Dies sei insgesamt nur dreimal der Fall gewesen. Die Hinrichtung zweier Gefangener im Oktober 1944[133] erwähnt vom Endt nicht. Er bezieht sich in seiner Aussage auf eine der zahllosen Vorschriften der Inspektion der KZ in Oranienburg, die jedoch nur in besonders gravierenden Fällen[134]eingehalten wurden. Insgesamt wurde die Verwaltung des einzelnen Lagers mit einer großen Menge von Verfügungen überflutet, so dass es unmöglich war, diese alle zu erfüllen. Derartige Vorschriften gab die Lagerleitung auch an andere Kräfte der Bewachung weiter. So ließ vom Endt an die Zivilarbeiter der Deschimag, die die KZ-Häftlinge im Arbeitsprozess zu kontrollieren hatten, Instruktionen ausgeben, die u.a. besagten, dass kein Häftling geschlagen werden dürfe.[135] In der Praxis wurde jedoch gegenteilig verfahren. Die Bewacher waren somit in einem Zustand der ständigen Kritisierbarkeit, der es Vorgesetzten ermöglichte, mit Hilfe von Sanktionsandrohungen zu operieren und eigene Verfehlungen zu kaschieren.[136]

Dass vom Endt in apologetischer Absicht Schönfärberei betreibt[137], belegen die zahlreichen Aussagen überlebender Häftlinge. Tatsächlich konnten das SS-Personal und die Kapos im Lager Blumenthal jederzeit ungestraft gewalttätig werden. Die Prügelstrafe

133 Siehe Kapitel »Krankheit und Tod«.

134 So wurde in der zweiten Jahreshälfte 1942 das Pfahlhängen verboten, eine Tortur, die zur Folge hatte, dass die bestraften Gefangenen wochenlang nicht arbeitseinsatzfähig waren. Dies trifft auch für die Verwaltungsvorschrift über Hinrichtungen zu, bei der das Stammlager eingeschaltet werden musste.

135 Der ehemalige Kapo Ernst Hennig erinnert sich: »Durch eine Rundschrift des Lagerführers vom Endt bekamen die Zivilisten der ›Deschimag‹ ihre Instruktionen, u.a. ›es darf kein Häftling geschlagen werden‹.« Vernehmung v. 25.2.1946, CEGESOMA, Dossier 581/645.

136 Dies sind Beobachtungen, die Stefan Kühl für den Einsatz von Reserve-Polizeibataillonen bei der Ermordung von Juden in Osteuropa formuliert hat. Sie gelten m.E. grundsätzlich auch für die Funktionsmechanismen von Konzentrationslagern. Stefan Kühl, Ganz normale Organisationen. Zur Soziologie des Holocaust, Berlin 2014, S. 166–168.

137 Dies gilt im Übrigen auch für seine Äußerungen zur Lagerräumung und zum Evakuierungsmarsch. Letzterer ist allerdings kein Thema dieser Untersuchung.

gehörte zum Alltag; sie wurde häufig – z.B. nach einer Denunziation am Arbeitsplatz – bei nächster Gelegenheit im Lager während des Abendappells vollzogen. Vom Endt war somit Hauptakteur innerhalb eines Interaktionssystems, das von informalen Tauschbeziehungen geprägt war. Ein derartiges Netzwerk ist dadurch charakterisiert, dass sich die Handelnden Verstöße gegen das inkohärente und aus ihrer Sicht kaum befolgbare Regelwerk nicht gegenseitig vorhielten – Unterschlagung, Korruption und Gewaltexzesse eingeschlossen. Zu diesen Tätern gehörten neben dem Lagerleiter und anderen SS-Chargen auch der als schlimmer Schläger verschriene Schreiber Ewald Schmolze*, mutmaßlich auch der Lagerälteste in seiner Funktion als Chefkapo und einzelne andere Kapos.

In den Aussagen ehemaliger Blumenthaler Ex-Häftlinge finden sich wiederholt Hinweise, wonach die Lagerleitung mit den Kapos gemeinsame Sache machte und sich an dem bereicherte, was den Gefangenen zustand. Etwas genauer berichtet ein dänischer Inhaftierter: Die Dänen erhielten, wenn auch selten, Pakete. In einem Fall wurden diese ihnen nicht vollständig ausgehändigt; nach dem Öffnen musste die Hälfte abgegeben werden.[138] Für Fälle von Korruption und Bereicherung galt das Gleiche wie für die Frage der Gewaltanwendung gegen Häftlinge: Das SS-Verwaltungszentrum Oranienburg bei Berlin hatte schwerste Strafen für derartige Delikte angekündigt; in der Praxis schien davon niemand Notiz zu nehmen.

Dass Wehrmachtsangehörige in der Funktion als Außenlagerleiter in der Lage waren, Häftlinge zu schützen, Übergriffe von Kapos und SS-Männern, die Unterschlagung von Lebensmitteln zu unterbinden und somit die Mortalität zu verringern, zeigt sich an den Beispielen der Hauptleute Breuing (Salzgitter-Watenstedt) und Thümmel (Wilhelmshaven).[139] Auch der mutmaßliche Stellvertreter Wahls in Farge, Hans Christian Gehrt, galt im Außenlager Hannover-Misburg unter den Häftlingen »als SS-Mann mit vergleichsweise anständigem Benehmen«.[140] So auch der ehemalige Luftwaffenangehörige Erwin Dold. Er war aufgrund mehrerer Verletzungen nicht mehr kriegsverwendungsfähig. 1944 bewarb er sich um den Posten eines KZ-Aufsehers und wurde im März 1945 Leiter von Dautmergen, eines von mehreren Außenlagern des KZ Natzweiler-Struthof. Er beschaffte zusätzliche Lebensmittel, Schuhe und Decken und verbesserte die Ausstattung in den Baracken und sanitären Einrichtungen. Er »organisierte« mit gefälschten Papieren Lebensmittel und weigerte sich kurz vor Kriegsende, sowjetische Kriegsgefangene erschießen zu lassen. Letzteres brachte ihm lediglich eine Rüge ein. Überlebende sorgten mit ihren Aussagen dafür, dass er von der französischen Besatzungsbehörde freigelassen wurde.[141]

138 Frihedsmuseet Kopenhagen (FHM) 24308.2.
139 Möller, Wehrmachtsangehörige, S. 33–34.
140 Buggeln, Bunker »Valentin«, S. 88.
141 Johannes Winter, »Als Einziger Gefühle der Menschlichkeit gezeigt«. Der KZ-Kommandant Erwin Dold, in: Wolfram Wette (Hrsg.), Stille Helden. Judenretter im Dreiländereck während des Zweiten Weltkriegs (2005), S. 215–232.

Vom Endt war als Kommandoführer der Hauptverantwortliche für das Geschehen auf der Bahrsplate. Auch er hätte in seiner dienstlichen Funktion zugunsten der ihm Anvertrauten tätig sein können. Die Schreibstube in Blumenthal war der Arbeitsort des Lagerleiters, aber auch des Lagerschreibers Ewald Schmolze. Sie wurde zum Ort des Schreckens für viele Häftlinge. Dies belegen viele Hinweise ehemaliger Gefangener. Schmolze sorgte dafür, dass Prügelstrafen hier auch außerhalb des Abendappells vollzogen wurden, entweder durch ihn oder durch einen Kapo. Guy Melen wurde von einem betrunkenen SS-Mann aus der Schreibstube geprügelt und entging so per Zufall einer schweren Prügelstrafe durch einen Kapo.[142] Nichts spricht dafür, dass derartige Verhaltensweisen dem Kommandoführer entgangen sein könnten. Im Gegenteil, vom Endt hat wie das Gros der Leiter von Konzentrationslagern den Alltagsterror gegenüber den Gefangenen offenbar gezielt als Herrschafts- und Steuerungsmittel eingesetzt.

»Ihr habt hier keinen Namen mehr, ihr seid hier eine Nummer!«

Der ehemalige belgische Häftling Raymond Van Pée[143] schildert, wie sich der Lagerleiter vom Endt eines Tages ihm gegenüber verhielt.

Die Brüder Van Pée setzten alles daran, sich nicht trennen zu lassen. Robert Van Pée gehörte zur der Gruppe von Gefangenen, die täglich per Schiff nach Bremen-Gröpelingen zur Arbeit in die Stammwerft des Krupp-Betriebes gebracht wurden. Im Januar 1945 erfuhr er, dass er am Folgetag in das Lager Schützenhof in Bremen-Gröpelingen verlegt werden sollte. Daraufhin beschloss sein Bruder Raymond, an Stelle eines Brüsseler Kameraden, der lieber in Blumenthal bleiben wollte, mit dem Transport nach Gröpelingen zu gehen. Die Nummern der Häftlinge wurden jedoch bei Ankunft in der Stammwerft wie immer überprüft, Robert wurde als nicht zugehörig entdeckt. Er verbrachte eine Nacht in der ungeheizten Arrestzelle des Lagers Schützenhof. Ein Soldat der Kriegsmarine brachte ihn mit Straßenbahn und Bus zurück nach Blumenthal.

Die Strafe wurde unmittelbar, also entgegen den Vorschriften ohne Rücksprache mit Neuengamme ausgeführt. Der Lagerleiter wurde selbst gewalttätig; sein Chefkapo nahm zu Recht an, in seinem Auftrag zu handeln, wenn er dem Häftling eine derart schwere Prügelstrafe zufügte, dass dieser 14 Tage im Krankenrevier versorgt werden musste. Marc Buggeln[144] nimmt diese Szene zum Anlass, Umfang und Bedeutung dieser Körperstrafen zu kommentieren. Danach war die Prügelstrafe spätestens seit 1943 für französische und

142 S. Kapitel »Existenzbedingungen«.
143 Van Pée, Ik was 20, S. 106–107.
144 Buggeln, Arbeit, S. 359–360.

Ihr seid hier eine Nummer

Auf dem Rückweg lief ich vorneweg und näherte mich mit gemischten Gefühlen dem Lagertor. Was würde hier nun geschehen? Welche Strafe würde ich bekommen? Die Bewacher öffneten das Tor. Mein Bewacher lieferte mich ab, unterschrieb Papiere, grüßte und machte rechtsum kehrt. Da stand ich nun im Tor, meinen Peinigern[145] ausgeliefert. Ich hatte einmal die Freiheit ausprobiert. Ein Soldat begleitete mich zur Schreibstube, wo sich der Hauptkapo, Karl, und der SS-Kommandant befanden. Ich ging die fünf Stufen der Treppe hoch und nahm in der Türöffnung Haltung an. Von Karl bekam ich sofort ein paar schnelle Schläge mit der flachen Hand ins Gesicht. Taumelnd griff ich nach dem Türpfosten, um nicht hinzufallen. Der SSler polterte los: »Ha, du wolltest fliehen!« Ich antwortete: »Nein, Herr Kommandant, das ist nicht wahr, ich bin Van Pée und mein Bruder ist im Kommando Schützenhof und ich wollte bei ihm bleiben, das ist alles.« »Was sagst du?« rief der SSler lauthals. Ich wiederholte meine Aussage, aber kam natürlich nicht viel weiter. Der SSler stieß mich die fünf Treppenstufen hinunter und rief: »Ihr habt hier keinen Namen mehr, ihr seid hier eine Nummer, mehr nicht, eine Nummer!« Ich versuchte, so schnell wie möglich wegzukriechen, um dem Treten und Schlagen von Kapo Karl so gut ich konnte auszuweichen, und nahm wieder Haltung an. »Komm mit!« rief Karl wütend. Er schleifte mich zur Strafbaracke, und da bekam ich zwanzig oder fünfundzwanzig Schläge mit dem Ochsenziemer auf mein Sitzfleisch, während ich auf einem niedrigen Holzschemel liegen musste. Die genaue Anzahl an Schlägen wusste ich nicht, denn ich war halb bewusstlos vor Schmerzen.«
Raymond Van Pée[146]

niederländische Häftlinge untersagt; es ist nicht bekannt, ob dies auch für belgische Häftlinge galt. Eine derartig brutale Körperstrafe verbunden mit dem Hinweis, dass die Gefangenen keine Namen mehr hatten, sondern nur Nummern waren, sollte die Gefangenen erniedrigen und ihnen ihr Sklavendasein[147] vor Augen führen. Andererseits war eine solche Praxis, die den Bestraften mindestens zwei Wochen außer Gefecht setzte, hinsichtlich eines effizienten Arbeitseinsatzes wenig sinnvoll. Jedoch besaß sie eine Funktion im Sinne eines Abschreckungseffektes. Es sei anzunehmen, so Buggeln, dass öffentliche Auspeitschungen in Außenlagern etwa einmal die Woche vorgekommen seien.

Vom Endt war auch nach den Schilderungen Heinz Rosenbergs gewalttätig. »[Der Blockälteste] Martin meldete die Zahl unserer Leute beim Zählappell. Nach einer Stunde kam der Oberscharführer[148], schrie nach Martin und schlug ihn mit der Peitsche: ›Du dreckiger Jude, willst du mich mit der Zählerei zum Narren halten? Es sind nur 175 Gefangene hier und du hast 176 gemeldet. Dir werde ich eine Lektion erteilen. Du kriegst 15 Hiebe mit der Lederpeitsche und bist nicht mehr Blockältester.‹ Was war passiert? Der Lagerälteste [Karl] hatte einen Mann zur Behandlung in den Arztraum gebracht, ohne Martin zu informieren.«[149]

145 Das Wortfeld »beulen« beinhaltet die Vorstellung von Henker, Schinder, Unmensch.
146 Ik, S. 76–78.
147 Zur Diskussion um die angemessene Begrifflichkeiten vgl. Marc Buggeln, Unfreie Arbeit im Nationalsozialismus, in: Marc Buggeln/Michael Wildt (Hrsg.), Arbeit im Nationalsozialismus (2014), S. 231–252.
148 In der Erinnerung von Rosenberg hatte der Lagerleiter den Rang eines Oberscharführers. Rosenberg, Jahre, S. 130.
149 Rosenberg, Jahre, S. 134–135.

In seiner Aussage beim belgischen Militärverhör versuchte der ehemalige Lagerleiter vom Endt, die Rolle des Sachwalters im Lager einzunehmen. Er gab eine Reihe von Details an, die der Nachprüfung nur teilweise standhalten: Datum der Einrichtung und der Auflösung des Lagers, Zahl der Baracken und der Häftlinge pro Zimmer, Verpflegungssätze. In der Tat war er wohl vorwiegend mit Verwaltungsaufgaben und der Personalführung beschäftigt. Von den Gefangenen wurde er selten wahrgenommen. Allerdings hielt er Ansprachen, drohte den Häftlingen, inspizierte die Unterkünfte[150] und leitete die Hinrichtungen am 26. Oktober 1944. Für die Atmosphäre im Lager war entscheidend, dass er veranlasste, billigte oder zuließ, wenn ziviles Personal oder Funktionshäftlinge mit brutaler Willkür agierten. Dieses fiel umso leichter, wenn zu den Häftlingen keine Beziehungen aufgebaut wurden, sie also »keine Namen« besaßen. Andererseits brachten es Sachzwänge mit sich, dass in einem Ausländerlager sprachkundige Häftlinge die Verbindung zwischen Lagerleitung und Gefangenen herstellten.

Vom Endt erinnerte sich in seiner Befragung durch den CIC an einen belgischen Häftling: »Ich kenne noch einen Belgier namens von Achten (Vorname unbekannt, wahrscheinlich Jan), – Millionär aus Löwen, war ein politischer Häftling)«. Nicht ein Jan, sondern Désiré Achten stellte ihm nach dem Krieg ein denkbar schlechtes Zeugnis aus: »Der Lagerführer Von Endt [sic] schlug die Gefangenen nicht selbst, doch er erteilte dazu den Befehl. Dieser Mann stahl auch noch einen Teil der Rationen, die uns regelmäßig zustanden. Die Lebensmittel wurden für Tauschgeschäfte mit Anwohnern genutzt.«[151] Achten war Übersetzer im Lager und sowohl bei der Arbeit[152] als auch im Lager im Umfeld von Entscheidungsträgern tätig. Seine Aussagen haben daher Gewicht.

Weiteres SS-Personal: verwischte Spuren

Die meisten anderen SS-Chargen bleiben im Dunkel. Manche ehemalige Häftlinge waren in der Lage, deren mutmaßliche regionale Herkunft, nicht aber ihren Namen anzugeben. So lassen sich auch die beiden SS-Dienstgrade, die von André Duroméa (s. Textblock »Eine schwierige Zeit begann«) beschreiben werden, namentlich niemandem zuordnen.

150 Nach der Erinnerung von Rosenberg veranlasste er einmal, dass die Gefangenen mit Peitschenhieben bestraft wurden, nachdem er ihre Unterkunft inspiziert hatte. Rosenberg, Jahre, S. 135.

151 CEGESOMA, Dossier 581/645.

152 »[Achten] war Übersetzer im Lager und wusste den Belgiern große Dienste zu leisten: Er wurde im Oktober schwer misshandelt, da er englische Nachrichten in der Deschimag-Fabrik von Blumenthal im Büro des Werkmeisters gehört hatte. Er gab uns fast jeden Tag neue Nachrichten aus London.« Récit de Laurent Bernard*, DAO/SAVG/AfK, Dossier no. 21104.

Eine schwierige Zeit begann

Eine schwierige Zeit begann gegen November 1944 mit der Ankunft zweier neuer SS-Männer in der Lagerleitung. Der eine, ein trunksüchtiger polnischer Waffen-SS-Mann[153], war im Allgemeinen ziemlich friedlich; aber der andere, ein Deutscher, Typus reinrassiger Arier, war ein wirklich brutaler Kerl. Ein unberechenbarer Schläger, der eine ganze Reihe zusätzlicher und plötzlicher Appelle organisierte. Glücklicherweise blieb er nur ein paar Wochen in Blumenthal. Er wurde zum Kommando der U-Bootbasis (in Bremen) geschickt, wo er den Häftlingen das Leben unerträglich machte. Während seines kurzen Aufenthaltes »bei uns« beschloss er, alle Männer beim Eintreffen im Lager, nach 18 Uhr und noch dazu in einer sehr kalten Nacht, zu durchsuchen. Der Vorwand: einige hatten von der Arbeit in der Fabrik »profitiert«, um sich Messer herzustellen. Andere wiederum hatten sich kleine Blechdosen gefertigt, um ihre Zigaretten aufzubewahren. Die Durchsuchung begann. Diejenigen, bei denen man Messer oder Zigaretten fand, wurden auf der Stelle brutalst geschlagen. Entlang einer Baracke gab es ein Mäuerchen, mit einem Zwischenraum von etwa zehn bis fünfzehn Zentimetern. Alle, denen es möglich war, das heißt diejenigen, die zunächst der Mauer standen, warfen die verbotenen Sachen hinein. Wir hörten sie fallen.
Ich hatte in einer meiner Taschen eine kleine Dose, die ich mir in der Fabrik gebastelt hatte. Als ich an die Reihe kam, hatte ich sie immer noch bei mir und wartete darauf, meine Tracht Prügel zu beziehen. Der Kapo, der mich durchsuchte stieß einen Freudenschrei aus, als er die Dose aus meiner Tasche herausriss. Der SS-Mann näherte sich mir bereits, den Schlagstock in der Hand. Aber als er die Dose öffnete, fand der Kapo anstelle der Zigaretten nichts weiter als ein bisschen feuchte Seife. »Seife« sagte er dem SS-Mann und gab mir meine Dose wieder. Weiß der Himmel warum es verboten war, eine Dose für Zigaretten zu besitzen, während es für ein Stück Seife erlaubt war. Dieses Mal war ich der Prügelstrafe noch einmal entkommen.«
André Duroméa[154]

Nicht nur Kapos, sondern auch SS-Leute beteiligten sich an Misshandlungen. Bezogen auf das Stammlager Neuengamme schreibt Kaienburg: »Zwar mussten alle SS-Leute im Lager einmal im Monat unterschreiben, daß sie Häftlinge nicht misshandelten, doch gleich bei der Einführung ins Amt erklärte ihnen der Lagerführer, daß sie ›nicht zu zimperlich‹ sein dürften.«[155] Namentlich sind nur wenige SS-Leute zu fassen. Dazu gehört z.B. der als SDG (Sanitätsdienstgrad) geführte Paul Michael (geb. 1. Mai 1909). Die Sanitätsdienstgrade hatten oft keine oder nur kurze Sanitätshelfer-Lehrgänge absolviert und verfügten daher nur rudimentär über medizinische Kenntnisse. Michaels Dienstgrad war SS-Unterscharführer. Er war von Beruf Schneider.[156] 1942 wurde er im Stammlager Neuen-

153 Es könnte sich um einen Volksdeutschen handeln. Nach Einschätzung von M. Buggeln versahen Anfang 1945 mindestens 25% Volksdeutsche Dienst im Gesamt-Lagersystem von Neuengamme. Vgl. Buggeln, Unterschiedliche Lebens- und Arbeitsbedingungen, S. 41.

154 Duroméa, André, S. 134.

155 Hermann Kaienburg, »Vernichtung durch Arbeit«. Der Fall Neuengamme. Die Wirtschaftsbestrebungen der SS und ihre Auswirkungen auf die Existenzbedingung der KZ-Gefangenen (1991), S. 394–395. Kaienburg nimmt an, dass der in der Wehrmacht und in der SS gebräuchliche Begriff der Auftragstaktik erklärungswirksam für die große Diversität von Verhaltensweisen bei Lagerleitung und Funktionshäftlingen sein könnte. Vgl. Hermann Kaienburg, Die Systematisierung der Gewalt. Das KZ Sachsenhausen als neues Zentral- und Musterlager, in: Hermann Kaienburg (Hrsg.), Nationalsozialistische Konzentrationslager 1933–1945: Die Veränderung der Existenzbedingungen, Berlin 2010, S. 61, 71.

156 ANg, Personendatenbank.

gamme eingesetzt, später im Außenlager Drütte. Ab Januar 1945 war er für die Deschimag-Lager Blumenthal, Schützenhof und die Häftlinge des Projekts »Hornisse«[157] zuständig, ebenso für die Lager Kriegsmarine Wilhelmshaven und »Behelfswohnungsbau Bremen«.[158] Kein Zeitzeuge erwähnt ihn in seinen Erinnerungen. Allein der ehemalige Kapo Hennig äußerte in seiner Vernehmung im Bremer Stadt-und Polizeiamt: »An SS-Leuten hatten wir nur einen Unterscharführer im Lager. Sein Name ist mir entfallen.«[159]

Es scheint, dass manche SS-Leute nur kurzfristig in Blumenthal gewesen sind. Dazu zählt auch der von Häftlingen gefürchtete »Rapportführer« Rudolph Hin(t)ze. Der ehemalige Dolmetscher Achten erinnert sich, dass dieser sich bestialisch benommen habe, die Häftlinge seien geschlagen, getreten, mit der Waffe bedroht und zu erschöpfenden Schikanen wie Froschhüpfen gezwungen worden.[160] Der Belgier Stanislas de Battaglia hat ihn als einen sadistischen Schläger im Gedächtnis, der zum Glück nur 14 Tage blieb.[161] Hin(t)ze wurde zusammen mit einer großen Gruppe Blumenthaler Häftlinge zum Lager Schützenhof abgeordnet. Hier soll er nach Angaben des ebenfalls dorthin verlegten Gefangenen Laurent Bernard* den Posten des Lagerleiters bekleidet haben.[162]

Duroméas Bericht weist darauf hin, dass Volksdeutsche zum SS-Personal gehörten; sie stammten also nicht aus dem Altreich.[163] In der Erinnerung der ehemaligen Häftlinge firmierten diese dann als Tschechen oder als Polen. Laurent Bernard spricht von einem »polnischen Freiwilligen«, der Rapportführer, also Stellvertreter des Lagerleiters gewesen sei.[164] Guy Melen will sich erinnern, dass der betrunkene SS-Mann, der ihn aus der Schreibstube geprügelt habe, Tscheche gewesen ist.[165] Van Pée meint, dass ein polnisch- oder tschechischstämmiger SS-Mann im Lager tätig gewesen sei.[166]

Wie viele SS-Leute taten im Lager Bahrsplate Dienst? Die von Zeitzeugen angegebenen Zahlen liegen vermutlich zu hoch. Der Ex-Kapo Egmont Hansen* nennt die Zahl von

157 Es handelte sich um ein weiteres Verbunkerungs-Vorhaben. Ein unvollendetes Baudock in Bremen-Gröpelingen wurde in einen Produktionsbunker für Sektionen des Typs XXI umgewandelt. Vgl. Hemmer/Milbradt, Bunker »Hornisse«, S. 25–30.

158 »¼-jähriger Bericht über die Krankenbewegungen der Häftlinge im Konz.-Lager Hmb.-Neuengamme« v. 29.3.1945, 1.1.30.0/0019/0034, ITS Digitales Archiv. Mit dem Lager »Behelfswohnbau Bremen« ist das Lager Obernheide bei Stuhr (südlich von Bremen) gemeint. Seine ca. 800 Bewohner waren jüdische Frauen aus Ungarn und Polen, die über Auschwitz nach Bremen gelangt waren. Ihre Aufgabe bestand in den letzten Kriegsmonaten nicht mehr im Bau von Behelfswohnungen, sondern ausschließlich im Räumen von Trümmern.

159 StAB 4,89/3-985, Bl. 191.

160 Aussage Désiré Achten, CEGESOMA, Dossier 581/645.

161 Aussage S. de Battaglia, CEGESOMA, Dossier 581/645.

162 DAO/SAVG/AfK, Dossier no. 21104. Das Deschimag-Lager Schützenhof hatte in seiner Bestandszeit von Dezember 1944 bis April 1945 die bei Weitem höchste Todesrate aller bremischen KZ-Außenlager.

163 Im Januar 1945 machten die Volksdeutschen in allen KZs ca. 30% des SS-Personals aus. Vgl. Buggeln, Arbeit, S. 423. Die Namen der von Häftlingen erwähnten SS-Leute ließen sich nicht ermitteln.

164 Schriftlicher Bericht (1945) von Laurent Bernard, DAO/SAVG/AfK, Dossier no. 28814.

165 DAO/SAVG/AfK, Dossier no. 8751 (Guy Melen).

166 Möglicherweise gibt es einen Zusammenhang mit der Dienstverpflichtung osteuropäischer Rekruten in den beiden letzten Kriegsjahren. Vgl. Stefan Hördler, Ordnung und Inferno. Das KZ-System im letzten Kriegsjahr (2015), S. 178. Danach wurden für das Jahr 1943 250 »KV-Rekruten« für Neuengamme beantragt.

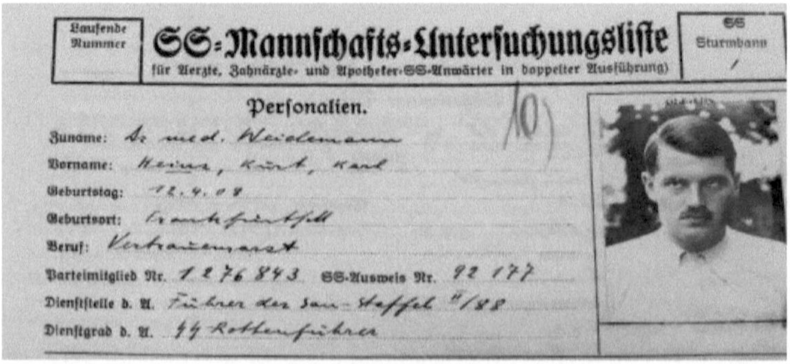

SS-Arzt Dr. Weidemann, Ausschnitt aus der Personalakte (1938)

sechs SS-Leuten[167], der ehemalige Schreiber Ewald Schmolze drei oder vier.[168] Der Belgier Roger Vyvey erinnert sich an einen, sein Landsmann Van Pée an vier SS-Männer.[169]

Der OT-Arzt[170] Dr. Heinz Weidemann war laut der Neuengammer Veränderungsliste des Neuengammer Standortarztes vom 29. März 1945 als Marinestabsarzt für die KZ-Lager Blumenthal und Schützenhof zuständig. Allerdings erinnert sich kein ehemaliger Insasse dieser Lager an die Tätigkeit eines deutschen Arztes. In seiner Aussage vor der Spruchkammer versuchte Weidemann, seine Tätigkeit herunterzuspielen. Er sei an sich nicht dazu verpflichtet gewesen, im KZ-Lager Farge tätig zu werden. Er habe dort jedoch Totenscheine ausgestellt, da kein anderer deutscher Arzt verfügbar gewesen sei.[171] Und er sei zufällig herangezogen worden, als es darum ging, nach einer Hinrichtung im KZ-Lager Blumenthal den Tod des Delinquenten festzustellen.[172] In einer Vernehmung beim Bremer Landeskriminalamt gab Weidemann 1961 an, er habe der »zivilen Motor-SS« als SS-Rottenführer angehört. Weder wegen dieser Mitgliedschaft noch wegen seiner Tätigkeit »in den verschiedenen Lagern in Bremen-Farge« sei er durch alliierte oder deutsche Stellen behelligt worden. In der Tat war Weidemann von der Spruchkammer Bremen im Jahre 1949 nur als »Mitläufer« eingestuft worden; von »Sühnemaßnahmen« wurde abgesehen.[173]

167 Interviewnotizen »Hansen«, ANg, Ng 6.4.13. Es handelt sich um die Mitschrift einer Aussage, vielleicht auch um das Exzerpt einer Audio-Aufzeichnung.

168 Ewald Schmolze, Vernehmung v. 22.10.1975: »Es gab im ganzen Lager insgesamt nur 3 oder 4 SS-Angehörige.« StAB 4,89/3-985, Bl. 187.

169 Aussage vom 9.7.1946. DAO/SAVG/AfK, Dossier PP 2444 (Roger Vyvey). Ich danke Kristof Van Mierop für die Transkription des niederländischsprachigen Originaldokuments. Van Pée, Ik was 20, S. 72.

170 Die Organisation Todt (»OT«) war eine hybride NS-Bauorganisation, die an den Schnittstellen von Privatwirtschaft, Wehrmacht und Behörden sowohl im Reich wie auch in den besetzten Gebieten kriegswichtige Bauprojekte koordinierte und durchführte. Bezogen auf das Vorhaben »Valentin« war dies die OT-Oberbauleitung »Unterweser« in Farge. Siehe auch Peter-Michael Meiners, Die Organisation Todt. Oberbauleitung Unterweser in Bremen-Rekum. Baustelle U-Bootbunkerwerft »Valentin«. Ergebnisse einer Recherche – Teil I (2014).

171 Vernehmung vom 29.11.1961, StAB 4,89/3-819, Bl. 162.

172 Es handelte sich um die Hinrichtung zweier Häftlinge. Vgl. Kapitel »Krankheit und Tod«.

173 StAB 4,66-I., 11990, Weidemann, Heinz.

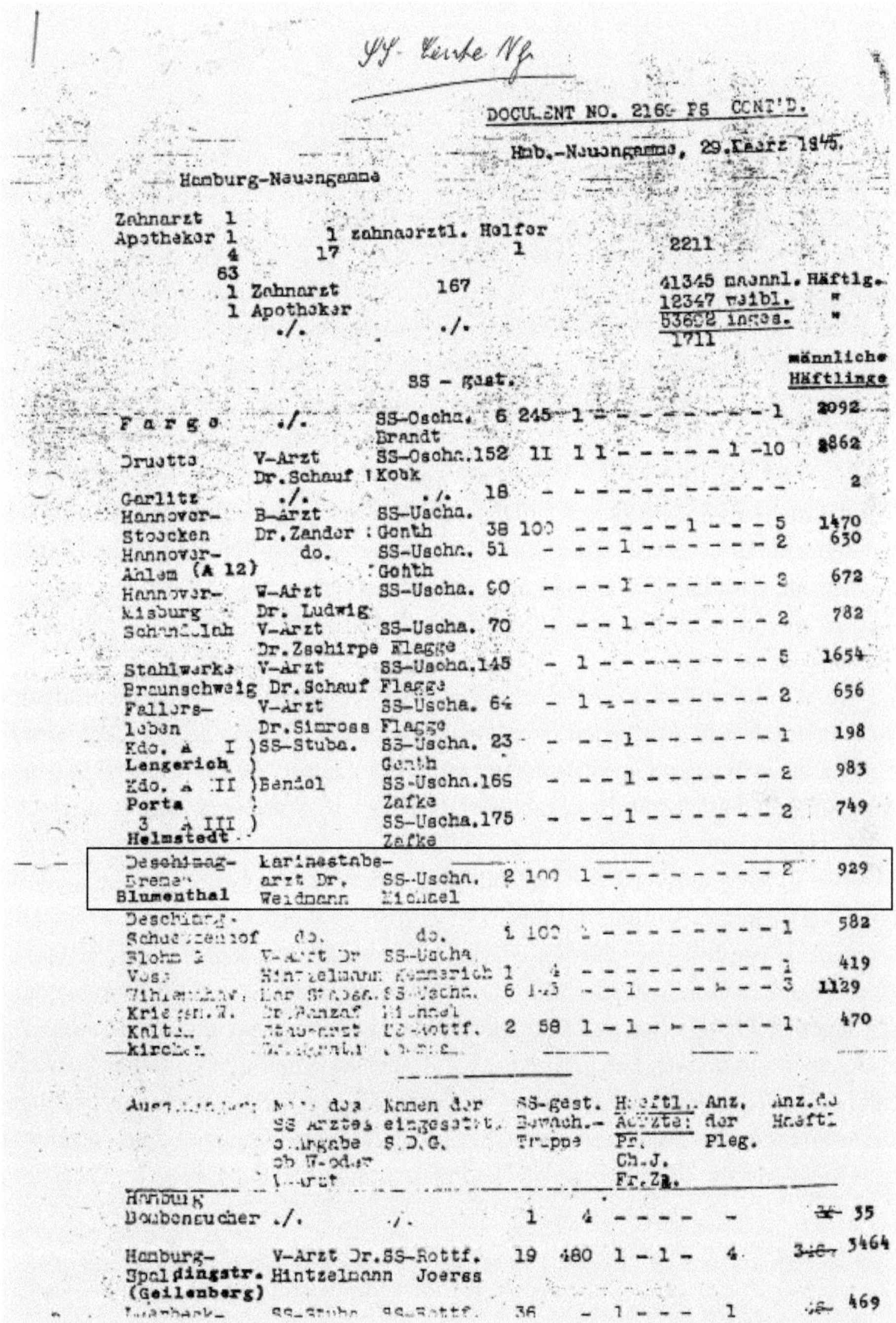
SS- Leute Ng.

DOCUMENT NO. 2169-PS CONT'D.

Hmb.-Neuengamme, 29. März 1945.

Hamburg-Neuengamme

Zahnarzt 1
Apotheker 1 — 1 zahnaerztl. Helfer — 2211
4 — 17 — 1
63
1 Zahnarzt — 167 — 41345 maennl. Häftlg.
1 Apotheker — 12347 weibl. "
./. — ./. — 53692 insges. "
1711

SS - gest. — männliche Häftlinge

Fargo	./.	SS-Oscha. Brandt	6 245	1 - - - - - - - - - 1	2092
Drutte	V-Arzt Dr. Schauf	SS-Oscha. Kobk	152 11	1 1 - - - - - - 1 -10	2862
Garlitz	./.	./.	18	- - - - - - - - - - -	2
Hannover-Stoecken	B-Arzt Dr. Zander	SS-Uscha. Gonth	38 100	- - - - - - 1 - - - 5	1470
Hannover-Ahlem (A 12)	do.	SS-Uscha. Gonth	51	- - - 1 - - - - - - - 2	630
Hannover-Misburg	W-Arzt Dr. Ludwig	SS-Uscha.	90	- - - 1 - - - - - - - 2	672
Schandelah	V-Arzt Dr. Zschirpe	SS-Uscha. Flagge	70	- - - 1 - - - - - - - 2	782
Stahlwerke Braunschweig	V-Arzt Dr. Schauf	SS-Uscha. Flagge	145	- 1 - - - - - - - - - 5	1654
Fallersleben	V-Arzt Dr. Simross	SS-Uscha. Flagge	64	- 1 - - - - - - - - - 2	656
Kdo. A I Lengerich	SS-Stuba.	SS-Uscha. Gonth	23	- - - 1 - - - - - - - 1	198
Kdo. A II Porta	Bendel	SS-Uscha. Zafke	165	- - - 1 - - - - - - - 2	983
3 A III Helmstedt		SS-Uscha. Zafke	175	- - - 1 - - - - - - - 2	749
Deschimag-Bremen Blumenthal	Marinestabsarzt Dr. Weidmann	SS-Uscha. Michael	2 100	1 - - - - - - - - - - 2	929
Deschimag-Schuetzenhof	do.	do.	1 100	1 - - - - - - - - - - 1	582
Blohm & Voss	V-Arzt Dr Hintzelmann	SS-Uscha Kemmerich	1 4	- - - - - - - - - - - 1	419
Wilhelmshav.	[illegible]	SS-Uscha.	6 1[illegible]	- - 1 - - - - - - - 3	1129
Kriegsm.W. Kaltenkirchen	Dr. [illegible]	[illegible] SS-Rottf.	2 58	1 - 1 - - - - - - - 1	470

Ausgefüllt	Name des SS Arztes u. Angabe ob W- oder V-Arzt	Namen der eingesetzt. S.D.G.	SS-gest. Bewach.-Truppe	Haeftl. Aerzte: Pr. Ch.J. Fr.Za.	Anz. der Pfleg.	Anz. d. Haeftl.
Hamburg Bombensucher	./.	./.	1 4	- - - -	-	~~35~~ 35
Hamburg-Spaldingstr. (Geilenberg)	V-Arzt Dr. Hintzelmann	SS-Rottf. Joerss	19 480	1 - 1 -	4	~~346~~ 3464
[illegible]	SS-Stuba.	SS-Rottf.	36	- 1 - - -	1	~~[illegible]~~ 469

Personalübersicht des Stammlagers Neuengamme vom 29. März 1945, Auszug aus dem Krankenstandsbericht. Für Blumenthal werden 929 Häftlinge, zwei Kräfte des medizinischen Personals und eine Bewachung von 100 Wehrmachtssoldaten genannt

6 Im Dienste der SS

Marinesoldaten als KZ-Wachmannschaft

Mit Fortgang des Krieges nahm der Anteil von SS-Angehörigen am Bewachungspersonal zunehmend ab; ein Teil von ihnen war zudem überwiegend mit Verwaltungstätigkeiten beschäftigt. Zugleich wurde eine Reihe vormalig in der Wehrmacht tätiger Soldaten – wie der Oberfeldwebel vom Endt – zur SS überstellt. Im Außenlagersystem von Neuengamme waren ca. 3.900 Bewacher (davon 1.592 SS-Angehörige) eingesetzt, die 40.000 Häftlinge unter ihrer Herrschaft hatten.

Für das nicht als SS geführte Wachpersonal im KZ Neuengamme gilt, dass auch Marinesoldaten einen großen Teil der drei Waffengattungen stellten. Sämtliche Dienstgrade der Marine wurden als nicht zur SS gehörig betrachtet. Sie blieben Angehörige der Kriegsmarine und befanden sich lediglich für die Dauer des Krieges im Befehlsbereich des Reichsführers SS.[174]

Im Blumenthaler Lager der Deschimag waren verschiedene Waffengattungen der Marine untergebracht. Aufgrund der Kriegslage kamen sie militärisch nicht zum Einsatz und taten vorwiegend in werftnahen Standorten Dienst. Sie gehörten derselben Einheit an, nämlich der Marine-Ersatzabteilung (MEA) 36, waren jedoch mit unterschiedlichen Aufgaben betraut.[175] Soweit sie nicht als Wachpersonal für das KZ eingesetzt waren, kamen in Bremen-Nord vorwiegend Tätigkeiten bei der Großbaustelle »Valentin« und der Werft Bremer Vulkan in Frage. Der Zeitzeuge Werner Amft, der seinen Dienst in Blumenthal von Juli 1944 bis Mitte März 1945 verrichtete, sagt z.B. aus[176], dass er in der Werft Bremer Vulkan bei der Materialausgabe eingesetzt war. Seine Barackenunterkünfte lagen im Ostarbeitersektor des Deschimag-Lagers. Er konnte Appelle und nächtliche Beleuchtung im westlich gelegenen KZ-Lager wahrnehmen. In seiner Vorstellung und der seiner Kameraden handelte es sich jedoch um ein Kriegsgefangenen-Lager.[177] »Im Anschluss an das M[arine]-Lager war ein abgezäuntes Quartier einer Wachmannschaft (Nicht-Marine[178]) daneben das besonders gesicherte KZ-Lager. Im Quartier der

174 Buggeln, Arbeit, S. 482–483.; Buggeln, Unterschiedliche Lebens- und Arbeitsbedingungen, S. 41–43.

175 Zur Organisation und zum Einsatz der Einheiten vor Einrichtung des KZ-Außenlagers vgl. Ellebrecht, Sowjetische Kriegsgefangene, S. 218–220.

176 Werner Amft, Aus der Erinnerung eines Zeitzeugen – Zeitraum Juni 1944 – März 1945 (Typoskript 2009); Werner Amft, Audio-Interview v. 10.4.2009, Archiv d. Vf.

177 Interview (2009), Archiv d. Vf.

178 Möglicherweise durchaus, nämlich Marineinfanterie.

Matrosengefreiter Josef Ströbl vor einer Mannschaftsunterkunft

Der Marineangehörige Werner Amft vor seiner Unterkunft im Ostarbeiterlager der Deschimag, Herbst 1944

Wacheinheit waren Wachhunde untergebracht, der Zaun zu unserem Lager war nicht gesichert. […] Franz. Häftlinge unter Bewachung entsorgten regelmäßig Küchenabfälle unseres Lagers, keine persönlichen Kontakte, dafür sorgten die ›Kapos‹ u. SS. […] Die Gefangenen hatten KZ.Sträflingskleidung an und gingen zu Fuß zur Arbeit«[179]

Diese KZ-Wachmannschaft war u.a. aus zwei Marine-Ersatzabteilungen gewonnen worden, der MEA 10[180] (Zeven) und der MEA 25[181] (Neustrelitz). Nach Aussagen von Häftlingen handelte es sich vornehmlich um ältere Leute (»Opas«). Dies trifft jedoch vermutlich nicht auf alle Angehörigen dieser Einheit zu. R. Möller hat durch Stichproben herausgefunden[182], dass etliche Marinesoldaten aufgrund des Rückzuges der Wehrmacht z.B. von der Krim und der Schiffsverluste der Kriegsmarine zum Landeinsatz bestimmt wur-

179 Amft, Aus der Erinnerung, Archiv d. Vf.

180 Vgl. Buggeln, Arbeit, S. 434–435. Der vormalige Kapo Hennig nennt stattdessen ein Zevener Marine-Ersatzkorps 16. Vernehmung v. 24.10.1975, StAB 4,89/3-985, Bl. 192.

181 Der Matrosengefreite Josef Ströbl wurde am 22.7.1944 der MEA 25 (Neustrelitz) zugeteilt; diese wurde am 27.8.1944 in 36. Marineersatzabteilung umbenannt. Auskunft Deutsche Dienststelle Berlin.

182 Reimer Möller, Wehrmachtsangehörige, S. 27–28.

Deshalb also esse ich so viele Äpfel

Ich würde sagen, diese Episode ist irgendwie charakteristisch, und darum haben wir immer gesagt: Man darf das deutsche Volk nicht mit den Nazis gleichsetzen, das sind zwei verschiedene Sachen, auch wenn es eine Zeit gab, wo man das nicht konnte. Aber für uns war da ein Unterschied, umso mehr als es deutsche Widerstandskämpfer im französischen Untergrund gegeben hat. Diese Menschlichkeit hat sich auf eine ganz unglaubliche Art gezeigt, denn ... Ich muss etwas zurückgehen in die Zeit, als mein Vater wieder frei war; wir lebten in Pusignan.

Und als ich 18 oder 20 Jahre alt war, ging ich aus zum Tanzen und ich kam immer irgendwann in der Nacht nach Hause. Und egal zu welchem Zeitpunkt, egal wann ich nach Hause kam, fand ich meinen Vater in der Küche sitzen und Äpfel essen. Ich sagte: »Du schläfst nicht?« Er antwortete: »Nein, ich kann nicht schlafen.« Viel später erst habe ich verstanden, dass es da Albträume gab, die immer wiederkamen usw.

»Gut, O.K., ich geh also schlafen, gute Nacht!« Und eines Tages habe ich mich neben ihn gesetzt und habe gesagt: »Also, irgendwie möchte ich schon verstehen, denn es gibt hier dauernd Äpfelkisten.« Er hatte einen Freund, der Obstgärten besaß, und da ging er hin, es gab immer Kisten mit Äpfeln im Haus. »Du isst dauernd Äpfel, nach den Mahlzeiten, nachts, mitten in der Nacht, immer bist du am Äpfel essen. Woher kommt das eigentlich, dass du ständig Äpfel isst?«

Und da gab es eine lange Pause – mein Vater sprach sehr wenig – und er sagte: »Weißt du, die Äpfel, die haben mir vielleicht das Leben gerettet«. »Unter welchen Umständen?« »Es ist so: In der Zeit, als wir den Tunnel ausschachteten, bin ich eines Tages in den Wohnblock gekommen, und als ich den Strohsack etwas verschob, fand ich darunter zwei kleine Äpfel.« »Aha, und wie kam das?« »Ich habe sie nicht angerührt.«

Ich fragte: »Wieso nicht?«

»Zunächst mal habe ich den Strohsack wieder glattgestrichen und habe mich umgesehen; ich hatte nämlich Angst, dass das der Kapo war, der immer wieder versuchte, uns zusammenzuschlagen, ich glaubte, er wäre das, der das dort hingelegt hatte, um mich zu provozieren und um ein Motiv zu haben, um mich zu verprügeln oder mich des Diebstahls zu bezichtigen, damit ich vielleicht hänge.

Ich habe also zunächst nichts angefasst, dann habe ich mich überall umgeschaut. Ich bin herumgegangen, ich habe die Barackentür aufgemacht, da war niemand. Dann kamen auch schon die Kameraden und wir haben mit dem Ausschachten weitergemacht. Bevor wir anfingen zu graben, habe ich ihnen alles erklärt, und wir haben die Äpfel in jeweils sechs oder acht Schnitze geteilt. Und jeder hat ein Stück genommen und es auf der Zunge zergehen lassen.«

den. Sie erhielten die feldgraue Uniform. Dass sie zum KZ-Wachdienst bestimmt waren, wurde ihnen zunächst nicht mitgeteilt. In der Region Bremen-Nord waren Kompanien der Marine-Ersatzabteilungen (MEA) 25 und 36 eingesetzt. Die 7./25 bewachte ebenso wie die die 4./36 Häftlinge auf der Großbaustelle des Bunkerprojekts »Valentin«. Letztgenannte Kompanie war ca. 600 bis 700 Mann stark. Eine Untergruppe dieser Einheit war bereits für die sowjetischen Kriegsgefangenen auf dem Gelände des Deschimag-Lagers zuständig gewesen. Mit Einrichtung des KZ-Außenlagers behielt sie diese Wach-Funktion. Sie zählte ca. 100 Mann und war unmittelbar östlich der Blumenthaler KZ-Gebäude untergebracht.

Und da hatte mein Vater solche Augen und sagte: »Das war unwirklich, das war so gut, das hat verhindert, dass wir Typhus oder Ähnliches bekamen.«
Und ich habe gesagt: »Und wie lange ging das?«
Und er sagte: »Das passierte am nächsten Abend wieder. Als ich reinkam, habe ich nachgeschaut, da waren wieder zwei kleine Äpfel. Am dritten Abend sagte ich mir: »Woher mögen die kommen?«
Er sagte mir: »Ich stellte mich auf die Schwelle und wartete auf die Kameraden aus dem Block. Fünfzehn Meter entfernt sah ich einen Wachposten. Damals waren nämlich die meisten jungen Deutschen an der Ostfront und sie wurden ersetzt – gut, es waren auch noch SS-Leute im Lager. Aber sie waren ersetzt worden durch Reservisten der Wehrmacht, etwa 60 bis 65 Jahre alt. Und da habe ich einen Posten mit seinem Mantel und dem Gewehr über der Schulter gesehen, der so etwa 65 Jahre alt war, und er blickte in Richtung Tür. Und als er mich zur Tür gehen sah, drehte er sich um und ging weg.«
Ich habe nicht reagiert. Am nächsten Abend, wieder Äpfel. Diese Heimlichtuereien haben, glaube ich, zehn, zwölf Tage gedauert. Jeden Abend gab es zwei kleine Äpfel.
Dann an einem Abend wollte ich die Sache verstehen, also habe ich mich an die Tür gestellt. Und da war dann ein Wachposten, mir gegenüber. An diesem Tag haben sich unsere Blicke gekreuzt, wir haben natürlich nicht miteinander gesprochen. Unsere Blicke sind sich begegnet, und da habe ich in seinem Blick gesehen, dass er verstanden hatte, dass ich wusste: er war es. Und ich habe verstanden, dass er es war, der mir half. Und dann hat er sich umgedreht und ist weggegangen.
Dabei ist es geblieben. Ich habe noch zwei drei Tage Äpfel gefunden und dann, eines schönen Tages, keine Äpfel mehr.«
Ich fragte ihn: »Wieso das? War er geschnappt worden?«
Er sagte: »Nein, das ist nicht denkbar, denn wenn er dabei erwischt worden wäre, dass er mir Äpfel unter meinen Strohsack legte, wären wir beide gehängt worden.
Es geschah also nichts. Das bedeutet ganz einfach, dass er wahrscheinlich woanders eingesetzt wurde, er war verschwunden. Er war nicht mehr da, und es gab keine Äpfel mehr. Aber wir Kameraden hatten uns zwölf Tage lang diese Äpfel geteilt. Und das hat mir vielleicht das Leben gerettet. Deshalb also esse ich so viele Äpfel.«
M. D.: »Ein bisschen Menschlichkeit in einem Konzentrationslager!«
J. C.: »So wie es sie auch sonst gab, aber in diesem Fall ist es meinem Vater zugutegekommen.«
M. D. »Eine schöne Geschichte, ich werde sie nicht vergessen.«
Jean Curial[183]

Dass grundsätzlich auch etliche junge Marinesoldaten eingesetzt wurden, zeigen Briefe junger Rekruten in Bremen-Farge, die sich darüber beschweren, dass sie zur Bewachung von Zwangsarbeitern und KZ-Häftlingen eingeteilt wurden und fordern, stattdessen auf See eingesetzt zu werden.[184] Die maritime Überlegenheit der Alliierten ge-

183 Video-Interview mit Jean Curial, Sohn des Deportierten Georges Curial (16.10.2018), Interviewpartner: Marcel Daloze, Archiv d. Vf.

184 Kommission Schümann, StAB 7,1066-95. Der NSDAP-Kreisleiter Max Schümann führte zu Kriegsende als bremischer NSDAP-Kreisleiter umfassende Inspektionen mit dem Ziel durch, weitere Frontabordnungen zu erreichen.

stattete zu diesem Zeitpunkt nicht den militärischen Einsatz aller Marinesoldaten; der Altersdurchschnitt der Wachmannschaft war vergleichsweise niedrig. Auch der Matrosengefreite Josef Ströbl gehörte nicht zu den »Alten«. Er wurde laut eigener Auskunft[185] mit 18 Jahren im Anschluss an seine seemännische Ausbildung als nicht seeverwendungsfähig eingestuft. Der Deutschen Dienststelle (Berlin) zufolge diente er in der neuen 36. Marineersatzabteilung und wurde zum »Arbeitseinsatz bei[m] Bremer Vulkan« herangezogen. Auch andere Kompanieangehörige könnten flexibel zeitweise für die Bewachung von KZ-Gefangenen und zu einem anderen Zeitpunkt zu Arbeiten in Gewerbebetrieben eingesetzt worden sein. Eine Frequenz von 1:10 bzw. 1:9 (Bewacher – KZ-Häftling) ist wenig wahrscheinlich.

In Ströbls Zeugenaussage ist von seiner Tätigkeit auf der Werft nicht die Rede. Stattdessen nennt er Kalfaktoren- und Botendienste und will als Friseur tätig gewesen sein. Er habe auch KZ-Häftlinge vom Lager zum Arbeitsplatz in der Bremer Wollkämmerei gebracht. Außerdem habe er zwischenzeitlich kleinere Kommandos von Häftlingen geführt, die die Wege zwischen Blumenthal und Farge mit Schlacke ausbesserten. Die Mutter seiner späteren Frau habe in der Küche für die Wachmannschaft und die Häftlinge gekocht. Dieser Kontakt habe ihm ermöglicht, sich bei den Vorräten zu bedienen, die für die KZ-Häftlinge vorgesehen gewesen seien – auch die Soldaten hätten schließlich Hunger gehabt.[186]

Von den Marine-Wachsoldaten scheint für die Häftlinge keine unmittelbare Gefahr ausgegangen zu sein, auch wenn allen klar war, dass sie erforderlichenfalls von der Waffe Gebrauch machen würden. Auch Einzelfälle von Hilfsaktionen sind überliefert. Jean-Marie Vanden Eynde notiert: »Die Wachposten, Reservisten der Marine, die uns auf dem Weg begleiteten und die uns in den Fluren der Fabrik bewachten, hatten nicht den kriegerischen Geist der SS. Eines Mittags ging ich die Treppenstufen in der Fabrik hinunter, ein Posten war fast mit seinem Essen fertig. Als er mich sah, warf er ostentativ den Knochen des Schweinskoteletts in den Feuerschutzbehälter voller Sand. Ich habe den Rest aus dem Sand geholt, habe ihn abgespült und das ganze Fleisch, das noch daran war, abgenagt.«[187] Der ehemalige Matrosengefreite Ströbl will hin und wieder Butterbrotpakete für die ausgehungerten Gefangenen deponiert haben[188]; des Weiteren gibt es den Bericht über einen Wachsoldaten, der einem französischen Häftling für eine gewisse Zeit Äpfel zukommen ließ (s. Textblock »Deshalb esse ich so viele Äpfel«). Der ehemalige belgische Gefangene Michel H. bekundet, dass der als Dolmetscher bei der Marineinfanterie tätige Mitgefangene Laurent Bernard regelmäßig von den »Opas« Suppe,

185 Audio-Interview (2007), Archiv Internationale Friedensschule Bremen, Reg. Bahrsplate.
186 Mitteilung an Vf. v. 6.5.1995.
187 Vanden Eynde, Blumenthal (2008).
188 Josef Ströbl, Audio-Interviews 2007 und 2011, Archiv Internationale Friedensschule, Reg. Bahrsplate.

Marmelade und Brot für seine Kameraden erhielt.[189] Pierre Billaux erinnert sich, dass ihn ein Wachposten einmal herangewunken hat, um ihm etwas zu essen zu geben.[190] Raymond Van Pée kam mit dem Marineangehörigen ins Gespräch, an den er gekettet war; dieser sollte ihn aus dem Lager Schützenhof nach Blumenthal zurückbringen (s. Kapitel »Das Konzentrationslager im Ort«). Der Soldat erklärte, dass er kriegsmüde sei und gab ihm zu essen. Van Pée erwähnt auch anlässlich einer Erinnerungsfahrt einen »Hauptmann«, der Schläge von Kapos unterbunden habe.[191]

Häftlinge in herausgehobener Funktion: Die »Bindenträger«

Die Besetzung herausgehobener Funktionen durch Häftlinge war für die Bewacher und für die Häftlinge von zentraler Bedeutung. Die SS und zivile Hilfskräfte waren nicht in der Lage, die umfangreichen Aufgaben allein zu bewältigen, die die Verwaltung eines Lagers und die Organisation des Arbeitseinsatzes mit sich brachten. Die SS-Lagerleitung benannte daher Häftlinge als Kapos, Schreiber, Vorarbeiter, Dolmetscher, Ärzte und Pfleger für zahlreiche Verantwortungsbereiche und Tätigkeiten; Kapos trugen häufig eine Armbinde mit Angabe ihrer Funktion. Aus der Sicht der Häftlinge war von besonders großer Bedeutung, welche Persönlichkeit der Blockälteste in den einzelnen Wohnbaracken besaß. Die Inhaber einer solchen »abgeleiteten Macht«[192], insbesondere die Kapos[193], erhielten vorübergehend weitgehend Verfolgungsschutz vor Strafmaßnahmen der Lager-SS; dafür war ihnen aufgetragen, die Grobarbeit der terroristischen Lagerherrschaft zu gestalten. Die Lager-SS konnte wie selbstverständlich annehmen, dass die Kapos in gewalttätiger Weise mit den nichtprivilegierten Mithäftlingen verfuhren. Sie schlugen mit Gummiknüppeln, Stromkabeln oder Gummischläuchen, verteilten Faustschläge und Fußtritte und vollzogen von der SS ausgesprochene oder von ihnen selbst festgesetzte Strafen. Sie schikanierten ihre

189 DAO/SAVG/AfK, Dossier no. 21104 (Laurent Bernard).

190 Billaux, Verbatim (2006).

191 »Skizze von Belgiern am 2.5.90 Bahrs-Plate«, Notiz. Archiv Internationale Friedensschule, Reg. Bahrsplate.

192 Vgl. zur Gesamtthematik: KZ-Gedenkstätte Neuengamme (Hrsg.), Abgeleitete Macht: Funktionshäftlinge zwischen Widerstand und Kollaboration. Beiträge zur Geschichte der nationalsozialistischen Verfolgung in Norddeutschland, H. 4 (1998). Dass sich auch die Spitzen der SS der Rolle von Kapos als Instrumente der terroristischen Herrschaft bewusst waren, verdeutlichen die Ausführungen des Reichsführers SS Heinrich Himmler in einer Rede in Sonthofen (21.6.1944): »In dem Moment, wo er Kapo ist, schläft er nicht mehr bei denen. Er ist verantwortlich, daß die Arbeitsleistung erreicht wird, daß bei keinem eine Sabotage vorkommt, daß sie sauber sind, daß die Betten gut gebaut sind … Er muß also seine Männer antreiben. In dem Moment, wo wir mit ihm nicht zufrieden sind, ist der nicht mehr Kapo, schläft er wieder bei seinen Männern. Daß er dann von denen in der ersten Nacht totgeschlagen wird, das weiß er.« Zitat bei: Kaienburg, »Vernichtung«, S. 66.

193 Die Herkunft des Begriffes ist nach wie vor unklar. Er könnte von »Kameraden-Polizei«, von italienisch »caporale« (Obergefreiter) oder »capo« (Chef) herrühren.

Mitgefangenen beim »Sport« oder »Exerzieren« bis zur Erschöpfung, bereicherten sich an Nahrungsmittelvorräten und entzogen Mahlzeiten. Die brutale Selbstermächtigung des Chefkapos Karl und des Kapos Heinz, wie in Kapitel »Neu im Lager Deschimag Bremen-Blumenthal« geschildert, war Alltag für die Gefangenen. Den Nachgeborenen fällt es schwer, sich in das Alltagsleben innerhalb eines KZ hineinzuversetzen. In etlichen Berichten wird deutlich, wie groß die Versuchung für die Gefangenen war, sich auf Kosten von Leidensgenossen Vorteile zu verschaffen. Dies gilt in besonderem Maße für die Funktionshäftlinge, von denen viele gegenüber ihren Mithäftlingen ungestraft die Machtfülle auslebten, die ihnen von der SS übertragen worden war. Andere, wie etwa der »rote« Lagerälteste Meissner in Bremen-Farge, versuchten offenbar, sich verantwortungsbewusst zu verhalten. Aber auch dieser sah sich veranlasst, unter Umständen rigide und sogar gewalttätig gegen Einzelne vorzugehen, die durch ihr Verhalten seine – von ihm positiv gewertete – Position gefährdeten.[194] Dies trug ihm nach dem Krieg Kritik ein. Dass etliche der »Bindenträger« sich moralisch positiv in dieser Ausnahmesituation bewährt haben, mag als Folie zur nachträglichen Bewertung dienen. Dennoch darf nicht außer Acht bleiben, dass diejenigen Häftlinge, die oft der Schrecken ihrer Mithäftlinge waren, in diese Situation erst durch die Einrichtung der terroristischen Schreckensherrschaft gelangt waren. Auch sie waren in erster Linie Opfer.[195]

Kapos waren im Lager Blumenthal ausschließlich deutsche »grüne« Funktionshäftlinge, die von der SS als »Berufsverbrecher« kategorisiert wurden[196] und entsprechend der Kennzeichnungslogik des Lagersystems neben ihrer Nummer ein grünes Dreieck (»Winkel«) auf ihrer Häftlingsjacke trugen. Beim Verhör durch belgische Ermittler im Jahre 1947 trug der Lagerleiter (»Kommandoführer«) Richard-Johann vom Endt vor, dass unter der ersten Gruppe von 500 Häftlingen im neuen Lager 19 Deutsche gewesen seien. Tatsächlich lassen sich 13 deutsche Gefangene namentlich – manchmal nur mit dem Vornamen – personell fassen. Keiner von ihnen wird von den Zeitzeugen als »Politischer« bezeichnet. Somit spricht alles dafür, dass in Neuengamme ausschließlich deutsche »Grüne«, also als »kriminell« kategorisierte Inhaftierte für herausgehobene Funktionen ausgewählt wurden. Das Kalkül zielte darauf ab, bei der Einrichtung des neuen Lagers mit vorwiegend ausländischen, als »politisch« eingestuften Häftlingen

194 »Und zur Aufrechterhaltung der Lagerdisziplin gegen den Kameradendiebstahl musste ich manchmal streng sein.« Schreiben Erich Meissner v. 15.5.1947, in: ANg, HB 694. Eine Analyse seiner Gesamtaussage findet sich in: Buggeln, Arbeit, S. 523–527.

195 Ich folge hier der Argumentation von Detlef Garbe, Editorial in: KZ-Gedenkstätte Neuengamme, Abgeleitete Macht, S.16.

196 Die Behauptung, es handle sich bei »B.V.« um eine Abkürzung für »Befristete Vorbeugehäftlinge«, hat sich als falsch erwiesen. Vgl. Julia Hörath, Terrorinstrument der »Volksgemeinschaft?« KZ-Haft für »Asoziale« und »Berufsverbrecher« 1933 bis 1937/38, in: Zeitschrift für Geschichtsforschung 60 (2012), H. 6, S. 521.

Appell im KZ Blumenthal. Zeichnung von Pierre Lefèvre

ein hinreichend zuverlässiges Repressionspotential zur Verfügung zu haben.[197] Einige dieser Kapos besaßen langjährige KZ-Erfahrung und zählten somit – auch aufgrund ihrer niedrigen Häftlings-Nummer erkennbar – zu den vom SS-Personal zurückhaltend oder sogar mit Respekt Behandelten und somit unmittelbar weniger Gefährdeten. Sie kannten sich mit vielen Abläufen des Lageralltags aus und konnten eine »Vertrauens«-Position einnehmen. Dies gilt neben dem Lagerältesten Karl zum Beispiel auch für den Kapo Hennig, der offenbar zusammen mit dem Lagerschreiber Ewald Schmolze[198] für Verwaltungs- und Beschaffungsaufgaben zuständig war.

197 Kurt Pätzold, Häftlingsgesellschaft, in: Benz/Distel, Ort des Terrors, Bd. 1, S. 119: »Welches Interesse die IKL [Inspektion der Konzentrationslager, K. E.] und Kommandanturen vor Ort verfolgten, zeigte sich im Kriege, als in Lagern für ausländische Gefangene deutsche Kriminelle zu Funktionshäftlingen gemacht wurden. [...] Die SS hatte zwischen der Mithilfe von Häftlingen bei der brutalen Herrschaft über das Lager und ihrem gleichzeitigen Interesse an der Vermeidung von Unruhe, Sicherung von Disziplin, später der Gewährleistung von Effektivität und Qualität der Arbeit abzuwägen.« Zur Kennzeichnung der ausländischen Häftlinge: Seit 1940 werden diese unabhängig von ihrer vorgängigen Klassifizierung von der Neuengammer Verwaltung durchweg als »politisch« gekennzeichnet. Kaienburg, »Vernichtung«, S. 68.

198 Dieser äußerte über seinen ehemaligen Kapo-Kameraden eher vage: »Hennig hatte etwas mit der Schreibstube zu tun.« StAB 4,89/3-985, Bl. 180.

Der Chefkapo

Das Bild des Lagerältesten, den meisten nur als Chefkapo oder »langer Karl« bekannt, entsteht aus den Aussagen ehemaliger einfacher Gefangener und aus der Lektüre von Vernehmungsprotokollen ehemaliger Funktionshäftlinge.[199] Danach war er 1,85m groß, stammte aus Augsburg, war von magerer Statur, aber kräftig, und trug ein Gebiss. Wegen einer Lungenkrankheit (vermutlich Tuberkulose) sei er wahrscheinlich außerhalb des Lagers separat untergebracht gewesen.[200]

Die Bewertungen sind eindeutig. Der ehemalige Kapo Hans Isemann* sagt aus: »Im Lager ein Schwein, hat Häftlinge wiederholt geschlagen.«[201] Der belgische Häftling Herbert De Puysseleyr gibt zu Protokoll: »Ein Junge wurde vom Lagerältesten so schwer geschlagen, dass er einige Tage danach daran gestorben ist.«[202] Laurent Bernard, ehemals Übersetzer im Lager, gibt an: »Er hat die belgischen Häftlinge Bernard, T., Janssen, Pittois, D. Achten misshandelt. [...] Er tat alles, um sich beim Lagerleiter beliebt zu machen. [...] Die Rotkreuz-Pakete für die Belgier[203] wurden halbiert und an andere grüne Kapos und die SS weitergegeben.«[204]

Henri Pâques notiert: »Während eines Januar-Appells im Schnee geht er, der Lange Karl, durch die Reihen, ohrfeigt hier jemanden oder schlägt dort einen armen Kerl mit dem Knüppel, der vor Fieber zittert und sich nicht an das Stillgestanden halten kann.«[205] Der Lagerälteste vollzog Prügelstrafen, die von der SS ausgesprochen worden waren. So berichtet Van Pée, dass er nach der Demütigung durch den Lagerleiter vom Endt (s. Kapitel »Die Lager-SS«) in die Hände von »Karl« geraten sei. Dieser verabreichte ihm 20

199 Aussagen von Hans Isemann, Ewald Schmolze, Ernst Hennig, StAB 4,89/3-985, Bl. 179–193; Interviewnotizen »Hansen«, ANg, Ng 6.4.13; Aussage Victor Roberti, Auditorat général, Dossier Vom Endt. Als einer der wenigen kannte der ehemalige Lagerschreiber Schmolze die Identität des »langen Karl«: »Im Lager waren über den Tag meist 20–30 Mann mit Lagerarbeiten beschäftigt, deren Beaufsichtigung dem Lagerältesten Carl Decker [sic!], wohnhaft in Augsburg [...] oblag.« CEGESOMA, Dossier 581/645.

200 Die Mehrzahl der Aussagen besagt, dass »Karl« außerhalb des Lagers wohnte. Henri Pâques weiß hingegen zu berichten, dass der Lagerälteste eines Tages eine Delegation von Zivilpersonen empfing und sie in die »Baracke no. 1« einlud. Diese sei im Gegensatz zu anderen »sorgfältig ausgestaltet gewesen: saubere Betten mit Wolldecken, freundliche Farben und Gardinen an den Fenstern. Die Baracke sei nur von seinen Freunden bewohnt gewesen. Henri Pâques, Récit, S. 105. Denkbar ist, dass Karl Decker in einer der Quarantäne-Baracken, die sich im östlichen Teil der Bahrsplate befanden, untergebracht war: Der Lagerschreiber Ewald Schmolze gibt an: »Er war zuletzt lungenkrank und lebte isoliert in einer eigenen kleinen Barake [sic].« StAB 4,89/3-985, Bl. 188.

201 StAB 4,89/3-985, Bl. 180.

202 Erklärung von Herbert De Puysseleyr v. 25.10.1945, CEGESOMA, Dossier 581/645.

203 Himmler hatte den Empfang von Paketen ab Oktober 1942 erlaubt. So ließ sich die Ernährungssituation der Gefangenen ohne Inanspruchnahme eigener Ressourcen regulieren; dabei war keinesfalls daran gedacht, das vorherrschende Hungerregime zu beseitigen. Vgl. Kaienburg, »Vernichtung« S. 317–318; Heinz Wewer, Spuren des Terrors. Postalische Zeugnisse zum System der deutschen Konzentrationslager (2020), S. 138–141.

204 Auskunft Laurent Bernard v. 11.12.1945, DAO/SAVG/AfK, Dossier no. 28814.

205 Henri Pâques, Récit, S. 123.

bis 25 Hiebe mit einem Ochsenziemer.[206] Am 29. Oktober 1944 erhängte der Lagerälteste auf Befehl der SS zwei polnische Häftlinge auf dem Appellplatz (s. Kapitel »Krankheit und Tod«).

Im Prinzip war auch die Position des Lagerältesten im Lager Blumenthal prekär. Henri Pâques schreibt: »Ein jüdischer Schneider hat einen wunderschönen Mantel aus einer neuen Decke geschneidert, und der Lagerälteste stolziert mit ihm und einem Knüppel durch das Lager – ein Triumph, der nicht von langer Dauer ist: der Kommandant befiehlt, ihm mit gelber Farbe ein gelbes Kreuz aufzumalen, das ihn an seinen Status erinnern soll«.[207] Der Ehemalige Pierre Billaux bezweifelt allerdings, dass diese Aussage zutrifft. Der Lagerälteste hätte nicht gewagt, sich auf diese Weise hervorzutun.[208]

Karl Decker*, Jahrgang 1900, stammte in der Tat aus Augsburg.[209] Er war staatenlos und wurde wiederholt aus Bayern ausgewiesen. Diese behördliche Maßnahme stand vermutlich im Zusammenhang mit der Tatsache, dass er mehrfach aufgrund von Kleindelikten (Diebstahl, Betrug, Hehlerei) verurteilt worden war. Im Dezember 1935 sprach der Bürgermeister von Amberg erstmals »die Verweisung des Deckers aus dem Deutschen Reichsgebiet« aus, ohne dass diese Maßnahme umgesetzt werden konnte – im Gegenteil, Karl Decker kehrte immer wieder zu seiner Familie zurück.[210] Im Mai 1940 gelangte er nach der Freilassung aus »Dieburg, Gef[angenen]lager«[211] wieder nach Augsburg. Am 14.9.1940 wurde er in das KZ Dachau eingeliefert, am 23.1.1941 nach Neuengamme überstellt. Als Haftgrund wurde »Berufsverbrecher / polizeiliche Sicherungsverwahrung« angegeben.[212] Offenbar sind Decker die sozialrassistischen Maßnahmen der Nazis zum Verhängnis geworden, die im »Himmler-Thierack-Abkommen« (1942)[213] gipfelten.

---

206 Raymond van Pee, Ik, S. 106–107.

207 Henri Pâques, Récit S. 97.

208 Verbatim (2010).

209 Stadtarchiv Augsburg, MK2.; Gesundheitsamt, Kartei: #20243: »V[or]B[estrafte]r (?) Karl Decker 29x vorbestraft, darunter mit Zuchthaus, Staatenlos, mehrmals ausgewiesen, Konzentrationslager Dachau«. Ich danke Herrn Feuerer vom Stadtarchiv Augsburg für die Hinweise.

210 Stadtarchiv Augsburg, MK2.; Gesundheitsamt, Kartei: #20243.

211 Mutmaßlich dem Gebäude der heutigen Justizvollzugsanstalt Dieburg.

212 Karl Decker war in Dachau vom 14.9.1940 bis zum 23.1.1941 inhaftiert. NARA Zugangsbuch Nr. 109/018895. Ich danke der KZ-Gedenkstätte Dachau für den Hinweis. Weitere Quellen: Transportliste, ANg, Schriftdokumentenarchiv Sign. 3.2.3.4; Gedenkstätte Flossenbürg, AGFI S.21.2644; BA, Häftlingskartei des WVHA, NS 3/1577. Dank an Marcus Meyer, Denkort Bunker Valentin, für die Hinweise.

213 Das Himmler-Thierack-Abkommen (17.9.1942) sah vor, dass alle Juden und »Zigeuner«, Russen und Ukrainer sowie zu Straflager oder zu Strafen von drei und mehr Jahren verurteilte Polen in Konzentrationslager zu überstellen waren. Dazu kamen Zuchthausgefangene und Sicherheitsverwahrte, wenn sie als »asozial« eingestuft wurden. Thieracks kurze Notiz dazu lautete: »Auslieferung asozialer Elemente aus dem Strafvollzug an den Reichsführer SS zur Vernichtung durch Arbeit«. Zitat in: Hans-Peter Klausch, »Vernichtung durch Arbeit« – Strafgefangene der Emslandlager im KZ Neuengamme, in: Ausgegrenzt. »Asoziale« und »Kriminelle« im nationalsozialistischen Lagersystem. Beiträge zur Geschichte der nationalsozialistischen Verfolgung in Norddeutschland, Heft 11, S. 60.

Kapos im Besitz der abgeleiteten absoluten Macht

Unter den Funktionshäftlingen zählten die Blockältesten nach dem Lagerältesten zu den höherrangigen Gefangenen. Zu ihren Aufgaben gehörte das Verteilen von Kleidung und Nahrung, die Kontrolle der Hygiene, das Wecken, das Aufstellen für den Appell und die Führung des Blockbuchs. Andere Kapos waren mit Fragen der Verwaltung und der Arbeitsorganisation betraut.

Die Überlieferung an zeitgenössischen Dokumenten für das KZ Blumenthal ist nicht sehr dicht.[214] Bei der Identifizierung der deutschen Kapos sind wir vornehmlich auf die Aussagen Überlebender angewiesen. Es ist wenig verwunderlich, dass die deutschen Namen häufig nur phonetisch erinnert werden oder Personen nur mit Vornamen bekannt sind. Genauer sind oft Hinweise von Häftlingen, die selbst mit Verwaltungsaufgaben vertraut waren oder eine andere herausgehobene Aufgabe hatten (z.B. Dolmetscher). Der Mangel an biographischen Hinweisen erlaubt keinen systematischen Vergleich zwischen den jeweiligen Häftlingskarrieren. Es ist nachvollziehbar, dass Kapos in der Funktion von Blockältesten den ehemaligen Häftlingen stärker in Erinnerung sind als solche, die besondere Aufgaben etwa in der Verwaltung, Kleiderkammer oder in der Küche hatten. Insgesamt lassen sich 13 von den 19 durch vom Endt erwähnten »Berufsverbrecher« namentlich fassen, manche jedoch nur mit ihrem Vor- oder Spitznamen.

Raymond Van Pée bezeichnet in seinem Erinnerungsbericht einen gewissen Heinz als einen Kapo. Dieser habe unter den am Vortag Eingetroffenen Furcht und Schrecken hervorgerufen (s. Kap. »Neu im Lager«). Ein Kapo »Heinz« wird von keinem anderen Überlebenden erwähnt. Ehemalige nennen für diese Baracke 6 zwei weitere Kapos: »Karl den Tätowierten« und »Edmond«[215] oder auch »Edouard«[216]. Für »Edouard« und »Karl den Tätowierten« gibt es keine weiteren präzisen Hinweise. »Edmond« wird hingegen als der Lübecker Egmont Hansen fassbar.

Überlebende bezeichneten Egmont Hansen als »perfiden« und »sadistischen« Menschen oder auch als »Giftschlange« (»vipère«).[217] Er habe ständig geschlagen und habe alle möglichen Quälereien erfunden, um die Gefangenen zur Arbeit anzutreiben.[218] Er

214 Bei Räumung des Stammlagers Neuengamme wurde das Gros der Dokumente vernichtet; einigen Häftlingen gelang es, wertvolle Aufzeichnungen – wie z.B. Reviertotenbücher – zu retten. Für die Verwaltungsunterlagen des Lagers Bahrsplate ist von völliger Beseitigung auszugehen.

215 Aussage Joseph Desaver v. 13.2.1946, DAO/SAVG/AfK, Dossier 16547. Roger Vyvey erinnert sich an einen tätowierten Kapo, kennt aber nicht dessen Namen: »Ca. 30 Jahre alt. Blond, groß, gut gebaut. Sprach mit Frauenstimme. Am ganzen Körper tätowiert. Hatte die Spezialität, auf den Gefangenen herumzustampfen. Hat sicher Tote auf seinem Gewissen. Konnte weder die Belgier noch die Franzosen ausstehen. DAO/SAVG/AfK, Dossier PP 2444 (Roger Vyvey).

216 DAO/SAVG/AfK, Dossier no. 28814, Laurent Bernard.

217 « Vipère » hat im Französischen neben »Giftschlange« die Bedeutung »gefährliche Person«.

218 Aussage Stanislas de Battaglia, CEGESOMA, Dossier 581/645.

soll als Werkstattkapo einer der bösartigsten gewesen sein. Bevor er zuschlug, soll er einmal einen Häftling an einen Pfahl gefesselt haben.[219] Er habe Zivilkleidung und eine Armbinde mit der Aufschrift »Kapo« getragen.

André Duroméa erinnert sich: »Eines Tages sah ich an meiner Werkbank stehend einen Kapo näherkommen, den wir ›die Schlange‹ nannten. Er sprach mich an: ›Die Deutschen haben eine Gegenoffensive[220] begonnen. Die Armee von de Gaulle ist eingekesselt und 25.000 Flugzeuge werfen Bomben auf sie ab. Ich will etwas tun und kann deiner Familie Neuigkeiten zukommen lassen‹. Ich muss sagen, ich verspürte sofort eine unbändige Lust, ihm den Hals umzudrehen. Aber ich durfte mir weder meine Unruhe anmerken lassen, noch dass er mich tief getroffen hatte. Ich lächelte ihn also an und sagte: ›Na, wir werden sehen!‹«[221]

Ein ehemaliger Kapo ist nach dem Krieg von einem Mitarbeiter der Gedenkstätte Neuengamme interviewt worden. Es handelt sich um Egmont Hansen. Sowohl in seiner Spruchkammer-Akte in Lübeck[222] als auch in diesem Interview ist von ihm als Kupferschmied die Rede.[223] Seine Aussage liegt in Form von Kurznotizen vor.[224] Hansen berichtet, er sei 1939 zu einem Jahr Zuchthaus verurteilt, dann aber in verschiedene Haftanstalten im Reich verlegt worden. Erst 1944 sei er in das KZ Neuengamme gelangt.

Eine nicht datierte Liste des Emslandlagers Börgermoor führt einen »Hansen, Egmond« auf: »Lg. Börgermoor eingel[iefert]. 21.5.42 v. Lingen [...] 1942 Haftanst[alt] Dortm[und]. Diebst[ahl] [...] 2 J. 6 Mt. Z[uch]th[aus].«[225] Hansen ist möglicherweise noch vor Verbüßung der gesamten Haftzeit als »polizeilicher Vorbeugehäftling«[226] in das Strafgefangenenlager Börgermoor[227] eingeliefert worden. Vor dem Hintergrund des Himmler-Thierack-Abkommens ersetzten in dieser Zeit polizeiliche »Vorbeugungsmaßnahmen« zunehmend das Instrument der justiziellen »Sicherheitsverwahrung«.[228]

---

219 CEGESOMA, Dossier 581/645, Aussage Marcel Belgeonne.

220 Die Rede ist von der gescheiterten Ardennenoffensive (Dezember 1944 – Januar 1945). Alle anderen Angaben sind falsch. Duroméa war sich als Mitglied des Widerstandskomitees im Lager offenbar bewusst, dass die Informationen des Kapos Hansen auf die Demoralisierung der Häftlinge abzielten.

221 André Duroméa raconte, S. 156–157.

222 Archiv Hansestadt Lübeck, 02.07. Entnazifizierungsausschuss, Soll-Nr. 13114.

223 Interviewnotizen »Hansen«, ANg, Ng 6.4.13. Bezüglich seiner Zeit im Stammlager Neuengamme gibt er im Interview folgendermaßen wieder, wie er dort misshandelt wurde: »In Ng. was bist du Kupferschmied – Ohrfeige – Verbrecher!«

224 Interviewnotizen »Hansen«, ANg, Ng 6.4.13.

225 Liste Börgermoor o.J., 1.1.34.1/0001-0195/0063/0240, ITS Digitales Archiv.

226 Ein Instrument des NS-Regimes, mit dem die Kriminalpolizei Menschen ohne richterlichen Beschluss zeitlich unbegrenzt in Lagern internieren konnte.

227 Es handelt sich um ein »Strafgefangenenlager« des Reichsministeriums für Justiz, das von der SA bewacht wurde. Die Lebensbedingungen der Häftlinge waren denen der meisten KZs vergleichbar. In Börgermoor entstand das Lied »Die Moorsoldaten«.

228 Julia Hörath, »Asoziale« und »Berufsverbrecher« in den Konzentrationslagern 1933 bis 1938 (2017), S. 316–317.

Es ist nicht verwunderlich, dass Hansen in dem Interview alles abstreitet, was ihn strafrechtlich oder moralisch belasten könnte: So habe es seiner Aussage nach lediglich Ohrfeigen als Strafen gegeben. Noch heute tue es ihm leid, dass er einen Polenjungen geschlagen habe, der Brot gestohlen hatte. Das Essen im Lager sei sehr gut gewesen. Je nach Arbeitsleistung seien bis zu drei Zigaretten pro Tag ausgeteilt worden. Man habe jede Woche baden können (»Badewanne«). Es habe Wolldecken mit Bettwäsche (»alle 4 Wochen frisch«) und Strohsäcke gegeben. Die Kleidung sei erneuert worden, wenn sie verschlissen war. Es scheint so, als schildere Hansen hier seine eigenen privilegierten Lebensumstände in idealisierender Weise. Als einer der lagererfahrenen Kapos war er weitgehend von Schikanen und Bestrafungen durch die SS oder andere in der Hierarchie höher Stehende verschont. In der Lagerrealität der anderen Häftlinge konnte keine Rede von Wannenbädern, wechselnder Bettwäsche und Austauschkleidung sein. Derartige Privilegien waren jedoch für manche Kapos nicht unerreichbar. Hansen scheint in seiner Aussage noch nachträglich stolz auf seine Sonderstellung gewesen zu sein: Die ausländischen Häftlinge mussten Häftlingskleidung tragen, die »acht« deutschen Gefangenen (also Blockälteste mit Kapo-Funktion) besaßen angeblich Zivilkleidung, die jedoch mit gelber Kreide markiert war. Die Matrikel-Nummer sei mit Druckknöpfen befestigt gewesen. Dies bedeutet wohl, dass es möglich war, den Status als Gefangener außerhalb des Lagers zu vertuschen. Ob die folgende Aussage über die eigene Gruppe, im Lagerjargon als »Berufsverbrecher« bezeichnet, zutrifft, mag zweifelhaft erscheinen: »schwere Jungen waren oft in Bremen im Bordell (mit SS-Bewachung)«; ihr Wahrheitsgehalt ist aber nicht auszuschließen. Hansen skizziert eine vorwiegend positive Lagernormalität, die jedoch in keiner Weise der Wirklichkeit entsprach. Er äußert kein kritisches Wort über den Lagerältesten und gibt keine Berichte über unnötige oder grausame Bestrafungen durch andere Kapos oder SS-Männer. Der Lagerleiter Richard-Johann vom Endt wird vorwiegend positiv erwähnt. Er habe einem Häftling die Operation außerhalb des Lagers gestattet[229], er habe Nahrungsmittel von außerhalb »organisiert«[230] und soll Wert darauf gelegt haben, dass es den »deutschen Häftlingen« gut gehe. Ganz offenbar ist der Referenzrahmen des ehemaligen Häftlings Hansen bei der Nachkriegs-Befragung nach wie vor der alte. Die Loyalität zu der Autorität, die ihm einst zu »abgeleiteter Macht« verholfen hat, ist nicht erschüttert.

Der Kapo Bruno Glück* gelangte Anfang 1943 aus einem Emslandlager, womöglich ebenfalls aus Börgermoor, in das Stammlager Neuengamme. Er erhielt die Häftlingsnummer 13708[231] und wird damit in Blumenthal zu den angesehenen älteren Funktions-

---

229 Vergleiche dazu die Aussage von René Thirion im Kapitel »Krankheit und Tod«.

230 Unter »organisieren« verstand man im zeitgenössischen Verständnis die Beschaffung von Gütern unter Verwendung illegaler oder halblegaler Praktiken.

231 Christian Römmer, Die Vergabe von Häftlingsnummern im KZ Neuengamme (2006), URL: https://docplayer.org/47283737-Die-vergabe-von-haeftlingsnummern-im-kz-neuengamme.html; Aufruf v. 3.12.2018. Es handelte sich um einen Transport von Häftlingen aus den Niederlanden und den Emslandlagern.

häftlingen gezählt haben. Die einzige Spur seines Aufenthalts in Neuengamme ist ein unauffälliger Laborbefund vom 29. Juni 1943.[232] Auch er könnte mit dem ersten Transport zur Einrichtung des Außenlagers nach Blumenthal gekommen sein. Es handelte sich vermutlich um den Kapo, der bei der Evakuierung schwer gewalttätig geworden sein soll, weil er seine Zigaretten nicht fand. Der polnische Häftling Tadeusz *Smoliński* berichtet: »Ich wohnte im Block 5. Blockältester war Bruno Glück. Er war ein Verbrecher und Sadist. Für das kleinste Vergehen gab es 25 bis 50 Schläge mit dem Ziemer.«[233]

Es gab im Außenlager einen weiteren Kapo mit dem Vornamen Bruno. Dabei handelte es sich um Bruno Hilken*, angeblich Chefkapo[234] (gemeint: Blockältester) der Baracke 4. Ihm wurden die gleichen Merkmale und Verhaltensweisen zugeschrieben wie Bruno (Glück) in der Baracke 5: Er sei der kleinste der Kapos gewesen[235] und habe beim Abmarsch mehrere Personen getötet.[236] Den meisten Häftlingen waren nur die Vornamen der Funktionshäftlinge bekannt.

Nach Auskunft des KZ-Häftlings Laurent Bernard[237] hat Hilken zahlreiche Gefangene gequält. Er sei verantwortlich für Hinrichtungen und habe die Verantwortlichen eines Flucht-Projekts denunziert. »Er bezahlte die kleinen 12- bis 15-jährigen Russen mit Zigaretten, Suppe, Brot usw., die er den Häftlingen seines Blockes stahl, um sexuelle Schweinereien mit den armen Kleinen zu machen, die vor Hunger krepierten.« Die Täterschaft am Tage der Evakuierung des Lagers ist nicht eindeutig feststellbar. Es spricht vieles dafür, dass bei der Nachrichtenweitergabe unter den Häftlingen Informationen über den Charakter und die Handlungsweisen des einen »Bruno« auf den anderen übertragen worden sind.

Eine Anzahl anderer deutscher Kapos bleibt in der Erinnerung blass; z. T. werden sie nur einmal erwähnt. In der Baracke 7 mag Wilhelm (»Willy«) von Höge* Blockältester gewesen sein. Er wird von keinem der Ehemaligen negativ beschrieben.[238] Möglicherweise ist er mit dem »deutschen Grünen« identisch, »der nicht schlagen mochte und der nur mechanisch schlug, um seine Rolle auszufüllen«[239]. In der Häftlingsdatenbank der Gedenkstätte Neuengamme ist er nicht verzeichnet. Letzteres gilt auch für Ludwig Kastner* und Heinrich Schewe*. Laurent Bernard benennt Ludwig Kastner als

232 Mitteilung KZ-Gedenkstätte Neuengamme an den Vf. v. 08.12.2011.

233 Vgl. Bogdan Suchowiak, Mai 1945. Die Tragödie der Häftlinge von Neuengamme (1985), S. 111.

234 Fragebogen J. Desaver, ANg, HB 218.

235 Vandekerkhove, Enfer, S. 31.

236 Pierre Billaux, Mitteilung v. 4.12.2010, Archiv d. Vf.

237 DAO/SAVG/AfK, Dossier no. 28814, Laurent Bernard.

238 Der belgische ehemalige Deportierte Michel H. gibt in einer Nachkriegsvernehmung (1946) an, er habe zusammen mit einem deutschen Häftling namens von Höge fliehen wollen; sie seien jedoch beide ergriffen und nach Neuengamme verlegt worden; DAO/SAVG/AfK Brüssel, Dossier no. 21104 (Laurent Bernard). Über das Schicksal des Wilhelm von Höge ist nichts bekannt. Das ITS-Archiv verwahrte bis vor Kurzem in der Effektenabteilung den Ehering eines Wilhelm von Höges*. 1.2.9.3 / 108007075, ITS Digitales Archiv.

239 Juillet, Froides, S. 107.

Blockältesten für Baracke 5. Dieser habe »die kleinen Russen gequält«. Auch ein Karl Heins (vermutlich Karl-Heinz) wird als Blockältester erinnert.[240] Heinrich Schewe soll nach Bekundung von Ernst Hennig dessen »Gehilfe« bei seiner Tätigkeit als Arbeitseinsatzführer gewesen sein.[241] Der ehemalige Häftling Désiré Achten sagt aus, dass Heinz Schewe die Gefangenen nicht schlug und ihnen, insbesondere den westeuropäischen (»Westerlingen«), so weit wie möglich half.[242] Paul Maas* war vielleicht von Beruf Koch oder hat in der Lagerküche gearbeitet (»war korpulent«[243]). Es ist unklar, ob er Kapo war.[244] Auch der ehemalige Schreiber Ewald Schmolze belastet ihn: Er habe in der Schreibbaracke im Auftrag des Lagerältesten Strafen an Häftlingen vollzogen.[245] Frédéricq Piqué behauptet, ein gewisser »Paul« habe den belgischen Lehrer Vereecken erschlagen (s. Kapitel »Krankheit und Tod«). Guy De L. bezeichnet in einer Nachkriegsvernehmung August* und Hermann Sohn* als Kapos.[246]

Viele Ehemalige haben in der KZ-Zeit »Otto« [Lewandowski*] fürchten gelernt, der vermutlich in Baracke 3[247] die Funktion des Blockältesten bekleidete. Laurent Bernard entsinnt sich eines Kapos namens «Lewandowski de Hambourg».[248] Prosper Colyn beschreibt ihn als etwa 1,85 m großen Mann; er habe aus Hamburg gestammt. Nach Auskunft der Gedenkstätte Neuengamme wird in der Tat ein Häftling namens Otto Lewandowski* fassbar. Er habe die Bombardierung der »Cap Arcona« nicht überlebt.[249] Lewandowski wird von dem Zeitzeugen Prosper Colyn der Misshandlung von Häftlingen bezichtigt.[250] André Duroméa erzählt, Otto, »ein völlig verrückter Kerl«, sei in ihre Stube gekommen, als die Franzosen gerade in politische Gespräche verwickelt gewe-

---

240 Dossier Laurent Bernard, DAO/SAVG/AfK, Dossier no. 28814.

241 StAB 4,89/3-985, Bl. 192. In einem Ermittlungsverfahren »wegen Tötungshandlungen im Nebenlager Bremen-Blumenthal des KL Neuengamme« wendet sich die bremische Staatsanwaltschaft an das LKA Nordrhein-Westfalen (18.11.1975), um den Zeugen Heinrich Schewe (»war Häftling im Nebenlager Bremen-Blumenthal«) ausfindig zu machen.

242 CEGESOMA, Dossier 581/645.

243 Der belgische Ehemalige Roger Vyvey erinnert sich 1946: »Peiniger no. 5: Pol oder Paul, Familienname nicht bekannt. Er war auch der Koch, ungefähr 45 Jahre alt, groß und dick, halb kahl, blondes Haar. Sehr herablassend. Er war der Besitzer des schwersten Knüppels des Lagers, er schlug viel, sogar ohne Grund, hatte Genuss und Freude daran. Er hat Gefangene totgeschlagen.« DAO/SAVG/AfK, Dossier PP 2444 (Roger Vyvey).

244 So Hans Isemann. In derselben Akte Ernst Hennig: »Maas war Sanitäter« StAB 4.89/3-985, Bl. 192.

245 Aussage Ewald Schmolze, CEGESOMA, Dossier 581/645.

246 Polizeiliche Vernehmung in Brüssel v. 31.5.1946. DAO/SAVG/AfK.

247 Pierre Billaux, Schriftliche Mitteilung v. 09.3.2007, Archiv d. Vf.

248 DAO/SAVG/AFK, Dossier no. 21104, Récit de Laurent Bernard.

249 Mitteilung der Gedenkstätte Neuengamme an den Vf. v. 08.12.2011. Ausweislich des Fragebogens der Effektenkammer eines im Dokument nicht angegebenen Lagers trug Otto Lewandowski als Vorbeugehäftling die Nummer (6873, durchgestr.) 3940. Am 23.10.1906 in Ostpreußen geboren, »auf Wanderschaft«, wurde er am 16.6.1938 als »Vorbeugehäftling« in ein KZ eingewiesen (1.1.5.3/LEWANDOWSKI*-J-KOY/00125939/0002, ITS Digitales Archiv). Egmont Hansen gibt an, Otto Lewandowski sei in der Neustädter Bucht an einer Krankheit gestorben: »Otto Lewandowski starb, hohes Fieber, wurde an Land unterhalb des Prellbocks vergraben«. Interviewnotizen »Hansen«, ANg, Ng 6.4.13.

250 CEGESOMA, Dossier 581/645.

sen seien. Er habe zwei von ihnen schwer geohrfeigt. Später hätten sie erfahren, dies sei geschehen, weil sie in der Baracke die Mütze aufbehalten hatten – was strikt verboten war.[251] Nach dem Zapfenstreich und dem Löschen des Lichtes, so Marcel Belgeonne, pflegte Otto mit einem Elektrokabel in der Hand seinen Block zu kontrollieren. Belgeonne berichtet, dass er von Otto mit 25 Schlägen auf das Gesäß bestraft wurde, weil er bei der Arbeit mehrere Bohrerspitzen abgebrochen hatte. Lewandowski sei mit Désiré Achten in einem abgetrennten Raum untergebracht gewesen. Dieser war bei ihm gut angesehen, und es gelang ihm hin und wieder, Lewandowskis Zorn zu zügeln.[252]

Die Posten des Blockältesten wurden fast ausschließlich an deutsche »Grüne« vergeben. Eine Ausnahme stellten die Vorgänge um den »Judenblock« dar. Dieses Kommando, das vor November 1944 mit der Stärke von 190 Häftlingen aus Sachsenhausen eintraf, wurde in einer Baracke (Block 1 oder 2) untergebracht. Der Göttinger Heinz Rosenberg erinnert sich: »Wir waren die ersten Juden hier und weder bei den Gefangenen noch bei den Wachen willkommen. Nachdem der Oberscharführer erfahren hatte, dass einige von uns ursprünglich aus Hamburg kamen, machte er Martin Stock zum Blockältesten.«[253] Stock wurde nach einem Vorfall auf dem Appellplatz von der SS bestraft. Seinen Posten erhielt Heinz Rosenberg. Nach drei Wochen wurde auch dieser im Verlauf einer »Inspektion« der Baracke abgesetzt; er erhielt 15 Peitschenhiebe. An seine Stelle wurde dann »Iwan der Schreckliche« gesetzt, von dem Rosenberg sagte, er habe mit »eiserner Faust und einem schweren Knüppel« geherrscht. Er sei ein Judenhasser gewesen und habe ihnen Nahrung vorenthalten. In der Folge seien viele aus der Gruppe der Juden gestorben.[254]

In der Vergabepraxis beim »Judenblock« spiegeln sich die Variablen, die für das Verhalten der Lagerleitung handlungsleitend waren. Offenbar besaß vom Endt keine Fremdsprachenkenntnisse, die im Kontakt mit den Häftlingen wertvoll gewesen wären. Er war daher auf Dolmetscher angewiesen. Im jüdischen Kommando aus Sachsenhausen waren jedoch auch deutsche Gefangene! Dies schien eine Gelegenheit, zumindest mit Häftlingen dieser Baracke ohne Vermittlung von Übersetzern kommunizieren zu können. Allerdings hätte vom Endt klar sein müssen, dass er es mit Häftlingen zu tun hatte, die viele KZs durchlaufen hatten und sich gut zu organisieren wussten. Sie bildeten offenbar eine solidarische Gemeinschaft und unterstützten sich gegenseitig angesichts der antisemitischen Anfeindungen, denen sie von Bewachern und nichtjüdischen Häftlingen ausgesetzt waren.[255] Es gelang ihnen, sich beispielsweise Extra-Wolldecken

251 Duroméa, André, S. 141–142.
252 CEGESOMA, Dossier 581/645.
253 Heinz Rosenberg, Jahre, S. 130. Vermutlich meint Rosenberg den Hauptscharführer und Lagerleiter vom Endt.
254 Ebd., S. 136. Wahrscheinlich wurde »Iwan der Schreckliche« Stubenältester.
255 Rosenberg, Jahre, S. 130–131.

und ein Brotmesser zu besorgen. Daher entschied vom Endt nach kurzer Zeit, ihnen einen antisemitischen Aufpasser zu geben, der eher in der Lage war, die »Disziplin« in seinem Sinne herzustellen.

Alte Kameraden

Mit Ernst Hennig, Egmont Hansen und Hans Isemann lassen sich drei Kapos identifizieren, die auf eine langjährige Karriere in Gefängnissen, Straf- und Konzentrationslagern zurückblickten. Alle drei, vielleicht auch Bruno Glück, waren zeitweise in Börgermoor interniert und könnten sich dort kennengelernt haben. Hennig, Isemann und der Lagerschreiber Ewald Schmolze blieben nach dem Krieg zunächst in Bremen-Blumenthal und versuchten z. T. mit falschen Angaben über ihre Vergangenheit, sich günstige Voraussetzungen für ein neues Leben zu verschaffen.[256] Die drei wurden von ehemaligen Häftlingen uneinheitlich bewertet.

Hans Isemann, geb. 1900 in Neumarkt bei Nürnberg, geriet nach eigenen Angaben seit 1933 immer wieder »wegen Landstreicherei und Betteln« in Arbeitslager und Zuchthaus. Angeblich wegen Hochverrats bis 1938 in Dachau interniert, wurde er zur Verbüßung einer Zuchthausstrafe wegen Wilderei in das »Arbeitslager bei Papenburg (Bürgermoor)« verlegt. Nach einer Einweisung in das KZ Neuengamme am 7.1.1943[257] sei er später mit einem Großtransport in das Außenlager Blumenthal gelangt. Dort sei er für die »Bekleidungskammer, die Schneiderei und die Schuhmacherei« zuständig gewesen.[258]

Isemanns Aussagen sind generell mit großer Vorsicht zu betrachten.[259] André Duroméa ist nach dem Kriege immer noch positiv eingenommen. »Hans« habe ihnen bei der

256 Ernst Hennig gab sich gegenüber der amerikanischen Besatzungsmacht als politisch Verfolgter aus, ebenso wie Hans Isemann und Ewald Schewe. Der ehemalige Lagerschreiber Schewe wurde am 15.6.1945 als Civil Manager beim Q.M. Depot in Blumenthal eingestellt. Ernst Hennig bekleidete vom 19.6.1945 bis zum 15.5.1946 den Posten als Managing Chief Engineer. Es stellte sich heraus, dass er im Fragebogen falsche Angaben gemacht hatte. Sein umfangreiches Strafregister (zehn Verurteilungen zwischen 1932 und 1939) weist vorwiegend Delikte wie Diebstahl, Betrug und Unterschlagung, aber auch eine Verurteilung wegen »Rassenschande« auf. Hennig war nach seiner Verurteilung 1939 zunächst ins Zuchthaus eingewiesen worden; nach Verbüßung der Strafe kam er 1941 in das KZ Neuengamme. Für seine Häftlingszeit in Blumenthal gibt er an, »Arbeitseinsatzführer« im BWK-Gebäude gewesen zu sein. Es ist anzunehmen, dass er mit letzterer Auskunft seine verantwortliche Tätigkeit in der Lagerverwaltung des Außenlagers verschweigen wollte. StAB 4,66-I., Hennig, Ernst.

257 Schutzhaft 25.3.1935–23.08.1938, KZ Dachau. KZ-Gedenkstätte Flossenbürg, Signatur: AGFl S.21.2651_30, Listenmaterial KZ Dachau. Ich danke Marcus Meyer, Denkort Bunker Valentin, für den Hinweis.

258 Laut polizeilicher Vernehmung vom 19.9.1975, StAB 4,89/3-985, Bl. 179.

259 Allen dreien wird in einem Verfahren des Military Government for Bremen vorgehalten, falsche Angaben auf den Fragebögen gemacht und ihre »schweren kriminellen Vorstrafen« verschwiegen zu haben. Hans Isemann versuchte nach dem Krieg vergeblich, unter dem »adeligen« Namen Hans von Isemann eine neue Existenz zu gründen und sich als politischer Häftling auszugeben. Seine falschen Angaben wurden von der

Fluchtvorbereitung geholfen: »Wir tauschen unsere mit Farbe beschmierte Kleidung gegen sauberere Kleidungsstücke, die uns Hans besorgt hat. Er ist der Kapo in der Kleiderkammer und ein KPD-Genosse.«[260] Die Aussagen über den Funktionshäftling Johann (»Hans«) Isemann bleiben spärlich. Der ehemalige Übersetzer Achten erwähnt einen gewissen »Hans von Neurenberg« (= Nürnberg?).[261] Der Überlebende Marcel Belgeonne sagt über einen »Ans«, er sei als »Erster Kapo« mit einer Armbinde versehen Bewacher und Arbeitseinsatzführer gewesen; »er schlug schnell mit dem Knüppel zu«.[262] Dies bleibt eine Einzelaussage. Jean-Marie Vanden Eynde erwähnt Isemann als Stubenältesten[263], erinnert sich aber offenbar keiner Misshandlungen durch ihn.[264]

Es ist also anzunehmen, dass sowohl Isemann wie auch Hennig für die Effektenkammer verantwortlich waren und dass dort in gewissem Umfang Reparaturen von Kleidung und Schuhwerk vorgenommen wurden. Immerhin sprach aus der Sicht der Verwaltung nichts dagegen, mit den beschränkten Bekleidungs-Ressourcen zurückhaltend umzugehen. Nur ein Teil der Häftlinge war schon in Neuengamme mit den mit blau-weiß gestreiften Kleidungsstücken ausgestattet worden: Hose, Jacke und Mütze. Diese Kleidung sollte signalisieren, dass es sich um Sträflinge handelte. Die Häftlinge trugen auf der Brust einen Stoffaufnäher mit Matrikelnummer mit vorangehendem Buchstaben, der die Herkunft oder Kategorie bezeichnete (z.B. F für Frankreich).

Die Kleidung und das Schuhwerk der Häftlinge waren in erbärmlichem Zustand. Der zentralen SS-Lagerverwaltung gelang es nicht, die Versorgung der Häftlinge mit Kleidung und Schuhwerk sicherzustellen. Bereits 1943 war die Lagerleitung von Neuengamme nicht mehr in der Lage, alle Neuankömmlinge mit der typischen KZ-Gefange-

---

amerikanischen Militärbehörde entdeckt. Im Bericht des Investigators v. 07.1.1947 heißt es: »[I.] gibt selbst zu, dass er seine 23 Vorstrafen nicht angab, und die Eintragung im F.B. [Fragebogen] ›vom 8.6.33 – 1945 KZ‹ machte, um eine gute Beurteilung seiner Person zu erreichen. [...] I. wurde von den amerikanischen Offizieren unterstützt und zum Leitenden Angestellten beim 72. Q.M. Depot in Blumenthal gemacht.« (StAB 4,66-I., [Isemann, Hans]). Isemann behauptet bei einer Vernehmung 1975: »Da ich Bautechniker von Beruf bin, sollte ich im Herbst 1944 im Auftrage der SS in einer Holzbaracke eines neu erbauten Lagers des Bremer Vulkans eine Gaskammer einrichten. Daraus ist aber nichts geworden.« (StAB 4,89/3-985, Bl. 182). In einer Vernehmung desselben Jahres gab Ernst Hennig an: »Im Winter 1943 kam ich mit einem Bautrupp von 120 Häftlingen nach Bremen-Blumenthal, um hier das KL Nebenlager einzurichten. Ich hatte die Aufgabe, alle anfallenden Baumaßnahmen zu leiten. Das Lager wurde auf dem Gelände der Barenplate zwischen der Strandhalle und der Wollkämmerei errichtet. Im Frühjahr 1944 war das Lager fertiggestellt. Zum Lager gehörten 11 Baraken [sic]. Ich war im KL Nebenlager in Blumenthal bis zum 24.4.1945 [sic]. Am 24.4.1945 war ich aus dem Lager geflohen. Im Frühjahr 1944 kam aus dem Hauptlager ein Häftlingstransport von genau 1.000 Häftlingen, und zwar Polen, Tschechen, Franzosen, Jugoslawen und Deutsche« (StAB 4,89/3-985, Bl. 191). Das Gros der Angaben der beiden ehemaligen Kapos ist in seinem Wahrheitsgehalt anzuzweifeln.

260 Duroméa, André, S. 158.

261 Vernehmung Désiré Achten., CEGESOMA, Dossier 581/645.

262 Aussage Marcel Belgeonne, CEGESOMA, Dossier 581/645.

263 Französisch »Chef de chambrée«. Vielleicht meint Vanden Eynde »Blockältester«.

264 Vanden Eynde, Blumenthal (2008).

nenkleidung zu versehen.[265] Gefangene griffen zur Nothilfe, besorgten sich Draht oder andere Materialien und nutzten die Sonntage, um Kleidung und Schuhwerk so gut wie möglich in Ordnung zu bringen. Die der Sabotage bezichtigten beiden Polen Walenty Drewniak und Jan Wojtczak wollten möglicherweise ihre (Holz-)Schuhe reparieren und nahmen daher Teile eines Treibriemens an sich (vgl. Kapitel »Krankheit und Tod«).

Als Funktionshäftlinge in der »Kammer« knüpften Ernst Hennig und Hans Isemann zahlreiche Kontakte, die sich unter Umständen auch bei der Entwicklung eines Fluchtplans als wertvoll erweisen konnten. Es gibt Hinweise, dass sie sich im Ort ohne Bewachung bewegten.[266] Mit Isemann und Hennig waren zwei Kapos auf Posten gesetzt worden, für die sie aufgrund ihrer Häftlingsbiografie aus Sicht der SS-Lagerleitung geeignet waren. Es handelte sich um erfahrene Gefangene, die aufgrund ihrer langen Häftlingskarriere – erkennbar an der niedrigen Matrikel-Nummer – bei Mithäftlingen und Bewachungspersonal eine gewisse Respektposition einnahmen. In der Sicht der SS hatten sie ihre Strafe in mancher Hinsicht bereits abgebüßt.[267] Als »Grüne« und Deutsche schienen sie die Gewähr zu bieten, keine gemeinsame Sache mit den ausländischen »roten« Gefangenen zu machen, von denen eine große Zahl aus dem aktiven Widerstand stammte. Die beiden empfanden nicht die Notwendigkeit, sich der SS durch Akte der Grausamkeit zu empfehlen. Ganz offenbar handelte es sich um zwei Häftlinge, die eine zentrale Position im Versorgungswesen des Lagers besaßen. Hier konnten sie für Vorgesetzte in der SS eine wichtige Funktion beim »Organisieren« übernehmen. In letzter Instanz ging es darum, Versorgungsgüter, die den Insassen zustanden, nicht vollständig auszuliefern, damit der andere Teil in begehrte Güter, wie Alkohol und Zigaretten, eingetauscht werden konnte. Eine weitere Möglichkeit bestand für die SS darin, beruflich erfahrene Häftlinge an Gewerbetreibende außerhalb des Lagers »auszuleihen« und so an Luxuswaren oder Lebensmittel zu gelangen (s. Kapitel »Arbeitseinsatz«).

Einen derartigen Arbeitseinsatz schildert Raymond Van Pée: »Kapo Henni, unser Schreiber«, der von Van Pée wusste, dass dieser Tischler war, rief ihn zu sich in die

265 So berichtet Egmont Hansen über seine anfängliche Einkleidung in Neuengamme: »Kleidung Kellnerfrack, giftgrüne Knickerbocker, weiße Weste mit Veilchen und Vergißmeinnicht u. Perlmuttknöpfen«. Interviewnotizen »Hansen«, ANg, Ng 6.4.13.

266 Der Zeitzeuge F. C. berichtet als ehemaliger Anwohner, dass Kapos ohne Bewachung von der Pape-Werft Material besorgen konnten. Siegfried Sieland, ein weiterer Zeitzeuge, sagt aus, dass ein Kapo Kontakt mit einer Nachbarsfrau hatte und sich mit gestreifter Kleidung im Ort bewegte. Beide Aussagen v. 26.2.2007, Archiv d. Vf.

267 Vgl. die Einschätzung von Heinz Rosenberg, bezogen auf das KZ Sachsenhausen: »Die meisten der Kapos und Blockältesten und andere Gefangene aus den Bereichen Küche, Lager, Verwaltung hatten sehr niedrige Nummern und waren den Gefangenen und SS-Wachen und -verwaltungen bekannt. Die SS wusste, dass sie ein Lager von dieser Größe nicht in Gang halten konnte ohne die Hilfe der Blockältesten oder Kapos und ohne die Kenntnisse der Gefangenen, die in Küche, den Warenlagern und Reparaturwerkstätten arbeiteten. Ein alter Gefangener wurde daher selten von den SS-Leuten bestraft oder attackiert. Vom SS-Standpunkt aus hatten diese Gefangenen ihre ›Schuld‹ schon bezahlt und konnten nun hier im Lager ihr Leben beenden.« Rosenberg, Jahre, S. 127.

Schreibstube, schenkte ihm ein Paar (nicht passende) Schuhe und ließ sich einen weiteren Möbeltischler unter den Häftlingen nennen[268]: Georges Courtine.[269] Ernst Hennig brachte das mit Ausweisen versehene Sonderkommando zu einem Blumenthaler Bäcker. Dieser hatte Möbel bei einem Tischler im Ort Blumenthal bestellt, der den Auftrag aus Altersgründen nicht bewältigen konnte. Dieses Sonderkommando verschaffte den beiden Häftlingen die Möglichkeit, sich heimlich Lebensmittel zu besorgen und diese ebenso wie Werkzeug ins Lager zu bringen. Die Werkzeuge, unter Lebensgefahr in das Lager geschmuggelt, konnten beim Bau eines Fluchttunnels Verwendung finden (s. Kapitel »Häftlinge als Akteure«). In der zweiten Märzwoche 1945 vermittelte der Kapo Hennig die beiden in ein zweites, personell größeres Sonderkommando, das für den Bäcker ein Häuschen auf einem Hügel auf halbem Wege nach Bremen bauen solle. In der zweiten Märzhälfte weihte derselbe Kapo die Mitglieder des Baukommandos in seinen Fluchtplan ein: er habe sich falsche Papiere für ein Arbeitskommando verschafft und wolle mit den Mithäftlingen in Richtung Front verschwinden (s. Kapitel »Häftlinge als Akteure«). Der Plan, so Van Pée, scheiterte eine Woche vor der Evakuierung; mit vorrückender Front sei der Befehl ergangen, dass kein Kommando mehr das Lager verlassen dürfe.[270]

In der Person und Funktion Ernst Hennigs manifestiert sich die Widersprüchlichkeit, die sich in einem Funktionshäftling verkörpern konnte: einerseits die Verwaltungsfachkraft, die gleichwohl an der Schaltstelle für alle möglichen Formen von Korruption sitzt, aber auch der Privilegien genießende Einzelkämpfer, der – aus Rückversicherungsgründen oder aus humanistischem Antrieb – einige Häftlinge in den Genuss unerwarteter Vorteile bringt, ebenso der »grüne Kapo«, der auf Schläge gegenüber Mithäftlingen verzichtet, oder auch der Häftling, der wie andere auf Flucht sinnt. Hennig konnte in seiner Funktion als Schreibstubenfachkraft eben deshalb ein Sonderkommando Tischlerei zusammenstellen (und damit bewirken, dass Werkzeug und Lebensmittel ins Lager gelangten), weil Korruption zu seinem Alltag gehörte. Es lässt sich nicht sicher sagen, ob er alles daran setzte, so vielen Häftlingen wie möglich zu helfen oder ob er daran beteiligt war, Lebensmittel, Zigaretten, Pakete, vielleicht auch Medikamente und ande-

268 Ernst Hennig gab in einer Nachkriegsvernehmung an, Französisch (»wenn auch nicht perfekt«) zu sprechen. StAB 4,55-I., 4416.

269 Témoignage de Georges Curial (mle 36847), in: Le Kommando de Bremen-Blumenthal-Bahrsplate, Les dossiers de Neuengamme no. 10, S. 18.

270 Dieser Darstellung widerspricht allerdings die Aussage des Lagerschreibers Ewald Schmolze, wonach Hans Isemann, Ernst Hennig und Paul Maas bereits vier Wochen vor dem Ende des Lagers geflohen seien (StAB 4,89/3-985, Bl. 188). 1949 gibt Hennig in seinem Entschädigungsantrag an, am 9. April 1945, dem Tag der Auflösung des Lagers, geflohen zu sein (StAB 4,54-E 6310, Bl. 2). Auch Hans Isemann nennt als Enddatum seiner Haftzeit den 9.4.1945 (StAB 4,54-E 2358); andererseits gibt er 1975 bei einer polizeilichen Vernehmung zu Protokoll: »Ich bin kurz vor der Auflösung des Lagers geflohen und habe mich in Bremen-Blumenthal bis zum Einmarsch der Engländer verborgen gehalten.« StAB 4,89/3-985, Bl. 182.

re Versorgungsgüter den Häftlingen vorzuenthalten. Unterernährung und mangelnder Schutz jeder Art waren jedoch die Hauptursachen für die vergleichsweise hohe Sterberate im Deschimag-Lager. Insofern entsprach Hennigs Persönlichkeit als gewiefter Einzelkämpfer – soweit sie sich aus den Dokumenten entnehmen lässt – offenbar den Anforderungen an eine derartige Funktion.

Angesichts der unbegrenzten Machtfülle gegenüber Häftlingen und der ungebremsten Korruption an der Spitze der Lagerhierarchie musste Häftlingen – auch noch in der Rückschau – das widersprüchliche Agieren einer Person wie Ernst Hennig in positivem Licht erscheinen. Van Pée ist zwar klar, dass Hennig durch die Mitnahme von Häftlingen auf der Flucht sicher sein will, dass zu seinen Gunsten bei den Alliierten ausgesagt wird (»Ein besseres Alibi konnte er nicht haben.«[271]), jedoch sind seine Aussagen nicht ohne Sympathie formuliert; er hat überlebenswichtige Vorteile durch ihn genießen können.

Wie oben geschildert, führte Egmont Hansen offenbar ein Schreckensregiment. Dass er im Gegensatz zu Hans Isemann und Ernst Hennig für Häftlinge als Gefahrenpotential wahrgenommen werden musste, mag – abgesehen von persönlichen Voraussetzungen – auch mit der Tatsache zusammenhängen, dass er keine vergleichbare Verwaltungsfunktion ausübte. Seine Tätigkeit beschränkte sich auf die Rolle als Blockältester und als Arbeitseinsatz-Kapo. Gleiches gilt für Bruno Glück, den Ehemalige verdächtigten, am Tag der Lagerräumung Mithäftlinge ermordet zu haben.

Der Lagerschreiber: Protagonist ungezügelter Gewalt

Eine ähnliche Gewaltbereitschaft wie beim Lagerältesten und einigen anderen Kapos wurde dem Lagerschreiber Ewald Schmolze von ehemaligen Häftlingen attestiert. Dieser behauptete nach dem Krieg, kein Kapo gewesen zu sein.[272] In der Tat kam es im Kosmos der Konzentrationslager vor, dass derartige Stellen von zivilen Kräften besetzt wurden.[273] Schmolzes Weg in das KZ spricht jedoch dafür, dass er zu den deutschen »Berufsverbrechern«, also den »Grünen« zählte, mit denen zusammen vom Endt das Lager Ende August 1944 einrichtete. Schmolze war noch in der Zeit der Weimarer Republik wegen kleinerer Eigentumsdelikte verurteilt worden. Nach einer Rückfallstraftat musste er eine fünfjährige Strafe in der Strafanstalt Bremen-Oslebshausen verbüßen.

---

271 Raymond Van Pee, Ik, S. 120.

272 Etwa bei seiner polizeilichen Vernehmung 1946, in deren Verlauf er zugab, im Fragebogen falsche Angaben gemacht zu haben (StAB 4,66-I. [Schmolze]). So auch in seiner Aussage 1975: »Im Blumenthaler Lager waren insgesamt 7 bis 9 Deutsche mit einer Lagerfunktion. Außer den SS-Leuten und mir waren alle anderen Deutschen sogenannte Kapos« (StAB 4,89/3-985, Bl. 188). Auch Hans Isemann behauptet (ebenda, Bl. 182): »Schmolze war Kanzleischreiber, kein Kapo.«

273 Ich danke Dr. Reimer Möller, KZ-Gedenkstätte Neuengamme, für diesen Hinweis.

Im Mai 1944 wurde er in das KZ Neuengamme verschleppt. Wenn Schmolze abstreitet, Kapo gewesen zu sein, dann vermutlich, weil er sich bereits im Lagerbetrieb in seiner Funktion als Schreiber als besonders nahe der Lagerleitung inszenierte und sich von den anderen Funktionshäftlingen – vielleicht auch in seiner Kleidung – abheben wollte.[274]

Der Belgier Désiré Achten will ihn noch im September 1944 als »ziemlich leutselig« wahrgenommen haben. Er führt dies darauf zurück, dass der rasche Vormarsch der Alliierten Ewald Schmolze zunächst Zurückhaltung ratsam erscheinen ließ. In der Folgezeit habe er sich jedoch als der vermutlich schlimmste Deutsche in der Funktionshierarchie erwiesen. Offenbar hat Schmolze im Zusammenhang mit seiner Tätigkeit in der Schreibstube eine Brutalisierung durchlaufen. »Er war eine bösartige Person, der Böses tat um des Vergnügens willen; er hielt andere dazu an, die Unglücklichen zu schlagen und tat dies auch selbst, wenn sich die Gelegenheit dazu bot. [...] Schmolze hatte einen immensen Hass gegenüber allem, was belgisch oder französisch war. Er behandelte uns als ›Verrätervolk‹«.[275]

Die Zeitzeugen hatten den Lagerschreiber durchweg als brutalen Schläger in Erinnerung. Die Aussagen der Überlebenden sind häufig punktuell-anekdotisch, manchmal verallgemeinernd formuliert. Bei aller gebotenen Zurückhaltung wird sich sagen lassen, dass von der Person Ewald Schmolze für die Gefangenen ein hohes und kaum zu kalkulierendes beständiges Risiko ausging. Dementsprechend versuchten sie, den Kontakt mit ihm und einen Gang auf die Schreibstube zu vermeiden.

Stanislas de Battaglia, der nach dem Krieg seinen Gesundheitszustand auf Spätfolgen der Schläge von Schmolze zurückführt, nennt ihn einen »sadistischen Folterer, der den Tod zahlreicher Gefangener herbeigeführt hat, so den von Swinnen«.[276] Der Mithäftling Lebeau, Unternehmer aus der Region Lüttich, sei eines Tages krank von der Arbeit ins Lager zurückgekehrt und habe de Battaglia gebeten, ihn ins Krankenrevier zu bringen. Schmolze sei in die Stube gekommen, habe Auguste Lebeau mehrfach auf den Kopf geschlagen und ihn beschuldigt, seine Mütze nicht abgenommen zu haben. »Lebeau brach leblos zusammen, und wir haben ihn ins Revier gebracht, wo er eine Stunde später gestorben ist.«[277] Einen schwer kranken Offizier der belgischen Armee habe

274 »Arbeiteten [die Häftlingsfunktionäre] in ihrer Funktion tatsächlich in unmittelbar räumlicher Nähe zur SS, so hatten sie im Vergleich zu den gewöhnlichen Mithäftlingen stets wesentlich bessere Lebensbedingungen [...], und zwar allein aus dem Grund, weil sich die SS vor ansteckenden Krankheiten fürchtete und es nicht litt, in ihren Schreibstuben oder Krankenrevieren unmittelbar Kontakt mit solch verlausten, verdreckten und verhungerten Gestalten zu haben.« Maja Suderland, Ein Extremfall des Sozialen: Die Häftlingsgesellschaft in den nationalsozialistischen Konzentrationslagern (2009), S. 270–271.

275 Aussage Achten, CEGESOMA, Dossier 581/645.

276 In einem Schreiben v. 19.7.46 an den Capitaine André, »Chief F.W.C.C. [French War Crimes commission], Haus des Reichs, Bremen«, CEGESOMA, Dossier 581/645. Der 45-jährige Häftling starb lt. Häftlingsdatenbank der KZ-Gedenkstätte Neuengamme am 07.1.1945.

277 Der 53-Jährige starb lt. digitaler Datenbank der KZ-Gedenkstätte Neuengamme am 14.1.1945.

Schmolze in den Waschraum legen lassen, wo die Toten gesammelt wurden. Der Mann starb.

Gefangene, die beim Zählappell zusammenbrachen, habe Schmolze mit Knüppelhieben misshandelt, bis diese sich mit letzter Kraft aufrafften oder sterbend oder tot ins Revier gebracht werden mussten. Hier soll er nach Stanislas de Battaglias Darstellung auch an anderen Tagen in Erscheinung getreten sein und alle Kranken zur Arbeit geprügelt haben, soweit diese nicht mindestens 39° C Fieber hatten – auch diejenigen, die sich nicht auf den Beinen hätten halten können oder tiefe Wunden gehabt hätten.

Der Überlebende Stanislas de Battaglia war offenbar einer seiner Prügelknaben: Knüppelschläge in den Magen und auf den Kopf, so dass er zusammenbrach, dazu beständige Drohungen, ihn eines Tages umzubringen. Der Marinesoldat Schreck berichtet in einer Nachkriegsdarstellung, ein deutschsprachiger Häftling namens »Bata« [vermutlich Battaglia, K.E.] habe sich ihm seinerzeit anvertraut, da er von Schmolze wegen nicht vorschriftsmäßiger Verdunkelung mit Füßen in den Bauch getreten und wiederholt ins Gesicht geschlagen worden sei.[278] Der in Farge eingesetzte Arzthelfer-Häftling Georg Hübscher* hörte von dem französischen Häftlingsarzt Leherpeux, dass »der Schreiber Kapo Ewald Schmolze einer von denjenigen wäre, der sehr viel geschlagen hat. Das Schlagen der Häftlinge geschah meistens unter 4 Augen in der Schreibstube, oder deren angegliederten Räumlichkeiten.«[279]

In der unmittelbaren Nachkriegszeit bewirkte eine in Bremen ansässige Arbeitsgruppe des französischen Justizministeriums, dass sich Betroffene und Zeugen zu den Vorgängen in den Lagern äußerten. Schmolze bestreitet in einem Schreiben von 1946[280], sich irgendwelcher »Rohheitsdelikte« schuldig gemacht zu haben. Niemand im Lager sei an Misshandlungen gestorben. Er selbst habe wohl »einzelne Häftlinge mit der Hand geschlagen […], wenn sie sich gegen die Lagerordnung oder die einfachsten Forderungen der Hygiene vergingen.« Häftlinge hätten sich wochenlang nicht gewaschen, seien mit total verschmutzten Füßen ins Bett gegangen oder hätten ihr Essgeschirr für ihre Notdurft benutzt. Andere Personen, der Lagerälteste, der »Kapo Lahm« und der »Kapo Wassili« hätten Strafen in der Schreibstube vollzogen. Er habe sich daran nicht beteiligt, »weil ich nach Ansicht des Lagerältesten nicht kräftig genug zuschlagen konnte«.

Wie die Durchsetzung der »Lagerordnung« aus der Sicht der gequälten Häftlinge aussah, erschließt sich aus den Erinnerungen von André Duroméa: Um 21 Uhr läutete es zur Sperrstunde, und alle mussten sich schlafen gelegt haben. Von Ruhe konnte dennoch nicht die Rede sein. Mitunter tauchten plötzlich mitten in der Nacht lautstark vier oder fünf »Stubenälteste« und Kapos auf, die eine »Fußinspektion« vornehmen wollten. Man

278 Aussage Franz Friedrich Schreck v. 05.2.1946, CEGESOMA, Dossier 581/645.
279 Aussage Georg Hübscher v. 6.3.1946, CEGESOMA, Dossier 581/645.
280 Schriftliche Stellungnahme v. 7.3.1946, CEGESOMA, Dossier 581/645.

habe also diesen Herren seine Füße vorzeigen müssen, und sie befanden, ob sie sauber oder schmutzig seien. Wenn sie »schmutzig« waren, wurde der »Delinquent« von seiner Matratze gerissen und unter Faust- oder Knüppelschlägen[281] zum Waschraum[282] gehetzt. Danach durfte man schlafen … bis vier Uhr morgens, der offiziellen Weckstunde. »Und das brutale Leben voller unerträglicher Demütigungen begann von vorne.«[283]

In seiner schriftlichen Stellungnahme von 1946[284] gab Schmolze eine erstaunliche eigene Version der Verhältnisse im Lager.

»Ich muss betonen, daß im Lager Blumenthal eine ausserordentlich gute Ordnung in jeder Beziehung geherrscht hat. Es sind keine Epidemien oder Seuchenfälle vorgekommen und ist die Totenzahl im Durchschnitt gegen andere Läger gering gewesen. Der Monatsdurchschnitt betrug ca. 24–26, im Januar 1945 hatten wir 50 Tote. Sämtliche Verstorbenen sind an natürlichen Krankheiten gestorben, wie Lungenentzündung, Herzschwäche usw. Hervorgerufen natürlich durch Unterernährung, denn meist waren alle Häftlinge nicht widerstandsfähig genug, schlechtes Wetter und Kälte zu ertragen. Stets sind jedoch der Lagerführer und der Lagerälteste bemüht gewesen, Abhilfe zu schaffen und bessere Verpflegung und Kohlen zum Heizen zu beschaffen. Ich selbst habe oft die Zivil-Lagerverwaltung gebeten, für Kohlen zu sorgen und habe mit Herrn Cordes[285], wohnhaft jetzt in Oldenburg, dieserhalb gesprochen. Gleichfalls habe ich mit dem Gemüsehändler L. I.[286] in Blumenthal verhandelt wegen zusätzlicher Lieferung von Obst, Gemüse etc. und er hat dies auch geliefert und es ist verteilt worden. Stets ist es mein Bemühen gewesen, vor allem den Kranken in der Krankenstube zusätzlich ein Essen zu verschaffen, jedoch auch allen anderen.«

Die Verteidigungslinie, die Schmolze wählte, war noch unmittelbar dem (a)moralischen Referenzsystem der Lagerzeit verhaftet: Eine hohe Totenzahl schien unvermeidlich; sie war auf externe Faktoren zurückzuführen, deren Einflüsse verschiedene Verantwortliche, ihn eingeschlossen, zu mildern versucht hätten. In anderen Lagern soll nicht so eine »außerordentlich gute Ordnung in jeder Beziehung« geherrscht haben; hier müsse die Sterblichkeit noch viel höher gewesen sein. Insbesondere die Vermeidung von Epidemien war ein Erfolg, der aus Schmolzes Sicht auf die erfolgreiche Wahrung der Disziplin zurückzuführen ist.

Die Auswertung der Krankenrevier-Totennachweise von Neuengamme und die Rekonstruktionsergebnisse der Häftlingsverbände (Frankreich, Belgien) gestatten Aussa-

281 Im Französischen: coups de schlague. Die Häftlinge verstanden darunter alle Übergriffe, bei denen die Täter ein Schlaginstrument (Elektrokabel, Schlauch, Knüppel) einsetzten.
282 Im Original auf Deutsch.
283 Duroméa, André, S. 140.
284 Aussage v. 8.3.1946, CEGESOMA, Dossier 581/645.
285 Diedrich Cordes war Leiter des Gesamtlagers Deschimag Blumenthal.
286 Vgl. Kapitel »Das Konzentrationslager im Ort«.

gen über die Entwicklung der Mortalität im Lager Bremen-Blumenthal. Danach war der Monat Januar der tödlichste von allen: 40 Verstorbene. Wenn Schmolze – übrigens auch für die anderen Monate – eine höhere Zahl nannte, so weist dies entweder darauf hin, dass die Listen nicht sorgfältig geführt wurden oder es war Bestandteil der Verteidigungsstrategie: Wenn die externen Faktoren (Unterernährung, Wetter, Konstitution der Häftlinge) entscheidend waren, konnten Hilfsmaßnahmen allenfalls noch höhere Opferzahlen verhindern. In diesem Zusammenhang geraten Todesfälle durch Misshandlungen aus dem Fokus bzw. können als vollends unwahrscheinlich erscheinen: »Auch können alle diese Herren [i.e. fünf von Ewald Schmolze benannte Personen] bezeugen, dass ich nie Rohheitsdelikte oder Misshandlungen an Häftlingen vorgenommen habe, denn sie waren oft im Lager und müssten das dann wissen.«[287]

In den 1970er Jahren wurden erneut Nachforschungen angestellt. Es ging um ein Rechtshilfeersuchen, das die belgischen Behörden angestrengt hatten, um den Tod des Gymnasiallehrers Valentyn Vereecken zu klären. Es hieß, dieser sei von »dem Kapo Bruno« erschlagen worden. Ewald Schmolze wohnte inzwischen in Süddeutschland und bat die Kripo Bremen um Diskretion: »Ich darf nochmal die Bitte anfügen, evtl. Briefe im neutralen Briefumschlag zu übersenden, wenn dies überhaupt notwendig ist. [...] 30 Jahre nach Kriegsende sind eine lange Zeit und über mein Vorleben ist hier niemand, auch meine 1961 geheiratete Frau nicht informiert. Für den Rest meines Rentnerlebens möchte ich nicht wegen der alten Geschichten in Schwierigkeiten geraten.«[288]

Die kriminalpolizeiliche Vernehmung fand im Oktober 1975 dennoch in seiner Stuttgarter Wohnung statt. Schmolze bestritt, dass er Gefangene misshandelt oder getötet habe. Die Belgier seien »nicht, wie behauptet wird, schlechter als Gefangene anderer Nationalität behandelt« worden. Allerdings: »Im Lager habe ich einmal mit einem Häftling eine Schlägerei gehabt. Wie der Häftling geheißen hat und welcher Nationalität er war, weiß ich nicht mehr. Auch den Anlass der Schlägerei kann ich heute nicht mehr angeben. Die Schuld hat aber auf jeden Fall nicht bei mir gelegen, denn es war nicht meine Art, mich mit einem Häftling zu prügeln. Bei der Auseinandersetzung hatte ich mir eine Verletzung am Mittelfinger meiner linken Hand zugezogen. Infolge einer späteren Blutvergiftung mußte der Finger amputiert werden. Wenn auf Grund dieses Vorfalles der Eindruck entstehen könnte, daß ich ein ›Schläger‹ gewesen sei, so muss ich dem energisch entgegentreten. Das Gegenteil ist der Fall. Die Kapos werden das bezeugen können. Ich möchte zusammenfassend wiederholen, daß mir in unserem Lager eigenmächtige Tötungen und Mißhandlungen nicht bekannt sind.«[289]

287 Schreiben Ewald Schmolze v. 8.3.1946, CEGESOMA, Dossier 581/645.
288 Schreiben Ewald Schmolze v. 5.9.1975, StAB 4,89/3-985, Bl. 184.
289 StAB 4,89/3-985, Bl. 190.

Es ist nicht verwunderlich, dass Ewald Schmolze sich mit der Behauptung von Erinnerungslücken sowohl 1946 wie auch 1975 davor schützte, als Zeuge zu bestimmten Vorfällen verfängliche Aussagen zu machen oder sich selbst zu belasten. Zu Namen von ehemaligen Kameraden in der Funktionshierarchie nahm er nur auf Vorhaltung des verhörenden Kriminalbeamten Stellung. Im Übrigen skizzierte er durch unbeweisbare – nur schlecht widerlegbare – Behauptungen von sich das Bild eines bemühten Menschfreundes, der im Interesse der Gefangenen Nahrungsmittel und Heizmaterial heranzuschaffen suchte. Selbst den im »Arrestlocal« Inhaftierten habe er das Leben durch Nahrung und Tabak zu erleichtern verstanden.[290]

Schmolze musste nach eigenen Angaben in der Funktion als Lagerschreiber den täglichen Häftlingsbestand beim Verlassen des Lagers bzw. nach der Rückkehr erheben. »Die Häftlingszahl mußte ich dann an die Zivillagerführung [der Deschimag] wegen der Verpflegung durchgeben. Die Verpflegung wurde uns von der Marineküche geliefert. Außerdem mußte ich Listen über die Zigarettenzuteilung erstellen und führen.«[291]

Nach dem Krieg sagte der Blumenthaler Lebensmittelhändler L. I. bereitwillig zu seinen Gunsten aus. Er habe mit Schmolze geschäftlich zu tun gehabt. »Ich war häufig im K.Z.Lager und habe niemals gesehen oder von anderen Häftlingen gehört, es haben häufig Häftlinge bei mir gearbeitet, dass der Lagerschreiber Insassen misshandelt hat oder gar zu Tode geprügelt hat. Ich erkläre im Gegenteil, dass gerade Herr Schmolze zu der Zeit sich bei mir darum bemüht hat, für die Gesamt-Häftlinge zusätzliche Esswaren, wie Obst, Gemüse etc. zu erhalten und habe ich dann auch diese Lieferungen durchgeführt.«[292]

Vor seinen Vernehmungen im März 1946 fand Schmolze bei dem ehemaligen im Lager tätigen Sanitäter Peter Schatten einen weiteren Fürsprecher, der ihm bescheinigte, »dass Herr Schmolze meines Wissens keinen Häftling mißhandelt oder zu Tode geschlagen hat.«[293] Bei seinem Weißwaschversuch bestätigt Schatten Schmolzes Position von 1946: Bis auf die Hinrichtung von zwei zum Tode Verurteilten seien alle Sterbefälle im Lager auf eine natürliche Erkrankung zurückzuführen gewesen, und bezüglich der Amputation des Mittelfingers des Insassen [sic!] E. Schmolze bezeuge er, »daß es sich um eine Blutvergiftung handelte, hervorgerufen durch eine Verletzung bei Alarmverdunkelung an einem Nagel oder ähnliches.« Dies war die Version, die Schmolze zeitgleich bei einem Verhör im Polizeihaus Bremen vortrug[294], in dessen Verlauf er einräumen musste, dass er seine Vorstrafen im alliierten Fragebogen verschwiegen habe.

290 Schreiben Ewald Schmolze v. 7.3.1946, CEGESOMA, Dossier 581/645.

291 Aussage Ewald Schmolze v. 15.9.1975, StAB 4,89/3-985, Bl. 187.

292 Schriftliche Stellungnahme L. I. v. 11.3.1946, CEGESOMA Dossier 581/645.

293 Schreiben Peter Schatten v. 28.2.1946, CEGESOMA, Dossier 581/645.

294 »Wenn man mir nachsagt, dass mir ein Finger amputiert werden musste, weil ich einen Gefangenen schlug und er mir hierbei in den Finger biss, so stimmt dies nicht. Mein Finger musste amputiert werden, weil ich mich während der Dunkelheit an einem Nagel stiess und eine Blutvergiftung dadurch entstand.« Aussage 14.11.1946, StAB 4,66-I., [Schmolze].

Tatsächlich gehörte der Schreiber zusammen mit Ernst Hennig zu den herausgehobenen Häftlingen, die im Auftrag der SS-Lagerleitung für die Versorgung der Gefangenen zuständig waren. Deren körperlicher Zustand verschlechterte sich jedoch rapide. Dies war einer der wichtigsten Gründe für die Tatsache, dass insbesondere mit einsetzendem Winter zahlreiche Häftlinge den Krankheiten und der Erschöpfung nichts mehr entgegenzusetzen hatten. Einzelne Häftlinge äußern nach dem Krieg die Überzeugung, dass Nahrung und andere »Waren« in großem Umfang veruntreut und zum Tausch eingesetzt wurden. So wiegen Zeugnisse von Unterschlagungen, wie das von D. Achten[295], schwerer als das Memorieren der Verpflegungssätze durch den Lagerführer[296], die die Häftlinge in diesem Umfang bei weitem nicht erhielten.

Der Kampf um die Besetzung der Posten

Somit lässt sich sagen: Der größte Teil der wichtigsten Funktionsträger – Lagerschreiber, Lagerältester und Kapos – übten im Auftrag und mit Billigung der SS-Lagerleitung eine Willkürherrschaft im Lager aus. Diese äußerte sich gleichermaßen in Einschüchterungen, Schikanen und spontanen Gewaltakten wie auch darin, dass offenbar ohne Skrupel elementare Voraussetzungen für das Überleben der Häftlinge – Nahrung, Kleidung, medizinische Versorgung – infrage gestellt wurden. Dabei traten Angehörige der SS im Allgemeinen für einfache Häftlinge selten erkennbar in Erscheinung.

In der Literatur ist häufig der Begriff der »Häftlings-Selbstverwaltung« verwendet worden. Damit sollte ausgedrückt werden, dass die SS die meisten Verwaltungsvorgänge, aber auch das interpersonale Aushandeln von Normen und Routinen in die Hand der »Häftlingsgesellschaft« gab – unter dem Vorbehalt der jederzeitigen Revision von Postenbesetzungen und Regelungen. Insbesondere der erste Begriff ist zu Recht kritisiert worden. Er suggeriert Handlungsoptionen und Entscheidungsmargen, die nur unzureichend die Doppelgesichtigkeit jeder Funktion im Lager widerspiegeln. Der einzelne Funktionshäftling war Interpret der Lagerleitung gegenüber den weniger privilegierten Mithäftlingen und musste zugleich als Verantwortlicher für die Disziplin seiner Baracke oder seines Arbeitskommandos gegenüber der Lagerleitung einstehen.

Kapo-Posten waren im Lager Blumenthal offenbar nur Deutschen vorbehalten. Den Häftlingen der verschiedenen – meist nach Nationen organisierten – Gruppierungen blieb nur die Möglichkeit, sich im Rahmen der Hierarchie wichtige Posten unterhalb der

295 »[Der Lagerführer vom Endt] stahl auch noch einen Teil der Rationen, die uns regelmäßig gegeben werden mussten. Er tauschte diese Esswaren bei Zivilisten ein.« Vernehmung Achten v. 14.11.1946, CEGESOMA, Dossier 581/645.

296 Siehe Textblock im Kapitel »Die Lager-SS«.

Kapo-Ebene zu verschaffen. Raymond Van Pée berichtet, dass es dem Widerstandskomitee gelungen sei, ca. 20 von 30 Vorarbeiterstellen zu belegen.[297] Derartige Positionen können gar nicht überbewertet werden: Wenn es gelang, einen Vorarbeiter aus der eigenen Häftlingsgruppe an die Spitze des kleinen Arbeitskommandos zu hieven, bedeutete dies – bei aller fortwährender Bedrohung durch Höherrangige – in vielen Arbeitssituationen die Gelegenheit, der Erschöpfung zu entgehen, indem langsamer gearbeitetet wurde oder indem die Gefangenen kleine Objekte (Dosen, Feuerzeuge, Messer) herstellten, die das Leben erleichterten und die Moral festigten. Gleichzeitig war der soziale Rang immer erneut auszuhandeln. So geriet der »Simpel« genannte Kapo mit einem Meister in den Werkstätten aneinander (s. Textblock »Aber er war auch ein Spitzel«), weil dieser sich für den »Weißrussen« Nicolas einsetzte, der als Vorarbeiter und Dolmetscher eine wichtige Funktion einnahm.

Stubenälteste, Blockälteste

Stubenältester zu sein, bedeutete im Binnenverhältnis zu den Gefangenen, für die Aufrechterhaltung der Moral, der Disziplin und für Gerechtigkeit zu sorgen. Er war derjenige, der für die Essenszuteilung zuständig war. Er konnte aber auch bei den Arbeiten in der Stube Anweisungen erteilen und Mithäftlinge u.U. denunzieren. Am Beispiel der belgischen und jüdischen Häftlinge erwies sich[298], dass Häftlinge unter gewissen Umständen in der Lage waren, selbst diesen Posten zu bestimmen. Zu den Aufgaben des Stubenältesten gehörten z.B. das Verteilen der (Brot-)Rationen und die Vergabe von Aufgaben (z.B. Fegedienst). Petr P. Metla schildert, dass der Stubenälteste jeden Sonntag mit Schüsseln in die Schreibstube bzw. in die Kantine ging, um Prämien[299] abzuholen. Diese Aufgabe war durchaus begehrt, weil auch sie Macht und Vorteile verlieh. Da der Inhaber dieser Rolle alles daran setzen musste, die Vorgaben der Lagerleitung, aber auch die Erwartungen seiner Kameraden zu erfüllen, barg diese Vertreterfunktion auf der anderen Seite die Gefahr, für ein tatsächliches oder vermeintliches Fehlverhalten haftbar gemacht zu werden, sei es von der SS, von Kapos oder auch von einfachen Mitgefangenen.

Personen mit Sprachkenntnissen waren für die SS, aber auch für die Gefangenen wichtig. So hatten im Lager und am Arbeitsplatz mehrsprachige Häftlinge die Gelegenheit, sich eine Vertrauensbasis zu schaffen. Heinz Rosenberg war für kurze Zeit Stu-

297 Van Pée, Ik was 20, S. 84.
298 Vgl. Einzelheiten in den Kapiteln »Neu im Lager Deschimag Bremen-Blumenthal« und »Die Lager-SS«.
299 »Wir kriegten drei Zulagen: gesalzene Kohlrübe, Krebse oder Eingeweide von Salzheringen – anderthalb oder zwei Schüssel[n] und jedesmal eine Schüssel Zucker bzw. Marmelade sowie Zigaretten oder Kautabak.« ANg, HB 1696.

benältester wegen seiner Herkunft aus Hamburg und vermutlich auch deshalb, weil er Deutsch sprach; er verlor seine Position, da die Kategorie »Jude« in der Bewertungsskala der Bewacher einen solchen Posten auf Dauer ausschloss.

Vielen Häftlingen war ein »weißrussischer« Häftling mit dem Vornamen Nikolaj (Nicolai, Nicolas, Nikolas) erinnerlich. Er hatte den Transport vom 7. September aus Neuengamme nach Blumenthal begleitet.[300] Robert Juillet berichtet: »Mein erster Kontakt mit dem Weißrussen fand am Tag unserer Ankunft in Blumenthal statt. Er befand sich mit uns im selben Block mit einer Mehrheit von Franzosen. Sofort schlug er sich zungenfertig selbst als Zimmerältester vor. Gutgläubig wie wir waren, akzeptierten wir, vor allem auf Grund seiner perfekten Deutschkenntnisse.«[301]

Van Pée urteilt: »Die französischen Gefangenen verstanden kein Deutsch und begriffen die Befehle der Kapos nicht. Sie reagierten verkehrt, und Schläge und andere Züchtigungen folgten unvermeidlich. Nicolai sprach verschiedene Sprachen, darunter Französisch. Er spielte [schon in Neuengamme, K. E.] den Dolmetscher für die französischen Freunde und lehrte uns, wie wir marschieren und im Glied stehen mussten usw. Aber nunmehr in Blumenthal betrug er sich schlimmer als die Kapos. Als Vorarbeiter ließ er sich im Lager und in der Fabrik zu den übelsten Praktiken herab. Er musste und sollte besser als die Kapos sein. Wahrscheinlich war es seine Absicht, auch Kapo zu werden.«[302]

André Duroméa bewertet[303] ihn folgendermaßen: »Wie sollte man keine Erinnerung haben an Nicolas, einen zaristischen Weißrussen. Er hatte lange in Frankreich gelebt und hatte sich unter der Besatzung in den Dienst der Nazis begeben. Aber er hatte so viel gestohlen und die Schergen der Gestapo derartig reingelegt, dass er eines Tages verhaftet und deportiert wurde. Er war ein richtiger Schweinehund. Allerdings sprach er drei Sprachen, Deutsch, Russisch und Französisch, was ihn in einem Lager zu einer gesuchten Person machte.«

Robert Juillet erinnert sich, dass »Nikolaj« eine »Meisterschaft« entwickelte, ohne Rücksicht Schläge gegen seine Kameraden auszuteilen. »Rasch zum Blockältesten ernannt, sah man ihn bald bei den Appellen in einer Jacke mit Pelzbesatz, Reiterhosen

300 Van Pée, Ik was 20, S. 68.

301 Juillet, Froides, S. 83. Nikolas Dabrowski wurde 1899 in Sewastopol (Russland) geboren. Zur seiner Person und zu seinem Schicksal s. das Kapitel »Die Evakuierung des Lagers«.

302 Van Pée, Ik was 20, S. 91–92.

303 Duroméa, André, S. 160. Duroméas Zuschreibung ist wohl politischer Natur. Er verbindet als kommunistisches Mitglied des Lagerwiderstandes Informationen oder Gerüchte (»Spitzel im Dienst der Gestapo«) über das Vorleben Nikolas' mit einer politischen Zuordnung. Wenn Nikolas – auch von anderen Häftlingen – als »Weißrusse« bezeichnet wurde, so vermutlich als antikommunistisch imaginierter Kontrahent. Die »Weißen« (»Weiße Armee«, »Weiße Garde«) waren erbitterte Feinde der Bolschewiki im russischen Bürgerkrieg 1917–1922.

Aber er war auch ein Spitzel

(Nicolas) war Dolmetscher, Stubenältester und Vorarbeiter[304] geworden. Aber er war auch ein Spitzel. Eines Tages – warum tat er das? – denunzierte er einen deutschen Kapo, der beschlossen hatte zu fliehen. Der Deutsche wurde verhaftet, geschlagen und nach Neuengamme gebracht. Damit hatte Nicolas einen schweren Fehler begangen.
Die Deutschen, Kapos oder nicht, waren vor allem Deutsche; sie beschlossen, ihren Freund zu rächen. So kam es, dass sie einen Plan gegen ihn schmiedeten.
Nicolas arbeitete in der Nachtschicht. Wie alle »Bonzen« im Lager bekam er zwei oder sogar drei Teller Suppe, die er, wie die anderen auch, gegen Zigaretten tauschte.
Wir erhielten jede Woche Zigaretten, anfangs zwölf und am Ende vier an der Zahl. Der Tauschhandel war in den Lagern leider sehr verbreitet. Diejenigen, die nicht mit dem Rauchen aufhören konnten, verkauften ihr Brot, ihre Suppe, ihre Margarine usw. gegen Zigaretten. Es gab sogar einen Ort im Lager, den wir Börse nannten; dort wurde Tauschhandel getrieben. Die Tarife waren einfach. Eine vollständige Brot- oder Suppenration entsprach der Wochenration an Zigaretten. An dieser Art von Handel, der geduldet wurde und sehr verbreitet war, beteiligte sich auch Nicolas.
Die Nachtschicht stand unter der Kontrolle eines Kapos, den wir »Simpel«[305] nannten. Seine Intelligenz lag weit unter dem Durchschnitt. Er war ein brutaler Kerl. Eines Nachts verteilte Simpel wie gewöhnlich die Suppe, als Nicolas mit seinen zwei oder drei Essgefäßen erschien. Simpel schöpfte eine Kelle Suppe in eines der Gefäße und sagte zu Nicolas: »Mach dass du wegkommst!« Nicolas protestierte und ging zum Meister[306], um sich zu beschweren. Dieser griff mit Nachdruck ein, aber Simpel ließ sich nicht erweichen. Der Streit spitzte sich zu und endete in einer Schlägerei zwischen Simpel und dem Meister. Am Morgen wurde Simpel verhaftet und verprügelt. Danach verlangte man von ihm eine Erklärung. Warum hatte er Nicolas die Suppe verweigert?
»Weil Nicolas ein Dreckskerl ist«, antwortete er, »er nimmt die Suppe, um sie gegen Zigaretten zu verkaufen«. Man ließ Nicolas kommen, durchsuchte ihn und entdeckte eine große Menge Zigaretten bei ihm. Die Verurteilung war unausweichlich: Anfangs fünfzig Schläge[307], dann musste er sich völlig ausziehen und man gab ihm andere, möglichst dreckige und zerrissene Kleidung. Schließlich wurde er zur Baustelle des U-Boot-Bunkers Bremen[308] überstellt. Für uns war das eine große Erleichterung, denn dieser Spitzel war eine ständige Gefahr für alle Gefangenen gewesen.
André Duroméa[309]

und glänzenden polnischen Offiziersstiefeln.[310] Ich selbst entging seinem fürchterlichen Knüppel nicht. So verließ ich eines Nachts (während der Nachtschicht, K. E.) gegen 23 Uhr meine Maschine, um mich zum stillen Örtchen zu begeben. Kaum hatte ich 30

304 »Vorarbeit« im Original.
305 »Simplet« im Original. Der Betreffende lässt sich nicht identifizieren.
306 »Maester« im Original.
307 »Coup de schlague« im Original.
308 Es gibt keine Spur von Nicolas Dabrowski im KZ Farge, wohl aber im KZ Schützenhof (s. Kapitel »Die Evakuierung des Lagers«).
309 Duroméa, André, S. 160–161.
310 Juillet, Froides, S. 85. Mit dieser Beschreibung steht Juillets Zeugnis allerdings allein unter allen anderen bekannten Erinnerungen, auch dies unter Umständen ein Beispiel für episodische Erinnerung.

Sekunden Platz genommen, wurde die Tür aufgerissen, eine Eisenfaust packte mich und riss mich buchstäblich aus dem Verschlag. Draußen wurde mein Gesicht mit einem Knüppelschlag markiert und ich wurde in Richtung Werkstatt gestoßen. Ich hatte gerade eben die Zeit, meinen Aggressor zu erkennen: den Weißrussen.«[311]

Es war für die Neuankömmlinge daher wichtig, Vertreter zu haben, denen sie vertrauen konnten und die möglichst aus ihrem nationalen oder politisch-kulturellen Umfeld kamen. So gelang es den Häftlingen, die gemeinsam aus Boechout (Belgien) stammten, Theo Timmermans aus ihrer Mitte zum Stubenältesten zu machen. »Wir lagen in Block Nummer 6, Stube 1, unmittelbar hinter dem Waschplatz und dem WC, ganz dicht bei dem Lager der Marinesoldaten. In unserer Stube lagen etwa 30 Gefangene. Unsere Baracke hatte drei Stuben und unser Blockältester wohnte in Stube 3. Theo hatte versucht, soviel Flamen wie möglich in seine Stube zu bekommen und hatte das wundervoll hinbekommen. Das war nicht leicht, denn die Russen und die Polen versuchten, in möglichst vielen Stuben den Boss zu spielen und die Zuteilung der Verpflegung in die Hand zu bekommen, um ihren Leute Vorteile verschaffen zu können.«[312]

Übersetzer

Das KZ-Lager Blumenthal war im Wesentlichen ein Ausländerlager. Unter den mehreren Hundert männlichen nichtdeutschen Häftlingen befanden sich, wie der Lagerleiter vom Endt bei seinem Verhör in Brüssel angibt, nur neunzehn Deutsche. Diese hätten zur Kategorie der »Berufsverbrecher« gezählt. Als Funktionshäftlinge eingesetzt, beherrrschten vermutlich nur die wenigsten unter ihnen Fremdsprachen, die die Verständigung mit den verschiedenen Sprachgruppen ermöglicht hätte. Die Lagerleitung war daher auf Dolmetscher angewiesen. Diejenigen, die sich zur Verfügung stellten, waren zukünftig in einer prekären Lage. Sie hatten die Befehle, Ansprachen, Erklärungen, Strafandrohungen und -begründungen der SS, der Wachmannschaften und der Kapos in die Zielsprache zu übertragen. Sie hielten sich häufig im Bereich der Verwaltung auf und begleiteten SS und Funktionshäftlinge, wenn diese die Baracken oder das Revier inspizierten, Häftlinge zur Rede stellten oder Appelle abhielten. Ihre Tätigkeit wurde von Seiten der Verwaltung mit Vergünstigungen honoriert. Es kam vor, dass sie im Umgang mit der SS auf eine gewisse Weise ihre personale Würde zurückerhielten. So erwähnt vom Endt – übrigens als einzigen Häftling – den Belgier Désiré Achten na-

311 Ebd., S. 85–86.
312 R. Van Pée, Ik was 20, S. 72–73.

mentlich: »Ich kenne noch einen Belgier namens van Achten (Vorname unbekannt, wahrscheinlich Jan, – Millionär aus Löwen, war ein politischer Häftling).«[313]

Achten war in der Tat Übersetzer für die frankophonen und niederländischsprachigen Belgier geworden. Die Vergünstigungen, die er genoss, wurden von Mithäftlingen als akzeptabel gewertet, da er erkenntlich für seine Kameraden eine positive Funktion einnahm. Jacques De Volder erinnert sich: »Achten war der Übersetzer des Lagers, daher genoss er ganz besondere Privilegien. Es trifft zu, dass er besser ernährt war und mehr Freiheiten besaß als die anderen Häftlinge. Er hat jedoch nach meiner Kenntnis keinen anderen belgischen Häftling misshandelt. Es mag sein, dass es bei ihm bestimmte Momente von Ungeduld gegeben hat, dennoch glaube ich nicht, dass er seinen Mithäftlingen Strafen zugefügt hat. Ich weiß, wovon ich spreche, denn ich lebte in Stube 3, neben der Stube, in der Achten untergebracht war. Ich denke im Gegenteil, dass die Tatsache, dass der Übersetzer ein Belgier war, meinen Landsleuten zum Vorteil gereichte.«[314] De Volders Hinweise machen deutlich, dass die Rolle, die Achten ausfüllte, auch anders hätte interpretiert werden können, nämlich als Profiteur in seiner Rolle bei den Deutschen.

Der Fall des Belgiers Laurent Bernard ist besonders aufschlussreich. Dieser war sowohl im Lager Blumenthal wie auch später im Lager Schützenhof in der Funktion eines Übersetzers tätig.

Offenbar hatte Bernard es verstanden, ein Hilfssystem aufzubauen, das für viele Kameraden überlebenswichtig war. Die dankbaren Beteuerungen von Kameraden nach dem Krieg sind zahlreich. Bernard habe eine tadellose Haltung gegenüber den Deutschen bewiesen. Als Mitglied einer geheimen Solidargemeinschaft von Häftlingen habe er viel riskiert und sei schwer bestraft worden.[315] Seine nach außen hin möglicherweise überangepasste Haltung im Umgang mit den Deutschen deutet der ehemalige Häftling Michel H. als List. Allerdings konnte Bernard offenbar nicht allen belgischen Kameraden helfen. Es scheint, dass er nach seiner Verlegung in das Lager Schützenhof eine der Schreibstube zugeordnete Übersetzerfunktion erhalten hat. Einige – allerdings wenige – Ehemalige nehmen ihn als »Lagerschreiber« wahr und beklagen, dass er ab diesem Zeitpunkt Mithäftlinge zum Teil schwer misshandelt habe.[316] Die Ehemaligen Charles Lapaige und André Derouck wenden ein, Bernard habe im Einverständnis der Franzosen und Belgier seinen Posten als Übersetzer und Hilfsschreibkraft ausgeübt und Vor-

313 Vernehmung vom Endt, CEGESOMA, Dossier 581/645.

314 DAO/SAVG/AfK, Dossier Achten.

315 Die von allen Zeitzeugen genannte Zahl von 50 Schlägen ist wohl zu hoch; kaum ein Häftling hätte diese Strafe überlebt. Die zahlreichen Berichte über die Folgen einer Bestrafung von 25 Hieben sind jedoch eindeutig: Der Gefangene war anschließend längere Zeit nicht arbeitsfähig.

316 Aussagen von Marcel Vincent, René Thirion, DAO/SAVG/AfK, Dossier no. 21104 (Dossier Laurent Bernard).

Er hat als Belgier mehr als genug getan

»Dort waren wir viele Belgier und Franzosen. Herr [Bernard] arbeitete bei der Kriegsmarine, denn er konnte Deutsch, die Truppe hatte einen Mann angefragt, der Deutsch sprach. Im Lager – und ich bin Zeuge wie auch viele andere Kameraden, die ihn in diesem Lager [i.e. Blumenthal, K. E.], aber auch in Schützenhof[317], gekannt haben – hat er von deutschen BVern 50 Knüppelschläge auf den Hintern bekommen, weil er versucht hat, andere Kameraden zu retten. Er hat uns über Monate lang Suppe, Marmelade und Brot mitgebracht, die ihm die Opas [von der Marineinfanterie, K. E.] für seine Kumpel mitgaben. Sogar die Bremer Tageszeitung wurde von [Bernard] ins Lager gebracht. Zahlreiche Belgier und Franzosen kamen abends, um Suppe und Brot zu bekommen, vor allem R. aus Brüssel, [Guy] Melen [...]. Dies sind nur einige Namen, an die ich mich erinnere. Bernard wurde im Oktober 1944 geschlagen, weil er sich an einer geheimen Organisation gegenseitiger Hilfe von Franzosen und Belgiern beteiligt hatte. Deshalb hat er 50 Schläge auf den Rücken bekommen und kam in die Arrestzelle, dann in die Krankenstation. E., Robert de C. und andere Gefangene arbeiteten mit der Registriernummer von Bernard, so erfuhr die SS nicht, dass Bernard nicht arbeitete. [...] Auch wenn er nach außen hin gute Miene gegenüber den Deutschen machte, so hinterging er sie durch diese List zum Vorteil der Belgier und der anderen Gefangenen. Im Lager war Bernard Laurent sehr beliebt bei den Häftlingen, ich weiß, dass bei 400 bis 500 belgischen Gefangenen (weder) Herr Bernard noch die belgische Organisation allen hätte helfen können, aber es gibt zahlreiche, die von Bernard eine moralische oder körperliche Unterstützung erhalten haben. Er hat als Belgier mehr als genug getan. Wenn Bernard heute von der einen oder anderen Seite angeklagt wird, so handelt es sich um einen persönlichen Groll, weil sie nichts bekommen haben, aber das ist nicht die Schuld von Bernard.«

Michel H.[318]

fälle wie Diebstahl von Brot und Zigaretten beurteilen können. »Er meldete niemanden den Vorgesetzten [...]. Wenn jemand einen anderen Belgier bestahl, so entzog er ihm angemessenerweise für den folgenden Tag die Brotration, um sie dem Bestohlenen zu geben.«[319] Auch Bernard hält dagegen: »Ich hatte keine Funktion als Schreiber, dieser Posten wurde von einem Deutschen eingenommen. Ich besitze die Originalliste der Sterbefälle des [...] Lagers, ich konnte sie bekommen, weil ich infolge meiner Anstellung als Übersetzer Zugang zur Schreibstube hatte. Ich habe diesen Posten auf den Wunsch der Häftlinge hin angetreten. Ich habe mein Möglichstes getan, um das Los meiner Mitgefangenen zu verbessern, und ich besitze zahlreiche Dankesbriefe der Häftlinge dieses Lagers.«

Unabhängig von der Frage, welche Aussagen die Geschehnisse am besten wiedergeben, wird deutlich: Auch in der Position eines in der Hierarchie-Ebene nicht besonders

317 Das Gröpelinger Lager Schützenhof wurde Ende Dezember 1944 eingerichtet; die Deschimag verlegte einen Teil der Blumenthaler Häftlinge hierher. Vgl. Kapitel »Arbeitskommandos«.

318 DAO/SAVG/AfK, Dossier no. 21104, Laurent Bernard.

319 Gemeinsame Erklärung von Charles Lapaige. und Bernard De S. (o. D.), DAO/SAVG/AfK, Dossier Achten.

herausgehobenen Funktionshäftlings spiegeln sich die Zwänge wider, die die systemische Gewalt des KZ-Systems beinhaltete.

Laurent Bernard wurde nach einer schweren körperlichen Strafe von Mithäftlingen unterstützt. Diese konnten nicht wissen, ob er jemals wieder die Funktion eines »Bindenträgers« bei »den Deutschen« bekleiden würde. Dennoch scheinen sie ihm auf vielfältige Weise solidarisch geholfen zu haben. Das Vertauschen von Nummern zu seinem Schutz war eine von schweren Sanktionen bedrohte Handlung. Insofern zeigt sich, dass es sich um kein reines Klientelsystem handelte, bei dem der Sturz des privilegierten Häftlings die Abwendung der ehemals von ihm Profitierenden provozierte. Die Nachkriegszeugnisse spiegeln vorwiegend Freundschaft und Bewunderung wider: »... einen Freund wie dich kennengelernt zu haben« (Pierre Pittois) – »Ich möchte dir unbedingt meine Sympathie und Bewunderung bekunden für deine tadellose Haltung in Deutschland, sowohl in Blumenthal wie auch in Schützenhof.« (D. Achten)[320] Bernards Bemühungen nach dem Krieg, einen Status als politischer Gefangener oder als Zwangsarbeit-Deportierter zu erhalten, waren erfolglos. Ihm wurde zur Last gelegt, dass er vor seiner Deportation an einem bewaffneten Überfall beteiligt gewesen sei, ohne dass dies im Sinne der Résistance gewesen wäre. Außerdem wurde zu seinen Lasten ein »unwürdiges Verhalten« in der Gefangenschaft angeführt.[321]

Exkurs: Anlasslose Gewalt, ganz normale Organisationen?

Es ist geläufig, dass sich in hierarchischen Organisationen ohne Transparenz und Kontrollroutinen eine Interaktionskultur entwickelt, bei der angesichts offenbarer Normverstöße, begangen von Kollegen und Kameraden, mitunter auch von Leitungspersonen, »durch die Finger gesehen wird«. Häufig ist mit diesem Habitus auf der Seite der Bystander[322] die Erwartung verknüpft, in der einen oder anderen Weise von der Wahrnehmungsweigerung profitieren zu können – sei es in materieller Hinsicht oder in Hinblick auf zukünftiges eigenes Fehlverhalten. Männerdominierte Organisationen wie Polizei, Militär oder auch der größte Teil der KZ-Bewachungen sind unter den Vorzeichen von Gewalt für alle Formen derartiger gegenseitiger Verstrickung anfällig.

Die NS-Täterforschung hat sich bislang schwerpunktmäßig mit Gewalttaten von Angehörigen der Konzentrationslager-SS und mit dem verbrecherischen Handeln von Poli-

320 DAO/SAVG/AfK, Dossier no. 21104, Laurent Bernard. Dennoch ist Achtens Bekundung natürlich mit Vorsicht zu werten, da er eine ähnliche Position wie Laurent Bernard innehatte.

321 Mitteilung DAO/SAVG/AfK an Vf. v. 9.7.2014.

322 Unter dem Bystander-Effekt versteht man das Phänomen, dass angesichts von Unfällen oder gewalttätigen Übergriffen sich bei Umstehenden die Bereitschaft zum Eingreifen verringern kann – etwa in Abhängigkeit von einer größer werdenden Zahl der Zuschauenden.

zeieinheiten bei Massakern im eroberten Osteuropa beschäftigt. Bei der Fragestellung, warum beispielsweise »ganz normale Männer«, etwa Angehörige des Hamburger Reserve-Polizeibataillons 101[323], innerhalb weniger Wochen zu Massenmördern im Holocaust werden konnten, ist inzwischen weitgehend Konsens, dass es dafür bei den Tätern keiner spezifischen ideologischen Überzeugung bedurfte. Individuelle Motive oder generelle Einstellungen der handelnden Täter können nicht zur Erklärung der massiven Gewalthandlungen herangezogen werden. Vergleichbares stellte sich auch heraus, wenn Motive für das Gewalthandeln von Mitgliedern der Konzentrationslager-SS untersucht wurde. Weder Weltanschauung noch eine Sozialisierung in Gewaltzusammenhänge scheinen bedeutende Variablen für ein massenhaft verbreitetes Verhalten gewesen zu sein.

Philipp Reemtsma schlägt vor[324], die Gewaltanwendungen, die von SS-Leuten ausgeübt wurden, als »autotelische« Gewalt zu bezeichnen, als eine Aggression, die aus sich selbst heraus motiviert ist, keines Anlasses bedarf und keinen Zweck verfolgt. Der Versuch einer kausalen Ergründung sei fehl am Platz. Auch für Wolfgang Sofsky ist »das Kriterium der Tätermotivation allein wenig ertragreich«. Die »weitgehend motivlose Gewalt« des Gewohnheitstäters müsse auf einen entstandenen Habitus in der Lagerrolle zurückgeführt werden, mit dem sich der Akteur als Person weitgehend heraushalten konnte.[325] Die Vorstellung, sich dem Phänomen rein deskriptiv zu nähern und auf die Erforschung von Ursachen zu verzichten, ist m.E. allerdings wenig zufriedenstellend.

Bezogen auf die Massenexekutionen der Einsatzgruppen in den eroberten Gebieten Osteuropas und ausgehend von der Erkenntnis, dass 99% der Morde innerhalb staatlichen Handelns stattgefunden hätten, stellt der Soziologe Stefan Kühl Thesen auf, mit denen er die Bedeutung von Organisationen erklären möchte. Kühl will die Einbettung der Einzelnen in einen organisatorischen Zusammenhang als notwendige, wenngleich nicht hinreichende Bedingung für extremes Gewalthandeln verstehen, insofern diese Einrichtung einerseits viele Merkmale »normaler« Organisationen aufwies, andererseits aber von ihren Mitgliedern eine über ihre reine Dienstleistung hinausgehende Haltung verlangte. So gebe es auch in Wirtschaftsbetrieben und im Militär Formen von Kameraderie, bei der Fehler und Normverstöße gemeinsam vertuscht würden. Die gemeinsame Mitgliedschaft sei sowohl von Zwang wie auch von Kameradschaftserwartungen geprägt. Die Akteure hätten Probleme, zu Anweisungen der Vorgesetzten Nein zu sa-

323 Christopher R. Browning, Ganz normale Männer: Das Reserve-Polizeibataillon 101 und die »Endlösung« in Polen (1999).

324 Jan Philipp Reemtsma, Vertrauen und Gewalt. Versuch über eine besondere Konstellation der Moderne (2008).

325 Wolfgang Sofsky, Die Ordnung des Terrors: Das Konzentrationslager (2008), S. 257–258.

gen. Loyalitätsnetzwerke mit Gleichgestellten und Vorgesetzten seien die Voraussetzung dafür, gegenüber höheren Stellen Normverstöße (z.B. bei Korruption) zu decken.

Kühls Ansatz ist bedenkenswert, da er den Blick auf Handlungsoptionen in anderen Organisationen heranzieht, ohne die Beurteilung des Singulären des KZ-Universums zu leugnen. Möglicherweise eignet sich Kühls Ansatz auch, wenn es darum geht, nicht nur das Vorgehen des SS-Personals zu erklären. Meines Erachtens wäre zu prüfen, ob nicht auch das gewalttätige Verhalten von Funktionshäftlingen auf diese Weise besser nachvollzogen werden kann. Die einfachen Häftlinge waren im Allgemeinen in viel größerem Ausmaß den Brutalitäten von »bindentragenden« Mitgefangenen – also vornehmlich Kapos – als denen von SS-Männern ausgesetzt. Etliche Funktionshäftlinge mit grünem Winkel waren auf ihrem Lebensweg wiederholt straffällig geworden. Zumeist handelte es sich aber um kleinkriminelle Delikte ohne Gewaltpotential, die nicht auf die oft schwer gewalttätigen Übergriffe in der späteren Lagersituation hindeuteten. Wie in den meisten KZs hatte sich auch im Lager Blumenthal zwischen den Angehörigen der SS und der Hierarchiespitze der Funktionshäftlinge ein besonderes System gegenseitiger Nachsicht bei Verstößen gegen strafbewehrte Normen etabliert. Es war eine Korruptionsgemeinschaft entstanden, von der auch die »hybride Klasse« der Funktionshäftlinge trotz ihrer prekären Position profitierte. Zugleich im Besitz von Privilegien – verschont von schwerer Arbeit, im Genuss besserer Verpflegung, passender Kleidung und einer separierten Unterkunft – konnten ihre Inhaber ungestraft gegen zahlreiche ausdrücklich formulierte Verbote verstoßen. Da in einer Art unausgesprochener Komplizenschaft eine große Zahl unter ihnen an Unterschlagungen und illegalen Tauschaktionen sowie etliche an Übergriffen gegenüber den Häftlingen beteiligt waren, etablierte sich eine besondere Form der gegenseitigen sozialen Kontrolle. Wenn alle in unerlaubte Tätigkeiten verstrickt waren, war jeder einzelne am besten vor Sanktionen geschützt. Gerade für die »Grünen« ist keine ideologische Fundierung ihres Verhaltens anzunehmen, da sie selbst Opfer der NS-Herrschaft waren. Ihre brutalen Handlungen wurden von der SS zustimmend vermerkt oder sogar erwartet. Andere Funktionshäftlinge, die selbst nicht schlugen, griffen offenbar nicht ein, damit sie sich eigene Handlungsoptionen bewahren konnten. Derartige Formen von Kollusion (indirekte Beteiligung) bzw. von Konnivenz (»Durch-die-Finger-sehen«) können offenbar in allen hierarchisch organisierten Organisationen festgestellt werden. Dass diese Selbstermächtigung derartige Formen annehmen konnte, hängt mit dem terroristischen Gewaltcharakter des Systems »Konzentrationslager« zusammen.

7 Existenzbedingungen

Im Frühjahr 1944 befanden sich auf dem Areal der Bahrsplate zwei Lager: ein Ostarbeiterlager und ein Lager für sowjetische Kriegsgefangene. Letztere gerieten in den Fokus von Gutachtern des Universitätskrankenhauses Hamburg-Eppendorf, ebenso die Insassen des Farger KZ-Außenlagers und des Arbeitserziehungslagers in der Schwaneweder Heide. Die zahlreichen Fälle von Entkräftung und Erschöpfung – und folglich von unzulänglichen Arbeitsleistungen – hatte die Oberbauleitung des U-Boot-Bunker-Projekts »Valentin« in Bremen-Farge veranlasst, Mediziner aus Hamburg um die Inspektion mehrerer Lager zu bitten. Der Mediziner Dr. Heinrich Berning war insofern »Spezialist« in Fragen von Unterernährung, als er selbst Hungerexperimente an Gefangenen durchgeführt hatte. Er untersuchte nunmehr im Vorgängerlager des KZ auf dem Westteil des Deschimag-Lagers Bahrsplate sowjetische Kriegsgefangene und stellte umfangreich Fälle von Hungerödemen fest. Es sei insbesondere der Kälteverlust während des Schiffs-Transportes und während des Arbeitseinsatzes auf der Baustelle, der ursächlich für den schlechten Zustand der Rotarmisten sei. Die benachbart untergebrachten Ostarbeiter hätten – angeblich bei gleichen Verpflegungssätzen – weit weniger gesundheitliche Probleme.[326] Mit Einrichtung des KZ-Lagers arbeiteten seit August 1944 beide Gruppen – Ostarbeiter und die in die vormaligen Unterkünfte der Rotarmisten eingerückten KZ-Häftlinge – getrennt voneinander in einigen von der Deschimag angemieteten Werkhallen der benachbarten Bremer Wollkämmerei (BWK). Wenn innerhalb weniger Wochen bei den Gefangenen im KZ gehäuft Sterbefälle auftraten, so musste es besondere Ursachen dafür geben.

Die sogenannten Ostarbeiter waren im Wesentlichen aus den besetzten Gebieten der Sowjetunion zum Arbeitseinsatz deportierte Russen, Ukrainer und Weißrussen. Ihre Arbeits- und Lebensbedingungen waren außerordentlich prekär. In der Versorgung mit Nahrung und Kleidung und in der Behandlung durch deutsche Stellen wurde der NS-rassistische Primat des angemessenen Umgangs mit slawischen Zwangsarbeitern regelmäßig durch pragmatische Überlegungen hinsichtlich der Notwendigkeit ausreichender

326 Dazu: Ellebrecht, Sowjetische Kriegsgefangene, S. 223; »Gutachten über den Ernährungszustand der Kriegs- usw.-Gefangenen in den Lagern Russenlager Bremen-Blumenthal, Arbeitserziehungslager und KL«, ANg 5.4.14.5. Das Dokument ist teilweise ediert in: Rolf Keller/Silke Petry (Hrsg.), Sowjetische Kriegsgefangene im Arbeitseinsatz 1941–1945. Dokumente zu den Lebens- und Arbeitsbedingungen in Norddeutschland (2013), S. 230–234.

Verpflegung als Voraussetzung einer entsprechenden Arbeitsleistung konterkariert.[327] Auch für das Ostarbeiter-Lager auf der Bahrsplate liegen entsprechende Hinweise über die dramatische Lage der Zwangsarbeiter vor.[328]

Ab August 1944 bezogen KZ-Häftlinge die im Westteil der Bahrsplate liegenden Unterkünfte. Auch ihre Existenzbedingungen würden sich als äußerst prekär erweisen. Als einleitendes Beispiel sei der Bericht von Guy Melen, einem belgischen Widerstandskämpfer aus der Region Lüttich, angeführt:

… das Glück ist mein ständiger Begleiter

»Hier ist eine persönliche Episode, bei der ich denke, dass ich knapp dem Hängen entgangen bin, das mir der Schreiberkapo versprochen hatte, denn die Angelegenheit wurde als Sabotage angesehen: Seit mehreren Wochen hustete ich und spuckte Blut, der Winter war hart und die Kälte unerbittlich; ich schlich seit Tagen um die Baracke der Juden herum, die darin eingesperrt waren und deren Arbeit darin bestand, zerlumpte Kleidung von Gestorbenen zu flicken. Ich trete mit einem von ihnen in Kontakt und er gibt mir (oder für eine Gegenleistung, ich habe es vergessen) ein altes Stück Stoff, das ich unter mein gestreiftes Hemd stecke, außerdem altes Papier um die Beine gegen die Kälte und die Feuchtigkeit; ich muss um jeden Preis diese Bronchitis loswerden, denn es gibt keine Medikamente, man schafft es oder man stirbt; es gibt keine Alternative bei dieser Art von Existenz, unser Leben hängt nur an einem Faden. Nach der Rückkehr an einem normalen Arbeitstag warten wir in engen Reihen aufgestellt, um wie bei einer ewigen idiotischen und verhängnisvollen Leier gezählt zu werden; was nie passierte, ich bin in der ersten Reihe (ein Zufall, ein Fehler, der mich beinahe das Leben gekostet hätte), der Chefkapo, begleitet vom Sekretär und anderen Kapos, bemerkt, dass mein Oberkörper ein bisschen zu sehr gewölbt ist, klopft und reißt mir mit dem Schreiber die Jacke herunter, wirft sie auf den Boden, schlägt wild auf mich ein mitten ins Gesicht; mit einem Mal glaube ich, dass mein Kopf platzt und tatsächlich, das Trommelfell ist gerissen und ich habe noch tagelang danach Schmerzen gehabt. Ich versuche vor allem, nicht zu reagieren, denn ich war voller Zorn, und vor allem nicht zusammenzubrechen, um nicht mit Fußtritten halbtot geschlagen zu werden; der Schreiber brüllt: »Dreckiger Belgier, gehängt wegen Sabotage, zuerst Knüppel«. Man holt mich aus meiner Reihe, die kleinen heimlichen Nachrichten, die ich in meinem Gürtel versteckt halte, verstreue ich, ich schreibe an meine Eltern und muss sie einem Kameraden aus Löwen weitergeben, der übrigens nicht nach Hause zurückgekehrt ist; es war, wie ihr euch vorstellen könnt, absolut verboten zu schreiben; der Schreiber gibt Jan den Befehl, die Zettel aufzusammeln und mich in die Chefbaracke zu bringen, wo sich der neue Verantwortliche des Lagers befand[329], ein tschechischer SS-Mann, der sehr krank von der Ostfront zurückgekommen war (er handelte sogar mit Brennspiritus, um sich zu besaufen); ich sehe noch diese Bestie von Küchen-Kapo, der

327 Dazu grundlegend: Ulrich Herbert, Fremdarbeiter. Politik und Praxis des »Ausländer-Einsatzes« in der Kriegswirtschaft des Dritten Reiches (1999), Kap. IX.

328 Vgl. Ellebrecht, Sowjetische Kriegsgefangene, S. 213–216.

329 Es gibt keinen Hinweis, dass vom Endt seine Funktion als Leiter des Kommandos nicht durchgehend ausgeübt hätte.

sich die Ärmel hochkrempelte und einen Knüppel für 50 oder 100 Schläge aussuchte, je nach Angabe des SS-Manns, betrunken wie immer, er befragt mich auf Deutsch (ich verstand es zum Teil), der Übersetzer wiederholte es mir und ich erinnere mich, dass er mich in der Nacht hat holen lassen, als ich sehr krank war (das war der Grund für das Stück Stoff), zum Glück spricht er nicht von den Zetteln, und da wirft mich der SS-Mann in einem großen Wutausbruch unter Fußtritten in den Hintern hinaus, ich bin gerettet, das Glück ist mein ständiger Begleiter.
Niemals Pakete oder Briefe. Was ist aus meiner Familie geworden? Mein jüngerer Bruder, der im Widerstand so viele Risiken eingegangen ist, ist er davon gekommen? Ich wünsche so sehr, dass meine Eltern einen ihrer Söhne bei sich haben und keine Schwierigkeiten nach meiner Verhaftung bekommen haben.«
Guy Melen[330]

Guy Melen beschreibt, was für das Überleben elementar war: Der Häftling musste alles daran setzen, sich die Gesundheit zu bewahren oder sie wiederherzustellen; dabei bildete die unzureichende Bekleidung eine große Gefahr. Kontakte zu anderen konnten nützlich sein; es ging darum, nicht aufzufallen, da anderenfalls mit Misshandlungen und anderen schweren Sanktionen zu rechnen war; die Hoffnung auf einen Kontakt mit der Außenwelt hielt mental aufrecht.

Bekleidung

Die Häftlinge hatten bereits in Neuengamme ihre eigene Kleidung abgeben müssen. Diejenigen, die im Stammlager verblieben, waren aus Auschwitzer oder Lubliner Beständen zivil eingekleidet worden, allerdings versehen mit auffälligen farblichen Markierungen. Nachdem sie kurz nach ihrer Ankunft in Neuengamme zerlumpte andere Sachen erhalten hatten, so berichtete Xavier E. nach dem Krieg[331], kamen sie sich wie Clochards vor. Im Lager Neuengamme trugen viele »zivil«, allerdings mit Kleidungsstücken, die durch das Einnähen von Versatzstücken aus dem Stoff von KZ-Uniformen markiert waren; andere Kleidungsteile waren durch Farbauftrag mit Streifen, Kreuzen oder Zielscheiben gekennzeichnet worden. Die SS-Verwaltung war spätestens seit 1942 nicht mehr in der Lage, die neuen KZ-Gefangenen sämtlich mit Sträflingskleidung zu versehen.[332] Etliche der neuen Außenlager befanden sich jedoch in der Nähe von Ort-

330 La Résistance
331 DAO/SAVG/AfK, Dossier Xavier E..
332 Ausführlicher bei Kaienburg, »Vernichtung«, S. 321–323 und S. 357–361. Bärbel Schmidt kommt in ihrer Dissertation »Geschichte und Symbolik der gestreiften Häftlingskleidung« (2000) zu der Aussage, dass Häftlinge insgesamt gesehen die gestreifte Kleidung nur über einen relativ kurzen Zeitraum getragen hätten (S. 292).

schaften. Dies traf auch für Bremen-Blumenthal zu. Viele ehemalige Häftlinge berichten, dass sie in Neuengamme für das zukünftige Lager neu eingekleidet wurden, und zwar mit der Einheitskleidung aus blau-weiß oder blau-grau gestreifter Reiß- oder Zellwolle. Wenn Häftlinge, die in ein Außenlager verlegt wurden[333], die typische Sträflingskleidung erhielten, dann wohl deshalb, weil die KZ-Uniform Fluchtpläne erschweren sollte. Mit dieser auffälligen Kleidung signalisierte die SS den Gefangenen ebenso wie den Wachmannschaften und der Bevölkerung außerhalb des Lagers, dass es sich um Schwerverbrecher handele. Der ehemalige deutsche Kapo Hansen bestätigte in einem Interview, dass die Nichtdeutschen eine entsprechende Kleidung getragen hätten.[334]

Immer wieder wiesen entsprechende Artikel in der gleichgeschalteten Presse darauf hin, dass es sich bei Kriegsgefangenen und Ostarbeitern um Feinde handele bzw. um Ausländer, denen gegenüber man Zurückhaltung üben müsse.[335] So erklären sich auch die feindlichen Reaktionen von Teilen der Bevölkerung, wenn Gruppen von Ausländern durch den Ort geführt wurden, zumal dann, wenn diese Sträflingskleidung trugen. Marschkolonnen mit Männern, die gestreifte Kleidung trugen, prägten sich etlichen Anwohnern ins Gedächtnis ein. Dennoch hielt sich im Ort weit über das Kriegsende hinaus die Vorstellung, es habe auf der Bahrsplate kein Konzentrationslager gegeben. Dies mag, von der Macht psychischer Verdrängungskräfte abgesehen, auch damit zusammenhängen, dass mit beginnender kühler Jahreszeit zivile wärmere Kleidung ausgegeben wurde und die KZ-Insassen von den Ostarbeitern weniger gut zu unterscheiden waren. Die Gefangenen setzten alles daran, die dünne Gefangenenkluft gegen schützende andere Kleidungsstücke einzutauschen, mochten diese auch noch so bizarr aussehen. Ein Kontingent ungarischer (oder polnischer) Juden, die möglicherweise im November 1944 aus im Osten gelegenen Lagern in Blumenthal eintrafen, soll »buntscheckige alte Kleidung« getragen haben.[336] Henri Pâques schreibt in seinen Erinnerungen: »Vor einigen Tagen haben wir jeder auch einen gebrauchten Pullover und einen Wintermantel bekommen; sie kommen uns sehr zustatten in einer Küstengegend, wo Kälte und Feuchtigkeit einen großen Teil des Tages über herrschen. Es ist durcheinander gewürfelte Zivilkleidung, die von der einen oder anderen Plünderung zu stammen scheint, die die Deutschen durchgeführt haben. [...]«[337]

333 Zum Beispiel Désirotte, Tragédie, S. 49.

334 »ausld. Häftl. Häftl.kleidung / dt. Häftl. Zivilkleidung mit gelber Kreide, Nr. mit Druckknöpfen befestigt«, in: Interviewnotizen »Hansen«, ANg, Ng 6.4.13.

335 »Es besteht Anlaß, darauf hinzuweisen, daß eine Reihe von Volksgenossen sich mehr Zurückhaltung im Umgang mit Ausländern, nicht zuletzt auch mit Ostarbeitern, auferlegen muß.« (Bremer Zeitung – Norddeutsche Volkszeitung v. 16.1.1944); »Feind ist Feind! Jeder deutsche Volksgenosse, der ohne Erlaubnis mit Kriegsgefangenen Verbindung aufnimmt, wird nach den Kriegsgesetzen bestraft« (Bremer Zeitung – Norddeutsche Volkszeitung v. 12.4.1944).

336 Pâques, Récit, S. 94.

337 Ebd., S. 96. Ähnlich in der Aussage: Duroméa, André, S. 145.

... jeder erhält beim Vorbeigehen im Flug ein Kleidungsstück

»Der Regen hatte nach mehreren Tagen endlich aufgehört ... Eine Sorge weniger für die KZ-Insassen, jene nämlich, ohne Feuer ihre elende Kleidung zu trocknen; die Jacke, die Hose, die Mütze und die beiden Lappen, die die Strümpfe ersetzten, schließlich unsere armseligen Latschen: eine Holzsohle mit einem darauf befestigten Stoffstreifen. Zum Glück gab es Mitte November 1944 eine Verteilung »warmer Kleidung«. Dasselbe Szenario wie bei der Verteilung der Suppe: zu ebener Erde, ein großer Haufen Klamotten jeder Art und jeder Farbe, wir in Reihe, ein Kapo als Verteiler und andere als Seitenwache. Auf einen Befehl hin setzt sich die Marschkolonne in Bewegung, jeder erhält beim Vorbeigehen im Flug ein Kleidungsstück: einen Pullover, eine Jacke, einen Umhang, einen Regenmantel, etc. ... Natürlich haben wir nur Anrecht auf ein Stück, und es ist nicht daran zu denken, dass man die Größe überprüfen konnte. Die Kleidungsstücke waren beschmiert mit großen Kreuzen in unterschiedlichen Farben je nach Farbe des Kleidungsstücks. Dies hatte zum Ziel, dass wir schnell entdeckt werden würden im Falle eines Fluchtversuchs. Diese Kleidungsstücke stammten natürlich aus der Ausplünderung der Gefangenen bei Ankunft im Hauptlager. Undenkbar wählen zu wollen, davon konnte keine Rede sein! Die Kapos umgaben uns bedrohlich. Mein Los endete schließlich in meinen Armen: ein beigefarbener Gabardine-Mantel aus Leinen. In seiner Glanzzeit musste er schön gewesen sein, aber seitdem war er, da er den Rücken von wer weiß wie vielen Deportierten bedeckt hatte, verblasst und war aus der Form geraten; die meisten Knöpfe fehlten und, oh Schreck!, das Futter war schon seit langem verschwunden. Und ich hatte gehofft, bei meiner ständig laufenden Nase, dass ich nette Taschentücher daraus schneiden könnte. Bei enttäuschter Hoffnung, aber intakter Moral, machte ich daraufhin den einzigen Vorteil dieses Gabardinestücks aus. Seine Größe ...! Ich zog daraus den größtmöglichen Gewinn. Einmal gut um den Körper gewickelt, den vorderen Teil übereinandergeschlagen und das Ganze gehalten von einem Eisendraht als Gürtel, fand ich mich gerüstet, um den Winter zu bestehen. Na ja, mehr oder weniger ... Vier kleine Eisendrahtstücke ersetzten die fehlenden Knöpfe. Auf der Brust schützte mich die somit erzielte doppelte Stoffschicht ein bisschen besser vor der Kälte.«

Robert Juillet[338]

Robert Juillet, der bei der Ausgabe von warmer Kleidung immerhin einen Kammgarn-Mantel erhalten hatte, stellte fest, dass dieser nicht warm genug hielt und tauschte ihn später am Arbeitsplatz bei einem russischen Häftling unter Zugabe einer Suppe und mehrerer Zigaretten gegen einen festen Mantel ein. Dieser wurde ihm bei einem Aufenthalt im Krankenrevier von einem der Pfleger gestohlen. Zum Glück erhielt er bei Verlassen der Krankenbracke von einem todkranken Landsmann dessen winterfeste Schurwolljacke.[339]

Laurent Bernard berichtet in seiner Nachkriegsvernehmung[340], die Kleidung sei einmal im Monat ausgetauscht worden. Diese Aussage stimmt nicht mit den Aussagen anderer Häftlinge überein und erklärt sich wohl eher daraus, dass Bernard als Dolmetscher einen privilegierten Zugang zur Kleiderkammer und anderen Ressourcen hatte.

338 Juillet, Froides, S. 9091.
339 Juillet, Froides, S. 91–94, 96, 100.
340 DAO/SAVG/AfK, Dossier no. 21104, Laurent Bernard

Bernard gibt auch an, dass es in den Lagern Werkstätten gegeben habe: Schuhe seien hier repariert und Kleidung geflickt worden. Dass in der Effektenkammer Reparaturen am Bestand vorgenommen wurden, kann angenommen werden. Für den Alltag eines Häftlings ist wohl der Hinweis von Henri Pâques realistischer, wonach der Sonntag dazu diente, Knöpfe anzunähen und das verschlissene Leinen der Schuhe zu flicken.[341]

Qualität und Zustand der Kleidung waren zugleich ein Hinweis auf den Status des Trägers. So verschafften sich Häftlings-Kapos gut aussehende passende Teile, mit denen sie sich von anderen Schicksalsgenossen unterschieden. Egmont Hansens Einlassungen verdeutlichen, dass die deutschen Kapos die Häftlingsnummer »nur« mit Druckknöpfen versehen trugen – d.h., dass sie das Oberteil wechseln konnten – und einer Kreide-Kennzeichnung auf dem Rücken.[342] So war es für sie ggf. möglich, in Absprache mit der SS das Lager zu verlassen und z.B. das »Organisieren« von Lebensmitteln oder Alkohol zu betreiben.

Die auf der Jacke anzubringenden Aufnäher bestanden aus einer Nummer, die die Gefangenen bereits im Stammlager Neuengamme erhalten hatten. Zu der Nummer gehörte eine farbliche Kennzeichnung. Aus dem Lager Bahrsplate sind Stoffaufnäher bekannt, die keinen Winkel darstellten. Vielmehr befand sich auf einem Textilstreifen – wie auf dem Einband wiedergegeben – vor der Nummer ein Hinweis auf die Herkunft (z. B. »B« für Belgien). Die Farbe wies auf die Kategorisierung hin. Die ausländischen Häftlinge erhielten im Allgemeinen die Farbe Rot als »politische« Häftlinge.

Die schlechte Qualität der Fußbekleidung führte zu Wunden, Entzündungen und Frostbeulen. Zumeist besaßen die Häftlinge Holzschuhe oder eine mit einem Stoffstreifen versehene Holzsohle. Fußlappen ersetzten Strümpfe. Es war elementar wichtig, ordentliches Schuhwerk zu besitzen, insbesondere angesichts des feuchten Wetters und der sinkenden Temperaturen. Petr P. Metla kam mit einer Verletzung am Knie, die er sich bei der Räumung eines brennenden Hauses in Kiel zugezogen hatte, ins KZ Blumenthal. Dort arbeitete er in der Nachtschicht. »An einem Montag zog jemand von den Häftlingen, die in der ersten Schicht arbeiteten, meine Schuhe an und ließ seine mit abgenutzter Holzsohle zurück. Obwohl es nicht weit zur Fabrik war, wurden meine Füße nass und kalt. Das wirkte sich negativ auf die Wunde aus. Als ich bei der Evakuierung eine lange Strecke zurücklegen musste, entzündete sich mein Bein und eiterte.«[343]

Jeder Gefangene besaß dazu eine Kennmarke, von der Guy Melen meinte: »Wir trugen um den Hals eine Metallmarke mit unserer Gefangenen-Nummer, damit wir, so schien es, nach unserem Tod identifiziert werden könnten, ich glaube nicht sehr daran,

341 Pâques, Récit, S. 96.

342 Interviewnotizen »Hansen«: »ausld. Häftl. Häftl.kleidung // dt. Häftl. Zivilkleidung mit gelber Kreide, Nr. mit Druckknöpfen befestigt«. ANg, Ng 6.4.13.

343 ANg HB 1696.

denn in zu vielen Lagern sind Tausende verschwunden, ohne Spuren zu hinterlassen.«[344] Zu der Ausstattung gehörte weiter ein Handtuch, das als Schal und Wischlappen Verwendung fand oder hygienischen Zwecken diente. Ein am Gürtel angebrachtes Kochgeschirr mit Löffel war ebenfalls unentbehrlich; es diente zur Aufnahme des Kaffees (»eine farbige Flüssigkeit ohne Geschmack«) und der Suppe sowie zu Zwecken der körperlichen Reinigung. Alle diese Gegenstände durften auf keinen Fall abhandenkommen.

Ernährung

Die SS pflegte mit Wirtschaftsunternehmen Vereinbarungen abzuschließen, in denen festgelegt wurde, dass auch die Verpflegung Angelegenheit der KZ-Verwaltung in Neuengamme war.[345] In der konkreten Ausgestaltung übernahmen bei der Versorgung der Außenlager jedoch oft Groß- oder Werksküchen der Betriebe die Versorgung. Dies war auch in Blumenthal der Fall.[346] Im Gebäude der Wirtschaftsbaracke wurde für die Bewohner der verschiedenen Lager auf dem Gelände Bahrsplate je Gruppe unterschiedlich gekocht. Zuständig waren die Gemeinschaftsläger der Deschimag unter dem Lagerleiter Diedrich Cordes.

In der Erinnerung der ehemaligen Deportierten spielte das KZ-Hungerregime für die Beziehungen im Lageralltag eine entscheidende Rolle. Essensphantasien, Streit um Essen und Nahrungstauschgeschäfte beherrschten den Horizont der Ausgehungerten.[347] Im Zentrum der Sorge der Gefangenen stand – neben der Gesundheit – das Bemühen, sich gegenüber dem Hunger, der Unterernährung und der Erschöpfung zu behaupten. Die unzureichende Versorgung mit Lebensmitteln in NS-Lagern ist nur teilweise mit der kriegsbedingten Rationierung von Lebensmitteln zu begründen, die auch die einheimische Bevölkerung traf. Vielmehr spiegelte die Praxis des Lagerbetriebs die Konstruktion einer sozialen Einrichtung wider, bei der Gewalthandeln in Form der Vernachlässigung der machtlosen Insassen als bewusst erfolgende verwaltete Unterlassung

344 Melen, Résistance.

345 Marc Buggeln hat herausgearbeitet, dass die SS im Fall der Betriebsstätte des Neuengammer Außenlagers Akkumulatorenfabrik (AFA) in Hannover-Stöcken 1943 eine Vereinbarung fand, der zufolge die Firma für den Aufbau des Barackenlagers aufkam und sechs bzw. vier Reichsmark pro Tag je einsatzfähigem Häftling zahlte. Die Arbeitszeit der Gefangenen wurde auf zehn bis elf Stunden an sechs Tagen der Woche festgelegt. Die SS war für die Verpflegung, die ärztliche Betreuung und die Bewachung der Häftlinge zuständig. Ein Großteil der Punkte wurde in Verträgen bei der Errichtung weiterer Lager zukünftig nach diesem Vorbild geregelt. Vgl. Marc Buggeln, Die Errichtung von KZ-Außenlagern von 1940 bis zum Frühjahr 1943. Standardisierung des Verfahrens und Machteinbußen der SS, in: Wolfgang Benz/Barbara Distel/Angelika Königseder (Hrsg.), Nationalsozialistische Zwangslager. Strukturen und Regionen, Täter und Opfer (2011), S. 190.

346 Kaienburg, »Vernichtung«, S. 37, S. 185.

347 Siehe zum Komplex »Ernährung« die Zusammenstellung über das Stamm- und die Außenlager von Neuengamme bei: Buggeln, Arbeit, S. 131 – 143.

bezeichnet werden kann. Deren verantwortlichen Akteure mussten keine Überprüfung und Ahndung gewärtigen, selbst bei Verstoß gegen die zahlreichen, mit Strafen bewehrten Bestimmungen. Ohnehin waren Unterschlagung und Korruption jeder Art und das illegale »Organisieren« auf dem Schwarzen Markt weit verbreitete Handlungsweisen in der Kriegsgesellschaft. Funktionsträger in den Lagern enthielten jedoch häufig Häftlingen, die nicht an dieser Praxis beteiligt sein konnten, die ihnen zustehenden Nahrungsmittel vor. Sie konnten damit Alkohol, Zigaretten oder andere Luxusgüter erwerben. Diese Praxis schien nicht den gleichen offensichtlichen Unrechtscharakter wie die eklatanten Grausamkeiten aufzuweisen. Tatsächlich war sie aber für den größten Teil der Todesfälle ursächlich.

Die KZ-Gefangenen waren in der zweiten Kriegshälfte von der NS-Kriegswirtschaft als wichtige Arbeitskraftreserve entdeckt worden. Angesichts der mangelhaften Ernährung und demzufolge der hohen Zahl an Arbeitsunfähigen in den KZs sah sich die zentrale Verwaltung der SS auf Himmlers Aufforderung hin 1942 gezwungen, Maßnahmen zur Senkung der Todesrate zu ergreifen. Dazu zählte die Gewährung von Zulagen. Letztere wurde als Methode des Arbeitszwanges eingesetzt und erreichte nur eine kleinere Gruppe leistungsfähiger Häftlinge. Anfang 1944 wurden Rationskürzungen vor allem bei den für eine Basisversorgung wichtigen Kartoffeln verfügt: Der Rückzug der deutschen Truppen verringerte die Möglichkeit der Alimentierung aus den besetzten Gebieten.[348] Versorgungslücken gegen Kriegsende verschlimmerten die Situation in den einzelnen Lagern. Die Erlaubnis zur Ausweitung des Paketempfangs hatte 1943 zu einer kurzzeitigen leichten Verbesserung der Situation beigetragen. 1944 trafen größere Sendungen des Internationalen Roten Kreuzes im Stammlager Neuengamme ein. Die SS gab diese jedoch nur mit großer Verzögerung aus bzw. stahl vor allem Kaffee, Zigaretten und Schokolade.[349]

Die Basisversorgung für das Lager in Blumenthal übernahmen ortsansässige Einzelhändler, so zum Beispiel der Obst- und Gemüsehändler L. I. Die Bäckerei Haesloop lieferte Brot ins Lager.[350] Die Qualität des Brotes nahm im Laufe der letzten Kriegsmo-

348 Darstellung nach Kaienburg, Vernichtung, S. 314–321; Kaienburg, Tabelle »Ernährungsrichtlinien für Gefangene«, S. 474–475. Aus der Tabelle geht u. a. hervor, dass sich die offiziellen Kartoffelrationen zwischen Oktober 1942 und April 1944 von 7 kg auf 2,8 kg pro Woche verringert hatte.

349 Kaienburg, Vernichtung., S. 355. Die Ankündigung Himmlers »Jeder SS-Angehörige, der sich an einem Lebensmittelpaket eines Häftlings vergreift, wird mit dem Tode bestraft«, war wirkungslos. (Zitat in: Buggeln, Das System der KZ-Außenlager [2012], S. 61).

350 [Ludwig] Haesloop: »Ja, da hatte ich Ausländer arbeiten, drei Russen und zwei Polen, die arbeiteten in der Bäckerei. Ich hatte das Lager hier [vermutlich Blumenthal, K. E.] und in Farge und nach Bremen musste ich liefern.« Interviewtranskript [o.J.] Haesloop, in: Silke Betscher, Die Häftlingskolonnen im Ort: »Och, das war doch so gang und gäbe«. Bremen-Nord: die Nachbarschaft zwischen den Orten und den Lagern 1943–45 (2004), S. 117. Es bleibt unklar, ob es sich bei den »Ausländern« um KZ-Häftlinge oder um Zwangsarbeiter handelte. Die Entstehung des Lagerkomplexes verschaffte ortsansässigen Einzelhändlern oft unerwartete Umsatz- und Gewinnsteigerungen. Eine antifaschistische Recherche-Gruppe (Jupp Händ-

nate stetig ab.[351] Kaienburg gibt in seinem Standardwerk »Vernichtung durch Arbeit« für die Zeit ab Oktober 1944 für die Grundversorgung 2.500 g und die Schwerarbeiterzulage 780 g wöchentlich an. Die Rationen seien aber regelmäßig unterschritten worden. In welcher Weise die – oft überlebenswichtigen – Zulagen an Arbeitsleistungen gebunden waren, ist nicht recht ersichtlich. Pierre Billaux war in Blumenthal in der Transportkolonne eingesetzt. Diese musste die Ladung der am Kai liegenden Schiffe löschen und die schweren Lasten, oft Maschinen und Metallteile, in höher gelegene Stockwerke des »Hochbaus« bringen[352] – eine Schwerarbeit, für die es keine Zulage gab. Jean-Marie Vanden Eynde hingegen, der sich als »Elektriker« ausgegeben hatte und in diesem Bereich eingesetzt war, erhielt regelmäßig bis zu sieben Zigaretten, die er auf dem Tauschmarkt in Nahrungsmittel umsetzen konnte.[353] Petr P. Metla schildert in seinem Haftbericht, dass die Stubenältesten jeden Sonntag in die Schreibstube bzw. die Kantine gingen, um die »Prämien« abzuholen. Es habe »gesalzene Kohlrüben«[354], Fischeingeweide oder Krebse, Zucker oder Marmelade sowie Zigaretten oder Kautabak gegeben. »Die Zigaretten wurden nach einer Liste mit Arbeitslöhnen für die vergangene Woche ausgeteilt, die samstags der Fabrikmeister zusammenstellte. Für zwei Mark vier Zigaretten, für drei Mark – sechs, für vier Mark – acht, für fünf Mark – zehn Zigaretten. Wenn in der Liste neben der Nummer des Häftlings null stand, hieß es, daß er in der Schreibstube 10 Schläge mit dem Gummiknüppel kriegt.«[355]

Der Lagerleiter vom Endt gab bei seiner Vernehmung in Brüssel an: »Bei Übernahme des Lagers Blumenthal waren 40% Schwerst- und 60% Schwerarbeiter, weshalb sie eine Zusatzverpflegung erhielten. Diese bestand aus: 530 – 600 Gramm Brot[356], für Jugendliche bis zu 800 Gramm Brot, 4-mal je 30 Gramm Margarine in der Woche, 1-mal 80 Gramm Frischwurst, 2-mal 125 Gramm Quark und 125 Gramm Zucker, mittags erhielten die Häftlinge ¾ Liter ›Bunkersuppe‹ von der Firma, für die sie arbeiteten. Abends erhielten sie 1½ Liter Suppe im Lager. Diese Suppen bestanden aus Kartoffeln, Gemüse, Fleisch, Nährmitteln. Die Häftlinge erhielten auch noch Prämiengelder, ausgezahlt von der Firma, in der Höhe von 1 – 15 Mark, für die sie entsprechende Faßware (Muschelwaren, und Rauchwaren) kaufen konnten.«[357]

---

ler, Franz Glienke, Hans Schwarz) ließ sich von Ludwig Haesloop bestätigen (25.2.1961), dass er Brot in das KZ-Lager geliefert hatte. Archivbestand Landeszentrale für politische Bildung, Denkort Bunker Valentin, o. Reg.

351 Duroméa, André, S. 139.

352 Billaux, Matricule, S. 2. Gleiches berichtet Marcel Belgeonne: »… es gab viele schwere Stücke, die man entladen mußte und dann in die Lagerräume tragen mußte, oft in die erste oder zweite Etage«. ANg, Ng. 2.8/69.

353 Vanden Eynde, Blumenthal (2008).

354 Vermutlich gemeint: Sauerkraut.

355 ANg, HB 1696.

356 Gemeint: als Wochenration.

357 vom Endt v. 18.4.1947, Auditorat général, Dossier »Vom Endt«.

Suppenausgabe durch den Kapo. Zeichnung von Pierre Lefèvre

Vom Endt nennt vor seinen Ermittlern die Höhe der Rationen, soweit er sich an sie erinnert. Sie weichen nicht stark von den offiziell zugestandenen Mengen ab.[358] Dabei fällt auf, dass er die Verschlechterung der Versorgung in den letzten Monaten[359] nicht thematisiert und sich nicht zu der Tatsache der Unterversorgung und Morbidität unter den Häftlingen äußert. Offenbar verwechselt vom Endt im Übrigen seine Erfahrungen in Blumenthal mit denen auf der Baustelle in Farge; hier gab es in der Tat eine »Bunkersuppe«. In Blumenthal wurde die Suppe im Wirtschaftsgebäude auf der Bahrsplate zubereitet und zu den Arbeitsplätzen auf dem Gelände der Bremer Wollkämmerei transportiert.[360]

358 Vgl. Kaienburg, Vernichtung, S. 474–475. Zur Thematik »Hungerkranheiten«: Buggeln, Arbeit, S. 200–202.

359 »Ich habe im Waschhaus gearbeitet. Die Verpflegung war etwas besser als im Lager. Wir erhielten anfangs ungefähr 300 Gramm Brot pro Tag; dieses Brot war sehr dunkel und schlecht; später wurde die Ration verringert und wir erhielten nicht mehr als ungefähr 225 Gramm. Anfangs erhielten wir auch zweimal Suppe am Tag, aber später erhielten wir sie nur einmal täglich am Mittag und am Abend wurde die Suppenration durch ein wenig Wurst oder Marmelade ersetzt – Hygiene gab es keine.« Aussage von Victor Roberti v. 6.3.1946, dt. Übersetzung Zentrale Stelle Ludwigsburg, Zitat in: StAB 4,89/3-986.

360 Petr P. Metla erinnert sich: »Häftlinge, die in der Nachtschicht arbeiteten, bekamen um Mitternacht eine Zulage – 0,75 Liter Suppe. Wenn die Häftlingskolonne zur Arbeit ausrückte, zog man am Ende der Kolonne einen Rollwagen mit Suppenkannen und leere Tragbahren mit.« ANg, HB 1696.

Nach den geschönten Erinnerungen des Ex-Kapos Egmont Hansen war das Essen »sehr gut«. Auf den Kanonenöfen in den Baracken habe man sich etwas kochen können.[361] Die Überlebenden, die keine Funktion besessen hatten, äußerten eine deutlich andere Sicht auf die Dinge.

Allgemein vermengte der Kapo das Essen nie vor der Verteilung

»Morgens bekamen wir einen Liter Kaffee, mittags einen Liter Suppe und abends einen Liter Suppe, ein Brot für acht Personen und eine kleine Portion Margarine, die für den nächsten Tag gedacht war, mit dem Kaffee. Die Versuchung war manchmal zu groß oder man hatte Angst vor Dieben, sodaß die meisten am Abend alles aßen. Manche tauschten hin und wieder ihre Nahrung gegen Zigaretten aus, aber diese Männer mußten dann mit einem leeren Magen arbeiten, so wurden sie oft schwach und oft überlebten sie es nicht. Wir bekamen des Öfteren Suppe, die mit salzigem Sauerkraut direkt aus der Tonne gemacht wurde, aber auch einmal in der Woche war sie mit braunen Bohnen gemacht worden. [...]

Allgemein gab es Gedränge bei den Mittags- und Abendmahlzeiten. Die Kapos von jedem Block verteilten die Suppe mit einer großen Kelle, nach dem die Töpfe verteilt worden waren. Sie bedienten sich reichlich selbst, indem sie vom Grund schöpften, dann standen wir da in einer Reihe mit unseren Eßschüsseln. Allgemein vermengte der Kapo das Essen nie vor der Verteilung, so daß die Ersten immer nur Wasser bekamen. Deshalb sahen die stärksten immer zu, daß sie zum richtigen Zeitpunkt vorbeigingen. So entstand öfters ein Gedränge und mehr als einmal wurde das ganze Essen umgekippt. Die, die noch nichts bekommen hatten, mußten bis zum nächsten Essen darben.«

Marcel Belgeonne[362]

Es gab keine Gewissheit, bei der Ausgabe der Suppe den gerechten Anteil zu erhalten. Die Erinnerungen[363] von Alexandre Seghers sind besonders krass: »Es war erschöpfend, in der Blumenthaler Fabrik von 6 bis 18 Uhr zu stehen. Dann Rückkehr zum Lager, der Appell, anschließend eine widerliche dünne Suppe aus Steckrüben und Brennnesseln, ¼ Brot aus Sägespäne und ein sehr kleines Stück künstlicher Margarine. Wir kamen um vor Hunger; als Nachtisch Knüppelschläge.« In einem 1986 ausgefüllten Fragebogen erwähnt er, dass er einmal, im April 1945, fünf Zigaretten der Marke »Rama« erhalten habe, davon aber drei einem Kapo abgeben musste. Im Übrigen hätten die Kapos sich der Zusatzrationen bemächtigt, die für die einfachen Gefangenen vorgesehen gewesen seien. In Anbetracht der Kargheit der Nahrung gab es unter den Häftlingen leicht Streit, da das Brot stets als Laib für mehrere Personen ausgegeben wurde. Manche fanden eine Lösung. Alexander Eremenko schildert: »Zur Aufteilung des Brotes baute mein [sowjetischer] Landsmann Fedja eine Hebelwaage. Zuerst wurde der Laib Brot bis auf

361 Interviewnotizen »Hansen«, ANg, Ng 6.4.13.

362 Haftbericht von Marcel Belgeonne (o.J.), ANg, Ng, 6.4.13. Der französischsprachige Häftlingsbericht liegt nur in deutscher Übersetzung vor.

363 Haftbericht Alexandre Seghers, ANg, HB 946.

den Krümel genau in zwei Portionen zerlegt, dann wurden die zwei Teile noch einmal genauso präzise geteilt.«[364]

Den Gefangenen war es an sich erlaubt, Post und Pakete zu empfangen. Dies galt im Grundsatz auch für die Außenlager.[365] Da den Familien der Aufenthaltsort ihrer Angehörigen nicht bekannt war, geschah dies nur in Ausnahmefällen. Zudem waren zunehmend Gebiete Frankreichs und Belgiens von der deutschen Besatzung befreit, so dass ein Postverkehr unmöglich war. Daher konnten die Häftlinge grundsätzlich nur auf Paketsendungen des Internationalen Roten Kreuzes hoffen. Der ehemalige Häftling Laurent Bernard erwähnt in seinem Haftbericht: »Die Belgier haben einmal ein Paket für fünf Personen bekommen, während sie doch das Recht hatten, jeder alle 14 Tage eines zu erhalten.«[366] Der Belgier Serge M. nimmt seinen Landsmann Baptiste O. gegen den Vorwurf der Übergriffe in Schutz und bestätigt gegenüber der Nachkriegskommission, dass dieser mehrfach Nahrungsmittel aus seinen Paketen an Kameraden weitergegeben habe.[367]

Aus der Sicht der anderen Häftlinge waren die Dänen, seit Ende Dezember oder Anfang Januar in Blumenthal, eine privilegierte Gruppe, da sie Pakete erhielten. Der als Schläger gefürchtete Kapo Bruno, so erinnert sich der Belgier Henri Pâques, sei der Blockälteste der Dänen gewesen und habe sich wie deren Vater geriert. Er habe veranlasst, dass ihre Stube von russischen Häftlingen gereinigt wurde. Diese leutselige Haltung habe sich in dem Maße abgeschwächt, in dem weitere Pakete ausblieben. Pâques erhielt beim Abzug der Dänen eine große Wurst von einem dänischen Mithäftling, »ein Fest für zwei oder drei Tage«. Auch zuvor seien die Dänen sehr freigebig gewesen.[368]

Den Häftlingen konnten die ihnen zustehende Nahrung und Gratifikationen straflos vorenthalten oder geraubt werden. Dies bewirkte, dass alle diejenigen, die keine Funkti-

364 Alexander Eremenko, Wo seid ihr, meine Jugendjahre? Typoskript (2002), Übersetzung Gerd Wiesner, Archiv Internationale Friedensschule Bremen, Reg. Bahrsplate. Eremenko hat weitere Hinweise auf seine Inhaftierung in einem Brief v. 3.4.2003 an den Leiter des Gustav-Heinemann Bürgerhauses Bremen-Vegesack gegeben. Die Aussagen von A. Eremenko sind nicht ohne Widersprüchlichkeit. Er datiert seine Haftzeit in Bremen-Blumenthal auf die Jahre 1942/43; das KZ-Lager existierte jedoch erst ab August 1944. Weiter will er am Lagertor die Inschrift »Arbeit macht frei« gesehen haben. Letzteres dürfte eine typische Überformung von Erinnerung darstellen. Dass Eremenko tatsächlich KZ-Gefangener in Blumenthal gewesen ist und er sich allein in der Jahreszahl irrt, belegen zwei zutreffende Ortsangaben: »Es ist nicht ausgeschlossen, dass sogar der Eingang zum Lagergelände von der entgegengesetzten Seite des Arbeitsplatzes (.) war.« (Eremenko 2003) Der einzige Eingang befand sich in der Tat an der Nordwestseite des Geländes (s. Anhang I). »Gelegentlich gelang es mir und Fedja in einer dunklen Nacht in die Abfallgrube zu klettern […], wobei wir eine zwei Meter hohe Mauer und ein Stacheldrahtverhau zu überwinden hatten, um Kartoffelschalen, Rübenreste oder andere Abfälle aus der Küche der Wachmannschaft zusammenzukratzen, wenn sie auch mit Schlacke vermischt waren.« (Eremenko 2002). Neben den Wohnbaracken befanden sich in der Tat die Unterkünfte der Marine-Wachmannschaft und das Wirtschaftsgebäude.

365 Vgl. Julien Lajournade, Le courrier dans les camps de concentration 1933–1945. Système et rôle politique (1989); Wewer, Spuren, S. 142–143.

366 Dossier no. 21104, Laurent Bernard, DAO/SAVG/AfK.

367 Dossier Baptiste O., CEGESOMA, Dossier 581/645.

368 Pâques, Récit, S. 122- 123.

onsstelle besaßen und von keiner solidarischen Gruppe aufgefangen wurden, in existenzieller Gefahr waren. Joseph Desaver hatte am 3. Juli 1944 72 kg gewogen; nach seiner Befreiung, am 23. Mai 1945, ergab ein erneutes Wiegen 37 kg.[369]

In den Haftberichten gibt es zahlreiche Hinweise auf Korruption und die Unterschlagung von Lebensmitteln. Dabei wird dieses Phänomen zumeist in allgemeiner Form erwähnt. Offenbar war diese Praxis so weit verbreitet, dass es den Überlebenden nicht in den Sinn kam, einzelne Begebenheiten zu schildern. Manche dieser Taten waren ganz offensichtlich: »Tabak war in ganz Europa rationiert. Trotz der systematischen Ausraubung der besetzten Länder fehlte es auch in Deutschland daran. Unsere ›armen Kapos‹, die auch unter die Rationierung fielen, hatten nur eines im Sinn, nämlich mit der Nahrung zu handeln, die sie uns stahlen.«[370] Andere Taten vollzogen sich hinter dem Rücken der Betroffenen, so dass nur – allerdings begründete – Mutmaßungen möglich waren. Der Belgier Henri Désirotte schildert, dass er einen jungen Leidensgenossen aus Gent nur mit Schwierigkeiten habe überzeugen können, dass es in seiner Notlage Recht sei, sich auch illegal Nahrung von den Deutschen zu verschaffen, wohingegen es ein Verbrechen sei, Mithäftlinge zu bestehlen. Genau dieses hätten jedoch die deutschen Kapos getan. »Die Bewacher[371] stahlen ohnehin. Alles, was ihnen Alkohol verschaffen konnte, war gut. Sie betranken sich unaufhörlich. Sie hatten ein selbstgebautes Destilliergerät, und unser Zucker, unser Getreide ging säckeweise dabei drauf. Sie ließen die Verhungernden sterben, indem sie ihnen ihre magere tägliche Ration im Krankenrevier stahlen. Ein Mensch, der stirbt, braucht nicht mehr zu essen, sagten sie.«[372] Dass Lebensmittel nicht an die Häftlinge ausgegeben, sondern zum Brennen von Alkohol verwandt wurden, geht auch aus den Aussagen des ehemaligen Kapos Egmont Hansen hervor: »R. v. End hatte BMW Beiwagenmasch[ine] / war oft mit LÄ[373] unterwegs – Getreide organisiert, / ließen sich von russ. Arbeitern Destillierapparate bauen – Schnaps gebrannt (SS u. Deutsche).«[374]

Dieses Hungerregime hatte neben den verheerenden körperlichen Folgen auch mentale Auswirkungen. Die Sehnsüchte und Gedanken der Betroffenen kreisten fast den ganzen Tag ausschließlich um Fragen des Essens. Einige fanden sich in Gruppen zusammen, um Gerichte zu beschreiben, die sie einmal gegessen hatten oder nach der Befreiung essen würden. Andere ließen sich dazu verleiten, Kameraden Nahrung zu stehlen, oder hatten ein schlechtes Gewissen, wenn sie unerwartet etwas zu essen bekamen und ihre Gefährten nicht.[375] Schließlich war es auch verlockend, sich in den Dienst der

369 Fragebogen J. Desaver, ANg, HB No. 218.
370 Juillet, Froides, S. 91.
371 Gemeint: die deutschen »grünen« Kapos (im französischen Text: gardiens).
372 Désirotte, Tragédie, S. 57.
373 Dem Lagerältesten.
374 Interviewnotizen »Hansen«, ANg, Ng 6.4.13.
375 Pâques, Récit, S. 98–99.

SS-Lagerherrschaft zu stellen und eine Funktionsstelle einzunehmen. So gelangte man in die Nähe der Fleischtöpfe, war aber beständig in Gefahr, sich zum Werkzeug der SS zu machen.

Schließlich setzten Meister, Kapos und SS den Hunger auch zur Disziplinierung und Bestrafung ein, häufig in Form von Kollektivstrafen. Am Ende des Jahres 1944, so G. Vandekerkhove, war die Moral im Lager dermaßen angeschlagen, dass jeder nur noch an sich selbst dachte.[376]

Jean Thébault erinnert sich: »Bei Bombenalarm müssen wir oft im Block bleiben, während das Essen in den Feldkesseln kalt wird. Wir müssen unser Kochgeschirr benutzen, um zu urinieren, schütten es dann aus, um Suppe zu fassen. Wir rangeln und schubsen, um an die Nahrung zu gelangen; manch einer fällt – wir sind wie ausgehungerte Wölfe, die darauf aus sind, den Nachbarn zu verletzen – für eine widerliche Kartoffel.«[377]

Der Hunger heiligte die Mittel

»Kurz vor Weihnachten und Neujahr herrschte eine große Gleichgültigkeit unter den Gefangenen. Bis dahin war die Hoffnung auf eine schnelle Befreiung noch lebendig gewesen, aber seitdem wir von von Rundstedts Offensive[378] gehört hatten, war alle Hoffnung zerstört. Aber die Niedergeschlagenheit war nicht so allgemein wie vorher nach der einen oder anderen Enttäuschung. Man hatte schon so viele Sachen mitgemacht. So viele gute Freunde waren gestorben. Die Entbehrungen und die Misshandlungen hatten die Mehrheit der Gefangenen so geschwächt, dass sie sich schließlich für nichts mehr interessierten. Ach doch, es gab immerhin eine Sache, die wichtig war: die Suppe. Einen Teller Suppe zu bekommen, das war die einzige Sache, die noch zählte. Wie man daran kam, war für einige nicht mehr wichtig. Sie hatten jegliches Urteilsvermögen verloren und erkannten nicht mehr, was ehrlich oder unehrlich war: Der Hunger heiligte die Mittel.«
Gaston Vandekerkhove[379]

Schwarzmarkt

In einem Lager, das keine Möglichkeit bot, mit Geld etwas käuflich zu erwerben oder Geld zu verdienen, griffen andere Mechanismen. Als Währungseinheiten fungierten Zigaretten bzw. Tabak, Essensportionen und Dienstleistungen. Die Lagerleitung sah keine Veranlassung, den Schwarzen Markt zu unterbinden. Schließlich waren alle Akteure des Lagers in derartige Geschäfte involviert. Für die Häftlinge gab es während der Arbeit und vor allem an Sonntagen die Gelegenheit, eine derartige Tauschbörse zu bilden. Viele Interaktionen spielten sich auf den Toiletten ab. Dass die Häftlinge

376 Vandekerkhove, Enfer, S. 47.
377 Thébault, Neuengamme, S. 16.
378 Gemeint ist die gescheiterte Ardennenoffensive der Deutschen (Dezember 1944 – Januar 1945).
379 Vandekerkhove, Enfer, S. 47.

gezwungen sein würden, sich auf dem Schwarzen Markt zu betätigen, ergab sich allein aus existenziellen Notwendigkeiten: Man hatte den Häftlingen die Winterkleidung willkürlich zugeteilt, ohne auf die Größen zu achten, sodass diese zum Tausch gezwungen waren. Leistungszulagen wurden an jeden in Form von Zigaretten verteilt, auch an Nichtraucher.[380] Mehrere Ehemalige berichten, dass die Nikotinsucht Mitgefangene dazu getrieben habe, ihre Suppe oder ihr Brot gegen Zigaretten zu tauschen. Sie erwähnen Fälle, in denen diese anschließend Kameraden Nahrungsmitteln stahlen oder aber körperlich verfielen. »Ich sah im Revier einen belgischen Kameraden sterben, der seine Nahrung gegen Zigaretten verkaufte. Es gab ein Ritual: Die Raucher bildeten einen Kreis und die Zigarette machte die Runde.«[381] Es ist schwer zu beurteilen, wie verbreitet dieses Phänomen war. Möglicherweise blieben Einzelfälle den Mitgefangenen als sehr prägnant, weil unverständlich im Gedächtnis.[382]

Unterkünfte und Funktionsgebäude[383]

In zwei Zeichenskizzen[384] versuchte Raymond Van Pée in der Nachkriegszeit, das Lager-Ensemble zu rekonstruieren. Er unterschied zwischen acht Unterkunftsbaracken und sechs Funktionsgebäuden (Schreibstube, Kammer, Revier, Waschhaus, Küche, »Bunker«). Vier Mannschaftsbaracken (18 x 8 Meter) besaßen je drei Stuben und vier andere Mannschaftsbaracken (24 x 8 Meter) vier Stuben. Die Unterkünfte bestanden aus Standardbaracken zweier unterschiedlicher Typen. Im Bebauungsplan der Deschimag von 1942[385] waren für das größere Modell der Mannschaftsbaracken die Maße 29 x 8 Meter vorgesehen, für das kleinere 18 x 8 Meter. Überlebende bestätigen, dass die Blocks drei oder vier Stuben hatten. Die Angaben des Kommandoführers vom Endt hingegen sind teilweise unzutreffend: »Jede Baracke hatte 2 große und ein kleines Zimmer. Das große Zimmer beherbergte 32 – 38 Häftlinge, im kleinen Zimmer war ge-

380 Keine bekannt gewordene Aussage eines ehemaligen Häftlings bestätigt die Behauptung des Kommandoführers vom Endt, wonach Geld ausgezahlt worden sei.

381 Billaux, Verbatim (2006).

382 »Ich beobachtete Belgier, die nur noch Haut und Knochen waren und in der Toilette Brot gegen Zigaretten tauschten.« Vandekerkhove, Enfer, S. 50. »Als anerkannter Facharbeiter bekam ich 7 Zigaretten. Die Mehrzahl der Gefangenen erhielt nicht einmal eine Zigarette. Andere Kategorien bekamen 2 oder 4 Zigaretten. Diese Verteilung rief viel Neid in unseren Reihen hervor und war eine Katastrophe für die Raucher. Einige tauschten ihr Essen, um zu rauchen.« Vanden Eynde, Blumenthal (2008).

383 Eine Abbildung und Beschreibung des gesamten Lagergeländes auf der Grundlage einer Bauzeichnung der Deschimag (1942) befindet sich im Anhang I.

384 Abbildungen S. 49 und 119. Privatarchiv Pierre Billaux.

385 Angaben nach der Karte von 1942 »Wollkämmerei Bremen-Blumenthal, Barackenlager auf der Baar-Plate.«, HA Krupp WA 143-166. Genaueres in Anhang I.

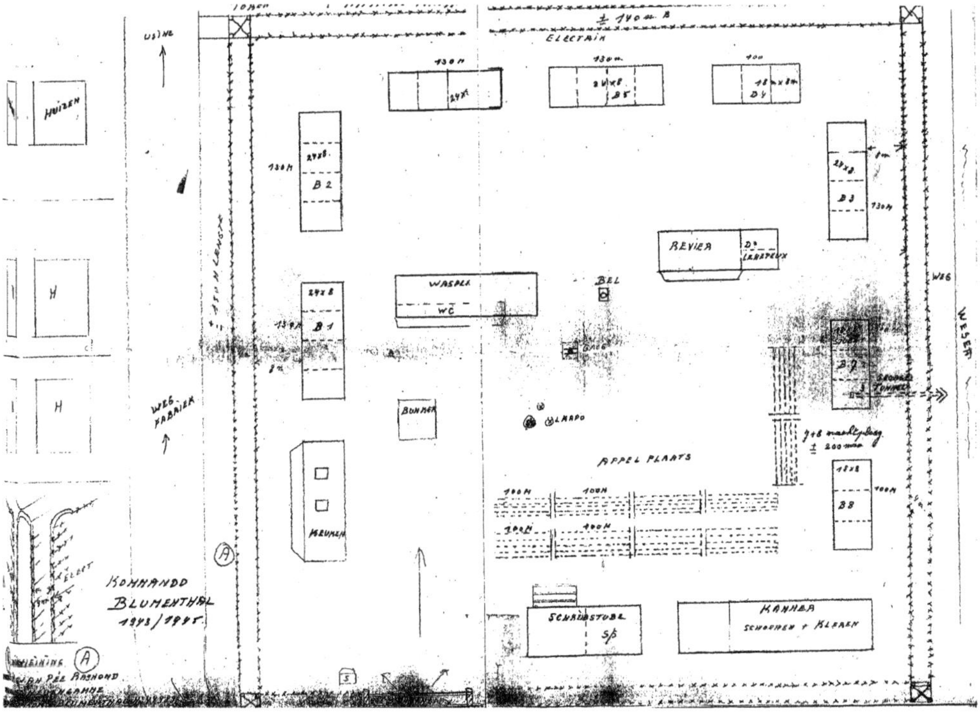

Grundrissplan des KZ Blumenthal. Der Zeichner, Raymond Van Pée, führt acht Wohnbaracken auf, ebenso das Revier mit Anbau, den Fluchttunnel, den Appellplatz und den Ort, an dem ein Galgen errichtet wurde. In der Erinnerung des Autors war der Binnenzaun elektrifiziert

wöhnlich der Chefkapo mit seinem Stab untergebracht.«[386] Auch vom Endt gibt an, das Lager habe acht Unterkunftsbaracken gehabt. Wenn man annimmt, dass ein »Stab« des »Chefkapos« (gemeint ist der Blockkapo) bis zu vier Personen umfasste, so kommt man bei vom Endts Berechnung pro Unterkunft auf maximal 80 Personen, für das Gesamtlager also auf etwa 640 Personen. Vom Endt gibt in derselben Vernehmung jedoch an, die Zahl der Häftlinge sei von 500 im August 1944 in »neun Monaten« auf 1.000 angestiegen. Dass es sich um ein Lager mit einer Kapazität von ca. 1.000 Personen handelte, geht u.a. auch aus der Meldung des Standortarztes von Neuengamme an das Wirtschaftsverwaltungshauptamt in Oranienburg vom 29. März 1945 hervor, wonach die Ist-Stärke 929 Personen betrage. Womöglich blieben für vom Endt die Räumlichkeiten im Inneren der Baracken ohne Belang: dic Kontrollcn wurden von anderen SS-Leuten, vom Chefkapo und von anderen Kapos durchgeführt.

386 Vernehmung vom Endt, 14.4.1947, CEGESOMA Dossier 581/645.

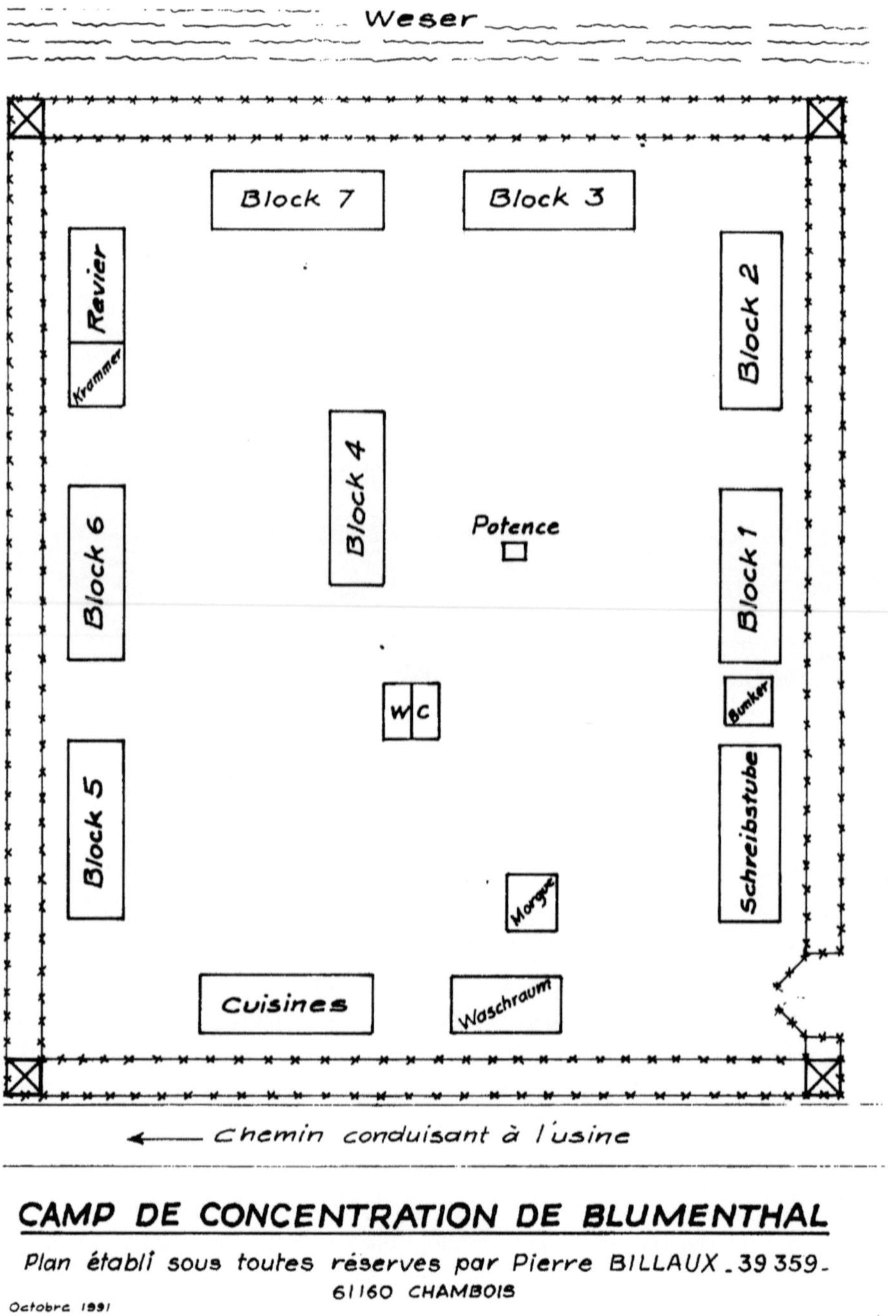

Grundrissplan des KZ Blumenthal. Der Zeichner, Pierre Billaux, führt sieben Wohnbaracken auf, ebenso den Ort, an dem ein Galgen errichtet wurde, den für den Strafarrest vorgesehene »Bunker« und den Bereich, in dem die Toten abgelegt wurden (»Morgue«)

Eingangsbereich des KZ Blumenthal mit Wach-Schilderhaus. Zeichnung von Pierre Lefèvre

Im Jahre 1991 erstellte Pierre Billaux nach Rücksprache mit anderen Ehemaligen aus der Erinnerung einen Lagerplan. Ebenso wie bei Van Pée stehen auf seiner Skizze die Gebäude im rechten Winkel zueinander.[387] Billaux unterscheidet sieben Häftlingsbaracken und sechs Funktionsgebäude (Schreibstube, »Bunker«, Revier/K[r]ammer, Küche, Waschraum, Baracke für die Leichenablage). Die Aufteilung der Gebäude im Gelände ist geringfügig anders als bei Van Pée.

Die Ausstattung einer Baracke bzw. einer Einzelstube lässt sich mit Hilfe einer zweiten Skizze von Van Pée bestimmen. Der Block mit vier Stuben hatte nach Van Pées Angaben eine Belegung von +/- 35 Mann. Van Pée gibt hierin als Gesamtzahl der Unterkunft +/- 130 Personen (und nicht: 140) an, möglicherweise im Hinblick darauf, dass die Betten im Allgemeinen nicht alle belegt waren.[388] Diese Berechnung ist erheblich

387 Erst die spätere Kenntnis der Bombing Survey Aufnahmen der RAF ließ ihn erkennen, dass die Gebäude in aufgelockerter Weise errichtet worden waren.

388 Mit Ausnahme des Tages und der Nacht vor der Evakuierung des Lagers, als Marschkolonnen aus dem Lager Schützenhof zunächst nach Blumenthal geführt wurden, gibt es in Häftlingsberichten keine Hinweise über eine übergroße Belegung der Baracken und Schlafstätten.

Pierre Billaux kehrte 1953 zur Bahrsplate zurück. Beschriftung: »Der ehemalige Eingang zum Lager. Rechts die Schreibstube, glaube ich.« Die Wohngebäude waren erneut in Benutzung und das Gelände war umgestaltet worden

plausibler als die des ehemaligen Kommandoführers.[389] Jede Stube besaß einen eigenen Zugang mit vier Stufen und ein Fenster. Die dreistöckigen Betten maßen ca. 0,70 x 1,90 m; jeweils zwei zusammenstehende Bettgestelle hatten einen Abstand von 60 cm zur Nachbardoppeleinheit. Zwei große Tische mit Bänken (Kapazität: 2 x 16 Plätze) und ein kleinerer Tisch im Eingangsbereich mit Sitzen (Kapazität: 8 Personen) waren die einzigen Einrichtungsgegenstände – abgesehen von wenigen Regalen (oder Schränken), die vielleicht Gerätschaften (Besen, Schippe) aufnahmen. Die Gefangenen besaßen also keine Spinde; sie führten ihre gesamten Habseligkeiten (Essgeschirr, Löffel, Lappen) mit sich.

Einen Ofen, wie von anderen Häftlingen erwähnt, verzeichnet Van Pée nicht. Es wäre plausibel, dass es zumindest in jeder Baracke eine Heizstelle gegeben hätte, zumal die Unterkünfte ursprünglich deutschen Marinesoldaten gedient hatten.[390] Nachkriegs-

389 Vermutlich bei dem Interview mit dem Ex-Kapo Egmont Hansen entstand aufgrund von dessen Hinweisen eine grobe und unvollständige Skizze, die nur vier Wohnbaracken (mit 400 Häftlingen) aufweist (ANg, Ng, 6.4.13). Auf einer anderen Zeichnung, die der Belgier Roger Vyvey für seinen ehemaligen Mithäftling Guy [Melen] anfertigte, sind sieben Wohnbaracken eingetragen, o.O., o.J., Archiv Internationale Friedensschule Bremen, Reg. Bahrsplate.

390 Hinweis des lokalen Zeitzeugen Manfred Schulken v. 6.2.2013, Archiv d. Vf. Auch das Anbringen von Splitterschutzvorrichtungen für die Bewohner der ersten Monate ist ein Indiz für die ursprüngliche Nutzung durch Deutsche, etwa durch Marinesoldaten.

Die Baracke 7, von der aus ein Fluchttunnel gegraben worden war (rechts). Links das ehemalige Krankenrevier. Aufnahme von Pierre Billaux (1953)

aufnahmen[391] geben Anlass zu der Vermutung, dass die Unterkünfte schon seinerzeit je nach Größe drei oder vier Schornsteine besaßen. Der Ex-Häftling und Kapo Egmont Hansen führt an, dass es in seinem Block einen Ofen gegeben habe.[392] Vermutlich wurde der Bereich um einen Feuerplatz regelmäßig als Verschlag von den übrigen Häftlingen der Stube abgetrennt. Einzelnen Kapos könnte es gelungen sein, sich Heizmaterial zu besorgen.[393] Aber auch in anderen Stuben mag es Öfen gegeben haben. Marcel Belgeonne schildert die sich wiederholenden Tätigkeiten am Sonntag: »Drei oder vier von uns wurden eingeteilt, und zwar für die Reinigung der großen Stube, des großen Tisches, der Bänke und des Ofens, denn unsere Stube besaß einen, gewissermaßen als Einrichtungsgegenstand.«[394] Die letzte Bemerkung ist ein Hinweis darauf, dass nicht alle Stuben einen Ofen besessen haben mögen.[395] Und auch der Versuch, sich Heizmateri-

391 Fotoserien von Pierre Billaux (1953, Archiv d. Vf.) und des Pressefotografen Otto Schulte (Archiv des Verlags Neegenbargs Heide, o.J.) geben einen Eindruck von den Wohngebäuden, die weiter genutzt wurden. Die noch erhaltenen Baracken wurden in der Nachkriegszeit zunächst von Displaced Persons, vor allem ehemaligen polnischen Zwangsarbeitern, und dann von Vertriebenen aus dem Osten belegt.

392 »In Baracken Kanonenöfen man konnte sich was kochen« Interviewnotizen »Hansen«; ANg, Ng 6.4.13.

393 So in den Interviewnotizen »Hansen«: »erhielten Kohle vom Werk zum Heizen«.

394 Belgeonne, Tragique destin, S. 49.

395 Jean-Marie Vanden Eynde versichert, es habe Öfen in den Baracken gegeben, in seiner sei jedoch nie geheizt worden (Mitteilung an Vf. v. 22.4.2011). Dies galt wohl auch für Juillet und seine Kameraden. Dieser erin-

al zu verschaffen, konnte Strafe nach sich ziehen. Ein Franzose hatte sich, so Belgeonne, einen Gürtelbeutel genäht und brachte in ihm regelmäßig Kohlenstücke in die Unterkunft. Eines Tages habe er – Belgeonne weiß nicht, aus welchem Motiv – von dem Kapo Otto 25 Peitschenhiebe erhalten. Der Franzose schwor daraufhin, dass er nie wieder auch nur ein Gramm Kohle mitbringen werde. Die Überlebenden schildern in ihren Berichten häufig, wie ihnen niedrige Temperaturen im Außenbereich zusetzten, insbesondere beim Appellstehen oder an Sonntagen, wenn sie die Zeit außerhalb der Unterkünfte verbringen mussten. Eine derartige Kälteerfahrung ist nicht für den Aufenthalt in den Stuben überliefert. Dies liegt vermutlich an den – wenn auch, wie sich erwies, prekären, aber manchmal möglichen – Heizmöglichkeiten oder auch an der Wärmeentwicklung, die von vielen Menschen auf engem Raum ausging.

Der Deschimag-Plan von 1942 (Beschreibung s. Anhang I) hatte im gesamten Lagergelände Splitterschutzgräben vorgesehen. Bei Gefahr von »Feindeinwirkung« war von vornherein ausgeschlossen, dass sich Ostarbeiter, Kriegsgefangene (oder später KZ-Häftlinge) in Schutzräume begeben durften. Die Splitterschutzgräben waren jedoch nicht ausgeführt oder später wieder verfüllt worden; kein Zeitzeuge gibt einen Hinweis darauf. Bei Bombenalarm hatten die Gefangenen in den Baracken bzw. im Arbeitsgebäude zu verbleiben[396] und durften keine Schutzräume aufsuchen.[397] Einige Baracken, aber möglicherweise nicht alle, besaßen an der Außenfront niedrige Splitterschutzwälle aus Beton.[398]

In der Phase der Existenz des KZ-Außenlagers war Blumenthal häufiger Luftalarmen ausgesetzt. Es gibt jedoch keinen Häftlingsbericht, wonach die Arbeit an ihren Arbeitsstätten – anders als in der Stammwerft in Gröpelingen – aufgrund von Fliegeralarm eingestellt worden wäre. In Blumenthal kam es zwischen August 1944 und April 1945 zu keinen Bombardierungen.[399]

---

nert sich, dass es ein großes Problem gewesen sei, die »elende dünne Häftlingskleidung« zu trocknen. Juillet, Froides, S. 90.

396 Thébault, Neuengamme, S. 16.

397 Zur Thematik ausführlicher: Halle/Huhn, Bremen-Gröpelingen, S. 47.

398 »Entlang einer Baracke gab es ein Mäuerchen mit einem Zwischenraum von etwa zehn bis fünfzehn Zentimetern.« (Duroméa, André, S. 144); P. Billaux, Schreiben, 9.3.2007 (»Die Baracken waren von kleinen Mauern aus Beton bis zur Höhe der Fenster umgeben.«) Der Anwohner H. B. gab an: »Splitterschutz, ca. 30 x 40 x 100, bei manchen Baracken, bis Fensterhöhe, schon 1943.« (Mitteilung an Vf. v. 11.12.2006). Ein Foto des Marineangehörigen Werner Amft, der im Ostarbeiterbereich des Lagers Deschimag untergebracht war, zeigt ihn vor seiner Unterkunft, die an einer Längsseite eine Bewehrung aus drei Reihen übereinandergeschichteter Steinblöcke aufweist (Abbildung 69).

399 Friedrich Jerchow, 1883 – 1983. Die Geschichte der Bremer Wollkämmerei zu Blumenthal. Ein Jahrhundert im Dienste der Textilwirtschaft (1983), S. 89. Jerchow hebt hervor, dass sich die Zahl der aufgrund von Fliegeralarm ausgefallenen Arbeitsstunden in der BWK zwischen 1943 und 1944 verdoppelt hatte.

Arbeitsfreie Zeit

Die 11- bis 12-Stundenschichten waren im Allgemeinen dermaßen erschöpfend, dass nur wenig Zeit und Energie für andere Aktivitäten verblieb. Dennoch konnten Tauschaktionen durchgeführt und Verbindungen zu Gleichgesinnten oder anderen Gruppen geknüpft werden. Der Sonntag bot sich für derartige Tätigkeiten besonders an, denn dann wurde nicht gearbeitet. Der Appell am Sonntagmorgen – die Bewohner nahmen wie üblich vor ihrem jeweiligen Block Aufstellung[400] – konnte sich allerdings bis zum Mittag hinziehen. Die Häftlinge hatten den gesamten Tag außerhalb der Unterkünfte zu verbringen und konnten nur im Waschhaus und in den Toiletten Schutz vor widriger Witterung finden. Je nach der Laune einzelner Blockältester konnten die Gefangenen miteinander Kontakt aufnehmen oder wurden erneut schikaniert.

Pierre Billaux war von Beruf Friseur. Er erhielt im Gegensatz zu den »Fach«-Arbeitern für seine Tätigkeit in der Transport- und Reinigungskolonne keine Zigaretten als Sonderration. Dafür konnte er sich für das Rasieren und Haareschneiden am Sonntag zusätzlich eine Portion Suppe »verdienen«. Er holte sich dazu aus der Schreibstube Seife, ein Rasiermesser, einen Lederriemen zum Schärfen, einen Pinsel und ein Haarschneidegerät ab.[402] Die Häftlinge erhielten bei dieser Gelegenheit einen Haarschnitt, den sie selbst »Autobahn«

Nach dem Reinigen der Stube, alle raus!

»Sonntags war der Tag der Erholung von der Fabrik, aber das Aufstehen fand zur selben Zeit statt. Kaum angezogen, die Betten untadelig gemacht, wurde ein Großteil der Stubenbewohner vom Kapo hinausgedrängt. Keine Zeichnung ist nötig, um zu zeigen, wie wir hinausgeworfen wurden. [...] Nach dem Reinigen der Stube, alle raus! Vor dem Abend hineinzugehen kam nicht in Frage. Nach dem Austeilen des ›Kaffees‹ nahmen wir am den ganzen Morgen dauernden endlosen Appell teil, zitternd in unseren gestreiften Pyjamas, die eisigen Füße im Schnee. Mittags der Ansturm auf die Kannen, um seine Suppenration zu bekommen. Um etwas Festes zu erhalten, musste man den richtigen Moment abpassen: die ersten, die an den Behältern waren, bekamen praktisch nichts als heißes Wasser. Der Nachmittag verlief häufig abhängig von der körperlichen Verfassung und der Laune der Kapos. Wir fanden es natürlich besser, wenn sie sich ausruhten, denn dann konnten wir herumgehen und uns mit Bekannten im Lager unterhalten. Im gegenteiligen Fall waren wir bis zum Abend schlecht dran: marschieren, Bock springen, Frosch hüpfen, hinhocken, und zwischendurch, wenn wir vor Schwäche umfielen, Fußtritte und Knüppelschläge, um uns wieder hochzubringen.«
Marcel Belgeonne[401]

400 Pierre Billaux, Schriftliche Mitteilung an Vf. v. 9.3.2007.
401 Belgeonne, Tragique destin, S. 49–50.
402 Billaux, Verbatim (2006).

nannten und der sie Außenstehenden gegenüber als Sträfling kennzeichnen sollte – eine weitere Maßnahme, um eine erfolgreiche Flucht zu verhindern.[403]

Die knappe Zeit wurde ebenfalls genutzt, um sich religiös zu betätigen. Aufgrund der vorrangig aus Belgien und Frankreich stammenden Häftlingsberichte liegen nur Hinweise auf Aktivitäten des römisch-katholischen Glaubens vor. Fünf Geistliche waren von Neuengamme nach Blumenthal gelangt: die Pater S. und E., die Ordens-Brüder H., D.-Y. und J.[404] Ein anderer Priester mit Namen K. hielt so unauffällig wie möglich für die flämischsprachigen Katholiken das Morgengebet ab. Heimlich wurde die Messe gelesen, die Beichte abgenommen und abends oder nachts das Sterbesakrament erteilt, letzteres meist im Krankenrevier im Zusammenwirken mit dem Häftlingsarzt René Leherpeux. Der Möglichkeit, in das vermeintlich weniger harte Lager Dachau zu gelangen, folgten zwei Geistliche. Der oberste der »Weißen Brüder von Thy-le-Château«, Pater S., meldete sich nicht, damit er den Blumenthaler Häftlingen weiter beistehen konnte. Nachdem er verraten worden war und vierzig Hiebe erhalten hatte, musste er zur Genesung ins Krankenrevier. Aus Sicherheitsgründen nahm er die Identität eines im Revier verstorbenen französischen Mitgefangenen an; dessen Leichnam erhielt Pater S.s Nummer und wurde im Waschhaus deponiert. Der Pater war nun offiziell Franzose und nahm seine Arbeit im Arbeitskommando der Stammwerft A.G. »Weser« in Bremen-Gröpelingen wieder auf.

Es gibt viele Hinweise darauf, dass der Glaube an die religiös oder anderweitig ideologisch begründete Sinnhaftigkeit des Leidensweges es vielen Häftlingen eher als anderen erlaubte, die Situation geistig-moralisch und auch körperlich zu ertragen. So berichtet Henri Pâques über ein regelmäßiges, religiös gestimmtes Zusammensein mit seinem Freund André: »Jeden Abend setzen wir uns beide in einer ruhigen Ecke zusammen und halten einen kleinen Ratschlag, so wie wir es machten, als wir die Ältesten unseres Pfadfinderstammes waren. Wir versuchen, unsere Aufmerksamkeit zu konzentrieren und gemeinsam eine spirituelle Meditation durchzuführen. Nach dem Ratschlag, der uns von den Weißen Vätern gegeben wurde, finden wir ein glückliches Ereignis, das wir ›Quelle der Freude‹ nennen und enden mit dem Gebet der Pfadfinder, das wir abwechselnd aufsagen. Um uns laufen die anderen Gefangenen gleichgültig herum und uns gelingt es, uns spirituell in diesem Durcheinander zu isolieren.«[405]

An Werktagen nutzten einzelne die kurze verbleibende Zeit nach Appell und Austeilen des Essens, um Kameraden in den Baracken zu treffen. Hier konnten sie mit

403 »Am Sonntag ging's auch zum Friseur. Dort wurde eine Schneise ins Haar geschnitten, ein Balken von 4 cm Breite von der Stirn bis in den Nacken.« So der belgische Häftling Jean-Marie Vanden Eynde in: Raimund Gaebelein, Begegnung ohne Rückkehr. Auf der Suche nach den Opfern eines Rachefeldzuges. Meensel-Kiezegem – Neuengamme – Bremen 1944–2009 (2009), S. 29.

404 Dazu und zum Folgenden s. Van Pée, Ik was 20, S. 93–94.

405 Pâques, Récit, S. 99.

Hatte er begriffen, worüber wir redeten?

»Sobald wir unsere Suppe heruntergeschlungen haben, treffen wir uns mit einigen im ›Zimmer‹ von Adrien und diskutieren über Politik. Wir analysieren die Neuigkeiten, die wir erhalten haben, behandeln sie aber mit Vorsicht, da viele von ihnen falsch sind. Wir halten auch politische Kurse, vor allem an Sonntagen, wenn wir mehr freie Zeit haben.

Aber man musste sehr vorsichtig sein. Der kleinste Verdacht und die geringste Meldung konnten den Tod für einen oder für alle Mitglieder der Gruppe nach sich ziehen.

Ich erinnere mich an einen Vorfall, der uns zunächst beunruhigte, uns aber im Nachhinein zum Lachen brachte. An jenem Tag saßen wir uns zwischen zwei Bettreihen in Adriens Zimmer gegenüber und diskutierten. Plötzlich tauchte der Kopf des Stubenältesten auf, eines gewissen Otto[407], ein vollkommen verrückter Typ. Was machte er hier? Hatte er begriffen, worüber wir redeten? Ich muss gestehen, es gab einen Moment der Unsicherheit, umso mehr, als er Adrien mit dem Finger ein Zeichen gab näherzukommen. Adrien tat wie ihm geheißen, was ihm zwei schallende Ohrfeigen einbrachte. Ein anderer Kamerad, ebenfalls verpflichtet näher zu treten, erhielt gleichfalls zwei ordentliche Backpfeifen. Neben ihm sitzend deutete alles darauf hin, dass ich nun an der Reihe wäre. Aber der Deutsche war es wohl zufrieden und ging schimpfend weg. Erst später begriffen wir, dass die Ursache für die Ohrfeigen die Tatsache war, dass Adrien und der andere Freund, die einzigen waren, die im Zimmer ihre Mützen aufbehalten hatten … was strengstens verboten war.«

André Duroméa[408]

Gleichgesinnten ihre Lage erörtern, sich über ihre Familien, ihre Vorgeschichte austauschen – oder auch nur in Gedanken an Speisen und Menüfolgen schwelgen. Dies war ebenfalls die Gelegenheit, um Widerstandshandlungen und Fluchtpläne durchzusprechen. Allen Beteiligten war klar, dass sie jederzeit auf der Hut sein mussten.

Das voranstehende Zitat ist beispielhaft für das Konglomerat von pseudo-normiertem und willkürlichem Verhalten seitens der Funktionsträger im Lager. Selbst wenn die Franzosen keine Mützen getragen hätten, wäre es ein Leichtes für den Kapo gewesen, in der Stube etwas anderes zu monieren. Mehrfach gelang es Gefangenen, ihre kranken Kameraden im Revier zu besuchen. Sie riskierten jedoch, von den Pflegern aus der Baracke geprügelt zu werden.[408]

Im Gegensatz zu den einfachen Gefangenen genossen die deutschen »grünen« Kapos Privilegien. Die Nachkriegsberichte dieser ehemaligen Häftlinge sind dabei mit Vorsicht zu betrachten. Das einzige bekannte Interview eines Funktionshäftlings aus dem Lager Bahrsplate stammt von Egmont Hansen. Dieser schildert seine Lebensum-

406 Der »Grüne« Otto Lewandowski war Blockältester in Baracke 3.

407 Duroméa, André, S. 141–142.

408 Mitteilung P. Billaux an Vf. v. 4.12.2010.

stände im Lager in vergleichsweise grellen positiven Farben.[409] Er erinnert sich an »sehr gutes« Essen und Möglichkeiten für Tauschgeschäfte und Körperpflege. Sie »erhielten Kohle vom Werk zum Heizen«. Hansen sei mit einem Wachmann »auf dem Dorf zum organisieren (Eier)« gewesen. Abends habe man im Bett Karten gespielt, sich Batterien für die Taschenlampe selbst gebaut. Es habe Wolldecken mit Bettwäsche gegeben (»alle 4 Wochen frisch«). Die Bettwäsche sei in Farge gewaschen worden. Verschlissene Kleidung sei ersetzt worden. Hansen hat keinen Grund, als Zeitzeuge gegenüber einem Historiker etwas in seiner Aussage über die Bedingungen im Lager zu beschönigen. Es gibt andere Passagen, in denen er eine schwierige Zeit in der Strafkompanie im Stammlager Neuengamme schildert. Auch gewisse Übertreibungen eingerechnet, wird deutlich, dass ein Funktionshäftling völlig andere Überlebensvoraussetzungen als ein einfacher Gefangener hatte. Gegenüber den ausländischen Häftlingen, von denen nur wenige Deutsch beherrschten, scheint sich zwischen der kleinen SS-Belegschaft, den 19 deutschen »grünen« Kapos und dem einen oder anderen »Posten« der Wachmannschaft ein gewisses vertrauensvolles Verhältnis entwickelt zu haben. Dieses entstand einerseits durch die gemeinsame Aufgabe, die als gefährlich wahrgenommenen Häftlinge unter Anwendung aller möglichen Maßnahmen zu überwachen und zu disziplinieren. Andererseits galt es, Güter zu organisieren, die sich tauschen oder weiterverarbeiten ließen. Dabei stand der Besitz von Alkohol an oberster Stelle. In diesen Zusammenhang gehört auch der Hinweis von Hansen, wonach die SS und Kapos Alkohol destilliert hätten. Pâques berichtet, dass ein Appell »von einem betrunkenen jungen SS-Mann« abgenommen worden sei.[410] Er schildert auch, dass der Kapo Bruno [Hilken] sich eine Alkoholvergiftung zugezogen hatte und ins Revier gebracht werden musste. »Mehrere Kapos haben sich zusammengetan, um mittels eines behelfsmäßigen Destilliergerätes in einem rückwärtigen Raum der Fabrik ›Ersatz‹-Alkohol herzustellen, und zwar mit einer großen Menge Zucker, der eigenmächtig von unseren Rationen abgezogen wurde. Diese ganze Aktion fand natürlich ganz geheim ohne das Wissen des Lagerältesten statt, der nicht gezögert hätte, mit seiner gewohnten Brutalität vorzugehen, wenn er Wind von der Sache bekommen hätte. Mitten in der Nacht wird Bruno, von vier Russen begleitet, ins Revier gebracht; er schreit, jammert und bäumt sich vor Schmerzen auf. Doktor René[411] diagnostiziert sofort schwere Verbrennungen des Magens, hervorgerufen durch den Konsum gepanschten Alkohols.«[412] Bruno Hilken konnte nach mehreren Tagen der Rekonvaleszenz seine Funktion als Blockältester wieder einnehmen.

409 Interviewnotizen »Hansen«. Vgl. auch den Abschnitt »Kapos im Besitz der abgeleiteten absoluten Macht«

410 Pâques, Récit, S.116.

411 Es handelt sich um den Medizinstudenten René Leherpeux, der als Häftlingsarzt das Krankenrevier leitete. Siehe das Kapitel »Krankheit und Tod«.

412 Pâques, Récit, S. 121.

Weihnachten

Es ist nicht verwunderlich, dass die Weihnachtstage 1944 für alle, für Häftlinge wie auch für das Wachpersonal, eine besondere Bedeutung besaßen. Die allgemeine Kriegslage war für die NS-Führung verheerend; allerdings hatte die am 16. Dezember begonnene deutsche Offensive in den Ardennen[413] manchen Deutschen die Durchhalteparolen eingängig gemacht. Die belgischen Häftlinge waren besonders besorgt, da diese militärischen Aktivitäten sich vorwiegend in ihrer Heimat abspielten. Im Hof hatten die Kapos einen Weihnachtsbaum aufgebaut; die Häftlinge wunderten sich, dass diese auf einmal so fröhlich waren. Robert Juillet mutmaßt, dass dies mit den ersten deutschen Erfolgen der Ardennen-Offensive zusammengehangen habe.[414]

Henri Pâques hat ein Kapitel[415] seines Berichtes »Weihnachten im Lager« überschrieben. Danach ergriff die Gefangenen eine fiebrige Geschäftigkeit; dieses Weihnachtsfest sollte ein Bekenntnis zum Glauben an die Befreiung werden. In der belgischen Baracke war sauber gemacht worden; die Wände waren mit ausgeschnittenem Papier verziert, in einer Ecke befand sich ein Tannenbaum. Am Abend gab es ein »Gala-Essen«, Gesänge und musikalische Einlagen. Die Rationen waren verdoppelt worden, einige Süßigkeiten hatte es zusätzlich gegeben. Auch im Krankenrevier herrschte ein wenig Feierstimmung. Es gab mehr Suppe als üblich, die Rationen waren ausreichend, und »wir erhielten sogar ein Glas Limonade«[416]. Doktor René erschien mit Gaze in französischen Farben; die Belgier fügten ihre Landesfarben hinzu. Ein junger betrunkener SS-Mann nahm den Appell ab. Danach störte kein Deutscher mehr die Häftlinge, und der Zapfenstreich fiel aus. Die Kapos feierten in der Baracke des Lagerältesten mit großem Getöse. Überall im Lager, auch von den Unterkünften der Kriegsmarine, ertönten Lieder, nur gedämpft durch den dichten Schnee. »Dieses Weihnachtsfest wird wegen seiner bewegenden Einfachheit eines der besten meines Lebens bleiben. Ein einziges Mal, da wir uns satt gegessen und einen kurzen Moment unser Elend vergessen hatten, fühlten wir uns fast glücklich.«[417] Am Folgetag seien alle krank gewesen, die Mägen vertrugen das reichhaltige Essen nicht.

---

413 Die Ardennen-Offensive gilt als einer der letzten Versuche der deutschen Wehrmacht, zu erneuten Geländegewinnen an der Westfront zu gelangen. Die Häftlinge waren über die Kriegslage im Allgemeinen im Bilde, da sich Häftlinge wie Pierre Lefèvre, Laurent Bernard und Guy De L. an ihren Arbeitsplätzen in deutschen Tageszeitungen informieren konnten.

414 Juillet, Froides, S. 95.

415 Pâques, Récit, S. 115–117. Pierre Billaux gibt nach Rücksprache mit anderen Ehemaligen an, dass die beschriebene Feier nicht Weihnachten, sondern zu Neujahr stattgefunden hat. Mitteilung an Vf. v. 4.12.2010.

416 Pâques, Récit, S. 116. Der Verfasser befand sich als Kranker im Revier und ließ sich über die Weihnachtsaktivitäten in der Baracke von seinem Freund André berichten.

417 Pâques, Récit, S. 117.

Auch Jean-Marie Vanden Eynde erinnert sich: »Am Vorabend des Weihnachtstages erhielten wir zu unserer größten Überraschung eine kleine Kelle gebratener Fleischstücke in Mehlsauce und eine kleine Kelle mit Kartoffelstücken. Abends bekamen wir wie üblich unser Frühstück für den darauffolgenden Tag. Am Weihnachtstag[418] wurde keine Nahrung verteilt, die Küche des Lagers blieb geschlossen; das gesamte Personal hatte frei. Am übernächsten Tag hatten wir nur den Kaffee-Extrakt, um den Tag zu beginnen.«[419]

»Weihnachten« als Ausnahmezeit machte den Alltag ex negativo deutlich: Der Zählappell fiel aus, man musste keine Prügel oder Schlimmeres befürchten, ein wohl nicht legal »organisierter« Tannenbaum konnte aufgestellt werden, man konnte sich »satt« essen – angesichts geschrumpfter Mägen nur relativ zu verstehen –, die Zeichen ethnischer oder nationaler Zusammengehörigkeit konnten ohne Furcht gezeigt werden, Lieder wurden ohne Angst intoniert, Kontrollen entfielen.

Manche erlebten diese Weihnachtstage anders. Der französische Widerstandskämpfer Jean Thébault kann als Zwanzigjähriger keine Freude empfinden. »Für alle war Weihnachten 1944 schrecklich. Ein SSler lässt uns wissen, dass eine Offensive in den Ardennen stattfindet. Wir fragen uns: Werden wir durchhalten? Wir sind mager und schwach. Eine provisorische Krankenstation ist stark belegt, ich halte mich aufrecht und falle nicht, aber der Weihnachtstag ist für mich furchtbar, ich denke an meine Familie, und auf meinem Strohsack rinnen Tränen aus meinen herausgetretenen Augen über meine Wangen.«[420]

Für den jüdischen Überlebenden Heinz Rosenberg blieb Weihnachten 1944 ebenfalls in vorwiegend schlechter Erinnerung.[421] Der diensthabende SS-Mann habe ihnen gesagt: »Und jetzt als Strafe, weil ich nicht Weihnachten feiern kann, werdet ihr den ganzen Tag auf'm Appellplatz rumlaufen. Im Schnee.« Die Polen und Russen hätten feiern dürfen »und wir, die Juden mußten rumlaufen, weil wir ja, eh, die schlechten Menschen war'n. Und beim Rumlaufen sind leider, ham sehr viele Leute zusammengeklappt und, und konnten nicht. Because ist nicht einfach, im Kalten rumzulaufen.« Zuvor habe der SS-Oberscharführer [vom Endt] erklärt: »Bevor wir den Krieg verlieren, werden wir euch alle umbringen. Und eh, aber weil jetzt Weihnachten ist, dürft ihr alle mal eine Postkarte an eure Verwandten schreiben.«[422] Tatsächlich habe Rosenberg vier Wochen später ein Paket mit Zahnpasta und Zahnbürste erhalten, um das er einen Verwandten in Hamburg gebeten hatte.

418 Gemeint: am 25. Dezember.
419 Vanden Eynde, Blumenthal (2008).
420 Thébault, Neuengamme, S. 16.
421 ANg, HB 1586, Interview mit Henry Robertson (alias Heinz Rosenberg), 17.9.1993, S. 41–42.
422 Diese Genehmigung wird in keiner anderen Aussage bestätigt.

Informationen und Gerüchte

Über die Außenwelt etwas in Erfahrung zu bringen, war für die Häftlinge von allergrößter Bedeutung. Allerdings waren sie von Informationen weitgehend abgeschlossen; sie erhielten fast nie Post aus der Heimat. Negative Informationen konnten für die Moral verheerend sein. Mit Beginn der Ardennen-Offensive wandte sich, so der Belgier Henri Pâques in seiner Erinnerung[423], der Kommandoführer vom Endt auf dem Appellplatz an die Häftlinge. Wenn die Alliierten ihre Bomben über Deutschland abwürfen, so täten sie dies ebenfalls über der belgischen Heimat und töteten dabei Frauen und Kinder. Auch wenn die Häftlinge diese Ansprache als Nazi-Propaganda begriffen, mit deren Hilfe sie demoralisiert werden sollten, so waren die zeitweisen Erfolge der deutschen Truppen im Dezember 1944 doch nicht ohne Einfluss auf die Moral mancher Gefangener. »Es war ein schwerer Dämpfer für jeden von uns. Aber Wochen später, als das Kriegsglück sich wendete, war unsere Freude noch einmal so groß, und jeder bekam wieder guten Mut.«[424]

Gerüchte waren nicht ohne Weiteres als solche zu erkennen und zu widerlegen. Dieses stellte sich jedoch wiederholt als bitter notwendig heraus, da viele Häftlinge in ihrer psychisch labilen Verfassung leicht beeinflusst werden konnten. Der Belgier Gaston Vandekerkhove erinnert sich[425], dass die SS und die deutschen »Grünen« die Gefangenen schikaniert hätten, indem sie Gerüchte verbreiteten. Nach ihren Angaben hätten die Alliierten die deutsche Front bei Hamburg durchstoßen, man sei eingeschlossen, die Befreiung nur eine Sache von vier oder fünf Tagen. In der Folge habe sich »keiner mehr krank gefühlt. Die schlechte Suppe schmeckte köstlich, wir sahen die Kapos und die Vorarbeiter von oben herab an.« Die Deutschen amüsierten sich köstlich. Skeptiker unter den Häftlingen wurden von ihren Kameraden als Idioten oder Pessimisten tituliert. Im Laufe der nächsten Wochen sei jedoch klar geworden, dass es sich um einen Schurkenstreich gehandelt habe. Enttäuschung und Verzweiflung seien die Folge gewesen, und die Todeszahlen hätten sich beträchtlich erhöht. Aufgrund dieser Erfahrung habe das Widerstandskomitee für jeden Block Häftlinge bestimmt, die zukünftig falschen Gerüchten öffentlich entgegentreten sollten – eine schwere Aufgabe.

Auch Mitglieder des geheimen Komitees waren nicht davor gefeit, unter dem Eindruck negativer Nachrichten den Mut zu verlieren. Der von den Gefangenen als

423 Pâques, Récit, S. 118.

424 Van Pée, Ik was 20, S. 89. Der Belgier Charles Lapaige resümiert: »Die Hoffnung, schnell befreit zu werden, die bei unserer Ankunft im Lager noch lebendig war, verschwand schnell. Vor allem die Älteren unter uns starben um den Jahreswechsel herum wie die Fliegen. Die kurzen, aber vielsagenden Berichte über neue deutsche Angriffswaffen, die Europa auf die Probe stellten und die Von Rundstedt-Offensive ließ sie alle noch verfügbaren Kräfte verlieren.« Zitat in: Marc Verschooris, De Papegaai is geschoten. De bevrijding von Martin Gent 15 Juli 1944. Bij het verzetswerk von Jozef Speeckaert (1907–1945) (1994), S. 80.

425 Vandekerkhove, Enfer, S. 43–45.

»Schlange« titulierte Kapo Egmont Hansen beeindruckte André Duroméa mit der falschen Nachricht, dass die Deutschen bei einer Gegenoffensive die Truppen von General de Gaulle eingekesselt hätten. »Auch wenn man starke Nerven hat und in der Lage ist, Dinge zu unterscheiden, so etwas zu hören, versetzt der Moral einen gehörigen Knacks. Würden wir noch Jahre unter solchen Bedingungen leben? Würden wir noch lange dieses fürchterliche Elend überleben können? Würden sie uns nicht umbringen? Alles Fragen, die in meinem Kopf durcheinandergingen. [...] [Egmont] ging weg. Aber die Trübsal, die mich seit ein paar Tagen gepackt hielt, verschlimmerte sich. Zum Glück munterten mich Adrien und die Kameraden abends wieder auf.«[426]

Von Vorteil war, dass einzelne Häftlinge in den Büros tätig waren. Im Meisterbüro ließen deutsche »Kollegen« Zeitungen »augenzwinkernd« herumliegen, so dass diese heimlich mitgenommen werden konnten. Abends wurde daraus vorgelesen. Guy De L. war im Konstruktionsbüro eingesetzt. Er hatte das Vertrauen eines antifaschistischen deutschen Ingenieurs erworben, der regelmäßig die Zeitung für ihn liegenließ. Vandekerkhove übersetzte, und so konnte im Lager über den neuesten Frontverlauf informiert werden.[427] Marcel Belgeonne erinnert sich, dass die von der Arbeit zurückkehrenden Häftlinge ihn und andere Neueingelieferte voll Hoffnung nach Neuigkeiten fragten. Diese konnten ihnen von der Landung der Alliierten und dem Frontverlauf bei Charleroi (Belgien) berichten.[428]

Kontrollen, Sanktionen, Misshandlungen

Der KZ-Kosmos unterschied sich qualitativ von soldatischen Formen des Kasernen- oder Lagerlebens. Das militärische Vorbild der Organisation einer großen Anzahl von Männern war jedoch nicht zu verkennen. Dazu zählten die Hierarchisierung der Verwaltungsabläufe, das Prinzip von Befehl und Gehorsam[429], die Einschränkung vieler Individualrechte, die umfassende Regelung des dienstlichen und des privaten Alltags. Ein Normenkatalog suchte das Verhalten der Mitglieder zu steuern; als eine der Methoden galt die häufige und oft unangekündigte Kontrolle.

Das von Duroméa geschilderte Vorkommnis (s. Textblock »Eine schwierige Zeit begann«, S. 64) spiegelt einige Regelmechanismen des Lagerbetriebes wider. Entgegen allen Vorschriften und Drohungen hatten zahlreiche Häftlinge Gegenstände angefertigt oder erworben, die ihnen das Leben erleichterten. Die von Duroméa erwähnte Metall-

426 Duroméa, André, S. 145.
427 Vandekerkhove, Enfer, S. 45.
428 Belgeonne, Tragique, S. 42.
429 Analog zu militärischen Grundprinzipien wurde dieses Prinzip flexibel gehandhabt, indem es durch das Konzept der Auftragserfüllung nach selbstständigem Vorgehen ergänzt wurde.

dose erschien ihm so wertvoll, dass er eher eine »Abreibung«, also eine Prügelattacke, riskierte, als sich unbemerkt von ihr zu trennen. Ebenso denkbar wäre gewesen, dass er eine regelrechte Prügelstrafe erhielt, die von fünf Schlägen aufwärts verhängt werden konnte. Der SS-Mann verzichtete darauf, ihn zu bestrafen, weil der Häftling Seife bei sich trug. Dies überwog die Tatsache, dass verbotswidrig aus Metall eine Dose gefertigt worden war. Die Einhaltung hygienischer Bestimmungen wurde immer wieder gefordert. Wenngleich Verstöße dagegen oftmals nur einen Vorwand zu Schikanen und Bestrafungen bildeten, so setzte sich in dieser Situation die Normerfüllung in Form des Besitzes von Seife gegenüber anderen Erwägungen durch.

Es fällt schwer, von »Sanktionen« oder »Strafen« zu sprechen.[430] Sanktionen basieren auf formulierten Normen und und angedrohten Maßnahmen, denen der Einzelne durch ein entsprechendes Verhalten entgehen kann. Sie setzen gemeinhin auf Abschreckung. Terroristische Herrschaft hingegen basiert auf einem normativen Scheinregiment, das fortwährend neue Strafanlässe schafft, um seine Willkürherrschaft zu dokumentieren. Den Häftlingen war der Großteil der Verbotsnormen nicht bekannt, auch die Befolgung der bekannten schützte nicht vor Gewaltmaßnahmen. Manche Vorschriften konnten überhaupt nicht zur Zufriedenheit der Kontrolleure ausgeführt werden. So war es etwa nicht möglich, den Strohsack bügelglatt herzurichten. Der Einzelne bzw. die Stube war bei der morgendlichen Blockinspektion auf die Laune des Aufsehers angewiesen. Der Begriff »Strafe« kann hier eigentlich keine Verwendung finden.

Im Selbstverständnis des KZ-Verwaltungswesens unterlagen die Bewertung eines »Fehlverhaltens« und der Strafvollzug einem Reglement. Die zentrale Inspektion der Konzentrationslager in Oranienburg (bei Berlin) formulierte in Erlassen immer wieder das Genehmigungsmonopol für die Prügelstrafe. Die Vorschrift, die Prügelstrafe stets bei der Zentrale zu beantragen, wurde in der Praxis nicht ernst genommen und von Oranienburg in keiner Weise durchgesetzt.[431] In gleicher Weise gab es im »Musterlager« Dachau ein in den Kriegsjahren angefertigtes Verzeichnis der SS für den internen Dienstgebrauch, in dem 47 Delikte und die damit verknüpften Sanktionen angeführt wurden. Tatsächlich war es jedoch so, dass die SS und die Kapos jederzeit zuschlagen, ja jederzeit einen Häftling umbringen konnten, ohne dass später lästige Schreibarbeit anfiel. Das Prinzip der Möglichkeit des jederzeitigen und willkürlichen gewaltsamen Übergriffes war das Grundelement der terroristischen Herrschaft im Lager. Der Häftling konnte sich nur dadurch schützen, dass er den Kontakt mit dem Lagerpersonal so gering wie möglich hielt. Wer, wie Jean-Marie Vanden Eynde, dem Blickkontakt mit

430 Die folgenden Ausführungen weitgehend nach Sofsky, Ordnung, S. 247–248.
431 Ab November 1944 wurde diese Position offenbar aufgegeben. Siehe ausführlicher: Buggeln, Arbeit, S. 52.

einem SS-Mann, der außerhalb des Zauns mit einem Trupp entlang zog, nicht auswich, musste noch Tage danach fürchten, identifiziert und »bestraft« zu werden.[432]

Der Kommandoführer vom Endt mag nicht selbst geschlagen haben; das gewalttätige Regiment anderer SS-Leute, der Kapos und anderer Aufsichtspersonen im Lager bzw. am Arbeitsplatz war nur mit seiner Billigung möglich. Er reproduzierte jedoch nur das Verhalten seiner Neuengammer Vorgesetzten, die auf Kontrollen verzichteten: Laut seiner Verfügung wurde es den Zivilen [d.h. dem Aufsichtspersonal, K. E.] bei der Deschimag ausdrücklich untersagt, die Häftlinge zu schlagen. Nachkriegsaussagen verdeutlichen, dass z.B. ein Werkobmann Häftlinge am Arbeitsplatz wiederholt misshandelt oder ihre Namen zur Bestrafung an die SS weitergegeben haben muss.[433]

Bei seiner Nachkriegsvernehmung in Brüssel kann vom Endt nicht abstreiten, dass es zu Bestrafungen und Übergriffen gekommen war. Diese seien jedoch allein auf das Konto der Häftlinge bzw. der Funktionshäftlinge gegangen, die sich untereinander geschlagen hätten. Im Übrigen inszenierte er sich als pflichtbewusster, den Regeln folgender Kommandoführer: »Sämtliche Bestrafungen wurden vom Hauptlager Neuengamme verhängt. Unsererseits wurde nur der entsprechende Rapport gemacht. Neuengamme hat bei 3 Häftlingen (Keine Belgier!) Prügelstrafe bestehend aus 15 Schlägen verhängt. Sie wurden auf das Gesäß verhängt, indem die Kapos den Kopf zwischen die Beine nahmen und ein anderer die Schläge austeilte.« Angesichts der zahlreichen Schilderungen Überlebender ist ersichtlich, dass es sich bei vom Endts Äußerungen um eine monströse Bagatellisierung mit apologetischer Absicht handelt und ein Verwaltungshandeln vorspiegelt, das nicht existiert hatte.

Eine täglich zweimal stattfindende Kontrolle war der Zählappell im Lager. Die gesamte Belegschaft stellte sich in Fünferreihen auf, vermutlich in einer L-förmigen Formation.[434] Die Meldung der Neu-Kranken wurde aufgenommen und mit der Zahl der Revierkranken und der seit dem Vortag Verstorbenen abgeglichen. Abends stellten sich die Häftlinge vor ihren Blocks ebenfalls in Fünferformation auf. Beim Durchzählen gab es häufig Probleme. Die Kapos nutzten das stockende Verfahren und prügelten mit Fäusten und Schlaginstrumenten auf die Gefangenen ein, dies womöglich umso intensiver, als sie sich von der SS beobachtet sahen und ihr Gesicht nicht verlieren wollten. Die Zählappelle fanden bei Wind und Wetter satt; sie konnten endlos erscheinen. Wer stürzte, wurde geschlagen. Mithäftlinge stützten die Schwachen möglichst, auch damit der Appell ein Ende fand.[435] Henri Pâques berichtet, dass der Lagerälteste durch die Reihen zu gehen pflegte, Ohrfeigen verteilte, hier und da mit dem Knüppel zuschlug, zum Beispiel bei denjenigen,

432 Mitteilung an Vf. v. 4.11.2018.
433 Siehe Kapitel »Arbeitseinsatz«.
434 Van Pée, Ik was 20, S. 75.
435 Thébault, Neuengamme, S. 15. Thébault fährt fort: »… aber beim Wegtreten fallen [die Schwachen] in den dichten Schnee.«

die vor Fieber nicht stillstehen konnten.[436] Während der Appelle gab der Kommandoleiter vom Endt seine Anweisungen, die von den Dolmetschern übersetzt wurden.[437]

Über eine immer wieder ausgeübte Form der Sanktionen berichtet Victor Roberti: »Die Bestrafungen waren manchmal mehr als stupide. Für irgendein Vergehen, für das die Deutschen nicht den Täter finden konnten, wurden Kollektivmaßnahmen verhängt, und manchmal waren die Bewohner einer ganzen Baracke gezwungen, über Stunden ›den Frosch zu machen‹; bei diesen Übungen schlugen alle Blockältesten die Unglücklichen. Diese Übung, ›der Frosch‹, bestand darin, in der Hocke, die Hände über den Kopf gehalten, vorwärts zu springen. Das war das größte Vergnügen der Kapos und der Blockältesten. Die Vergehen mussten nicht einmal schwer sein: ein schlecht gelegtes Betttuch reichte für solche Strafen. Die Strafen für die Juden waren noch schrecklicher, sie wurden darüber hinaus auch noch mit dem Entzug einer Mahlzeit bestraft. Der Chef des Kommandos[438] war der SS-Adjutant vom Hemdt (phonetische Schreibweise), ich glaube, er ist der Hauptverantwortliche. Er schlug nicht, aber er kümmerte sich nicht darum, was in seinem Kommando passierte; somit war er damit einverstanden.«[439] In der geschilderten Schikane-Praxis bündeln sich mehrere Elemente: Wie die Wehrmacht, so verwandte auch die SS für die Ausbildung von Rekruten Formen militärischen Drills mit sportlichen Anklängen zum Zweck des Trainings und der Auslese. Im Kontext des KZ-Alltags indes führten derartige Maßnahmen bei geschwächten Häftlingen zu einer weiteren Erschöpfung.[440] Die kollektive Verhängung einer Strafe konnte zudem in der Binnenwirkung erheblichen Stress auslösen, da die betroffene Gruppe intern auf die Suche nach dem Schuldigen ging und unter Umständen von außen auferlegte Verhaltensregeln für die Zukunft aus eigenem Antrieb intern umsetzen würde. Diese Strategie der Entsolidarisierung konnte ein wirksames Herrschaftsinstrument sein.

Die Misshandlungen wurden mit Tritten, Faustschlägen und verschiedenen Schlaginstrumenten vorgenommen, darunter Gummi- oder Holzknüppel, Elektrokabel, Peitschen (Ochsenziemer) oder Gartenschlauch-Stücke.[441] Die Schläge auf das (meist entblößte) Gesäß waren gefürchtet, insbesondere, wenn ihre Zahl die Zehn überstieg. Oft waren die Bestraften anschließend nicht mehr arbeitsfähig und mussten ins Krankenrevier gebracht werden. Die Gefahr der Infektion der Wunde oder anderer Komplikationen waren groß. Im Februar 1945 erhielt der belgische Häftling Joseph Desaver 25 Schläge mit einem Ochsenziemer, woraufhin seine Nieren acht Tage blockiert waren.[442]

436 Pâques, Récit, S. 123.
437 Vanden Eynde, Blumenthal (2008).
438 Unter »Kommando« ist hier ein Außen- oder Nebenlager gemeint.
439 Auditorat général, Dossier Vom Endt, Aussage Victor Roberti.
440 Vgl. Buggeln, Arbeit, S. 363–366.
441 Désirotte, Tragédie, S. 59.
442 Fragebogen J. Desaver, ANg, HB 218, S. 18.

Er bekam 41°C Fieber. Ob die Verabreichung von zwei Tabletten, die ihm der Häftlingsarzt gab, ursächlich für seine Wiederherstellung war, muss offen bleiben.

Die Beschuldigung der Sabotage hing wie ein Damokles-Schwert über den Gefangenen, wenn sie versuchten, ihre Lage selbstständig zu verbessern. Jean-Marie Vanden Eynde hatte mit seiner Meldung zu den Elektrikern einen an sich stabilen Arbeitsplatz im Hochbau gefunden. Ein Ingenieur ertappte ihn, als er im Elektroschrott nach einem feuerfesten Draht für eine Heizplatte suchte, um Kartoffeln braten zu können. Der Ingenieur brachte ihn zu einem Funktionshäftling, »der entschied, mir 25 Schläge zu verabreichen. Ich musste mich auf den Boden knien. Bei jedem Schlag mit der Peitsche[443] musste ich die Schläge zählen, die ich auf meinen Hintern bei heruntergelassener Hose erhielt. Wenn ich mich in der Reihenfolge bei den deutschen Zahlen versah, musste ich von vorne anfangen. Ich habe keine Idee, nach wie vielen Peitschenschlägen der Kapo aufgehört hat, auf mein Gesäß einzuschlagen.«[444]

Es überrascht nicht, dass der ehemalige Kapo Egmont Hansen, als übler Schläger und Denunziant bei vielen Häftlingen in deutlicher Erinnerung, in einem Nachkriegsinterview für die Gedenkstätte Neuengamme die von ihm zu verantwortenden Misshandlungen banalisierte. Er habe einmal einem Polenjungen eine Ohrfeige gegeben. Es tue ihm heute noch leid; er habe den Jungen nach dem Krieg in Lübeck wiedergetroffen.[445] Erstaunlich jedoch ist die Bewertung, die der kommunistische Widerstandskämpfer André Duroméa abgibt. Duroméa urteilt: »Von allen körperlichen Strafen, von allen eingesteckten Schlägen ist die Ohrfeige die unerträglichste, die erniedrigendste. Ich wie alle meine Kameraden haben welche erhalten; man muss dann die Zähne zusammenbeißen und die Fäuste ballen, sich beherrschen, um nicht zu reagieren.«[446] Duroméa war sich bewusst, dass die Bildung einer Widerstandszelle im Lager und selbst politische Diskussionen in der Gefahr standen, denunziert zu werden und tödliche Folgen nach sich ziehen konnten. Die Versuchung, sich zu wehren, war bei Ohrfeigen vermutlich größer als bei anderen Strafen. Duroméa ist allerdings auch nicht mit einer Prügelstrafe bedacht worden. Er fand als Facharbeiter in der Werkstatt vermutlich Anerkennung durch die deutschen Meister, so dass am Arbeitsplatz kein Anlass zur Bestrafung bestand.

Die verordnete Prügelstrafe war die häufigste Form der Misshandlung, die Gesundheit und Leben gefährdete, jedoch nicht die einzige. Jean Thébault hatte bei einem sonntäglichen Zählappell eine Schachtel mit Muscheln gefunden. Leider beschmutzte er damit seine Kleidung. »Der SS-Mann sieht es, lässt mich aus der Reihe treten, beschließt, mich nackt unter die Dusche zu schicken mit dem Verbot, mich wieder anzuziehen, die

443 Mit »Martinet« (Kinderpeitsche) ist hier vermutlich ein mehradriges Kabel gemeint.
444 Jean-Marie Vanden Eynde, Interview für »Die leeren Gräber« (2005), Spur 12; Vanden Eynde, Blumenthal (2008).
445 Interviewnotizen »Hansen«, ANg, Ng 6.4.13.
446 Duroméa, André, S. 141–142.

Eiseskälte lähmt mich, ich glaube zu sterben. Als der SS-Mann weg ist, kommen mir die Kameraden zur Hilfe, ziehen mich an und wärmen mich, indem sie sich abwechselnd an meinen armen und so mageren Körper schmiegen.«[447]

Die folgende Schilderung Van Pées stammt aus den 1990er Jahren. Sie ist ganz offenbar der weniger »literarischen« Darstellung bei G. Vandekerkhove[448] nachgebildet. In ihrer Grundaussage scheinen beide plausibel. Die Kapos agierten während des Appells häufig auf Anweisung oder mit Zustimmung des Lagerältesten Karl; viele Kapos stützten sich in ihrem Umfeld auf andere, von ihnen abhängige Gefangene, die in ihrem Auftrag gegen die Mithäftlinge vorgingen. So auch in diesem Fall: Dem Kollaborateur Alfred fiel aufgrund seiner Vergangenheit von Anfang an die Rolle des verfemten und feindseligen Mithäftlings zu, die er bereit war, mit Verve zu erfüllen.

Wunder über Wunder hat er danach noch drei Monate gelebt

»Nach vier Monaten Lager waren viele Gefangene krank. Jeder war geschwächt, bekam eine Lungenentzündung, Durchfall und was immer noch. Davon abgesehen konnte man auch noch Pech haben. Das stieß Bert Willems[449] zu, einem Lehrer aus Antwerpen, der ein Stück Brot von einem grünen Kapo stibitzt hatte. Bert wurde abends beim Appell aus den Reihen geholt und bekam dreißig Knüppelschläge im Strafbunker. Danach musste er nackt, den Rücken und den Hintern blutig, vor uns auf dem Appellplatz im Schnee stehen, als Exempel. Das war noch nicht genug nach Meinung eines Alfred genannten Häftlings aus Brüssel, der an der russischen Front Chauffeur von Degrelle[450] gewesen war, dem Anführer der Rexisten[451] in Wallonien, die an der Ostfront mit den Deutschen kämpften. Alfred war aus irgendeinem Grund in Ungnade gefallen und saß nun in unserem Lager, aber zeichnete sich durch Boshaftigkeit uns gegenüber aus. Dieser Mann nahm eine große Wasserspritze und begann unseren Freund Bert zu bearbeiten. Nach einiger Zeit stand er vor uns wie ein großer Eisklumpen. Ich werde dich wieder warm machen, rief das Nazibiest und trat Bert mit seinen Stiefeln, wo er ihn nur treffen konnte. Unter Aufbietung seiner letzten Kräfte kroch Bert zu der nächstliegenden Baracke. Man ließ ihm keine Ruhe, mit blutunterlaufenen Augen und einem roten Kopf von der Anstrengung zerrte der Rexist unseren Freund nach einer Viertelstunde wieder nach draußen, unterstützt von dem Kapo, dem Bert das Stück Brot gestohlen hatte. Wieder nackt in den Schnee, wieder

447 Thébault, Neuengamme, S. 16.

448 Vandekerkhove, Enfer, S. 48–50.

449 Albert Willemsen. Liste in: Van Pée, Ik was 20, S. 237. Das Vorkommnis könnte sich in Blumenthal im November 1944 abgespielt haben. In den Wetterdaten Flughafen Bremen sind größere Niederschläge und Minustemperaturen dokumentiert. Vgl. Anhang II. URL: https://www.wetteronline.de/wetterdaten/bremen?pcid=pc_rueckblick_data&gid=10224&pid=p_rueckblick_diagram&sid=StationHistory&iid=10224&month=11&year=1944&period=4&metparaid=TNLD). Vgl. Anhang II.

450 Siehe folgende Anmerkung.

451 Der Rexismus war eine rechtsextreme belgische Bewegung im französischsprachigen Wallonien und in Brüssel, die während der deutschen Besatzung mit den NS-Behörden kollaborierte. Léon Degrelle war Anführer der Rexisten und Offizier der Waffen-SS.

Bestrafung mit der Peitsche, bis die zwei Unmenschen außer Atem waren. Dann ließen sie Bert wie tot liegen. Karl rief, dass dies die Strafe sei für jeden, der klaute. Unser Doktor kam mit zwei Pflegern zögernd näher. Man ließ sie gewähren, und sie schleppten Bert in die Krankenstation. Er lebte noch und der Doktor versuchte, die Wunden so gut wie möglich zu versorgen. Am nächsten Morgen kamen seine beiden Peiniger, um Bert zur Arbeit in der Fabrik abzuholen. Der Doktor weigerte sich, ihn gehen zu lassen, bekam aber selbst beinahe eine Tracht Prügel und zog sich unter heftigem Protest zurück. Sie schleppten Bert zurück nach draußen und schmissen ihn vor unsere Füße. Wir nahmen ihn zwischen uns und trugen ihn praktisch tot in die Fabrik. Unser Vorarbeiter steckte ihn in eine niedrige Kiste. Wunder über Wunder hat er danach noch drei Monate gelebt.«
Raymond Van Pée[452]

Joseph Desaver schildert, wie er im Hochbau bestraft wurde: »Mitten im November wurde ich der Sabotage bezichtigt, da ich nicht genug arbeitete; der genannte Edmond [Hansen] hat mich hinter den WCs nackt ausziehen lassen. Er hat mich eine halbe Stunde lang mit einem Wasserschlauch bespritzt.«[453] Einen ähnlichen Vorgang schildert Marcel Belgeonne: »Als ich einmal aufs Klo ging, sah ich, wie ein vollständig ausgezogener Gefangener, der vermutlich diese Art von Sabotage betrieben hatte [nämlich wie er, Belgeonne, ein Gerät zu beschädigen, K. E.], während einer Viertelstunde mit einem eisigen Wasserstrahl bespritzt wurde.«[454] In der hybriden Logik der Kapos und der zivilen deutschen Aufseher konnten derartige Strafen den Häftling vor noch schwereren Sanktionen nach Meldung im Lager »bewahren«.

452 Ik, S. 96–97.
453 DAO/SAVG/AfK, Dossier J. Desaver.
454 ANg, Ng, 6.4.13. Hier scheint einer der seltenen Fälle vorzuliegen, dass es für ein Geschehen zwei Zeugnisse gibt. Unabhängig davon, dass solche Vorfälle in der Deschimag-Werkstatt in der Tat sehr plausibel erscheinen, muss in Rechnung gestellt werden, dass die beiden Überlebenden sich nach dem Krieg begegnet sind und ihre Erlebnisse ausgetauscht haben.

8 Krankheit und Tod

Ein Sterbeort

Die Gefangenen waren bereits vor ihrem Aufenthalt verfolgungsbedingt mit Tod und Krankheit konfrontiert gewesen. Die Westeuropäer unter ihnen hatten mehrheitlich Verhöre und Folter in ihrem Heimatland hinter sich; ähnlich wird es den anderen ausländischen Häftlingen gegangen sein. Der Eisenbahn-Transport aus Frankreich und Belgien war traumatisch in Erinnerung geblieben: überfüllte Waggons, drei oder mehr Tage fast ohne Essen und Flüssigkeit, katastrophale sanitäre Verhältnisse, Erschießungen von Kameraden auf der Bahnstrecke für den Versuch zu fliehen. Manche gerieten in die schwersten Arbeitskommandos im Stammlager Neuengamme. Wenn sich einige für das ihnen nicht bekannte Lager Blumenthal gemeldet hatten, so deshalb, weil der Winter nahte. In einem Produktionslager, geschützt vor schlechtem Wetter, so ihre Überlegung, würden sie bessere Chancen haben.

Den meisten der Neuankömmlinge wird der Optimismus vergangen sein, als ihnen erstmals die Kolonnen der Tagschicht, von der BWK kommend, begegneten: »Während wir unser Lager kennenlernten, hörten wir Lärm. Es war ungefähr 18h30, das Tor ging auf und da stapften die ›Alten‹ herein. An die 400 zerlumpte Männer mischten sich unter uns. Wir machten uns sofort miteinander bekannt. Die Berichte waren nicht rosig. In wenigen Monaten hatte es schon viele Tote gegeben. [...] Jetzt hatte man wieder drei schwerkranke Jungen aus der Fabrik mitgeschleppt ins Lager; sie sollten die Nacht nicht überleben. Das Herz sank uns in die Hosen. Was mussten wir hier noch alles mitmachen?«[455]

Während der dreißig Wochen seines Bestehens starben im KZ Blumenthal mindestens 125 Häftlinge.[456] Zu den wichtigsten Quellen gehören Außenlager-Totenbücher des Stammlagers Neuengamme. Weitere Hinweise auf das Schicksal der Toten geben die Kriegsgräberlisten der Bremer Friedhöfe (Osterholz, Riensberg) und standesamtliche

455 Van Pee, Ik, S. 73–74. Die Zeitangabe dürfte nicht stimmen, da das Lager erst drei Wochen bestand. Der erste Todesfall ist für den 29. September belegt; es handelte sich um den Belgier Michel De Backer. Es lässt sich nicht entscheiden, ob die »Alten« den Neulingen im KZ eine erste brutale Orientierung, auch um den Preis von Übertreibungen, geben wollten, oder ob der Verfasser Van Pée die Szene besonders eindringlich schildern will. Ein ähnlicher Eindruck, den der Zustand der »Alten« auf die Neuankömmlinge machte, wird von M. Belgeonne wiedergegeben. Tragique, S. 42.

456 Siehe auch digitales Totenbuch der KZ-Gedenkstätte Neuengamme. Die genaue Zahl variiert aufgrund der Uneindeutigkeit mancher Dokumente.

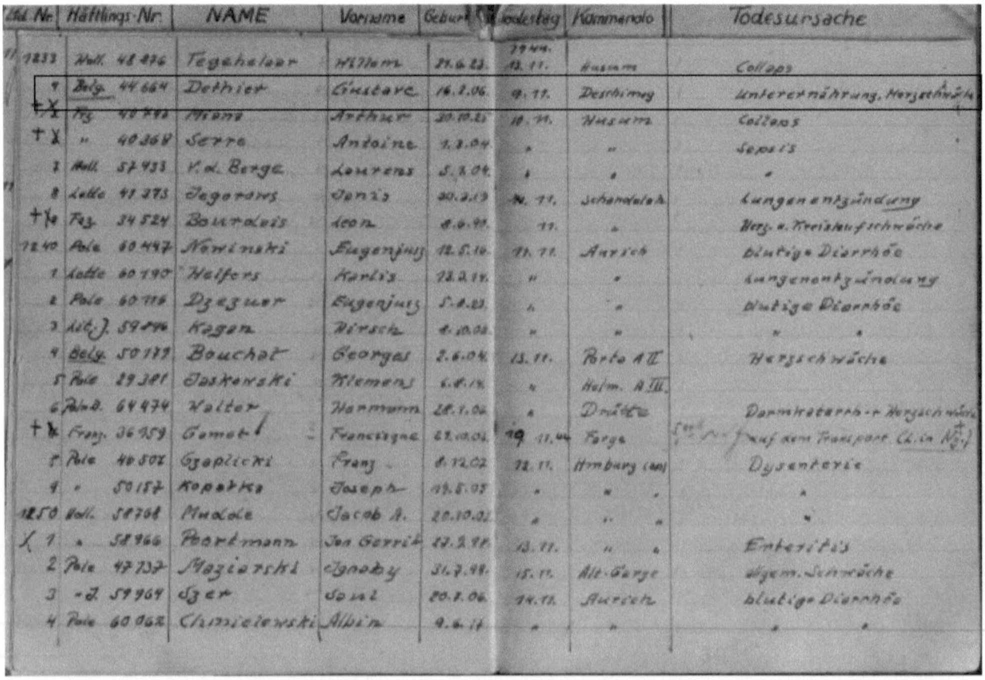

Die letzte Erwähnung des belgischen Häftlings Gustave Dethier: »Unterernährung, Herzschwäche«. Auszug aus dem Reviertotenbuch des KZ-Stammlagers Neuengamme

Sterberegister. Andere Todesfälle gelten durch die Recherche-Ergebnisse der belgischen und französischen Opferverbände (»Amicale«, »Vriendenkring«)[457] als gesichert. In Blumenthal begab sich der Kommandoführer vom Endt persönlich in das nahegelegene Blumenthaler Rathaus, um dem Standesbeamten Todesfälle zu melden. Allerdings sind in diesem Zusammenhang nur 28 Sterbebucheinträge verzeichnet. Die Hinrichtung zweier polnischer Gefangener am 29. Oktober 1944 befindet sich beispielsweise nicht darunter; immerhin ist die Exekution im Außenlager-Totenbuch von Neuengamme verzeichnet.[458] Grundsätzlich waren Todesmeldungen dem Büro des Stützpunktleiters zu übermitteln.[459] In der Region Bremen war dies der SS-Obersturmführer Hugo Benedict mit Sitz im KZ-Außenlager Osterort auf dem Gelände der Norddeutschen Hütte. Auch hier fehlen einschlägige Unterlagen. Vom Endt suchte insgesamt fünfmal das

457 Mémorial des Français et des Françaises déportés au camp de concentration de Neuengamme et dans ses kommandos [Französisches Gedenkbuch der Amicale française de Neuengamme et de ses kommandos] (1995); Fondation pour la mémoire de la déportation, Livre Mémorial, URL: http://www.bddm.org/liv/recherche.php; Dodenboek Neuengamme – Belgische gevangenen, URL: http://www.herinneringmemoire.be/lijsten/Kampen/Neuengamme/Totenbuch/index.htm.

458 Krankenrevier-Totenbuch Außenlager Bd. II, ANg

459 Detlef Garbe, »Neuengamme – Stammlager«, in: Benz/Distel, Ort des Terrors, Bd. 5 (2007), S. 333.

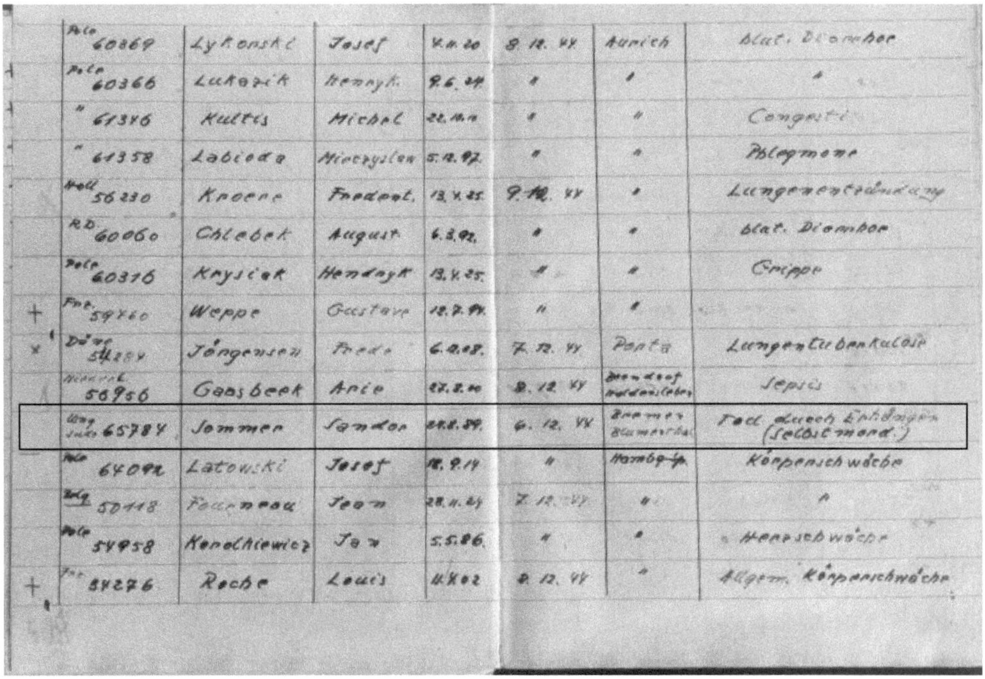

Die letzte Erwähnung des ungarischen Häftlings Sandor Sommer: »Tod durch Erhängen (Selbstmord«). Auszug aus dem Reviertotenbuch des KZ-Stammlagers Neuengamme

Blumenthaler Standesamt auf; offenbar sammelte er die Todesfälle über einen gewissen Zeitraum. Am 8. März 1945 meldete er beispielweise den Tod des belgischen Büroangestellten Oscar Simon, der schon am 29. November 1944 gestorben war. Es ist nicht bekannt, ob vom Endt die Sterbefälle auch an Benedict weitergab. Für die Monate Januar bis April 1945 finden sich keine Todesbescheinigungen von Blumenthaler KZ-Häftlingen im Standesamt Blumenthal. Das Stammlager Neuengamme verfügte über ein eigenes Standesamt. Dessen Registratur ist deshalb von Bedeutung, weil die überlieferten Außenlager-Todesmeldungen nur bis Dezember 1944 reichen.[460] Allerdings kennen wir für die Phase Januar bis April 1945 nur eine Blumenthal betreffende Meldung: Am 22. Januar 1945 beglaubigte der Kriminalsekretär Otto Apenburg (Neuengamme) den Tod des elsässischen Häftlings Robert Dossinger.[461] Die genaue Zahl der im Lager Blumenthal vor der Evakuierung verstorbenen Gefangenen lässt sich somit nicht ermitteln; sie dürfte um einiges höher liegen.[462]

460 Buggeln, Arbeit, S. 206.

461 Todesmeldung Robert Dossinger v. 22.1.1945, 1.1.30.2/DESK-DR/00003495/0002, ITS Digitales Archiv.

462 Buggeln nimmt an, dass heute zwischen 75 bis 95 Prozent der Todesfälle in den Außenlagern von Neuengamme nachweisbar sind (Arbeit, S. 204–205).

Es gab wohl weitere Todesfälle, die nicht standesamtlich registriert wurden. Anlässlich der Einweihung der Gedenkskulptur »Stein der Hoffnung« am 4. November 2009 erinnerte sich der Belgier Jean-Marie Vanden Eynde: »Und als ich die Liste der 123 Toten durchsah, hatte ich die glückliche Überraschung, darin den Namen eines Russen namens Nikolas zu finden. Nikolas, dessen Familiennamen ich nie erfahren habe, war der Chef des Elektriker-Teams, zu dem ich auch gehörte. Eines Tages schnitt er sich beim Umformen eines Feinblechs aus Weicheisen in die Hand. Da es in der Krankenstation des Lagers kein Desinfektionsmittel gab, wurde seine Wunde brandig; man amputierte ihm die Hand. Danach wurde sein Arm amputiert; er starb nach schmerzvollem Leiden.«[463] Ein sowjetischer Gefangener namens Nikolas[464], auf den eine solche Geschichte zutreffen kann, befindet sich nicht unter den 123 Toten, die das digitale Totenbuch der Gedenkstätte Neuengamme verzeichnet.

Das Lager auf der Bahrsplate hatte eine Kapazität von ca. 1.000 Personen. Der belgische Ermittler Leutnant Léonard De Maen verzeichnete unter der Gesamtzahl von 998 Personen »412 Belgier, 150 Ukrainer, 100 Franzosen, 30 Dänen, 20 Tschechen und andere Nationalitäten«.[465] Diese Zahlen dürften in Anbetracht fehlender Dokumente auf Grund von Nachkriegs-Befragungen und Schätzungen gewonnen sein und eine grobe Vorstellung von den Proportionen der größten Häftlingsgruppen wiedergeben. Unter den Toten befanden sich jedoch auch drei Griechen, ein Kroate, zwei Letten, ein Litauer, zwei Niederländer und vier Polen. Die Zahl der ums Leben gekommenen sowjetischen Gefangenen betrug fünf.[466]

In einzelnen Fällen wurden Häftlinge in das Stammlager zurückgeführt.[467] Allerdings sind keine Dokumente über Rücktransporte kranker Häftlinge aus Blumenthal in das Hauptlager erhalten. Buggeln mutmaßt – bezogen auf alle Außenlager – dass derartige Transporte nur selten stattgefunden hätten.[468] Mit Einrichtung des Außenkomman-

---

463 Archiv der Internationalen Friedensschule Bremen, Reg. »Stein der Hoffnung«.

464 Zum Schicksal von Nicolas Dabrowski, dem einzigen Häftling auf der aktuellen Todesliste mit dem Vornamen Nicolas/Nikolai, siehe Kapitel »Die Evakuierung des Lagers«.

465 Enquêtes sur les prisons et les camps douteux, Konzentrationslager Hamburg-Neuengamme, Ausweichlager Deschimag Bremn[sic]-Blumenthal (o.J.), ANg, Ng, 6.4.13. In den Kontext gehört auch ein Schreiben De Maens als »Head of Belgian Search Misssion c/o Allied Liaison Branch Bad Salzuflen« an den Chef der Polizei Bremen v. 31.02.1950, aufgrund dessen dieser die bremischen Polizeireviere anweist, beiliegende Fragebögen auszufüllen. StAB 4,77/2-1.

466 Vgl. ANg, Auszug aus der Häftlingsdatenbank (Außenlager Blumenthal).

467 So zwei französische Häftlinge nach einem misslungenen Fluchtversuch (s. Kapitel »Häftlinge als Akteure«). Die Transportzahlen, die Tadeusz Smoliński anführt, werden in keinem Häftlingsbericht genannt; sie entsprachen nicht der Realität: »Als ich in das Außenlager kam, waren dort rund 1.000 Häftlinge. Die Sterblichkeit war sehr hoch. Jeden Monat wurden für die Abgänge 200 bis 300 neue Häftlinge geschickt.« Aussage von Tadeusz Smoliński, in: Suchowiak, Mai, S. 111.

468 Buggeln, Arbeit, S. 200, Fußnote 4. Allerdings: Herbert Schemmel, Lagerschreiber im Stammlager Neuengamme, teilte der Hamburgischen Behörde für Inneres am 11.3.1976 mit: »Eine Kartei der dort [i.e. in zuvor genannten Bremer Außenlagern, K. E.] untergebrachten Häftlinge existiert nicht mehr, diese ist beim Untergang der ›Cap Arcona‹ am 3.5.45 in der Neustädter Bucht mit verloren gegangen. Ausserdem haben diese

dos Schützenhof in Bremen-Gröpelingen im Dezember 1944 verlegte die SS mehr als 200 Insassen in das Stadtviertel der Stammwerft. Das Lager Blumenthal dürfte sodann wieder aufgefüllt worden sein – allerdings sind keine Transportlisten überliefert.[469] Als einziges neues Häftlingskontingent ist Präsenz einer Gruppe von ca. 30 Dänen greifbar (s. Kapitel »Häftlingsgruppen«). In der Gesamtzeit des Bestehens könnten mehr als 1.200 Häftlinge das Lager Blumenthal durchlaufen haben. Von den 929 im März 1945 statistisch aufgeführten Gefangenen[470] des KZ Blumenthal überlebte mehr als die Hälfte die Räumungstransporte und die Bombardierung der KZ-Schiffe in der Lübecker Bucht nicht.

Die belgische Justiz unternahm zwischen 1946 und 1948 den Versuch, durch einzelne Personen im Lager Blumenthal begangene Verbrechen (»Crimes de guerre«) aufzuklären.[471] Kommandoführer vom Endt wurde nach Brüssel überstellt, dort inhaftiert und verhört, jedoch im Januar 1948 nach Deutschland zurückgeführt, da ihm selbst keine Misshandlungen nachgewiesen werden konnten.[472] Das Verfahren wurde niedergeschlagen. Ab 1972 forschte die »Zentrale Stelle der Landesjustizverwaltungen zur Aufklärung nationalsozialistischer Verbrechen« in Kooperation u. a. mit belgischen Behörden, nach schweren Straftaten im Lager. Zeugenbefragungen verliefen jedoch unbefriedigend, sodass es zu keinen neuen Verfahren kam.

In den meisten Fällen lag dem zugrunde, dass die Aussagen der Zeugen zu ungenau oder auch widersprüchlich waren. Selbst wenn es sich um Augenzeugen handelte, blieben ihre Angaben schemenhaft. Der ehemalige belgische Häftling Gustaaf Van Essche berichtet, er sei am 5. September 1944 mit einem Transport nach Blumenthal gelangt und dort täglich ohne Grund geschlagen worden. Er habe gesehen, wie in diesem Lager ein gewisser Vereecken umgebracht worden sei. Dieser sei ein Gymnasial-

---

Aussenlager ständig kranke Häftlinge nach Neuengamme zurückgeschickt und dafür neue Häftlinge erhalten, die Belegzahlen haben ständig geschwankt.« StAB 4,89/3-986. So auch der Blumenthaler Lagerschreiber in einer Nachkriegsvernehmung: »Der Lagerbestand schwankte, es gingen Transporte ab, und es kamen neue Transporte hinzu.« StAB 4,89/3-985, Bl. 187.

469 Jedoch besagt eine Notiz v. 22.4.1953 zu den Nachforschungen des niederländischen Roten Kreuzes bezüglich eines Transportes vom 2.3.1945: »Konvoi von Gef. Verlegt von Neuengamme nach Bremen-Farge und in Blumenthal und Farge zur Arbeit eingesetzt.« DAO/SAVG/AfK, Karteikartensammlung, o. Reg., s.v. Camp de Blumenthal. Als Bestätigung einer Einzelrückführung liegt ein Schreiben der belgischen Amicale vom 19.5.1949 vor, wonach Marcel Seynaeve am oder nach dem 3.3.1945 nach Neuengamme verbracht wurde. DAO/SAVG/AfK, P.P.aa.6117 (2406).

470 »¼-jähriger Bericht über die Krankenbewegungen«, 1.1.30.0/0019/0034, ITS Digitales Archiv.

471 »Verfahren gegen van Hemdt (Lagerleiter des Kommandos Blumenthal), Schmolze, Ewald, Bruno u.a.« (Übersetzung im Zusammenhang mit Ermittlungen der Zentrale Stelle der Landesjustizverwaltungen zur Aufklärung nationalsozialistischer Verbrechen, 1972 ff.), StAB 4,89/3-986.

472 In der irrigen Annahme, dass die große Mehrzahl der Häftlinge des Lagers Bahrsplate Franzosen waren und aufgrund der Schwierigkeiten, Beweise für Verbrechen einzelner Täter zu ermitteln, schlossen die belgischen Behörden 1948 die Akten. Auditorat général, Dossier vom Endt.

lehrer aus Willebroek (Belgien) gewesen.[473] Er, Van Essche, kenne nur den Vornamen (»Paul«) des Täters, der Vereecken mit einem Knüppel umgebracht habe.[474] Ob es sich bei »Paul« tatsächlich um den mutmaßlichen Kapo Paul Maas handelte, dem der Lagerschreiber Schmolze Gewalthandlungen zuschreibt[475], muss offen bleiben. Andererseits liegt auch von Frédéricq Piqué die Aussage einer polizeilichen Vernehmung vor. Er will gesehen haben, dass es der Chefkapo Karl war, der den Mithäftling Vereecken mit einem Gummiknüppel erschlagen habe.[476] Das Krankenrevier-Totenbuch von Neuengamme verzeichnet den Tod des Lehrers Valentyn Vereecken für den 3. November 1944. Weitere Ermittlungen belgischer und deutscher Behörden führten zu keiner strafrechtlichen Verfolgung. Zu dem Geschehen im Bremer Stadt- und Polizeiamt vernommen, äußert sich der ehemalige Kapo-Häftling Ernst Hennig: »Ich erinnere mich nicht, dass die Genannten einen Gummiknüppel hatten. Heute bin ich der Meinung, dass im Lager bekannt geworden wäre, wenn der Professor, der im Übrigen bei den Häftlingen und bei den Aufsehern beliebt war, umgebracht worden wäre.«[477] Die von vom Endt angegebene Todesursache lautete »Herzmuskelschwäche«.[478]

Unter derartigen Machtverhältnissen ist eine gewisse Zahl von Opfern anzunehmen, die durch unmittelbare Gewalteinwirkung oder sekundär aufgrund der ihnen zugefügten Verletzungen ums Leben gekommen sind. Dennoch ist die größte Zahl der Todesfälle auf die menschenverachtende Vernachlässigung durch die SS-Lagerleitung zurückzuführen. Geschwächt durch die lange und oft schwere Arbeit, durch endlos erscheinen-

473 Valentyn Vereecken starb am 3.11.1944. Digitale Datenbank der KZ-Gedenkstätte Neuengamme; Sterbebuch 1944, Standesamt Blumenthal, StAB 4,60/5-4820.

474 Polizeiliche Vernehmung von Gustaaf Van Essche v. 11.12.1946, Auditorat général, Dossier »Vom Endt«. Der jüdische Häftling Heinz Rosenberg schildert als Strafnorm in Blumenthal: »Bremen hatte übrigens auch seine besonderen Strafarten. Im Winter wurde man beispielsweise für dreimaliges Auffallen durch sogenannte Faulheit folgendermaßen bestraft: Die Wachen füllten ein großes Faß mit Wasser. Dem Gefangenen wurden die Hände gebunden und er wurde in das Faß gesteckt, so daß der Kopf noch heraussah. Bei sehr kaltem Wind und Frost fror das Wasser, und der Gefangene erfror zur gleichen Zeit. Dies war ein grauenvoller, langsamer Tod. Bei mildem Wetter konnte ein Gefangener vielleicht überleben, war er aber mehr als zwei Stunden im Wasser gewesen, war seine Gesundheit ruiniert. Es war ein kleines Lager, aber sehr erfinderisch in Grausamkeiten.« (Rosenberg, Jahre, S. 132). Es ist anzunehmen, dass Rosenberg hier, wie auch in anderen Passagen seines ansonsten wertvollen Berichts einzelne Vorfälle und Erzählungen verallgemeinernd wiedergibt. Eine über Stunden anhaltende Bestrafung von Mithäftlingen in aller Öffentlichkeit hätte mit Sicherheit ihren Niederschlag in anderen Häftlingsberichten gefunden.

475 6. Kapitel »Im Dienste der SS«: Schreiben Ewald Schmolze v. 7.3.1946, CEGESOMA, Dossier 581/645.

476 Polizeiliche Vernehmung v. 11.5.1947, Auditorat général, Dossier »Vom Endt«. In einem Schreiben der Zentralen Stelle Ludwigsburg an die Staatsanwaltschaft Hamburg v. 20.3.1975 heißt es: »Im Oktober 1944 soll der Häftling Valentin Vereeken [sic, K. E.] [...] von dem Lagerältesten mit dem Spitznamen ›Langer Karl‹ mit einem Gummiknüppel totgeschlagen worden sein. Nach anderen Angaben soll ein Deutscher mit dem Vornamen ›Paul‹ [...] Vereeken totgeschlagen haben. Möglicherweise sind die beiden als Täter angegebenen Personen identisch.« StAB 4,89/3-985, Bl. 139).

477 StAB 4,89/3-985, Bl. 193.

478 Sterbebuch 1944, Standesamt Blumenthal, StAB 4,60/5-4820. Bei Henri Désirotte findet sich eine ausführliche Beschreibung des Vorfalls einschließlich der Drohungen: »Du Hund wirst krepieren. Wenn du nicht krepierst, werden wir dir dabei helfen.« Désirotte, Tragédie, S. 54.

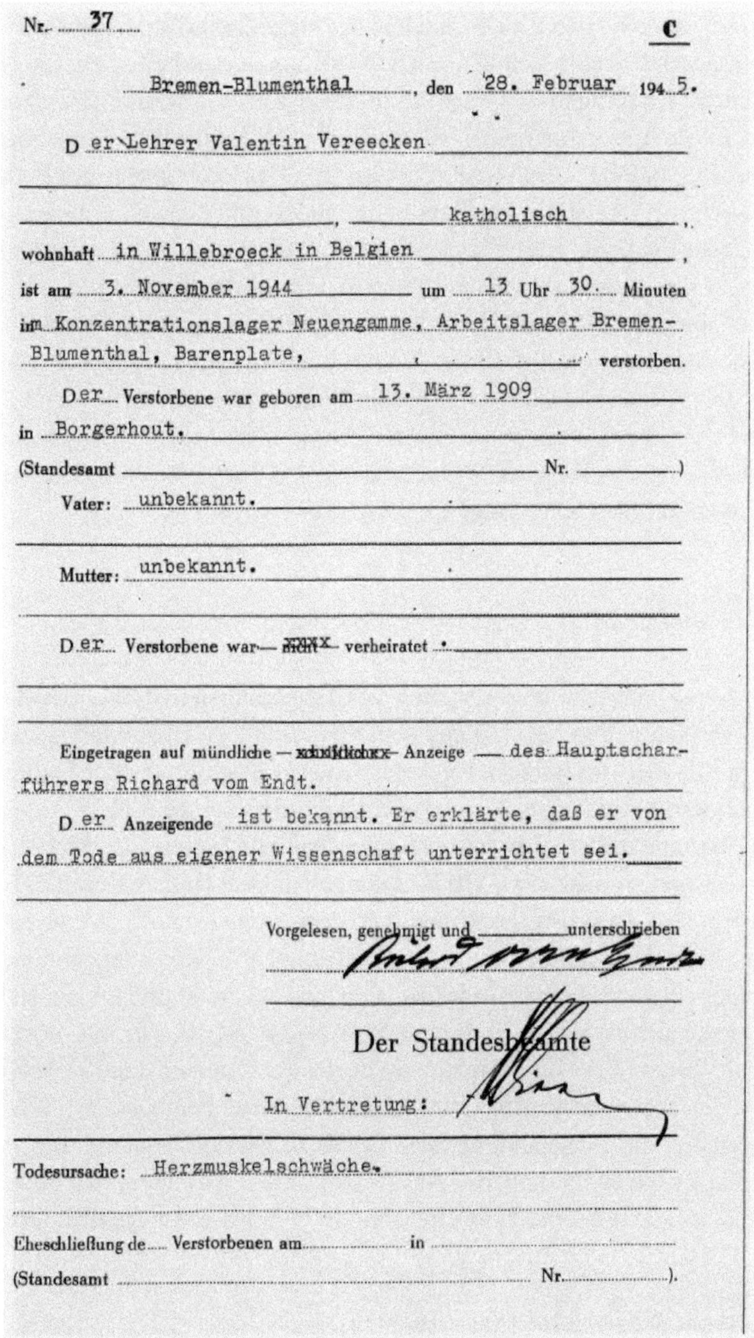

Nr. 37 C

Bremen-Blumenthal, den 28. Februar 1945.

Der Lehrer Valentin Vereecken

, katholisch,

wohnhaft in Willebroeck in Belgien,

ist am 3. November 1944 um 13 Uhr 30 Minuten

im Konzentrationslager Neuengamme, Arbeitslager Bremen-Blumenthal, Barenplate, verstorben.

Der Verstorbene war geboren am 13. März 1909

in Borgerhout.

(Standesamt Nr.)

Vater: unbekannt.

Mutter: unbekannt.

Der Verstorbene war ~~nicht~~ verheiratet.

Eingetragen auf mündliche ~~schriftliche~~ Anzeige des Hauptscharführers Richard vom Endt.

Der Anzeigende ist bekannt. Er erklärte, daß er von dem Tode aus eigener Wissenschaft unterrichtet sei.

Vorgelesen, genehmigt und unterschrieben

Richard vom Endt

Der Standesbeamte

In Vertretung:

Todesursache: Herzmuskelschwäche.

Eheschließung de... Verstorbenen am ... in ...

(Standesamt ... Nr. ...).

Todeserklärung des belgischen Häftlings Valentin Vereecken, von Lagerleiter vom Endt unterzeichnet

de Zählappelle morgens und abends, auch in der Freizeit oft dem schlechten Wetter und der Kälte ausgesetzt, zogen sich zahlreiche Häftlinge Krankheiten zu, die unter anderen Umständen nicht eingetreten oder auszuheilen gewesen wären. Von den 28 Todesmeldungen, die auf uns gekommen sind, werden zwölf Lungenkrankheiten verzeichnet (11 x Lungenentzündung, 1 x Lungentuberkulose). Der Lagerleiter vom Endt beurkundete persönlich die Todesfälle im Standesamt Blumenthal. Es ist schwer zu entscheiden, mit welcher Präzision oder Gleichgültigkeit er die Todesursachen benannt hat. Der zweithäufigste von ihm angegebene Grund ist mit der Dysfunktion des Herzens verknüpft, eine Diagnose, die wohl nur fiktiv war, da es nicht zur Autopsie der Toten kam. Auffällig ist, dass vier von fünf »Herz-Toten« in einem nur kurzen Zeitraum (16.–21. November 1944) gestorben sind. Es ging dem Lagerleiter wohl nicht darum, die prekären Verhältnisse zu verschleiern – immerhin gibt er an, dass der Belgier Gustaaf Dethier an Unterernährung gestorben sei (9. November 1944). Insgesamt war ihm die wirkliche Suche nach den Todesursachen wohl nicht wichtig.

Das Krankenrevier

Kranke Häftlinge konnten unter gewissen Voraussetzungen in die Revier-Baracke aufgenommen werden. Diese bestand aus dem kleineren Typ einer Mannschaftsbaracke (18 x 8 m), nordöstlich der Baracke 7 gelegen (von der aus kurz vor der Evakuierung ein Fluchttunnel gegraben wurde, s. Kapitel »Häftlinge als Akteure«). Nach Aussage von Pierre Billaux war der größere Raum mit 16 zweistöckigen Betten ausgestattet, der zweite mit etwas weniger, so dass etwa 110 Kranke Aufnahme finden konnten. Es sei auch vorgekommen, dass zwei Kranke in einem Bett liegen mussten.[479] In Laurent Bernards Erinnerung gab es drei große Zimmer mit je 40 Betten.[480] Es kann angenommen werden, dass die Kapazität des Hauptgebäudes zunächst zwischen 60 und 80 lag; später wurde zusätzlich ein benachbartes Gebäude benutzt.[481] Nach Vorgaben des SS-Wirtschaftsverwaltungshauptamtes in Berlin-Oranienburg durfte der Krankenstand nicht höher als bei 10 % liegen; dies wären bei einem 1.000-Mann-Lager 100 Personen.[482]

Häftlingen fiel die Entscheidung, sich krank zu melden, sehr schwer. Auch Jean-Marie Vanden Eynde erinnert sich, dass das Revier den Ruf hatte, das Vorzimmer des Todes zu sein. »Bei Beginn der Tauwetterperiode 1945 war ich so geschwächt, dass mei-

479 Schreiben v. 9.3.07. Archiv d. Vf.

480 DAO/SAVG/AfK, Dossier no. 21104, Laurent Bernard.

481 Pâques, Récit, S. 110.

482 In einem Schreiben an die KZ-Kommandanten vom 26.10.43 (BA, NS 3-386) hatte der Chef des SS-Wirtschaftsverwaltungshauptamtes eine Obergrenze von 10% der Kranken als Maximum festgesetzt. Angaben bei Kaienburg, »Vernichtung«, S. 376.

ne Kameraden mich zur Krankenstation führten. Nach ihren Angaben war ich dort ein Dutzend Tage. Ich habe keine Erinnerung an die Behandlung, die ich dort erhielt.« Er glaubte noch jahrelang, er sei dort sterilisiert worden – bis zu dem Tag, als bei seiner Frau eine Schwangerschaft festgestellt wurde. Petr P. Metla zog es vor, eine Durchfallerkrankung nach Genuss einer salzigen verdorbenen Suppe selbst auszukurieren: »Etwa zwölf Tage war ich krank, wandte mich aber auf Raten meiner Freunde nicht ans Revier.«[483] Ein Pariser Hotelier mit andauernden unerträglichen Magenschmerzen entschied, sich nicht zu melden, denn er fürchtet, dort würde man ihn umbringen.[484]

Die Versorgung der Kranken durch medizinisches Personal war mehr als fragwürdig. Der Quartalsbericht (März 1945) des Neuengammer Standortarztes Trzebinski führt als zuständigen SS-Arzt Dr. [Heinz] Weid[e]mann an. Dieser war ebenfalls für verschiedene Kategorien von Zwangsarbeiterlagern im Umfeld des U-Boot-Bunker-Projektes »Valentin« zuständig.[485] Kein Häftlingsbericht erwähnt ihn namentlich; er räumt in einer Nachkriegsvernehmung ein, den Tod eines (von tatsächlich zwei, K. E.) hingerichteten Häftlings auf der Bahrsplate beurkundet zu haben.[486] Wenn Häftlinge von SS-Ärzten sprechen, so könnte damit der SS-Unterscharführer Michael gemeint sein. Der Bericht führt eine Person auf der Position SDG (»Sanitätsdienstgrad«) mit dem Namen Michael auf. Paul Michael war für weitere KZ-Lager der Region zuständig.[487] In Wirklichkeit gab es in Blumenthal von SS-Seite keine ausreichende medizinische Versorgungskompetenz vor Ort. Unklar bleibt, welche Rolle der »Sanitäter Peter Schatten« spielte, der nach Angaben des Lagerschreibers Ewald Schmolze im Revier täglich Dienst tat.[488] Möglicherweise war er einer der in der Bestandsliste vom März 1945 aufgeführten zwei Pfleger.[489] Wenn Schmolze in seinen Ausführungen den »Lagerarzt Dr. Thorn« nennt, so wohl in der Absicht, sich gegen Misshandlungsvorwürfe zu wehren. Die Ärzte werden nicht als Vertragsärzte in der Liste aufgeführt; kein Häftling erwähnt sie.

483 ANg, 36-550.3/6, Petr P. Metla. Der ukrainische Häftling Fjodr Fjedorowitsch Leontjew konstatiert: »Eine ärztliche Versorgung gab es nicht. Es gab zwar ein Revier, eine Krankenbaracke, aber für diejenigen, die dorthin gerieten, gab es keinen Weg zurück, es bedeutete einen sicheren Tod.« ANg, HB 1285.

484 Juillet, Froides, S. 85.

485 Weidemann behauptete im Spruchkammerverfahren am 9.12.1946: »Zu meiner Betätigung in Farge muss ich noch erwähnen, dass sich meine freiwillige Beteiligung nur auf das KZ-Lager [Farge] erstreckt hat.« Zunächst lt. Klageschrift zunächst als Minderbelasteter angeklagt, wurde Weidemann am 8.3.1949 abschließend als Mitläufer eingestuft; von Sühnemaßnahmen wurde abgesehen. StAB 4,66-I., 11990, Weidemann, Heinz.

486 StAB 4,89/3-819, Bl. 193.

487 »¼-jähriger Bericht über die Krankenbewegungen«, 1.1.30.0/0019/0034, ITS Digitales Archiv.

488 Aussage v. 8.3.1946, CEGESOMA, Dossier 581/645; Vernehmung Ewald Schmolze durch Kripo Bremen 1975: »Mir fällt ein, dass unsere Krankenbarake [sic] von einem Zivilsanitäter namens Schatten geleitet wurde. Schmolze war dienstverpflichtet. Er kam nicht aus Bremen.« StAB 4,89/3-985, Bl. 188–189. Peter Schatten, geb. 1895, war Sanitäter von Beruf und der Landwehr zugewiesen. Er kam 1940 im Deschimag-Lager Panzenberg zum Einsatz. Einwohnermeldeamt Bremen.

489 Schatten begann als Bereitschaftsführer nach dem 2. Weltkrieg mit dem Wiederaufbau der Rotkreuz-Gemeinschaft Goch. URL: http://www.drk-goch.de/; Aufruf v. 23.4.2019.

Die schwere Last der Verantwortung gegenüber seinen Mithäftlingen ruhte auf den Schultern von René Leherpeux. Dieser war ein französischer Medizinstudent aus der Bretagne.[490] Er gehörte nach Angaben von André Duroméa der französischen Widerstandszelle im Lager Blumenthal an und sorgte u.a. zur Vorbereitung eines Flucht-Tunnelbaus dafür, dass ein Bewohner einer Stube im Block 7 im Revier aufgenommen wurde, obwohl dieser nicht krank war (s. Kapitel »Häftlinge als Akteure«). Deportierte vermerken in ihren Nachkriegs-Berichten fast übereinstimmend, dass er sich in seiner prekären Rolle hervorragend für alle Häftlinge eingesetzt habe. Die Situation war aus mehreren Gründen schwierig: Leherpeux hatte in Anbetracht der vorgegebenen Kranken-Quote auszuwählen, wer in das Revier aufgenommen wurde und wer es verlassen musste. In beiden Fällen konnte dies bedeuten, dass auch nicht gesundete Häftlinge erneut zu arbeiten hatten. Der französische Häftlingsarzt überschritt diese Quote regelmäßig, dennoch waren täglich aus der Reihe der Kranken die weniger schweren Fälle auszuwählen. Eines Tages wurde Leherpeux der Sabotage bezichtigt, geohrfeigt und aufgefordert, bis zum Abendappell dafür zu sorgen, dass die maximal erlaubte Zahl wieder erreicht war. Der Häftling Pierre Billaux wurde daraufhin entlassen, da er zwar nicht gesund war, sich aber auf den Beinen halten konnte; zwei Tage später musste er wieder aufgenommen werden.[491] Der belgische Deportierte Raymond Van Pée schildert, wie er nach einer Bestrafung durch zwanzig oder mehr Schläge ins Revier eingeliefert wurde. »Nach der Abstrafung werde ich von zwei Jungen aus dem Revier weggeschleppt. Doktor Leherpeux, der mich noch von meinem Aufenthalt einige Monate zuvor kannte, legte mich in das oberste Bett und versorgte meine blutigen Wunden. Die erste Woche konnte ich jedoch nur auf dem Bauch liegen, mein Sitzfleisch brannte und pochte zum Verrücktwerden. [...] Er konnte mir zwischendurch auch etwas Brot und Suppe zustecken, das er aufsparen konnte, wenn er die Verstorbenen nicht unmittelbar meldete. Das bisschen zusätzliche Essen teilte er auf die Gefangenen auf, die die meisten Überlebenschancen hatten.«[492]

Das Personal, das Leherpeux beigegeben wurde, war nach mehreren Darstellungen Ehemaliger eher auf den eigenen Vorteil bedacht. Diese Krankenpfleger schlugen die Diarrhö-Kranken, wenn sie ihre Körperflüssigkeit nicht halten konnten und Bett oder Fußboden besudelten. Sie bestahlen die hilflosen bettlägerigen Revierinsassen und unterschlugen ihre Essensrationen, um sich die Währung »Zigaretten« zu besorgen.[493]

490 René Leherpeux, Jahrgang 1919, hatte vor seiner Verhaftung Medizin im 6. Ausbildungsjahr studiert. Im Lager war er ein wichtiges Mitglied der Widerstandszelle. Die Katastrophe der »Cap Arcona« am 3. Mai 1945 in der Neustädter Bucht überlebte er nicht. André Duroméa berichtet darüber als Augenzeuge: »Mein Kamerad Leherpeux und andere Ärzte wollten die Kranken evakuieren und verteilten Rettungswesten, aber sie wurden mit Pistolen von der SS erschossen.« DAVCC , 21 P 475172.

491 Schriftliche Mitteilung von P. Billaux an Vf. v. 9.3.2007.

492 Van Pée, Ik was 20, S. 107.

493 Van Pée, Ik was 20, S. 80–83.

Mehrfach wird geschildert, dass Leherpeux sich für seine Kranken verwendete; offenbar konnte er sich jedoch gegen das Gebaren seiner Pfleger nicht durchsetzen, ohne seine Stellung zu gefährden. Es ist anzunehmen, dass die SS bei der personellen Zuweisung Wert darauf legte, keine homogene Häftlingsgruppe zu schaffen. So stand Leherpeux fünf »Pflegern« aus Polen und der Sowjetunion gegenüber. Diese wiederum hatten vermutlich ideologische Differenzen untereinander, denn polnische Häftlinge waren überwiegend antikommunistisch eingestellt.[494] Pierre Billaux erwähnt lobend auch den griechischen Krankenpfleger Epaminondas und den »russischen« Pfleger Boris, der selbstständig immer neue undankbare Arbeiten übernommen habe.[495] Leherpeux waren auch deutsche Kräfte zur Seite gestellt. Zu seiner »Unterstützung« kam regelmäßig ein »Apotheker« in das Krankenrevier. Dieser habe, so Van Pée, Medikamente dabei gehabt, leider nie solche, die dringend gebraucht wurden. Er habe den Chef gespielt und Leherpeux die unsinnigsten Befehle erteilt.[496] Es könnte sich um dieselbe Person handeln, die sich mit gefälschten Berechtigungsscheinen von der Marine und den örtlichen Behörden Medikamente verschafft haben soll.[497] Henri Pâques spricht von einem Krankenpfleger der Kriegsmarine – also vermutlich von derselben Person –, der von den Franzosen ironisch als »Farbenverkäufer« bezeichnet wurde, da er einen langen weißen Kittel wie französische Drogisten getragen habe. Leherpeux habe dessen herrische Art und seine unqualifizierten Ratschläge ertragen, da es ihm darum gegangen sei, über ihn an Medikamente und Instrumente zu gelangen.[498] Eines Tages habe der »Farbenverkäufer« entmutigt gerufen: »Ihr geht alle drauf, wenn dieser verfluchte Krieg nicht bald zu Ende geht!«[499] Es ist wahrscheinlich, jedoch nicht mit einem Namen oder einer Beschreibung abzusichern, dass es auch einen Revier-Kapo gab, also einen der »grünen« deutschen Häftlinge, die mit dem ersten Transport gekommen waren. Gaston Vandekerkhove schildert, wie ein »Grüner« ihn daran hinderte, sich für seinen Freund Michel de Backer zu verwenden, der mit 39,6 Grad Fieber nicht aufgenommen worden war. Der »Grüne«, der gerufen hatte, man müsse im Sterben liegen, um ins Revier zu gelangen, prügelte Vandekerkhove mit Faustschlägen nach draußen.[500]

Die meisten Kranken befanden sich oft in einem zu schlechten Zustand, um in der Krankenstation als Hilfskräfte eingesetzt zu werden. In Einzelfällen nutzte Leherpeux jedoch die Möglichkeit, einige Kranke mit Tätigkeiten zu beauftragen. Louis de S., an

494 So in der Erinnerung des kommunistischen Häftlings Duroméa. Duroméa, André, S. 140–141.
495 Mitteilung an Vf. v. 25.2.2007.
496 Van Pée, Ik was 20, S. 81.
497 DAO/SAVG/AfK, Dossier Stanislas de Battaglia, Vernehmung H. Désirotte v. 16.7.1946.
498 Pâques, Récit, S. 106. Kein Verständnis äußert Pâques hingegen über die häufige Anwesenheit eines »Friseurs« aus Baracke 1, der bei Eingriffen assistiert und sich über die Schmerzen und das Leid der Patienten lustig gemacht habe.
499 Pâques, Récit, S. 123.
500 Vandekerkhove, Enfer, S. 37–38.

der Blase operiert, genas langsam und wurde als Pflegehilfskraft eingestellt[501]; später übernahm er die Leitung des Revier-Nebengebäudes.[502] Ebenso leisteten zwei Belgier aus Gent, Guillaume Q. und Roger D.[503] Hilfsdienste – so lange, bis ihr Zustand gebot, sie zugunsten anderer Kranker wieder zu entlassen. Die Grenzsituation schmiedete die Kranken zusammen.[504] Pierre Billaux erinnert sich: »Ich war manchmal der Einzige, der aufstehen konnte, ich pflegte die anderen. Eines Tages hatte mir jemand mein Brot gestohlen, aber die anderen haben mir jeder eine Scheibe abgegeben.«[505] Im Übrigen gab es die Möglichkeit, dass in den Abendstunden heimlich von außen Hilfsmittel und Nahrung in das Revier gelangten. So erhielten zwei junge wegen Rippenfellentzündung operierte Russen Dinge, »die im Lager eigentlich nicht zu finden sind«; ihr Tod löste bei ihren Landsleuten große Betroffenheit aus.[506]

Im Mangel an medizinischem Gerät und Mitteln bestand eine weitere Herausforderung für den jungen Häftlingsarzt. Entzündungen im Rachenraum mussten mit Aspirin behandelt werden.[507] Zeitweise habe es nur schwarze Salbe und Kohle gegen Durchfall gegeben.[508] Für Wunden existierte nur Verbandsmaterial aus Papier. Leherpeux habe Operationen mit einem gut geschärften Taschenmesser vornehmen müssen.[509] Bei den meisten Krankheiten galt Arbeitsunfähigkeit als ausgeschlossen.

Die häufigsten Krankheiten waren vermutlich Furunkel, Gewebsentzündungen (Phlegmone) und Lungenentzündungen. Erschöpfung und Unterernährung der meisten Patienten erschwerten oder verhinderten den Heilprozess. Dazu kamen Arbeitsunfälle und schlecht heilende Verletzungen, die manchmal Amputationen notwendig machten, ein Eingriff, der, selbst wenn er glückte, die Gefahr des Wundbrandes in sich barg. Zu den Fällen tödlich endender medizinischer Intervention gehörte der oben erwähnte Fall von Nikolas. Leherpeux nahm Amputationen je nach Ausstattung seiner Station

---

501 Pâques, Récit, S. 109.

502 Pâques, Récit, S. 110.

503 Pâques, Récit, S. 107.

504 »Ich möchte hier noch den anderen Kranken eine besondere Anerkennung aussprechen. Es waren Prachtkerle darunter, die, obwohl sie selbst schwerkrank waren, sich ganz und gar dafür einsetzten, das Leiden und das Sterben ihrer Kameraden zu lindern. Unter derartigen schmerzlichen und abscheulichen Umständen wurden total einfache Menschen wahre Heilige. Hier wurde kein Unterschied gemacht zwischen Rang oder Stand. Richter, Direktoren oder Arbeiter, jeder half, wo er konnte. Auch diese Facette des Lagerlebens wird mir immer in Erinnerung bleiben, dieses enorme Pflichtbewusstsein und diese Freundschaft gegenüber den Kameraden.« Van Pée, Ik was 20, S. 83–84.

505 Billaux, Mitteilung an Vf. v. 4.12.2010.

506 Pâques, Récit, S. 108–109.

507 Van Pée, Ik was 20, S. 80.

508 Pierre Billaux (2006).

509 Raymond Van Pée schildert, er habe durch ein Loch in der Bretterwand sehen können, wie Leherpeux einen jungen Russen nach rudimentärer Betäubung durch Alkohol mit einem Taschenmesser am Blinddarm operierte. Van Pée. Ik, S. 81.

mit oder ohne Anästhesie vor.[510] Henri Pâques berichtet, dass er nach einem Schweißunfall mit einer offenen Wunde von seinem Arbeitsplatz in Gröpelingen zurück in das Lager Blumenthal gebracht worden sei. Dort habe ihn Leherpeux in Zusammenarbeit mit dem »Farbenverkäufer« operiert. Glücklicherweise habe ein Betäubungsmittel zur Verfügung gestanden. Anders war es Pierre Billaux ergangen. Dieser hatte durch den Schlag mit einem Gewehrkolben eine Wunde erhalten, die sich entzündete. Leherpeux operierte ihn ohne Verwendung eines Betäubungsmittels. Es gab nicht ausreichend Verbandsmaterial; die Wunde heilte später, da sich in ihr Maden – vermutlich der Goldfliege – entwickelt hatten, die das nekrotische Gewebe beseitigten.[511] Guy Melen wiederum hatte keine Wahl angesichts der Angst vor einer späteren Amputation mit ungeeigneten Instrumenten: »Wenig später führt mich die Infektion an der Spitze eines Daumens zum Arzt, der mir zwei Lösungen unterbreitet: Entweder den Nagel herausreißen oder die Amputation in drei Wochen; die Entscheidung ist schnell getroffen, mein Freund Pierre [Billaux] hält mir den Kopf und den Arm fest, und das Herausziehen passiert schnell, ich wäre beinahe ohnmächtig geworden, aber ich werde schnell gesund im Revier, das eher ein Sterbeort als eine Krankenstation ist; es herrschte dort ein unerträglicher Gestank.«[512]

Ein Einzelfall blieb wohl der des belgischen Häftlings René Thirion. Dieser berichtet, er sei der SS nachträglich dankbar dafür, dass man ihn wegen einer Operation aus dem Lager gebracht und anderen Ortes operiert habe: »Ich hatte ein Problem mit dem Bein, es musste operiert werden, im SS-Lager hinter den Lagerbaracken.«[513] Und: »Die SS, die waren nett, denn sie haben mich operiert, im Lager, ich weiß nicht wo, während Pierre Billaux, den hat der Doktor im Lager operiert.«[514] Ein solches Geschehnis ist nicht unwahrscheinlich. Auch einzelne Häftlinge des Arbeitserziehungslagers Bremen-Farge[515] sind zu Operationen in Krankenhäuser gebracht worden, solange Versorgungs- und Transportkapazitäten zur Verfügung standen.[516] Marc Buggeln schildert den Fall von KZ-Gefangenen, die beim Bau des U-Boot-Bunkers »Hornisse« verunglückt waren und nach einer Erstversorgung in einem Bremer Krankenhaus zurück ins Krankenrevier gebracht wurden. Dennoch blieb eine solche ärztliche Versorgung die Ausnahme.[517] Dass es sich um einen als ungewöhnlich erinnerten Einzelfall in diesem Lager handelte,

510 Gaston Robillard, gestorben am 30.1.1945, wurde nach Aussage von Henri Pâques wegen eines Phlegmons am Knie operiert. Dennoch musste das Bein amputiert werden.
511 Billaux, Matricule, in: Langlois/Reynaud, Elles, S. 3.
512 Melen, Résistance.
513 Thirion, Interview für »Die leeren Gräber«.
514 Video-Interview mit René Thirion, 8.10.2002, ANg, M 2003/4713.
515 Das Arbeitserziehungslager war allerdings nicht in der Zuständigkeit der SS, sondern der Gestapo.
516 So nach Aussage von Dr. Heidbreder bei seiner Vernehmung im im britischen Internierungslager Westertimke. Public Record Office 7370 Ref WO 304/37.
517 Buggeln, Arbeit, S. 162–163.

belegt der Hinweis des ehemaligen Blumenthaler Kapos Egmont Hansen, wonach ein Häftling mit Genehmigung des Kommandoleiters in ein Bremer Krankenhaus gebracht worden sei.[518]

Seit einiger Zeit hat die Erschöpfung über meinen Organismus gesiegt

»Seit einiger Zeit hat die Erschöpfung über meinen Organismus gesiegt. Ein tief sitzender Husten schüttelt mich immer wieder. Nachts verwandelt sich mein Essgeschirr in einen Spucknapf; den Block nach dem Zapfenstreich zu verlassen ist zu gefährlich. Im Übrigen habe ich fast nicht mehr die Kraft, mein Bett im zweiten Stock hinunterzuklettern. Ich werde mir wohl eine ordentliche Erkältung eingefangen haben. Eines Morgens beschließe ich, dass es so nicht weiter gehen kann, meine Energie verflüchtigt sich und ich habe schweres Fieber. Ich werde mich also noch vor dem Appell im Revier melden. […] Der SS-Arzt macht keine Schwierigkeiten, mein Fieber muss also recht hoch sein. Außerdem frage ich ihn nicht, was für mich besser ist; in den Lagern ist es heilsam für alle Gestreiften, den Dummen zu spielen. Der französische Doc, der im Revier praktiziert, weist mir einen Strohsack zu und erklärt: ›Du weißt, mit dem, was du hast, kann ich dich nur zwei Tage behalten.‹ – ›Aber woran hapert es denn?‹ – ›Keine Sorge, es ist nur eine Bronchitis, das geht vorbei.‹
»Beruhigt« von seinen guten Worten, möchte ich nur eines, mich auf dem Bett ausstrecken. Aber ich habe nicht mit dem heiligen Reglement gerechnet: ein polnischer »Krankenpfleger« […] befiehlt mir, mich nackt auszuziehen und gibt mir eine Art Hemd ohne Ärmel, das mir kaum bis zum Nabel geht. »Dann werde ich mich mit diesem Fetzen, ohne Bettzeug und gerade einer dünnen Decke ja toll wärmen können«, denke ich. Zum Glück erwärmt ein kleiner Ofen etwas das Gebäude, während draußen Temperaturen zwischen 0 und 10 Grad minus herrschen. Währenddessen sammelt der Pfleger meine Lumpen ein, legt sie auf meinen Mantel und nimmt alles mit. In diesem Augenblick merke ich nichts, ich bin zu krank. […]
Die Tür des Reviers geht laut auf. Der SS-Mann, gefolgt vom Lagerführer, kommt um die Kranken zu zählen … und die Toten der Nacht. Der Doktor ist im Stillgestanden und zittert am ganzen Körper, ob etwas dem ›Herrn‹ vielleicht missfallen könnte. Aber diesmal geht alles gut, so schnell, wie sie gekommen sind, sind sie wieder weg. Uff, alle atmen auf. Etwas später bekommen wir unseren ›Kaffee‹. […] Pfleger, die meisten Polen, besorgen ihre täglichen Geschäfte und gehen zwischen unseren Betten hin und her, in der Hand Metalleimer, in der eine eklige Brühe schwimmt. Täglicher Arbeitsdienst: die Exkremente der etwa zwanzig Durchfallkranken im Nachbarraum hinausschaffen. Sobald die Tür sich öffnet, packt dich ein würgender Geruch an der Gurgel. Dort, ausgestreckt auf Strohsäcken, die von ihren Ausscheidungen beschmutzt sind, liegen halbnackte, auf die Knochen abgemagerte Körper, mit langen fleischlosen Armen und Beinen, darüber Mondgesichter, in denen nur noch die Augen lebendig sind – geweitet vor Furcht und von der Krankheit.«
Robert Juillet[519]

518 Die Passage in den Interviewnotizen »Hansen« lautet: »einer Häftl. über R.v.E. (i.e. Kommandoführer [Johann-] Richard vom Endt, K. E.) ins Hospital nach Bremen«. ANg, Ng 6.4.13.
519 Juillet, Froides, S. 95–96.

Der Handlungsspielraum des Häftlingsarztes René Leherpeux war begrenzt; im Einzelfall konnte er hilfreich die Interessen von Häftlingen vertreten. Wenn es gelang, die morgendliche Zahl der Toten geringer anzugeben als dies der Fall war, so konnten mehr Essensrationen für bedürftige Patienten reserviert werden. Raymond Van Pée, der für zehn Tage mit einer Angina krankgeschrieben war, erlebte, wie Leherpeux die Kontrolle der letzten Betten verhinderte, indem er angab, diese Kranken stünden unter Typhusverdacht. Dabei hat es den Anschein, dass die Initiative eher von den Pflegern ausging. Musste sich Leherpeux ihren Wünschen fügen? »Im Revier geschahen seltsame Dinge. Die fünf Krankenpfleger gingen manchmal das Risiko ein, der SS falsche Zahlen durchzugeben. Als es eines Nachts fünf Todesfälle gegeben hatte, gab man morgens beim Appell an, dass es nur zwei waren. Die Rationen wurden dann für Zigaretten verkauft. Aber eines Tages führte die SS eine große Kontrolle durch. Alle Betten wurden nachgesehen, die Decken hochgehoben usw. Aber als die SSler unseren kleinen Raum untersuchen wollten, sagte der Doktor: ›Herr Offizier, ich würde nicht weitergehen, denn ich vermute, dass diese Kranken Typhus haben, darum habe ich sie abseits unterbringen lassen.‹ Er wusste, dass sie allein vor dem Wort eine höllische Angst hatten.«[520] Im Fall des Identitätswechsels des belgischen Priesters S. aus Thy-le-Château riskierte Leherpeux ebenfalls viel. Der Mediziner ermöglichte auch, dass Freunde eines Sterbenden sich in der Revierbaracke von diesem verabschiedeten, ja, dass ein Priester ihm die letzte Ölung verabreichte.[521]

Zur Erinnerung Ehemaliger zählen auch Maßnahmen sogenannter Hygiene. Victor Roberti meint, dass die Kranken einmal in der Woche in die Waschräume geführt wurden. Dazu musste auch bei kaltem Wetter ein Weg von 150 m zurückgelegt werden; manche seien an den Folgen gestorben.[522] An anderen Tagen blieben die Fenster auch im Winter nachts zur Lüftung weit aufgerissen oder es wurden Kranke auf dem Vorplatz vorgeblich zur Reinigung mit Wasser übergossen.[523] Die Angst vor Seuchen mochten manche derartige Maßnahmen erklären, ebenso jedoch sicherlich der Wunsch, durch Schikanen bei den Kranken die Bereitschaft zu erhöhen, sich zur Arbeit bereitzufinden. Womöglich lag dem »Reglement« auch der Gedanke zugrunde, das Schicksal der Schwerkranken tödlich zu entscheiden.

520 Van Pée, Ik was 20, S. 83.
521 Van Pée, Ik was 20, S. 227. Bei dem Sterbenden handelte es sich um Joseph Vermeiren.
522 Aussage Victor Roberti v. 6.3.1946, Auditorat général, Dossier »Vom Endt«.
523 Juillet, Froides, S. 98.

Sterben und Überleben

André Duroméa berichtet, dass Häftlinge zum Zweck der Seuchenprophylaxe die Kleidung abgeben mussten; sie verblieben nackt in den Baracken, und dies mitten im Winter. Duroméa bekam seine Sachen wieder, andere nur ihren gestreiften »Pyjama« ohne Unterwäsche. Derartige Aktionen hätten zahlreiche Krankheits- und Sterbefälle zur Folge gehabt.[524] Der Belgier Jean-Marie Vanden Eynde schildert, dass seine Kameraden und er eines Tages ihre verschmutzte Kleidung abgeben und unbekleidet in der Baracke warten mussten. Sie erhielten sie zurück – vermutlich in der Desinfektionsanstalt im Nordostbereich des benachbarten Ostarbeiterlagers entwest, dann auf einen großen Haufen geworfen, jedoch nicht gewaschen. Einige Wochen später, als es noch immer sehr kalt war, habe es Zivilkleidung gegeben, mit Farbe beschmiert (Kreuze, Linien, auf Hosen und Jacken). »Ich habe sechs Monate damit gelebt, ohne dass diese Kleidung gewaschen wurde.«[525]

Das regionale Gesundheitsamt in Bremen-Lesum verstärkte seine Anstrengungen, in Anbetracht der hohen Zahl an Zwangsarbeitern die Unterkünfte und ihre sanitäre Infrastruktur möglichst häufig zu inspizieren.[526] Bereits kurz nach Eröffnung des Deschimag-Lagers (1942) hatte es Alarm geschlagen. Für 870 Zwangsarbeiter im Ostarbeiter-Lager hatten nicht mehr als eine Wasserstelle und vier Duschen zur Verfügung gestanden. Die Mangelversorgung konnte anschließend behoben werden.[527] Auch die Gefangenen des KZ konnten sich in Waschhäusern waschen. Sie kamen auch unregelmäßig in den »Genuss« einer Dusche. Jedoch war das Wasser häufig brühend heiß oder

524 Duroméa, André, S. 145–146.

525 Antwort auf Fragebogen »Blumenthal, Bahrsplate, Camp extérieur du Camp de Concentration de Neuengamme« (2008), Archiv d. Vf. Der Neuengammer Standortarzt vermerkt, bezogen auf das Stammlager: »Es darf wohl erwähnt werden: dass ›Zyklon-B‹ nicht mehr vorhanden ist und ein fühlbarer Mangel an ›Lauseto‹ besteht.« »¼-jähriger Bericht über die Krankenbewegungen«, 1.1.30.0/0019/0034, ITS Digitales Archiv. Dasselbe dürfte für die Außenlager gegolten haben.

526 Es liegen beispielsweise Zahlen für den Zeitraum Januar bis September 1943 vor. Danach gab es für 3.867 Häftlinge in 17 Lagern 51 Arzt- und 55 Desinfektor-Besichtigungen. Es handelte sich um »Maßnahmen zum Schutz der deutschen Bevölkerung vor gesundheitlichen Gefahren, die durch den Zuzug ausländischer Arbeitskräfte, insbesondere von Arbeitern und Arbeiterinnen aus dem Osten drohen, und Maßnahmen zur Gesunderhaltung der ausländischen Arbeitskräfte zur Erhaltung und Steigerung der Arbeitseinsatzfähigkeit«. StAB 4,130/1-715. Dennoch ist anzunehmen, dass im Zuge der rapiden Zunahme an Lagern und Gefangenen im letzten Kriegsjahr sowie aufgrund der schwindenden Ressourcen besonders bei Kraftstoff die Intensität der Betreuung nicht gewahrt werden konnte.

527 So monierte eine medizinische Inspektion des Universitätskrankenhauses Hamburg-Eppendorf (UKE), bezogen auf das Lager für sowjetische Kriegsgefangene, die Vorgängereinrichtung auf dem Gelände des KZ-Außenlagers, den erschreckenden Ernährungszustand der gefangenen Rotarmisten; es seien jedoch auffallend wenig Hauterkrankungen bei den Ernährungsgeschädigten beobachtet worden. ANg Ng. 5.4.14.5. Dies deutet auf entsprechende sanitäre Ressourcen hin. Vgl. Ellebrecht, Sowjetische Kriegsgefangene, S. 223.

nur kalt – ein Problem bei winterlichen Temperaturen, da die Kleidung anschließend am Körper trocknen musste.[528]

Die Aussagen von Häftlingen zu den hygienischen Bedingungen und zum Befall durch Parasiten sind widersprüchlich. Joseph Desaver konstatiert, dass die hygienischen Bedingungen in seinem Block in Ordnung waren (»Wir waren sehr sauber.«[529]), dass es regelmäßig Duschmöglichkeiten gab und der Block täglich gereinigt wurde. Man konnte sich abends waschen, ebenso, wenn auch unter erschwerten Umständen, am Wochenende die Kleidung, die dann in der Baracke trocknete. Es gab jedoch zu selten Seife.

Plakat in zehn Sprachen, im KZ Dachau in Gebrauch. Ein derartiges Plakat war möglicherweise bei der Revierbaracke im KZ Blumenthal angeschlagen

Das Lager scheint wohl im Großen und Ganzen nicht unter einem massenhaften Befall von Ungeziefer gelitten zu haben. Möglicherweise waren einzelne Baracken oder Stuben betroffen wie die der Dänen[530], andere jedoch nicht.[531] Denkbar ist auch, dass bei den Nachkriegsaussagen in der Erinnerung Überschreibungsprozesse stattgefunden haben. Manche Berichte erwähnen die Thematik überhaupt nicht, andere Aussagen sind stark verallgemeinernd. Die anekdotische Detailschilderung des französischen Deportierten Robert Juillet (Textblock »In dieser Verfassung entdeckte ich meine erste Laus!«) lässt erkennen, dass sich die Situation erst in den Wintermonaten verschlechterte[532], wohl auch be-

528 Juillet, Froides, S. 109.

529 Fragebogen J. Desaver, ANg, HB 218, S. 18.

530 Bezogen auf das Lager Blumenthal: »Juckreiz gab es genug, auch Läuse, die man sonntags bekämpfen konnte.« Jørgen H. Barfod, Helvede har mange navne. En beretning om koncentrationslejre og fængsler, hvor der sad danskere 1940–1945 (1969), S. 220. Die Dänen kamen in der Spätphase ins Lager Bahrsplate.

531 Erst nach der Verlegung von der Bahrsplate in ein Lager im Niederrheingebiet nimmt der russische Häftling Alexander Eremenko eine Parasitenplage wahr: »Unsere Lebensbedingungen änderten sich fast nicht, nur begannen uns außer dem Hunger auch noch die Läuse zu plagen.« Eremenko, Wo seid ihr, S. 2.

532 Dies lässt ein Schreiben des Hauptgesundheitsamtes v. 13.3.1945 erkennen: »Vor allem sind es die Gemeinschaftsläger, von denen eine größere Anzahl dringend einer Durchgasung bedarf. Solange ein Wagen nicht zur Verfügung steht, kann den in dieser Hinsicht an die Desinfektionsanstalt gerichteten Anforderungen nicht Rechnung getragen werden. Die Folge davon ist, daß die bremischen, zum Teil außerhalb der Stadt befindlichen Läger, sich heute bereits zu einem großen Teil in erheblich verlaustem und verwanztem Zustand befinden.« StAB 4,130/1-797.

In dieser Verfassung entdeckte ich eines Tages meine erste Laus!
»Es war mitten im Winter, Januar oder Februar, unwichtig für den Fortgang dieser Erzählung. Bis dahin war es den Deutschen dank energischer Maßnahmen wie Haarescheren, Desinfizierung unserer Lumpen, Bestreichen unserer behaarten Körperpartien mit einem Desinfektionsmittel gelungen, jedes Auftreten von Trägern von Epidemien zu verhindern. Alles änderte sich mit der Ankunft von Deportierten, die aus anderen Lagern kamen: die ersten Läuse traten auf. Damit auch ein Zusatz zur Lagerordnung: Jeder von Läusen Befallene würde gleichzeitig mit diesen beseitigt ...! Einziger Ausweg: dem Blockältesten sofort jedes Eindringen eines Feindes in seinen Lebensraum mitteilen ... Nun war jedoch das Misstrauen der Gefangenen gegenüber den Versprechen der Deutschen so groß, dass niemand glaubte, nach der Meldung würde auch nur irgendjemand der einfachen Beseitigung von Mensch und Tierchen entgehen ...! In dieser Verfassung entdeckte ich eines Tages meine erste Laus ...! Ich legte sie sorgfältig zur Seite und offenbarte mich einigen sicheren Kameraden. Diese empfahlen mir absolute Verschwiegenheit. Vor dem Einschlafen bewegte ich das Problem tausendfach in meinem Kopf. Nichts sagen, in Ordnung, aber nachher, wenn sich diese dreckigen Tierchen vervielfacht und verbreitet hätten, so dass mein Geheimnis offenbar würde. Dann also Adieu jede Hoffnung, Frankreich wiederzusehen ...! Andererseits, den Kapo aufsuchen und ihm alles erzählen, könnte eine Reihe unvorhersehbarer Ereignisse auslösen, die ich nicht mehr kontrollieren konnte. Ich schlief schließlich ein, aber nicht ohne Alpträume: Eine riesengroße Laus lachte hämisch und zeigte mir mit einem großen behaarten Bein ... den Eingang zum Krematorium ...! [...] Glücklicherweise erlaubte mir meine fast immer positive Haltung sehr schnell, diese schlechte Nacht zu überwinden. Noch vor dem Glockengeläut stand meine Entscheidung fest, mich zu melden. Diesen Morgen also klopfe ich an seine [des Block-Kapos, K. E.] Tür, meine Laus in der Hand, das Herz klopfend, alles andere als sicher ... Als seine Augen sich vor Bestürzung im Anblick meiner elenden Trophäe weiten, glaube ich mein Ende ganz nahe ...! Aber schnell beruhigt mich seine Haltung: Im Ton eines Grundschullehrers, der mit seinen

dingt durch die Ankunft von Häftlingen aus anderen Lagern. In diesen Zusammenhang gehört vermutlich die Erinnerung von Jean Thébault: »Das Ungeziefer überfällt uns, die Masse an Läusen lässt uns nicht gut schlafen, trotz unserer intensiven Jagd auf sie.«[533] Robert Juillet zögerte, der Vorschrift Folge zu leisten, bereits den Befall durch eine einzelne Laus zu melden. Dies verweist darauf, dass der Ungezieferbefall zum fraglichen Zeitpunkt nicht verbreitet war. Zur Bekämpfung von Epidemien war es üblich – wohl auch im Lager Bahrsplate – Plakate mit der Abbildung einer Laus und dem Hinweis »Eine Laus – dein Tod« anzubringen. Möglicherweise fand auch hier das mehrsprachige Plakat Verwendung, das für den Krankenbau Dachau entwickelt worden war.[534] Die Ängste von Robert Juillet, der seine erste Laus meldete, mochten sich im Nachherein als

533 Thébault, Neuengamme, S. 16.
534 Oder ein Plakat mit deutschen und polnischen Warnungen, das der polnische Künstler Mieczyslaw Koscielniak als Häftling in Auschwitz anfertigte. Vgl. URL: http://www.artnet.de/k%C3%BCnstler/mieczyslaw-koscielniak/eine-laus-dein-tod-a-louse-is-your-death-RcaNt7rjRutaSkyYxCtUFQ2.

Schülern spricht, lässt er mir eine Rede auf Deutsch angedeihen, von der ich den abschließenden Befehl verstehe: »Komm mit mir« … Er geht zum Ausgang, ich folge ihm. Ich fröstle in der eisigen Luft des frühen Morgens und versuche, nicht mehr an die Fortsetzung meines Abenteuers zu denken ….; wir überqueren den Appellplatz und gehen in Richtung Waschhaus, das wir betreten. Da wir aus dem frostigen Außenbereich kommen, nimmt mir die Atmosphäre voller Dampf einen Moment die Luft: Ein großes Zementbecken zu drei Viertel mit heißem Wasser gefüllt, wartet auf die nächste Wäsche. Vier junge Russen befinden sich dort und antworten mit »Ja, ja« auf die Direktiven [meines Kapos], der sich unverzüglich davonmacht. Ich habe natürlich nichts von ihren Palavern verstanden, aber als die Russen sich mit einem Mal zusammen auf mich werfen und wie verrückt lachen, glaube ich, dass meine letzte Stunde geschlagen hat …! Im Handumdrehen finde ich mich nackt wie ein Wurm … und sofort in ein dampfendes Bad getaucht. Ich werde es im Leben nicht vergessen: Von oben bis unten eingeseift, gestriegelt und frottiert, geknetet und in alle Richtungen gedreht, lasse ich mich selig in eine köstliche Starre sinken … […] Unsere elenden Körper, abgemagert, zerschlagen, gebrochen, bedeckt mit Narben, Geschwüren, Blutergüssen, sehnen sich nach diesem warmen Bad. Nicht die erbärmlichen wöchentlichen Veranstaltungen, von unseren Folterknechten »Duschen« genannt, wo es weder Seife noch Handtücher gibt, bringen uns irgendeine Erleichterung. In Wirklichkeit sind wir zu dritt oder viert unter einem Duschkopf, aus dem brühwarmes oder eiskaltes Wasser strömt, je nach der sadistischen Laune des Bedieners …, wir müssen uns darum streiten, um etwas abzubekommen, während dieser zwei Minuten, die das Ganze dauert. Dann gibt es nur eins, sich schnell mit seinem Hemd abtrocknen, es über seinen noch nassen Körper streifen, bevor man mit Gewalt in den Hof gestoßen wird. Dort wartet eine wohltuende Sonne auf uns …, oder ein eisiger Wirbelwind legt sich auf unsere Schultern und durchbohrt uns bis ins Mark. In beiden Fällen trocknen wir recht schnell. Wenn uns jedoch ein kalter Regen empfängt, muss man nicht damit rechnen, vor dem nächsten Morgen trocken zu sein …«
Robert Juillet[535]

unbegründet herausstellen; sie waren jedoch grundsätzlich berechtigt. Jede Auffälligkeit konnte Anlass für Schikanen aller Art sein.[536]

Die Häftlinge, die im August und September 1944 im Lager Blumenthal eintrafen, waren auf dem Transport aus ihrer Heimat oder im Stammlager Neuengamme oder in anderen Konzentrationslagern mit dem Tod konfrontiert worden. Meistens waren die zu

535 Froides, S. 107–109.

536 Dazu berichtet der Ehemalige Paul Tillard über das KZ Mauthausen: »Die Entdeckung einer Laus konnte für einen Häftling verheerende Folgen haben. Ein am Blockeingang angeschlagenes Plakat warnte vor der Gefahr. Es besagte: ›Eine Laus … Dein Tod …‹. In der einen Ecke war die Zeichnung einer riesengroßen Laus, in der anderen die eines Totenkopfes. Ein Häftling, bei dem man eine Laus gefunden hatte, wurde je nach Jahreszeit verschieden behandelt. Im Sommer erhielt er in den Waschräumen ein Duschbad, das je nach Laune des Blockältesten mehr als eine Stunde dauern konnte. Das aus den Bergen stammende Wasser war eiskalt; ein längeres Bad konnte den Tod herbeiführen. Im Winter wurde der Häftling völlig nackt nach draußen gestellt; eine Laus überlebt keine Temperatur von minus 25 Grad; einem Menschen kann es sehr wohl ebenso ergehen. Zitat aus URL: https://cc.bingj.com/cache.aspx?q=un+poux+ta+mort&d=4805351225164520&mkt=de-DE&setlang=de-DE&w=OaG73MrxeLCJOJePpF0348cqxzhDpyGo.

Tode Gekommenen jedoch Fremde. Anders im neuen Lager Blumenthal: Etliche kannten sich aus ihrer Heimat, andere hatten in ihrer bitteren Lage Freundschaft geschlossen. Der Tod eines Bekannten oder Freundes konnte die Moral erheblich erschüttern. Dazu mussten sie jetzt erleben, dass die Toten extrem unwürdig behandelt wurden. Michel De Backer, der mit über 40 Grad Fieber schließlich doch in die Krankenstation aufgenommen worden war, überlebte nur wenige Tage. Gaston Vandekerkhove erinnert sich: »Leider – als wir am nächsten Tag von der Arbeit zurückkamen und uns nach unserem Kameraden erkundigten, hörten wir vom Doktor, dass er gestorben war. Wir kamen gerade rechtzeitig, um zu sehen, wie sein toter Körper zum … Waschhaus gebracht wurde. Der 40-jährige Michel De Backer war das erste Opfer des Kommandos Blumenthal in der Hölle von Neuengamme. Wir waren alle erschüttert in unseren Gefühlen; wie viele würden noch folgen? … Aber die Nazis waren in ihrem Element, ihre diabolischen Vernichtungsmethoden hatten einen ersten Erfolg gezeitigt. Die Leiche unseres Kameraden war auf den Boden geworfen worden, im Waschhaus, ganz nackt und im Schmutz. Mehr als eine Woche lag er dort in diesem Zustand. Morgens, wenn wir zum Waschen kamen, traten wir mehr als einmal auf ihn oder stolperten über seinen Körper. Auch das ist ein Zeugnis der faschistischen Kultur.«[537] Jean-Marie Vanden Eynde berichtet[538] anlässlich der Einweihung des »Steins der Hoffnung« (2009) auf der Gedenkstätte Bahrsplate über das Schicksal eines Freundes: »An diesem Ort der Andacht, dank dieses Bauwerkes, das wir einweihen, habe ich den Namen meines Landsmannes Edouard Descamps wiedergefunden. Er litt an Furunkulose und starb nach einem kurzen Aufenthalt im sogenannten Revier. Ich werde mich immer daran erinnern, dass Edouard, bis eines Tages ein Fuhrmann seine sterblichen Überreste mitnahm, nackt auf dem Boden lag, ausgestellt vor dem Eingang zur Sanitärbaracke und völlig gefroren infolge der eisigen Außentemperatur.«[539]

Andere berichten, die Toten seien in Strohsackhüllen verpackt worden; darauf war die Matrikelnummer vermerkt. Manchmal wurden zwei Tote Fuß an Kopf in die Säcke gesteckt.[540] Désirotte gibt an, die Nummern seien mit Teer auf den Körper geschrieben worden.[541] Nach Schichtende gingen viele in das Waschhaus, um festzustellen, ob unter den neuen Toten sich Kameraden befanden. Andere berichten, man habe den Toten den Kiefer gebrochen, um an das Zahngold zu gelangen.[542] René Thirion erinnert sich: »Was

537 Vandekerkhove, Enfer, S. 38–39.

538 S. Kapitel »Zum Schluss«.

539 Ansprache von Jean-Marie Vanden Eynde v. 4.11.2009, Archiv der Internationalen Friedensschule Bremen, Reg. »Stein der Hoffnung«. Edouard Descamps starb am 13.11.1944.

540 Duroméa, André, S. 149.

541 Désirotte, Tragédie, S. 55.

542 Désirotte, Tragédie, S. 55 und ANg HB 219. Die letztere Aussage ist nicht verifizierbar; es kann sich auch um eine Überschreibung der Erinnerung handeln. Wäre das Herausbrechen von Goldzähnen die Regel gewesen, so müsste sich dies in den zahlreichen Berichten der anderen Häftlinge über diese würdelose Form des Umgangs mit den Toten niederschlagen, was nicht der Fall ist.

mich im Lager Blumenthal besonders entsetzt hat: Der erste Tote, in kleinen Lagern gab es kein Krematorium, die Toten wurden in den Waschraum gelegt, im [KZ] Schützenhof draußen. Im Waschraum war eine Wasserrinne zum Waschen immer noch ohne Seife. Da war eine rechteckige, längliche Grube, um die Bedürfnisse zu erledigen, dort stand das Wasser 10, 20 cm hoch. Dort hinein wurde der erste Tote geworfen, eine ganze Woche lang lag er dort drinnen.«[543]

Örtliche Unternehmer brachten die Toten mit Fuhrwerken nach Farge. Eine Gruppe von Antifaschisten, die sich in der Nachkriegszeit die Aufgabe gestellt hatten, Daten und Informationen zu allen in Frage kommenden Lagern und Personen des Neuengammer Kosmos zu sammeln, brachten den Blumenthaler Kohlenhändler S. und den Farger Fuhrwerksbesitzer T. als Transporteure in Erfahrung.[544]

Hinrichtungen

Am 29. Oktober 1944 wurden zwei aus Polen stammende Häftlinge auf dem Appellplatz des Lagers gehängt. Es handelte sich um den 48-jährigen Jan Wojtczak und den 24-jährigen Walenty Drewniak. Beide hatten in Frankreich gelebt und waren nach ihrer Gefangennahme mit dem Deportationszug vom 15. Juli 1944 von Compiègne nach Neuengamme gebracht worden.[545] Die Hinrichtung fand in der denkbar größten Öffentlichkeit statt. Da der Galgen am Vortag oder am Vormittag errichtet worden war, sprach sich das geplante Geschehen im Ort rasch herum. Am frühen Nachmittag gab es für Schaulustige reichlich Orte, von denen aus sie der Hinrichtung beiwohnen konnten. Entweder nahmen sie Plätze auf den Balkonen und an den Fenstern der angrenzenden Häuser ein, oder sie kletterten in eine der Pappeln, die das Weserufer säumten. SS-Angehörige, im Dienst befindliche Marinesoldaten des Wachkommandos sowie die KZ-Gefangenen waren angetreten.[546]

Es gibt wenige Geschehnisse in der Geschichte des Lagers, die von so vielen Menschen bezeugt werden. Die Namen, das Datum und der Vorgang selbst sind eindeutig belegt.[547] Das anekdotische Erinnerungsvermögen weicht bei den Zeitzeugen[548] ver-

543 Interview für den Film »Die leeren Gräber« (2005).

544 Ergebnisse der Besprechung über die Bremer Aussenkommandos und Lager auf der Sitzung vom 29. April 1961 in Bremen-Blumenthal – 11 Personen, Hans-Schwarz-Nachlass, Dokumentationszentrum Blumenthal, 25a F rech 1.

545 Poirson, Récit, Teil I.

546 Ströbl, Audio-Interview (2007).

547 Krankenrevier-Totenbuch Außenlager, Bd. II, ANg.

548 Unter anderem: Rosenberg, Jahre, S. 132–133; Duroméa, André, S.142–143; Vanden Eynde, Blumenthal (2008). Vandekerkhove, Enfer, S. 41; Billaux, Mitteilung an Vf. (2007); Belgeonne, Tragique, S. 53–54.; Melen, Résistance; Pâques, Récit, S. 102–103; Juillet, Froides, S. 104–105; Eduard Coesfeld an Arbeitsge-

Hinrichtung zweier polnischer Häftlinge. Der Zeichner Pierre Lefèvre gibt die beiden zum Tode Verurteilten wieder, ebenfalls die angetretenen Gefangenen, den Chefkapo »Karl«, SS-Leute und Gestapobeamte (in Zivilkleidung)

ständlicherweise ab. Nach Auffassung einiger Augenzeugen wurden beide Gefangene gleichzeitig gehängt, die meisten berichten, dass der zweite den Tod seines Kameraden hatte mit ansehen müssen. Unklar muss bleiben, ob eine Plattform mit Klappe, ein Gerüst mit Treppen und Klappe, ein Schemel, ein Tisch (Dr. Weidemann[549]), ein Benzinfass (lokaler Zeitzeuge H.B.[550]) oder eine Kiste (Matrosengefreiter Ströbl[551]) zum Einsatz gekommen sind. Viele wollen beobachtet haben, dass die Gehängten noch minutenlang zappelten, da die Fallhöhe zu gering war[552], in der Erinnerung anderer trat der Tod sofort ein.[553] Fast einheitlich wird berichtet, dass die Erhängten hinter ein Ge-

meinschaft Neuengamme, Schreiben v. 13.3.61; ANg, HSN 13-6-15; Ströbl, Audio-Interview (2007); Interviewnotizen »Hansen«, ANg, Ng 6.4.13.

549 StAB 4,89/3-819, Bl. 193.

550 Betscher, Häftlingskolonnen, S. 108.

551 Interview (2011).

552 So Duroméa, André, S. 142–143.

553 Laut Raymond Poirson (»Ich habe noch das Knackgeräusch im Ohr.«; Récit, Teil I). Für Désirotte war die Erhängung fehlerhaft vorgenommen worden, sodass ein Häftling erschossen wurde. Désirotte, Tragique, S. 68.

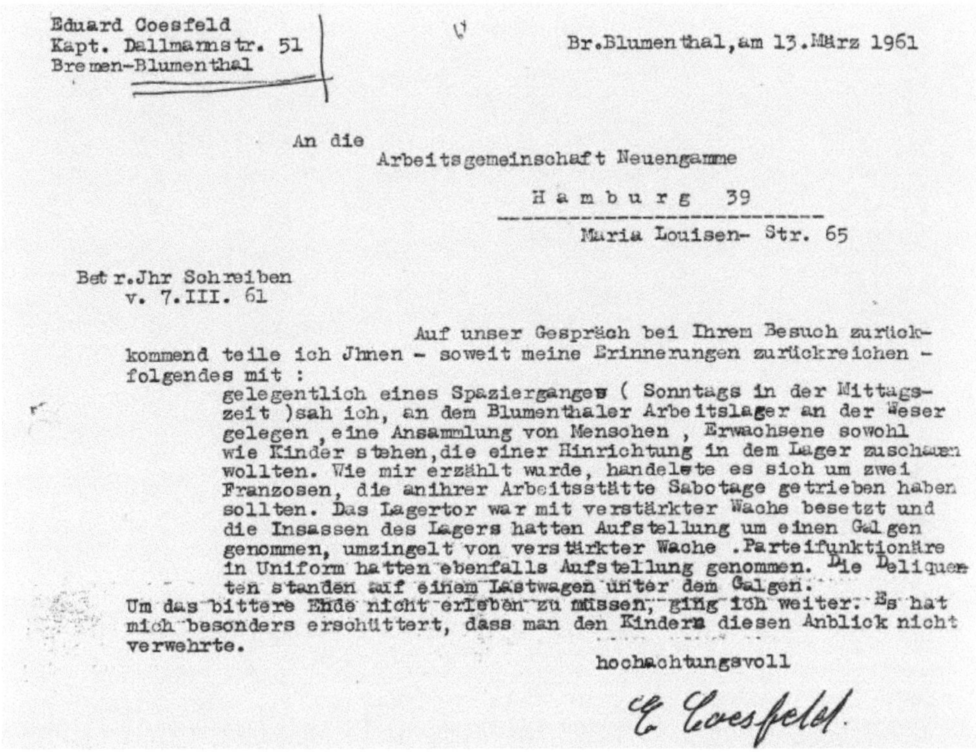
Eduard Coesfeld
Kapt. Dallmannstr. 51
Bremen-Blumenthal

Br.Blumenthal, am 13.März 1961

An die
Arbeitsgemeinschaft Neuengamme
H a m b u r g 39
Maria Louisen- Str. 65

Betr.Jhr Schreiben
v. 7.III. 61

Auf unser Gespräch bei Ihrem Besuch zurückkommend teile ich Jhnen – soweit meine Erinnerungen zurückreichen – folgendes mit :
gelegentlich eines Spazierganges (Sonntags in der Mittagszeit)sah ich, an dem Blumenthaler Arbeitslager an der Weser gelegen ,eine Ansammlung von Menschen , Erwachsene sowohl wie Kinder stehen,die einer Hinrichtung in dem Lager zuschauen wollten. Wie mir erzählt wurde, handelte es sich um zwei Franzosen, die anihrer Arbeitsstätte Sabotage getrieben haben sollten. Das Lagertor war mit verstärkter Wache besetzt und die Insassen des Lagers hatten Aufstellung um einen Galgen genommen, umzingelt von verstärkter Wache .Parteifunktionäre in Uniform hatten ebenfalls Aufstellung genommen. Die Deliquenten standen auf einem Lastwagen unter dem Galgen.
Um das bittere Ende nicht erleben zu müssen, ging ich weiter. Es hat mich besonders erschüttert, dass man den Kindern diesen Anblick nicht verwehrte.

hochachtungsvoll

E. Coesfeld.

Schreiben des ortsansässigen Apothekers Eduard Coesfeld (1961)

bäude gebracht wurden, von wo aus dann Schüsse zu hören waren. Der SS-Arzt Dr. Weidemann wählt nach dem Krieg eine apologetische Version. Zwar bestreitet er nicht, im Lagerkomplex Bremen-Farge für das »Russenlager«, das Fremdarbeiterlager«, das »OT-Lager« und »das KZ-Nebenlager Neuengamme«[554] zuständig gewesen zu sein. Er behauptet – wie er sich auch in seiner gesamten Aussage kaum an Namen und Orte erinnern will –, er sei ohne Kenntnis des Anlasses nach Blumenthal gerufen worden. In seiner Erinnerung ist nur ein Häftling hingerichtet worden: »Zu meinen Angaben bezüglich der Erhängung eines Häftlings im Lager […] kann ich ergänzend folgendes sagen: Ich wurde gebeten, in das KL zu kommen ohne Angabe eines Grundes. Erst an Ort und Stelle erfuhr ich, daß es sich um eine Exekution durch Erhängen handeln sollte. Auf dem Lagerplatz war ein Galgen aufgebaut und darunter stand ein Tisch. Vor dem Tisch stand der Verurteilte. Es wurde ihm nochmals das Urteil vorgelesen, was meiner Erinnerung

554 Zu den verschiedenen Lagern siehe Buggeln, Bunker »Valentin«; Meiners, Lager. Weidemann rechnet offenbar zuständigkeitshalber das Blumenthaler KZ-Lager zum Farger Außenlager. StAB 4,89/3-819, Bl. 165.

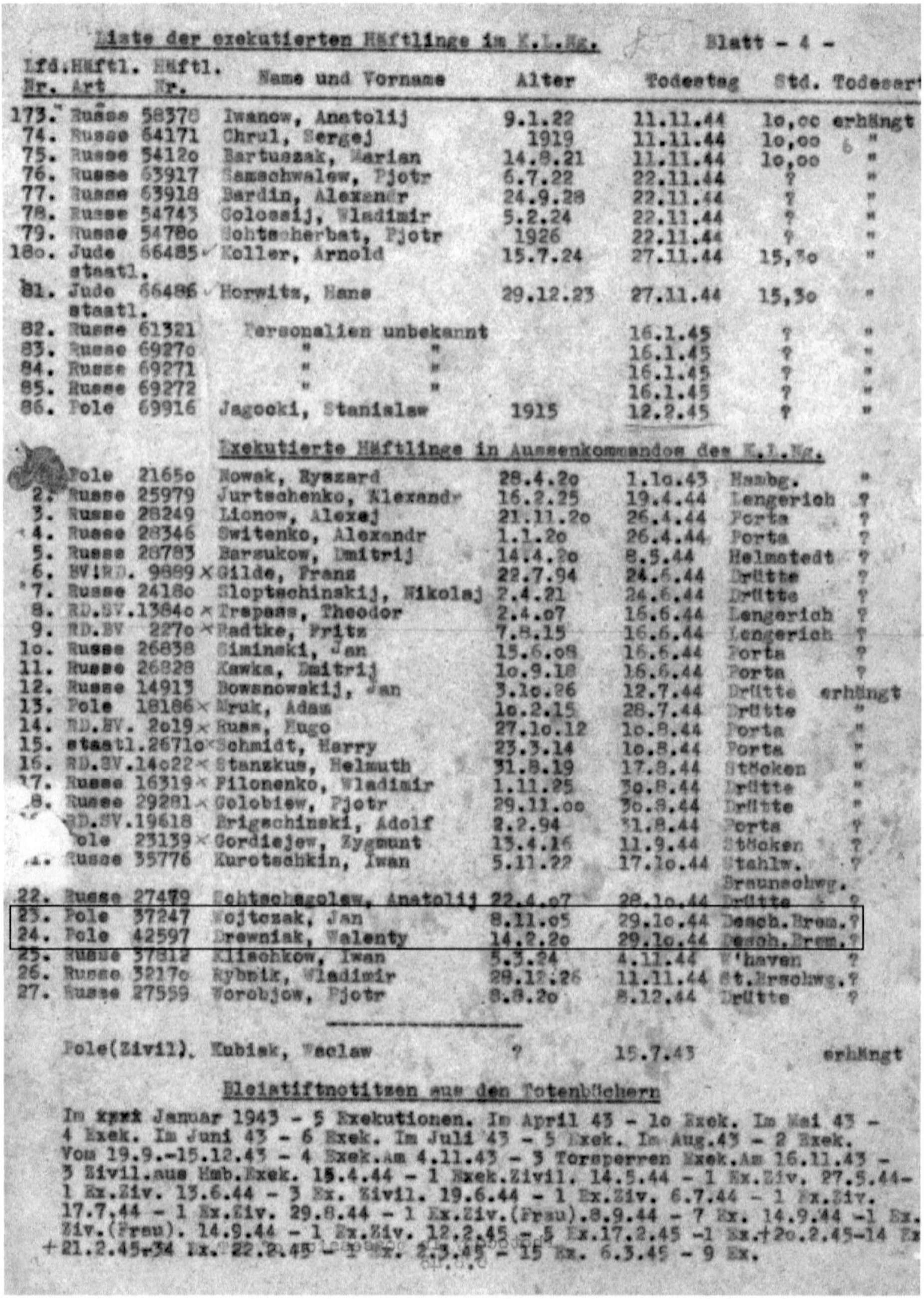

Liste der exekutierten Häftlinge im K.L.Ng. Blatt - 4 -

Lfd. Nr.	Häftl. Art	Häftl. Nr.	Name und Vorname	Alter	Todestag	Std.	Todesart
173.	Russe	58378	Iwanow, Anatolij	9.1.22	11.11.44	1o,oo	erhängt
74.	Russe	64171	Chrul, Sergej	1919	11.11.44	1o,oo	"
75.	Russe	5412o	Bartuszak, Marian	14.8.21	11.11.44	1o,oo	"
76.	Russe	63917	Samschwalew, Pjotr	6.7.22	22.11.44	?	"
77.	Russe	63918	Bardin, Alexandr	24.9.28	22.11.44	?	"
78.	Russe	54743	Golossij, Wladimir	5.2.24	22.11.44	?	"
79.	Russe	5478o	Schtscherbat, Pjotr	1926	22.11.44	?	"
18o.	Jude staatl.	66485	Koller, Arnold	15.7.24	27.11.44	15,3o	"
81.	Jude staatl.	66486	Horwitz, Hans	29.12.23	27.11.44	15,3o	"
82.	Russe	61321	Personalien unbekannt		16.1.45	?	"
83.	Russe	6927o	" "		16.1.45	?	"
84.	Russe	69271	" "		16.1.45	?	"
85.	Russe	69272	" "		16.1.45	?	"
86.	Pole	69916	Jagocki, Stanislaw	1915	12.2.45	?	"

Exekutierte Häftlinge in Aussenkommandos des K.L.Ng.

Lfd. Nr.	Häftl. Art	Häftl. Nr.	Name und Vorname	Alter	Todestag		
[illegible]	Pole	2165o	Nowak, Ryszard	28.4.2o	1.1o.43	Hambg.	"
2.	Russe	25979	Jurtschenko, Alexandr	16.2.25	19.4.44	Lengerich	?
3.	Russe	28249	Lionow, Alexej	21.11.2o	26.4.44	Porta	?
4.	Russe	28346	Switenko, Alexandr	1.1.2o	26.4.44	Porta	?
5.	Russe	28783	Barsukow, Dmitrij	14.4.2o	8.5.44	Helmstedt	?
6.	BV!RD.	9889	Gilde, Franz	22.7.94	24.6.44	Drütte	?
7.	Russe	2418o	Sloptschinskij, Nikolaj	2.4.21	24.6.44	Drütte	?
8.	RD.SV.	1384o	Trepass, Theodor	2.4.o7	16.6.44	Lengerich	?
9.	RD.BV	227o	Radtke, Fritz	7.8.15	16.6.44	Lengerich	?
1o.	Russe	26838	Siminski, Jan	15.6.o8	16.6.44	Porta	?
11.	Russe	26828	Kawka, Dmitrij	1o.9.18	16.6.44	Porta	?
12.	Russe	14913	Bowsnowskij, Jan	3.1o.26	12.7.44	Drütte	erhängt
13.	Pole	18186	Mruk, Adam	1o.2.15	28.7.44	Drütte	"
14.	RD.BV.	2o19	Russ, Hugo	27.1o.12	1o.8.44	Porta	"
15.	staatl.	2671o	Schmidt, Harry	23.3.14	1o.8.44	Porta	"
16.	RD.SV.	14o22	Stanzkus, Helmuth	31.8.19	17.8.44	Stöcken	"
17.	Russe	16319	Pilonenko, Wladimir	1.11.25	3o.8.44	Drütte	"
18.	Russe	29281	Golobiew, Pjotr	29.11.oo	3o.8.44	Drütte	"
[illegible]	RD.SV.	19618	Brigschinski, Adolf	2.2.94	31.8.44	Porta	?
[illegible]	Pole	23139	Gordiejew, Zygmunt	13.4.16	11.9.44	Stöcken	?
[illegible]	Russe	35776	Kurotschkin, Iwan	5.11.22	17.1o.44	Stahlw. Braunschwg.	?
22.	Russe	27479	Schtschegolew, Anatolij	22.4.o7	28.1o.44	Drütte	?
23.	Pole	37247	Wojtczak, Jan	8.11.o5	29.1o.44	Desch.Brem.	?
24.	Pole	42597	Drewniak, Walenty	14.2.2o	29.1o.44	Desch.Brem.	?
25.	Russe	37812	Klischkow, Iwan	5.3.24	4.11.44	W'haven	?
26.	Russe	3217o	Rybnik, Wladimir	28.12.26	11.11.44	St.Brschwg.	?
27.	Russe	27559	Worobjow, Pjotr	8.8.2o	8.12.44	Drütte	?

Pole(Zivil). Kubiak, Waclaw ? 15.7.43 erhängt

Bleistiftnotitzen aus den Totenbüchern

Im ~~xxxx~~ Januar 1943 - 5 Exekutionen. Im April 43 - 1o Exek. Im Mai 43 - 4 Exek. Im Juni 43 - 6 Exek. Im Juli 43 - 5 Exek. Im Aug.43 - 2 Exek. Vom 19.9.-15.12.43 - 4 Exek.Am 4.11.43 - 3 Torsperren Exek.Am 16.11.43 - 3 Zivil.aus Hmb.Exek. 15.4.44 - 1 Exek.Zivil. 14.5.44 - 1 Ex.Ziv. 27.5.44- 1 Ex.Ziv. 13.6.44 - 3 Ex. Zivil. 19.6.44 - 1 Ex.Ziv. 6.7.44 - 1 Ex.Ziv. 17.7.44 - 1 Ex.Ziv. 29.8.44 - 1 Ex.Ziv.(Frau).8.9.44 - 7 Ex. 14.9.44 -1 Ex. Ziv.(Frau). 14.9.44 - 1 Ex.Ziv. 12.2.45 - 5 Ex.17.2.45 -1 Ex.+2o.2.45-14 Ex +21.2.45-34 Ex. 22.2.45 - 1 Ex. 2.3.45 - 15 Ex. 6.3.45 - 9 Ex.

Ein Komitee ehemaliger politischer Gefangenen erstellte 1945 aus den Totennachweisen eine »Liste der exekutierten Häftlinge«. Für den 29.10.1944 sind die Namen der beiden in Blumenthal hingerichteten polnischen Gefangenen und der Zusatz »Desch[imag] Brem[en]« vermerkt

nach aus Neuengamme übermittelt wurde. Anschließend wurde die Exekution durchgeführt. Meine Aufgabe war es, den eingetretenen Tod festzustellen.«[555]

Zuvor soll nach Angabe vieler Zeitzeugen ein SS-Offizier eine Ansprache gehalten haben. Es bleibt unklar, ob es sich um den Kommandoführer vom Endt handelte. Möglicherweise sprach ein höherrangiger SS-Angehöriger aus Neuengamme[556], vielleicht auch Benedict[557], der als Stützpunktleiter verantwortlich für alle Bremer Außenlager war. Die Kapitalstrafe begründete der Redner mit einem Sabotageakt. Die Todeskandidaten hätten sich einen Treibriemen[558] verschafft, um diesen als Gürtel (Variante in den Dokumenten: für die Reparatur ihrer Schuhe) zu benutzen. In der Erinnerung des ehemaligen Kapos Ernst Hennig[559] handelte es sich um einen »ausgesonderten Treibriemen, der total verölt war«, den die beiden bei der A.G. »Weser« an sich genommen hatten, um sich Schuhsohlen zurechtzuschneiden. »Der Vorfall war von der AG Weser dem SS-HptStuf. Benedict[560] gemeldet worden. Benedict war daraufhin nach Hamburg gefahren und kam mit dem Todesurteil zurück. Bei der Hinrichtung mußte das gesamte Lager antreten. Von außerhalb des Lagers verfolgten Personen von den Fenstern aus die Hinrichtung. Benedict hatte das Kommando. Er ließ durch den Lagerführer vom Endt das Urteil vollstrecken. Benedict hat vor versammelter Mannschaft das Urteil verlesen.« Über die Ausgangssituation des vorliegenden Falles ist nichts bekannt. Es ist allerdings mehr als unwahrscheinlich, dass die beiden Verurteilten es gewagt haben könnten, die laufende Produktion durch einen unmittelbar erkennbaren Eingriff zu gefährden.[561] Es dürfte sich eher um eine verbreitete Praxis unter Zwangsarbeitern gehandelt haben, Abfallmaterial auf Eignung für eigene Zwecke zu untersuchen. Der deutsche Zeitzeuge P. M., der als Zivilist an einem anderen Arbeitsort, aber ebenfalls in der Blumenthaler Bremer Wollkämmerei eingesetzt worden war, bestätigt eine derartige Praxis[562] aus seinem Arbeitsbereich: »(Aus den Transmissionsriemen) haben die Schuhe gemacht. Als ich das gesehen habe, durfte ich ja nicht lachen. Da hatten die Polinnen sich Sandalen gemacht, richtig aus Leder, mit Schnallen und Löchern für die Bänder. Das Leder kam wahrscheinlich von so'm Treibriemen – ganz dünn geschnitten. / Wenn so ein Treibriemen einmal eingerissen war, weil er sich verwickelt hatte, dann war er nicht mehr zu

555 StAB 4,89/3-819, Bl. 193.

556 Laut Hansen war der Lagerkommandant von Neuengamme, Pauly, selbst anwesend. Interviewnotizen »Hansen«, ANg, Ng 6.4.13.

557 Laut dem ehem. Lagerschreiber E. Schmolze und dem ehem. Kapo H. Isemann. StAB 4,89/3-985, Bl. 190 und 181.

558 Interviewnotizen »Hansen«: »Hatten sich 5 mm starken Lederriemen besorgt (Treibriemen f. Schmierpumpen der Drehbänke), von Meister erwischt – gemeldet«. ANg, Ng 6.4.13.

559 StAB 4,89/3-985, Bl. 193.

560 »SS-Hauptsturmführer« Benedict war Obersturmführer.

561 Pâques gibt an, der SS-Offizier habe in seiner langen Ansprache behauptet, dass eine ganze Etage der Werkstätten für mehrere Tage unbenutzbar gewesen sei. Pâques, Récit, S. 102.

562 Manfred Haneberg (Hrsg.), Manches wird im Dunkeln bleiben, o.O., o.J., S. 15.

gebrauchen. Dann ging man damit in die Sattlerei, da wurde das Stück rausgeschnitten und ein neues Stück dazwischengeklebt, damit es wieder die richtige Länge hatte. / Irgendwie müssen die an ein solches Stück gekommen sein. Jedenfalls haben die das so schön gemacht, daß ich schon gedacht habe: Mensch, sowas könntest du dir auch machen. / Mit Sabotage hatte das nichts zu tun.«

Ehemalige Häftlinge berichteten, dass sie am Arbeitsplatz immer wieder mit dem Vorwurf Sabotage konfrontiert waren. Häufig handelte es sich um bloße Drohungen, manchmal wurden Strafen ausgesprochen und noch im Werk ausgeführt. Es lässt sich nicht nachvollziehen, warum es in diesem Fall nach der Anzeige durch einen Kapo, Vorarbeiter oder Meister zu einer Weiterleitung und sodann zu einem Verfahren kam, an dessen Ende die Todesstrafe stand.[563] Dass die Hinrichtung in der Öffentlichkeit und nicht im abgelegenen Stammlager Neuengamme durchgeführt wurde, gibt Anlass zu der Vermutung, dass die SS deutliche Signale senden wollte – sei es, um die Häftlinge zu demoralisieren, sei es, um die Bevölkerung vor widerständigem Verhalten zu warnen.

Es sind nur wenige Erinnerungsspuren der einheimischen Bevölkerung erhalten. Der seinerzeit achtjährige H. B., dem von Soldaten dabei geholfen worden war, in eine der Pappeln zu klettern, erinnert sich in einem Interview: »Ja, ich habe das eigentlich, hab ich gemeint, das gehörte dazu. […] In dem Moment aber, wie der eine da kam und hat mit dem Fuß die Tonne umgeschmissen, von da an war ich total durcheinander. Da wollte ich auch nach Hause.«[564] Die Hinrichtung bestätigt auch der ehemalige Marinesoldat Ströbl, der dienstfrei hatte und in eine der Pappeln geklettert war.[565] Der Apotheker Eduard Coesfeld, dessen Wohnhaus in unmittelbarer Nachbarschaft der Bahrsplate lag, schildert 1961 auf Anregung einer Neuengammer Recherchegruppe: »(G)elegentlich eines Spaziergangs (Sonntags in der Mittagszeit) sah ich – an dem Blumenthaler Arbeitslager an der Weser gelegen – eine Ansammlung von Menschen, Erwachsene sowohl wie Kinder stehen, die einer Hinrichtung in dem Lager zuschauen wollten. Wie mir erzählt wurde, handelte es sich um zwei Franzosen, die an ihrer Arbeitsstätte Sabotage getrieben haben sollten. Das Lagertor war mit verstärkter Wache besetzt und die Insassen des Lagers hatten Aufstellung um einen Galgen genommen, umzingelt von verstärkter Wache. Parteifunktionäre in Uniform hatten ebenfalls Aufstellung genommen. Die Delinquenten standen auf einem Lastwagen unter dem Galgen. Um das bittere Ende nicht erleben zu müssen, ging ich weiter. Es hat mich besonders erschüttert, dass man den Kindern diesen Anblick nicht verwehrte.«[566]

563 Seit April 1944 galt der Befehl Gerhard Maurers, WVHA-Verantwortlicher für den Arbeitseinsatz, demzufolge nachgewiesene Sabotage mit dem Tod zu bestrafen sei. Buggeln, Arbeit, S. 381.
564 Zitat in: Betscher, Häftlingskolonnen, S. 109.
565 Ströbl, Audio-Interview (2007).
566 Schreiben Eduard Coesfeld an die Arbeitsgemeinschaft Neuengamme v. 13.3.1961, ANg, Ng. 6.4.13.

Die einzige dokumentarische Spur der Hinrichtung findet sich in einem Außenlagertotenbuch von Neuengamme. Außerdem blieb eine »Liste der exekutierten Häftlinge im K.L.Ng.« erhalten, in der die Daten der beiden Ermordeten aufgeführt sind (»erhängt«).[567]

Die Todeskandidaten hatten in der Erinnerung ihrer Kameraden eine aufrechte Haltung angesichts ihrer aussichtslosen Lage gezeigt; einer soll als letztes Wort »Es lebe Polen!« gerufen haben. Tadeusz Smoliński berichtet, Jan Wojtczak habe Abschiedsworte für seine Frau und seine Kinder gefunden; ein anderer Häftling habe gerufen »Es lebe Polen!«[568] Die beiden Hingerichteten wurden aus dem Sichtfeld gebracht; die meisten Mitgefangenen berichten von Schüssen, die dann zu hören waren. Neben den unprosaischen Berichten der meisten Ehemaligen steht eine ausführliche Darstellung von Van Pée.[569] In den 1990er Jahren formuliert, ist sie vermutlich teilweise fiktional aufgeladen. Van Pée gibt die von ihm »erinnerten« letzten Worte der beiden Verurteilten wieder, ohne dass anzunehmen ist, dass er seinerzeit Polnisch verstand; der zweite Verurteilte habe dem Henker Karl ins Gesicht gespuckt; er habe gerufen: »Schweinehund, feiger Sklave der Nazihenker!« und dann noch dreimal »Lang lebe Polen!«; die angetretenen Mithäftlinge hätten zustimmend gemurmelt; die Kranken im Revier hätten Beifall geklatscht und als Zeichen der Anerkennung mit Löffeln auf Blechnäpfe geschlagen; der zweite Verurteilte habe bis an die zehn Minuten mit ansehen müssen, wie sein Leidensgenosse am Strick hing; er habe den Chefkapo mit der Schulter beiseite gestoßen, um eigenständig die Fallklappe zu betreten. Es bedurfte indes keiner tragischen Dramatik in der von Van Pée geschilderten Weise, damit die Hinrichtungen ihre Wirkung nicht verfehlten. Die Häftlinge waren durch das stundenlange Stehen geschwächt; es gab keine Gespräche mehr, und in den folgenden Tagen war eine große Niedergeschlagenheit zu spüren.[570] Rosenberg gibt die Stimmung folgendermaßen wieder: »Trotz unseres Hungers konnten viele an diesem Abend ihre Suppe nicht essen. Wir sprachen auch nicht miteinander. Es spielte jetzt keine Rolle, ob die beiden Toten Polen, Russen oder Juden waren. Zwei menschliche Wesen waren auf die barbarischste Weise hingerichtet worden, und wir hatten zusehen müssen. Martin ging von Raum zu Raum und versuchte, uns zu beruhigen. Wir hatten alle Tod und Folter schon tausendmal gesehen, aber es war ein Tiefpunkt, daß wir hier zusehen mußten wie bei einer Theatervorstellung.«[571]

In der Erinnerung von Pierre Billaux blieben die Leichen der Hingerichteten drei Tage für alle sichtbar liegen.[572]

567 Liste, Bl. 4, o.J., 1.1.30.1/0032/0007, ITS Digitales Archiv.
568 In: Suchowiak, Mai, S. 111.
569 Van Pée, Ik was 20, S. 88–89.
570 So Vandekerkhove, Enfer, S. 42–43.
571 Rosenberg, Jahre, S. 133. Vgl. die Bewertung und Einordnung der Hinrichtung bei Buggeln, Arbeit, S. 381–383.
572 Schreiben, 9.3.2007. Dieselbe Erinnerung findet sich bei Rosenberg, Jahre, S. 133.

Verzeichnis der Todesfälle

In der unmittelbaren Nachkriegszeit erstellte Pläne von Begräbnisplätzen im Umfeld des Bunkerbauplatzes in Farge tragen deutsche und französischsprachige Eintragungen.[573] Sie wurden möglicherweise im Auftrag der Commission Belge au Rapatriement aufgrund von nicht überlieferten Originalaufzeichnungen erstellt.[574] Zum selben Entstehungszusammenhang gehört auch eine Liste mit französischsprachigen Vermerken. Sie führt zwanzig Leichentransporte von Blumenthal nach Farge auf; der fragliche Zeitraum erstreckt sich vom 23. Oktober 1944 bis zum 17. April 1945. Die Gesamtzahl der lt. dieser Liste nach Farge verbrachten toten Blumenthaler Häftlinge beträgt 87.[575] Im Abgleich mit den standesamtlich vermerkten Todesdaten von im Lager Blumenthal gestorbenen Häftlingen lässt sich numerisch Übereinstimmung feststellen. Dies betrifft jedoch nur die Monate Oktober bis November 1944. Die Toten verblieben nach Angaben von ehemaligen Deportierten in der Tat zwischen einem und sechs Tagen im Lager, bevor sie abgeholt wurden. Ab dem 7. Dezember stimmen die Zahlen nicht mit der Zahl der Todesmeldungen überein: Zu diesem Zeitpunkt hätten nicht sieben wie angegeben, sondern 13 Tote abtransportiert werden müssen. Ein Grund für diese Diskrepanz ist nicht bekannt. Es fällt jedoch auf, dass für die Zeit ab Januar 1945 im Standesamt Blumenthal keine Meldungen aktueller Todesfälle durch Kommandoführer vom Endt mehr zu verzeichnen sind. Der letzte Transport nach Farge wurde laut Nachkriegsaufstellung am 17. April, also acht Tage nach Evakuierung, durchgeführt. Zu ihnen dürften auch die Opfer des Kapos Bruno gezählt haben.

Schon im Lager Blumenthal waren die Toten in menschenunwürdiger Weise in oder neben den Waschräumen abgelegt worden. Der Autor der Nachkriegsliste bedauert, dass die Identifikation der Toten zum Zeitpunkt der Ankunft in Farge nicht möglich war: »Die Leichen wurden nackt und ohne Dokument übergeben, das dazu hätte dienen können, sie zu identifizieren. Sie wurden im Hof von Farge[576] niedergelegt, um anschließend mit den Toten dieses Lagers[577] begraben zu werden.« In einer eidesstattlichen Erklärung vom 15. Mai 1947 versichert der ehemalige Lagerschreiber von Farge, Erich

573 DAVCC, 26P 1257.

574 Der belgische Beauftragte der Suchmission De Maen war mehrsprachig und mit einer Deutschen verheiratet; daher könnte seine Autorenschaft plausibel sein.

575 Ein weiterer Toter der Liste stammte aus dem Lager Hannover-Stöcken.

576 Gemeint vermutlich: auf dem Gelände des KZ Bremen-Farge.

577 Zu den Todeszahlen im Umfeld des Vorhabens »Valentin« siehe: Heiko Kania, Neue Erkenntnisse. Kania nimmt allein für die Aktivitäten im Bereich des Bunkerbaus die Zahl von 1.600 Toten an. Die Gedenkstätte »Denkort Bunker Valentin« gibt an: »Mindestens 1.328 Menschen starben in der Region Farge/Schwanewede beim Bau der Tanklager und des Bunkers. Vermutlich waren es mehr, etwa 1.700, wie Historiker*innen schätzen.« Zuletzt allein für das KZ-Außenlager Farge: Marcus Meyer, Historische Räume und forensische Pädagogik: Die Konzeption des »Denkortes Bunker Valentin« in Bremen, in: Janina Fuge u.a. (Hrsg.), Gedächtnisräume. Geschichtsbilder und Erinnerungskulturen in Norddeutschland (2014), S. 362. Meyer geht

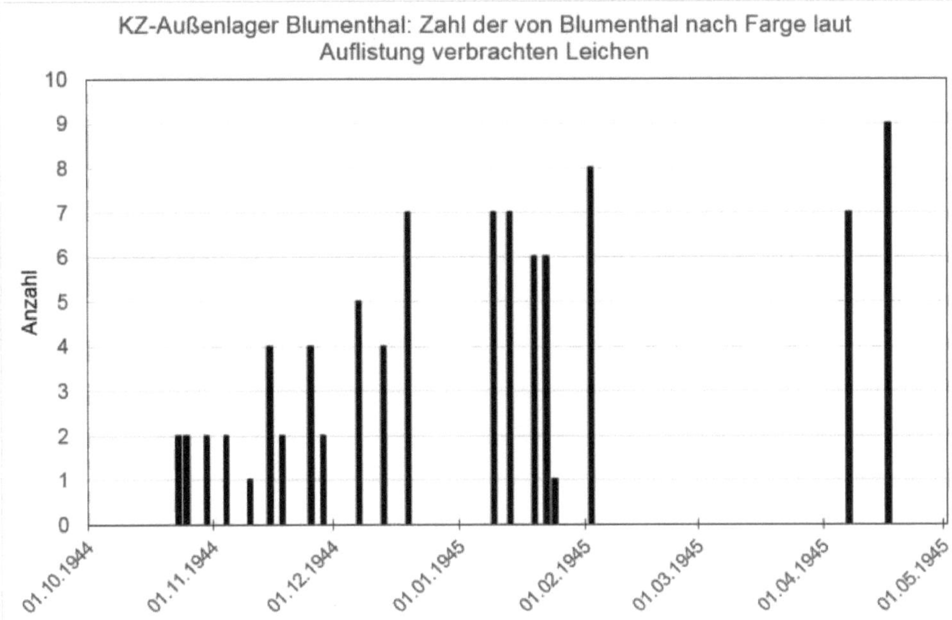

Eine Nachkriegs-Aufstellung dokumentiert 20 Transporte mit insgesamt 87 der aus dem KZ Blumenthal nach Farge verbrachten Leichen. Diese Zahl liegt zu niedrig. Insgesamt sind zwischen August 1944 und April 1945 mindestens 125 Gefangene des Lagers ums Leben gekommen

Meissner, dass 85 bis 140 Tote des KZ Blumenthal dem KZ Farge zugeführt worden seien.[578] »Nur eins kann ich sagen, daß von Blumenthal ca. 14 Tage lang täglich 6 – 10 Tote bei uns eingeliefert wurden. [...] Als die Arbeitskommandos in Bremen & um Bremen aufgelöst wurden, kamen sämtliche Kommandos in das Lager Farge. [...] In jeder 100schaft mußten mindestens 60 – 70 Mann getragen oder geführt werden. Die Toten brachten sie auf den Autos, ohne No., ohne Erkennungsmarke. Auch bestand keine Lagerliste.«[579] Mögen Meissners Zahlen auch überhöht sein, so bestätigt seine Aussage die Praxis, die Blumenthaler Toten nach Farge zu bringen. Es lässt sich nicht abschließend klären, wo sie genau im Gelände des Bunkerprojektes bestattet wurden. In erster Linie kommt ein Gräberfeld unweit des Arbeitserziehungslagers und des Farger KZ-Lagers in Frage.[580] Hier wurden vermutlich die Toten des Arbeitserziehungslagers und

von 380 Todesfällen im KZ-Lager aus sowie weiteren 320 Opfern nach Rückführung ins Stammlager bzw. auf den Todesmärschen.

578 ANg, Hans-Schwarz-Nachlass, 13-6-15.

579 ANg, Hans-Schwarz-Nachlass, 13-6-15.

580 Leichenfunde am ehemaligen Marinebaugelände bei Neuenkirchen (Landkreis Osterholz-Scharmbeck), 5.33/84624153, ITS Digitales Archiv. Siehe auch die Eintragungen in der Großkarte, beiliegend in: Buggeln, Bunker »Valentin«.

des Farger KZ-Außenlagers, aber auch die 87 auf der Liste erwähnten toten Häftlinge der Bahrsplate beigesetzt. Ungeklärt bleibt, an welcher Stelle die übrigen mindestens 35 Toten des Blumenthaler Lagers bestattet worden sind. Es kann angenommen werden, dass die Beseitigung der Leichen insbesondere in den letzten Kriegswochen mit geringer Sorgfalt von statten ging.

Nach einem Berichtsentwurf unbekannter Autorenschaft[581] waren im Frühjahr 1945 die Bestattungsorte des Gräberfeldes teilweise noch identifizierbar gewesen, denn etliche waren mit Holzschildern, Kreuzen und Steinen markiert, auf denen sich die Nummern und einige Namen eingraviert befanden. Aber bereits nach dem strengen Winter 1945/46 waren alle hölzernen Zeichen wie auch die Einfriedungen der Gräber gestohlen worden. Nachdem der Plan, im Gelände eine Gedenkstätte zu schaffen, verworfen worden war, entschied die bremische Deputation für das Bauwesen die Gestaltung einer Ehrenstätte auf dem Friedhof Bremen-Osterholz. Entgegen den alliierten Bestimmungen wurden die bremischen Behörden aktiv. Im Januar und Februar 1949 exhumierte das Gartenbauamt Leichen und Leichenteile von 783 Personen. Bei dieser Gelegenheit wurde festgestellt, dass die Gräber – anders als 1945 verzeichnet – mit weiteren Leichen gefüllt worden waren. Eine Identifizierung der Toten wurde zusätzlich dadurch erschwert, dass etliche ohne Sarg bestattet worden waren und es keine weiteren Hinweise wie etwa Metallplaketten oder Kleidungsstücke gab.[582] In einer Nachkriegsbefragung gab der

---

581 Berichtsentwurf mit hdschr. Korrekturen, 32 Seiten, o.O., o.J. [nach 1949, K. E], DAVCC, 26P 1257, Dossier »Rapports et plans relatifs aux exhumations […] 1950«.

582 Berichtsentwurf, DAVCC, 26P 1257, Dossier »Rapports et plans relatifs aux exhumations […] 1950«: »Zur Ausgrabung standen die Aufzeichnungen [hdschr.: Seite 39] zur Verfügung. Es wurde festgestellt, daß die vorgefundene Anordnung nicht mit der ehemaligen übereinstimmte. Als groß bezeichnete Gräber enthielten verschiedentlich wenige Leichen und umgekehrt. Teilweise lagen die Körper durcheinander. Die Hauptanordnung der Gräberreihen war jedoch in Ordnung. An Kleidung wurden in einigen Fällen lediglich Strümpfe vorgefunden. Es wurden weder Identifizierungszeichen noch besondere Grabstellen für Franzosen und Belgier gefunden. […] Die Wiederbeerdigung erfolgte in Abständen von 20 cm. Insgesamt wurden 783 Leichen in der angegebenen Zeit von etwa 3 Wochen ausgegraben, registriert, nach Osterholz übergeführt und als nicht identifizierbar wieder eingegraben. Sie erhielten in der Sektion J eine landschaftlich schöne Begräbnisstätte mit einer Gedenktafel. Ferner haben 17 weitere Leichen, die später im Marinebaugelände Neuenkirchen gefunden wurden, hier ihre neue Ruhestätte, sodass insgesamt 800 Leichen hier eingebettet worden sind […] Gelegentlich einer Sitzung mit amerikanischen und deutschen Behördenvertretern am 17.1.1950 wurde die Angelegenheit der ohne Erlaubnis durchgeführten Überführung noch einmal aufgerollt. Dies war erforderlich, weil durch die Überführung die sichere Identifizierung von etwa 180 Leichen französischer Nationalität, 78 Leichen belgischer und 16 Leichen italienischer Nationalität [durchgestr.: außerordentlich erschwert worden ist]«; [ab hier hdschr.:] »unmöglich gemacht worden ist.«
Die Identität einer großen Zahl von Opfern hätte zu einem späteren Zeitpunkt bestimmt werden können, etwa durch die Sicherung des Gebiss-Status vor erneuter Bestattung; dies ist anderenorts durchaus geschehen. Ein Mitglied des Recherche-Teams um Hans Schwarz fuhr mit einer Kommission unter Führung des amerikanischen Captain Williams nach Farge. Williams berichtete, er habe seinerzeit von dem Münsteraner Pathologen Giebe gefordert, »dass zur Identifizierung der Opfer Kieferabdrücke von diesen gemacht würden«. ZS Ludwigsburg, IV 404, AR 608/67, Kopie in: Archiv Landeszentrale für politische Bildung Bremen, Denkort Bunker Valentin, o.Reg. In einem Schreiben des Präsidenten des Senats an den US-Landeskommissar für Bremen, Charles R. Jeffs v. 27.12.1949 wird mit Hinweis auf die vorgefundene Gemengelage der menschlichen Überreste die Entscheidung begründet, den Versuch einer individuellen Nachbestattung

ehemalige Häftling Bert Kröger* an, dass den Toten auch die Metallmarken abgenommen worden waren.[583] Eine spätere Notgrabung durch den französischen Beauftragten mit Sitz im Haus des Reichs Bremen ergab, dass sich noch einzelne Knochenteile fanden; insgesamt seien die Leichen des ehemaligen Gräberfeldes jedoch wohl vollständig geborgen worden.[584]

Sie wurden auf ein Ehrengräberfeld des Bremer Friedhofs Osterholz umgebettet. Es muss offen bleiben, ob alle toten KZ-Häftlinge der Lager Farge und Blumenthal auf diesem Gräberfeld bestattet wurden und was mit den Leichen der anderen Toten geschehen war. Sie könnten auch ohne weitere Umstände an anderer Stelle im Gelände beerdigt worden sein.[585] Nur in zwei Fällen kann mit einiger Gewissheit gesagt werden, dass Häftlinge des KZ Blumenthal ihre letzte Ruhestätte auf einem Friedhof gefunden haben. Es handelt sich um die ungarischen Juden Eugen Schächter und Sandor Sommer. Beide werden im Bestandsbuch Bremen-Schützenhof aufgeführt. »Bl[umenthal]« ist in roter Farbe hinzugefügt, der gesamte Eintrag jedoch durchgestrichen. Die Todesursache bei Sandor Sommer lautet »Tod durch Erhängen (Selbstmord)«; das Todesdatum ist der 6. Dezember 1944.[586] Zusammen mit dem am 5. Dezember 1944 gestorbenen Eugen Schächter (Todesursache: »Herzschwäche«) gehörte er vermutlich zu dem Arbeitskommando, das täglich per Schiff von Blumenthal weseraufwärts gebracht und erst Weihnachten 1944 in das dann bereit stehende neue KZ-Kommando Schützenhof verlegt wurde. Da Blumenthaler Tote offenbar gemeinhin nach Farge verbracht wurden, kann angenommen werden, dass die beiden in Bremen-Gröpelingen verstarben und nicht nach Blumenthal zurücktransportiert wurden. Wie auch die Toten der Lager Riespott[587] und Schützenhof[588] wurden ihre sterblichen Überreste zum Krematorium Riensberg ge-

aufzugeben. Im selben Schreiben hebt W. Kaisen hervor, dass die neue Begräbnisstätte eine der schönsten Anlagen ihrer Art (»one oft he most beautiful arrangements of its kind«) sei.

583 Polizeiliche Vernehmung v. 6.8.1949. Leichenfunde am ehemaligen Marinebaugelände bei Neuenkirchen, 5.3.3 / 84624209, ITS Digitales Archiv. So auch der ehemalige Häftling W. R., Vernehmung v. 1.8.1949, 5.3.3 / 84624203, ITS Digitales Archiv.

584 Schreiben von Jean Simoen, Sous-Secteur de Brême, an den US-Vertreter v. 13.2.1950, in: Rapports et plans relatifs aux exhumations, DAVCC, 26P 1257. Die Sondierungen wurden bei widrigem Wetter vorgenommen und vorzeitig abgebrochen. Es ist m. E. denkbar, dass sich weitere sterbliche Überreste noch im Gelände befinden.

585 Bei Kanalarbeiten im Bereich der Lützow-Kaserne in Schwanewede wurden auf vier Quadratmetern 19 Skelette in zwei Massengräbern gefunden. Vgl. Peter-Michael Meiners, Gräber im Lagerbereich der U-Boot-Bunkerwerft »Valentin«. Rechercheergebnisse, S. 19–20.
Ins Internet gestellte Digitalisate des Archivs des Internationalen Roten Kreuzes (International Tracing Service, zukünftig: ITS) Arolsen geben weitere Auskünfte: Skizzen aus der unmittelbaren Nachkriegszeit weisen auf zwei wenige Meter voneinander entfernt gelegene Grabstellen in unmittelbarer Nähe des Konzentrationslagers Farge hin. URL: https://digitalcollections.its-arolsen.org/050303/content/pageview/1252705, Dokumente 84624153, 84624154.

586 Der Eintrag im Neuengammer Krankenrevier-Totenbuch Außenlager gibt als Lagerzugehörigkeit Blumenthal an. Nachweisliste, 1.1.30.1/0017A/0045, ITS Digitales Archiv.

587 Vgl. Hemmer/Milbradt, Bunker »Hornisse«, S. 101.

588 Gaebelein, Begegnung, S. 22.

bracht und dort am 9. Dezember 1944 eingeäschert. Die Aschen sind auf dem Friedhof Bremen-Osterholz (Gräberfeld K) beigesetzt.[589]

Die Todesraten waren in den Wintermonaten und in der Endphase des Lagerlebens höher als in den Anfangsmonaten August, September und Oktober. Dabei fällt auf, dass die Quote der Todesfälle unter den belgischen Gefangenen besonders hoch war. Eine namentliche Aufstellung von Victor Malbecq[590] weist 240 Belgier aus, die durch das Lager auf der Bahrsplate gegangen sind. 87 Belgier (nach der Liste der Gedenkstätte Neuengamme und laut Aufstellung der belgischen Herinneringsmemoire[591]) sind im Lager Bremen-Blumenthal gestorben. Bei den Zahlen von Malbecq handelt es sich jedoch um diejenigen, die sich nach dem Krieg namentlich erfassen ließen. Dies war möglich, wenn sich die Rückkehrer in den Ehemaligen-Verbänden organisierten, Anträge bei Behörden stellten oder sich aufgrund von Aufrufen zwecks Registrierung in der Datenbank Malbecqs meldeten. Offenbar ist dies jedoch nicht durchweg geschehen. Daher dürfte die Einschätzung De Maens, die aufgrund seiner Recherchen in Deutschland erfolgte, der Realität eher entsprechen (»412 Belgier«). Diese Zahl zugrunde gelegt, würde die Todesquote unter den belgischen Gefangenen 21 Prozent betragen haben. Die lange Zeit geäußerte Vorstellung, dass die rassische Kategorisierung des NS-Systems[592] quasi die Folie darstellte, nach der Mitglieder einzelner Häftlingsgruppen von Gewaltausübenden behandelt wurden, erweist sich als brüchig. Zwar war die Einordnung beispielweise als Jude nachteilig, konnte jedoch u.U. durch andere Faktoren wie Sprachkenntnisse teilweise kompensiert werden.[593]

Die Todesfälle (s.a. Grafik S. 174) bei den Belgiern unter den 123 Toten der mindestens zehn Nationalitäten im Blumenthaler Lager machten 71 Prozent aus. Diese hohe Quote ist erklärungsbedürftig. Van Pée schreibt: »Es war noch Anfang Oktober, als die ersten Toten aus unserem Konvoi fielen; sie stammten aus Meensel-Kiezegem. Sie waren Bauern, die also noch viel zu essen hatten und das Hungerregime nicht

589 Einäscherungsbuch der Friedhofsverwaltung Riensberg (Bremen), Reg.no. 42050 und 42058; Verzeichnis des Gartenbauamtes/Abt. Friedhöfe, URL: https://collections.arolsen-archives.org/archive/1-1-30-1_8133800/?p=1&doc_id=3415470; Grabstellenverzeichnis des Ehrenfriedhofs Bremen-Osterholz, no. 164, Grabstelle CC 1590.

590 Victor Malbecq, Camp de concentration de Neuengamme. Liste des détenus belges (1990). Malbecq war von 1993 bis 2015 Präsident der Amicale Belge de Neuengamme und 2013 bis 2015 Präsident der Association Internationale Neuengamme. Die aus den 1990er Jahren stammende Liste von Van Pée führt 279 Namen auf. Van Pée, Ik was 20, S. 230–240.

591 URL: http://www.herinneringmemoire.be/indexen/index-lijsten.htm.

592 Vgl. den tabellarischen Versuch einer idealen Klassifikation in: Sofsky, Ordnung, S. 140.

593 Vgl. Kapitel »Häftlingsgruppen. ›Wir‹ und die ›anderen‹«. Ausführlich vergleichend zum Thema Sterblichkeitsraten: Buggeln, Arbeit, S. 206–218.

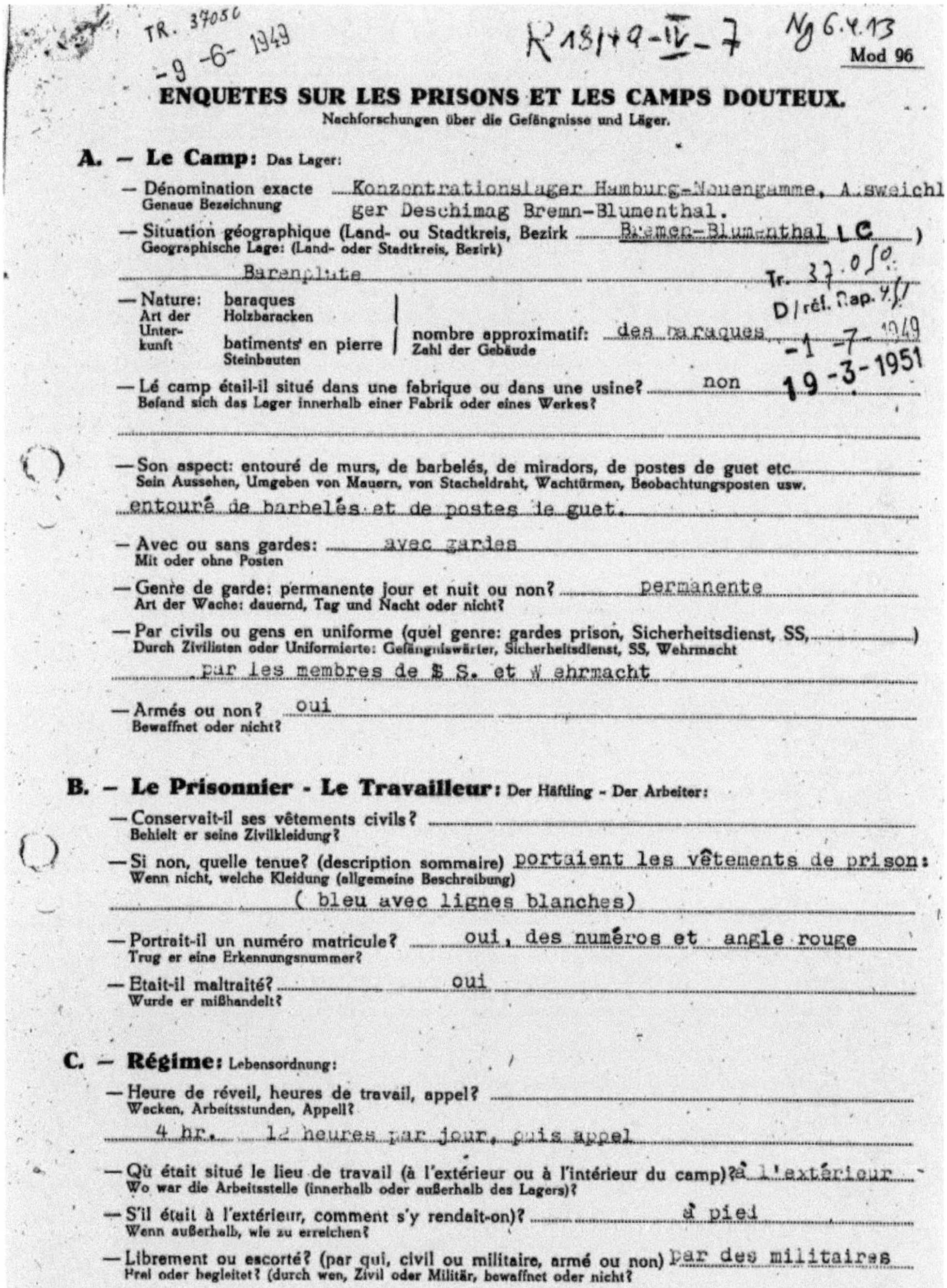

TR. 37050

-9 -6- 1949

R 18149-IV-7   Ng 6.4.13

Mod 96

ENQUETES SUR LES PRISONS ET LES CAMPS DOUTEUX.
Nachforschungen über die Gefängnisse und Läger.

A. — Le Camp: Das Lager:

— Dénomination exacte / Genaue Bezeichnung: Konzentrationslager Hamburg-Neuengamme, Ausweichlager Deschimag Bremn-Blumenthal.

— Situation géographique (Land- ou Stadtkreis, Bezirk / Geographische Lage: (Land- oder Stadtkreis, Bezirk): Bremen-Blumenthal LC)

Barenplute   Tr. 37.050.

— Nature: / Art der Unterkunft: baraques / Holzbaracken; batiments en pierre / Steinbauten — nombre approximatif: / Zahl der Gebäude: des baraques

D/réf. Rap. 4/7

-1 -7- 1949

19 -3- 1951

— Lé camp était-il situé dans une fabrique ou dans une usine? / Befand sich das Lager innerhalb einer Fabrik oder eines Werkes? non

— Son aspect: entouré de murs, de barbelés, de miradors, de postes de guet etc. / Sein Aussehen, Umgeben von Mauern, von Stacheldraht, Wachtürmen, Beobachtungsposten usw.

entouré de barbelés et de postes de guet.

— Avec ou sans gardes: / Mit oder ohne Posten: avec gardes

— Genre de garde: permanente jour et nuit ou non? / Art der Wache: dauernd, Tag und Nacht oder nicht? permanente

— Par civils ou gens en uniforme (quel genre: gardes prison, Sicherheitsdienst, SS,) / Durch Zivilisten oder Uniformierte: Gefängniswärter, Sicherheitsdienst, SS, Wehrmacht

par les membres de SS. et Wehrmacht

— Armés ou non? / Bewaffnet oder nicht? oui

B. — Le Prisonnier - Le Travailleur: Der Häftling - Der Arbeiter:

— Conservait-il ses vêtements civils? / Behielt er seine Zivilkleidung?

— Si non, quelle tenue? (description sommaire) / Wenn nicht, welche Kleidung (allgemeine Beschreibung): portaient les vêtements de prison:

(bleu avec lignes blanches)

— Portrait-il un numéro matricule? / Trug er eine Erkennungsnummer? oui, des numéros et angle rouge

— Etait-il maltraité? / Wurde er mißhandelt? oui

C. — Régime: Lebensordnung:

— Heure de réveil, heures de travail, appel? / Wecken, Arbeitsstunden, Appell?

4 hr. 12 heures par jour, puis appel

— Où était situé le lieu de travail (à l'extérieur ou à l'intérieur du camp)? / Wo war die Arbeitsstelle (innerhalb oder außerhalb des Lagers)? à l'extérieur

— S'il était à l'extérieur, comment s'y rendait-on)? / Wenn außerhalb, wie zu erreichen? à pied

— Librement ou escorté? (par qui, civil ou militaire, armé ou non) / Frei oder begleitet? (durch wen, Zivil oder Militär, bewaffnet oder nicht?) par des militaires

Eine belgische Kommission sammelte unter Verwendung von Fragebögen Informationen zu Gefängnissen und Lagern (Vorderseite)

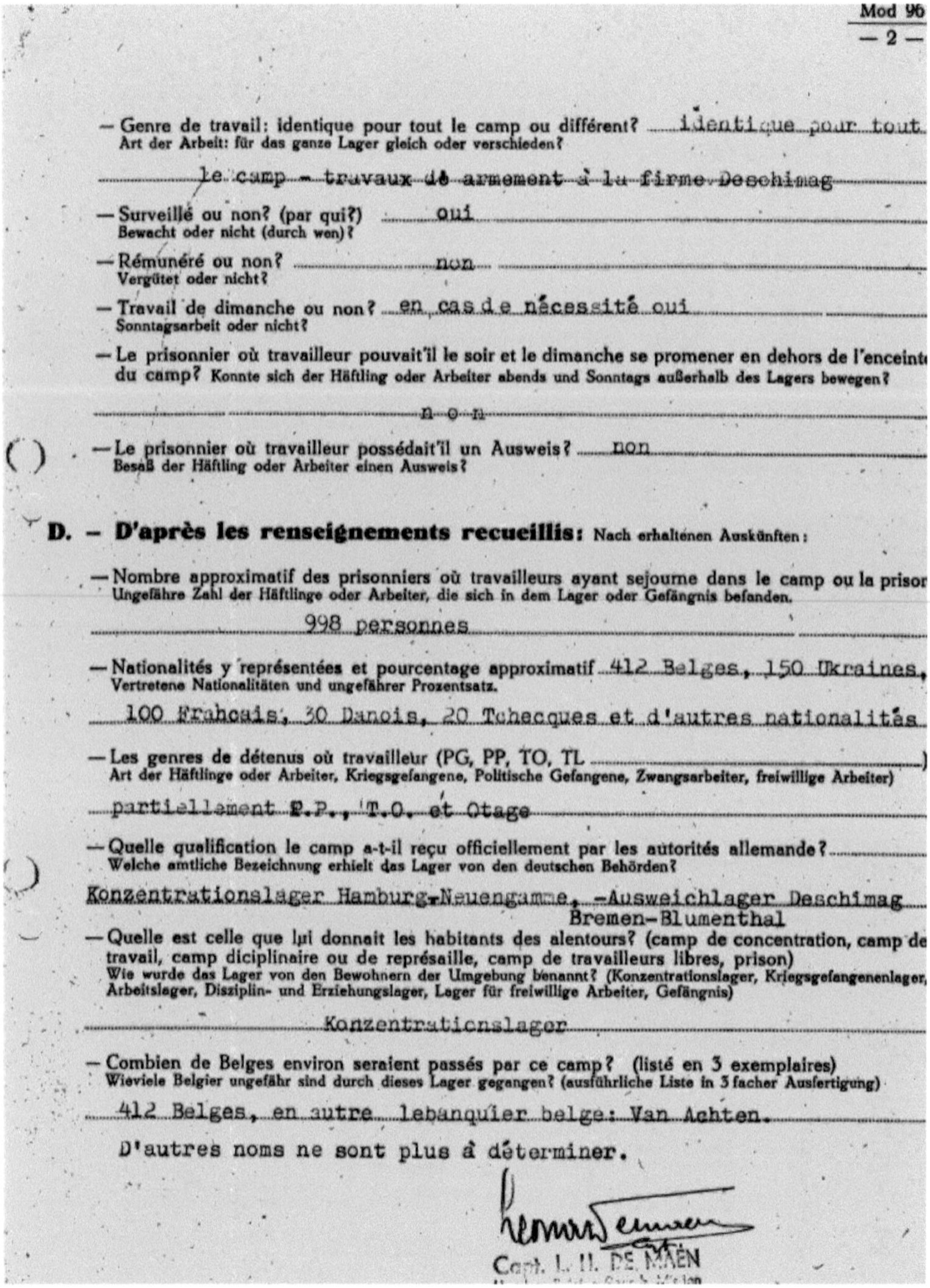

Mod 96

— 2 —

— Genre de travail: identique pour tout le camp ou différent? identique pour tout
Art der Arbeit: für das ganze Lager gleich oder verschieden?

le camp - travaux de armement à la firme Deschimag

— Surveillé ou non? (par qui?) oui
Bewacht oder nicht (durch wen)?

— Rémunéré ou non? non
Vergütet oder nicht?

— Travail de dimanche ou non? en cas de nécessité oui
Sonntagsarbeit oder nicht?

— Le prisonnier où travailleur pouvait'il le soir et le dimanche se promener en dehors de l'enceinte du camp? Konnte sich der Häftling oder Arbeiter abends und Sonntags außerhalb des Lagers bewegen?

n o n

( ) — Le prisonnier où travailleur possédait'il un Ausweis? non
Besaß der Häftling oder Arbeiter einen Ausweis?

D. — D'après les renseignements recueillis: Nach erhaltenen Auskünften:

— Nombre approximatif des prisonniers où travailleurs ayant sejourne dans le camp ou la prison
Ungefähre Zahl der Häftlinge oder Arbeiter, die sich in dem Lager oder Gefängnis befanden.

998 personnes

— Nationalités y représentées et pourcentage approximatif 412 Belges, 150 Ukraines,
Vertretene Nationalitäten und ungefährer Prozentsatz.

100 Français, 30 Danois, 20 Tchecques et d'autres nationalités

— Les genres de détenus où travailleur (PG, PP, TO, TL)
Art der Häftlinge oder Arbeiter, Kriegsgefangene, Politische Gefangene, Zwangsarbeiter, freiwillige Arbeiter)

partiellement P.P., T.O. et Otage

— Quelle qualification le camp a-t-il reçu officiellement par les autorités allemande?
Welche amtliche Bezeichnung erhielt das Lager von den deutschen Behörden?

Konzentrationslager Hamburg-Neuengamme, -Ausweichlager Deschimag
Bremen-Blumenthal

— Quelle est celle que lui donnait les habitants des alentours? (camp de concentration, camp de travail, camp diciplinaire ou de représaille, camp de travailleurs libres, prison)
Wie wurde das Lager von den Bewohnern der Umgebung benannt? (Konzentrationslager, Kriegsgefangenenlager, Arbeitslager, Disziplin- und Erziehungslager, Lager für freiwillige Arbeiter, Gefängnis)

Konzentrationslager

— Combien de Belges environ seraient passés par ce camp? (listé en 3 exemplaires)
Wieviele Belgier ungefähr sind durch dieses Lager gegangen? (ausführliche Liste in 3 facher Ausfertigung)

412 Belges, en autre lebanquier belge: Van Achten.

D'autres noms ne sont plus à déterminer.

Capt. L. H. DE MAEN

Eine belgische Kommission sammelte unter Verwendung von Fragebögen Informationen zu Gefängnissen und Lagern (Rückseite)

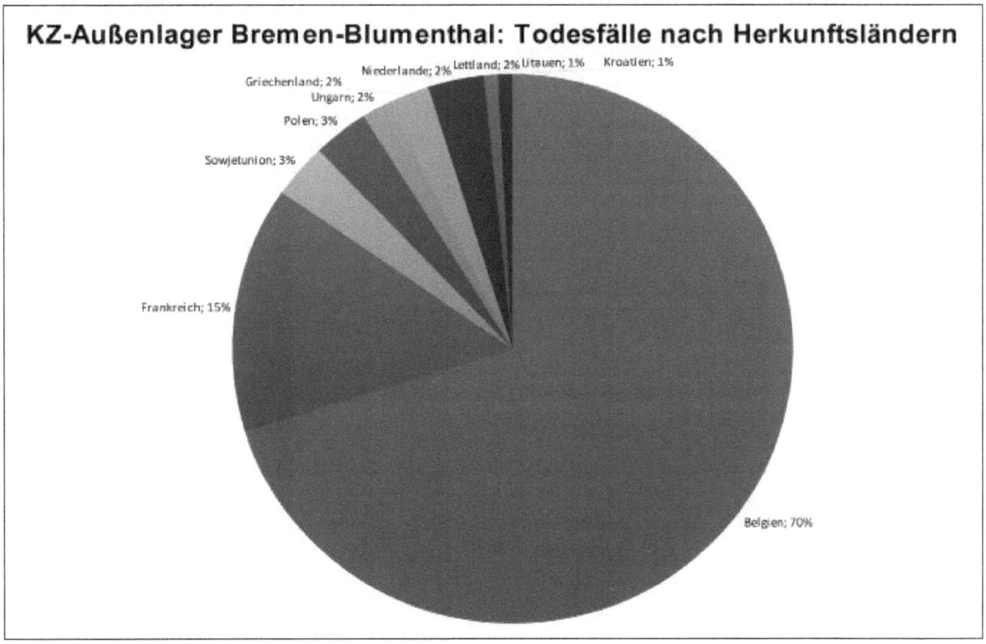

Todesfälle nach Herkunftsländern

überlebten. Sie starben die ersten drei Monate wie die Fliegen.[594] Frank Pingel formuliert m.E. nachvollziehbar, dass »derjenige, der in der vorkonzentrationären Welt um seine auskömmliche materielle Ausstattung hatte besorgt sein müssen«, über eine »Hierarchie von Verhaltensschritten« verfügte, die ihn die Situation im Lager besser ertragen ließ. Und: »Dieser Erfahrungshaushalt war vorzugsweise bei Angehörigen der städtischen Arbeiterschicht vorhanden, die die Lagersituation besser bewältigten als Angehörige der Mittelschicht oder der bäuerlichen Bevölkerung; letztere erwiesen sich nach den Einschätzungen der Häftlingsberichte als auffällig wenig lagerresistent, obwohl sie sicher über hinreichende praktische Fähigkeiten verfügten.«[595] Erschwerend erwies es sich für einen Großteil der westeuropäischen Gefangenen, dass sie nach Blumenthal verlegt wurden, als viele Funktionsstellen unterhalb der Kapo-Ebene bereits von anderen besetzt waren. Dies galt im Übrigen auch für das Außenlager in Bremen-Farge. Somit dürfte bei ihnen im Vergleich etwa zu Gefangenen aus

594 Van Pée, Ik was 20, S. 85. Aus der 900 Einwohner zählenden belgischen Gemeinde Meensel-Kiezegem wurden im August 1944 als Repressalie 61 Personen nach Neuengamme deportiert. Der erste Tote aus Meensel-Kiezegem im Lager Blumenthal war Marcel de Bruyn (Todesdatum 19.11.1944). Die These Van Pées scheint plausibel; alle aus diesem Ort stammenden Toten waren Bauern oder Landarbeiter. Vgl. digitale Datenbank der KZ-Gedenkstätte Neuengamme.

595 Pingel, Häftlinge, S. 171.

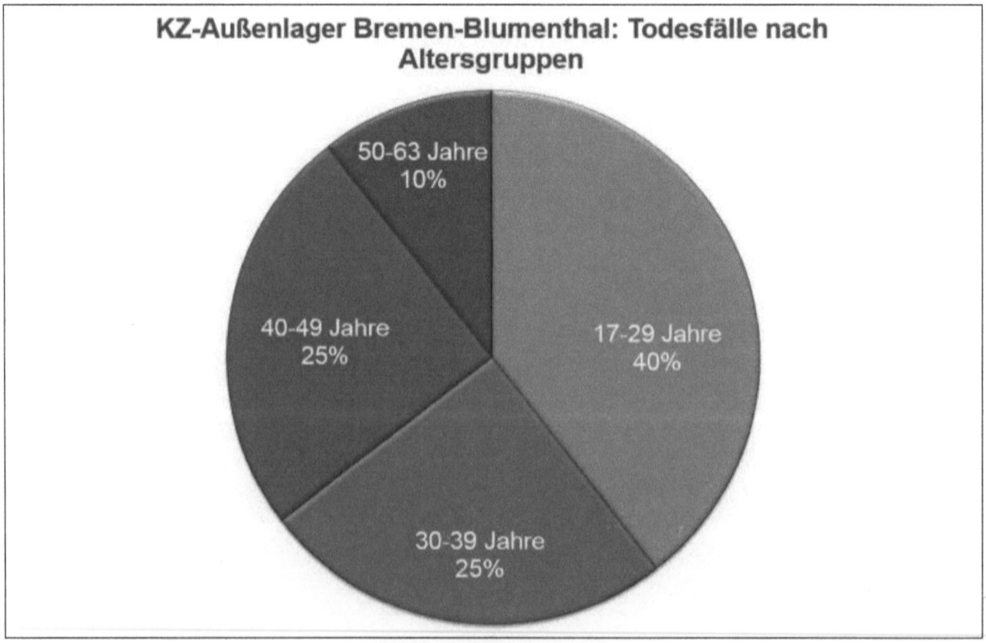

Todesfälle nach Altersgruppen

osteuropäischen Ländern die Sterblichkeit proportional eher deutlich höher gewesen sein.

Marc Buggeln kommt zu der Schlussfolgerung: »In einer imaginären Häftlingsgesellschaft aller Neuengammer Außenlager würden also, wenn man die relationale Sterblichkeit als Gradmesser wählen würde, die westeuropäischen, italienischen und jüdischen Häftlinge das unterste Segment der Häftlingsgesellschaft bilden. Das mittlere Segment würde die osteuropäischen Häftlinge umfassen. Die Spitze der Häftlingsgesellschaft nähmen aufgrund ihrer geringeren Sterblichkeitsrate die deutschen, nordeuropäischen, tschechischen und griechischen Häftlinge ein.«[596] Diese Einschätzung trifft auch für das Lager auf der Bahrsplate zu (s. auch das Kapitel »Häftlingsgruppen: ›Wir‹ und die »anderen«‹).

Wenn es einzelnen Herkunftsgruppen nicht gelang, Kapo- oder andere Vertrauens-Positionen zu besetzen, waren ihre Mitglieder stärker gefährdet. Für das Lager Blumenthal ist keine Liste der Insassen überliefert. Der mutmaßlich hohe Prozentsatz an Sterbefällen unter den Belgiern und Franzosen[597] könnte proportional den Anteil dieser

596 Buggeln, Arbeit, S. 333.

597 Von den 80 durch das Lager Blumenthal gegangenen Häftlingen aus Frankreich starben im Lager 18; die Quote ist somit noch höher als bei den belgischen Deportierten. Berechnungen des Vf. nach den Angaben in:

Gruppen unter den Insassen reflektieren. Er könnte aber auch – falls sich eine Disproportion erweisen würde – Indikator einer schwierigen Lage für die Neueintreffenden sein.[598] Duroméa und Van Pée schildern, wie bereits in der Ankunftssituation überlebenswichtige Entscheidungen fielen. Wenn es Angehörigen anderer Nationalitäten gelang, sich zum Sprecher der Neuen aufzuwerfen und dementsprechend Stellen zu besetzen, so konnten entscheidende Funktionen aus der Hand gegeben werden. Allein der Umstand, dass andere Häftlinge – wenn auch nur wenige Tage – vor ihnen eingetroffen waren, konnte von erheblichem Nachteil sein. Dies war im Lager Blumenthal u.a. bei westeuropäischen Häftlingen vermutlich der Fall. So war die Position des Häftlingsarztes zwar von einem französischen Medizinstudenten besetzt, die Posten der Häftlingspfleger nahmen jedoch vornehmlich Russen und Polen ein.

Fondation, Livre-Mémorial, Bd. 2.

598 Buggeln analysiert die Sterblichkeitsentwicklung im KZ-Außenlager Schützenhof, für das eine Lagerliste erhalten geblieben ist. Er zeigt, dass hier in der Tat die Todesrate unter Belgiern ungewöhnlich hoch war. Buggeln, Arbeit, S. 293–295. Ähnliches ist auch für Blumenthal anzunehmen.

9 Arbeitseinsatz

Die zum Krupp-Konzern gehörende A.G. »Weser« / Deschimag als größte Werft des Rüstungsstandort Bremen hatte mit Kriegsbeginn im September 1939 das Projekt eines Schlachtschiffbaus eingestellt.[599] Die Luftüberlegenheit der Westalliierten verhinderte in den Folgejahren jedes Auslaufen großer Schiffe und Schiffsverbände. Fortan konzentrierte sich die Marine auf den Ausbau der U-Boot-Waffe, vornehmlich auf die Neuentwicklung des Typs XXI, von dem die A.G. »Weser« bis Kriegsende 44 Exemplare auslieferte. Eine veränderte Fertigungsweise sollte den Ausstoß an U-Booten erhöhen. Dafür wurden an verschiedenen Standorten im Binnenland einzelne Sektionen im Rohbau gefertigt und in den leistungsfähigsten Werften des Reiches für den Zusammenbau ausgerüstet. Die Sektionen 3, 5 und 6 erstellte der Bremer Vulkan, die Sektion 7 die Deschimag-Werft Seebeck in Wesermünde, die Sektion 2 die Kriegsmarinewerft Wilhelmshaven. Die Montage erfolgte bei der A.G. »Weser« in Bremen-Gröpelingen. Parallel dazu entwickelte die Kriegsmarine das Werftbunker-Projekt »Valentin« an der Unterweser, vergleichbar mit anderen Projekten der Untertageverlegung kriegswichtiger Produktionsstätten. Die A.G. »Weser« sollte nach Fertigstellung des Rohbaus die Verantwortung für den Ausbau der Inneneinrichtung besitzen; die Bremer »Vulkan«-Werft würde die Montagewerft betreiben.

Die A.G. »Weser« als größter Bremer Betrieb beschäftigte 1944 an die 16.000 Menschen, davon machten Zwangsarbeiter und Kriegsgefangene fast zwanzig Prozent aus. 1944 kamen noch einmal Konzentrationslager-Häftlinge als letzte Arbeitskraftreserve hinzu. Bei Kriegsende war die »Lagerverwaltung der Gemeinschaftsläger der Deschimag« für insgesamt acht Lager mit etwa 7.000 Insassen zuständig.[600] Darunter befanden sich zwei Konzentrationslager: eines auf einem Areal im Westen des 2.000-Mann-Lagers Blumenthal auf der Bahrsplate, vormalig ein Lager für gefangene Rotarmisten, und – ab Weihnachten 1944 – das Lager Schützenhof in Bremen-Gröpelingen, Brombergerstraße, in das ein Teil der Blumenthaler Deportierten verlegt wurde.

Die Betreiberin der Konzentrationslager war die SS. Diese hatte jedoch reichsweit während des rasanten Ausbaus der Rüstungsinfrastruktur zumeist akzeptieren müssen, dass die neuen Arbeitskräfte in der Nähe von vorhandenen Produktions-

599 Hierzu im Überblick: Hemmer/Milbradt, Bunker »Hornisse«, S. 13–23.
600 StAB 3 R.1.m. Nr. 18/107.

standorten eingesetzt und untergebracht wurden. Die Arbeitsteilung zwischen Rüstungsindustrie und SS musste immer wieder ausgehandelt werden. Die Werft war im Fall des Deschimag-Lagers Blumenthal für die Planung und die Errichtung der Unterkünfte zuständig.[601] Die Verhandlungen mit dem Bezirks- und dem Hauptgesundheitsamt mündeten u.a. in die Einrichtung einer Desinfektionsanstalt im Areal des Ostarbeiterlagers Bahrsplate.[602] In diesem Fall waren die Interessen der beiden Akteure konvergent: Das Gesundheitsamt hatte hohe Auflagen für den Fall formuliert, dass die zukünftigen ausländischen Häftlinge nahe am Ortskern Blumenthals statt in weniger besiedeltem Gebiet untergebracht würden.[603] Die Deschimag betonte, dass ihre Belegschaft nicht durch den Kontakt mit infektiösen »fremdvölkischen« Neuankömmlingen gefährdet werden dürfe.[604] Sie hatte bereits 1942 in Erwartung sowjetischer Zivilarbeiter und Kriegsgefangener in den von ihr gepachteten Arbeitsstätten auf dem Gelände der BWK bauliche Veränderungen vorgenommen. Den »Gefangenen« sollte durch stacheldrahtbewehrte Mauern der Kontakt mit deutschen und anderen nichtdeutschen Arbeitsgruppen wie auch die Flucht verwehrt werden. In gleicher Weise wurden die Häftlinge des neu eingerichteten Konzentrationslagers von anderen Werktätigen isoliert. Die Praxis sollte zeigen, dass es dennoch unweigerlich zu zahlreichen Kontakten mit der deutschen Zivilbevölkerung kommen würde.

Die Blumenthaler KZ-Häftlinge gehörten, anders als ihre Leidensgenossen in Farge und in Gröpelingen, nicht zu einem Bau–, sondern zu einem Produktionskommando. Diese Tatsache konnte ihre Überlebenschance vergleichsweise erhöhen, da die Arbeitstätigkeit zumeist in Werkhallen vonstatten ging, die Schutz vor den Wetterunbilden boten, selbst wenn die Räumlichkeiten nicht geheizt waren.[605]

---

601 »Bei den in den Barackenlägern untergebrachten fremdvölkischen Arbeitern handelt es sich ausschließlich um solche, die in Privatbetrieben beschäftigt sind. Die Betriebe müssen daher auch die Kosten für die Errichtung der Läger aufbringen, genau wie andere bremische Betriebe das schon getan haben.« Der Regierende Bürgermeister an die Kreisleitung Bremen-Lesum der N.S.D.A.P., 23.10.1941, StAB 4,29/1-1370: »Einrichten von Großlagern«.

602 Ellebrecht, Sowjetische Kriegsgefangene, S. 194–195., S. 198–202.

603 StAB 4,137/1-113-05/2 (Bezirksgesundheitsamt Bremen-Nord. Allgemeine Hygiene. Wohnlager Bahrsplate 1942–1962).

604 Diese Ängste formulierte das Bauamt Bremen-Lesum im Planungsstadium 1942 folgendermaßen: »Die Werft [A.G. »Weser«, K. E.] hat persönlich starkes Interesse an der Erhaltung gesundheitlich einwandfreier Zustände, da ihre eigenen Arbeiter zusammen mit den Russen arbeiten müssen, und bei Ausbruch ansteckender Krankheiten der ganze Betrieb lahmgelegt wird.« Schreiben an den Senator für das Bauwesen v. 20.2.1942, StAB 4,13/1 A.8.c.Nr. 51.

605 So die Annahme des Verfassers des UKE-Gutachtens von 1944. Buggeln widerspricht der bislang oft vertretenen Ansicht, dass eine Unterscheidung zwischen Bau- und Produktionslagern erklärungswirksam für die jeweilige Mortalitätsquote sei. Vgl. Buggeln, Arbeit, S. 333.

Das KZ-Arbeitskommando auf dem Gelände der Bremer Wollkämmerei

Die Gefangenen des Blumenthaler KZ-Lagers waren verschiedenen Arbeitskommandos zugeteilt. Das zahlenmäßig größte befand sich, abgeschirmt von anderen deutschen und nichtdeutschen Arbeitskräften, im sogenannten Hochbau der einen Kilometer entfernten Bremer Wollkämmerei (BWK). Dieses Werk war in der zweiten Hälfte des 19. Jahrhunderts gegründet worden. Seine Entstehung hatte u.a. den Zuzug polnisch-preußischer Arbeitskräfte zur Folge gehabt. Blumenthal entwickelte sich zu einem modernen Industriestandort. Produktionsziel war die Herstellung des Woll-Kammzuges, d.h. die Veredelung der Rohwolle, der dann an Spinnereien abgegeben werden konnte. Die kriegsbedingt unterbrochene Rohstoffzufuhr, fehlende Arbeitskräfte und Kohlenmangel hatten bewirkt, dass zunehmend Werksgebäude leer standen.[606] Der Geschäftsbericht der BWK weist erstmalig für das Jahr 1942 aus, dass die Deschimag einen Pachtzins von 185.000 Reichsmark bezahlt hat. Die erhöhten Beträge von 1943 (214.000 Reichsmark) und 1944 (224.000 Reichsmark) können ein Indiz dafür sein, dass sukzessiv neben der bereits gepachteten Woll-Lagerhalle (Gebäude no. 137) weitere Gebäude angemietet wurden. Dazu dürfte auch der Hochbau gezählt haben. In ihm waren die Krempelsäle und die Lagerräume für sogenannte Kämmlinge untergebracht.[607] Ungeklärt ist, ob hier auch schon früh Metallwerkstätten untergebracht waren.

Aus den Erinnerungen des belgischen KZ-Gefangenen Gaston Vandekerkhoves geht hervor, welche Abteilungen und Werkstätten es in der Spätphase des Krieges gab: »Nach einigen Tagen brachte man uns zur Arbeit. Die Fabrik befand sich zwei Kilometer vom Lager entfernt. Vor dem Krieg war es eine der bedeutendsten Spinnereien Europas gewesen. Man hatte sie in ein metallverarbeitendes Werk umgewandelt, um dort U-Boot-Teile herzustellen. Es gab eine Schmiede, eine Dreherwerkstatt, eine Montageabteilung, Magazine und verschiedene Monteurwerkstätten.[608] In jeder Werkstatt gab es einen deutschen Meister[609], natürlich Mitglied der Nazipartei; er hatte den Auftrag, die Arbeit zu verteilen und sie zu kontrollieren. Darüber hinaus gab es ebenfalls in jeder Werkstatt einen oder mehrere ›Vorarbeiter‹[610] […]; diese waren Mitgefangene, anfänglich alles deutsche Kriminelle. Es gab einen Kapo als Verantwortlichen für zwei oder drei Arbeitsplätze. Diese ›Vorarbeiter‹ und Kapos waren Aufseher, die die Peitsche

606 Vgl. Friedrich Jerchow, 1883–1983, S. 88–90.

607 Vor der Reservierung für die KZ-Gefangenen mussten im Hochbau sogenannte P-Polen arbeiten wie etwa der Jugendliche Julian Nowak, womöglich auch ukrainische OstarbeiterInnen sowie französische und italienische Kriegsgefangene. Vgl. Christoph Schminck-Gustavus (Hrsg.), Hungern für Hitler. Erinnerungen polnischer Zwangsarbeiter im Deutschen Reich 1940–1945 (1984), S. 51–54.

608 Vandekerkhove, Enfer, S. 34.

609 So nannten die Häftlinge üblicherweise die deutschen Zivilarbeiter, die ihnen Anweisungen erteilten.

610 Im Original auf Deutsch.

Blick auf Gebäude der Bremer Wollkämmerei, darunter den Hochbau (links). Aufnahmen Pierre Billaux (1953)

schwangen, um die Mithäftlinge zu jagen und zu bestrafen. […] Nach einigen Tagen Arbeitseinsatz wurden einige neue Vorarbeiter bestimmt. Dieses Mal waren es keine Kriminellen, denn es gab keine mehr von ihnen. Die meisten waren Franzosen oder Belgier …«[611] Georges Ducros teilte nach dem Krieg auf Anfrage des französischen Vaters eines anderen Deportierten mit: »Ihr Sohn war als Schlosser in der Werkstatt angestellt, die ich vier Monate lang geführt habe.«[612] Außerdem gab es auf dem Gelände, vielleicht im Erdgeschoss des Hochbaus, neben der Schmiede eine Gießerei.[613] Die Auswahl der Arbeiter für qualifizierte Tätigkeit ging höchst unprofessionell vonstatten.[614] Sie beruhte meistens auf den Angaben der Häftlinge. Häufig hatten die Betreffenden keine oder nur geringe fachlichen Kenntnisse. So hatte sich Jean-Marie Vanden Eynde mit Funkgeräten beschäftigt, bevor er deportiert wurde. Er meldet sich zu den Elektrikern und konnte sich schnell die notwendigen Kenntnisse aneignen. Die Betriebselektriker arbeiteten unter der Aufsicht eines »russischen« Häftlings mit dem Vornamen Nicolas.[615] Guy Melen etwa nannte seine wirkliche Berufsausbildung nicht, sondern behauptete, Student zu sein, um bei einer Tätigkeit im Lager Möglichkeiten für eine Flucht zu erkunden.[616]

611 Vandekerkhove, Enfer, S. 33–35.

612 Brief an »Monsieur Jacq« (1945), abgedruckt in: Amicale de Neuengamme et de ses kommandos, Les dossiers de Neuengamme, Dossier no. 10 (Le kommando de Bremen-Blumenthal-Bahrsplate, o.J., S. 24).

613 Van Pée, Ik was 20, S. 80; Video-Interview Roger Vyvey (1986), Stichting Auschwitz (Brüssel), YA/FA/0217; Video-Interview Billaux (1991), Archiv d. Vf.

614 Dies traf zumindest in den Stammlagern nicht durchweg zu; hier sind Eignungs- und Auswahlverfahren dokumentiert. Vgl. Rainer Fröbe, KZ-Häftlinge als Reserve qualifizierter Arbeitskraft. Eine späte Entdeckung der deutschen Industrie und ihre Folgen, in: Ulrich Herbert u. a., Die nationalsozialistischen Konzentrationslager. Entwicklung und Struktur (1998), S. 653. Den Häftlingsberichten zufolge verließen die Deportierten mit der Bestimmung Außenlager Blumenthal das Stammlager Neuengamme augenscheinlich nach wenigen Tagen oder blieben eine Zeitlang untätig in Quarantäne; einige wurden in die Arbeitskommandos in Neuengamme eingebunden. In keinem der überlieferten Fälle scheint es im Hinblick auf den Einsatz im Produktionslager Blumenthal eine Vorab-Prüfung gegeben zu haben.

615 Vanden Eynde, Ansprache zum 4.11.2009, Archiv Internationale Friedensschule, Reg. Stein der Hoffnung.

616 Melen, Résistance.

Innenansicht eines Geschosses des Hochbaus (2015)

Raymond Van Pée bereute es bald, als Beruf Student angegeben zu haben, da er beim Dienst im Lager ständig den strafenden und prügelnden Peinigern ausgesetzt war. Am fünften Tag nach der Ankunft reihte er sich ohne Probleme in die ›Schweißer-Werkkolonne seines Bruders ein. Pierre Billaux als gelernter Friseur wurde nach einer schwierigen Phase in der Schlosserwerkstatt in die Reinigungskolonne herabgestuft: »Wenn das Lager nicht allzu hart war, dann deswegen, weil wir in geschützten Werkstätten waren. Die Fachleute wurden in Ruhe gelassen, wohingegen ich, der ich zu den Schlossern in der zweiten Etage versetzt worden war, es nicht schaffte, das Metall so wie notwendig mit Hammer und Meißel zu bearbeiten. Ein Meister kommt vorbei und fragt mich, ob ich Geige spiele. Ich bekam ein paar Ohrfeigen, danach zeigte er mir, wie es ging (feilen). Wir schliffen Ventile ein (für U-Boot-Turbinen), wir zerlegten sie, setzten sie wieder zusammen, dann kam Druck darauf, um zu sehen, ob sie dicht waren. Ich habe am meisten gelitten, als ich Schmutzkehrer war.«[617]

Mehr Glück im Unglück hatte der Belgier Marcel Belgeonne. Er war noch nie in einer Fabrik gewesen. Da er der Arbeit in der Transportkolonne nicht gewachsen war, schwere Teile in die einzelnen Stockwerke des Hochbaus zu befördern, setzte man ihn in einer Werkstatt im fünften Stock ein. Die kurze Einweisung durch einen Kapo war nicht ausreichend. Belgeonne beschädigte gleich zu Beginn den Bohrer einer großen Bohrmaschine; er hatte die Bohrspitze nicht im Futter befestigt. Dies wurde ihm als Sabotage ausgelegt, und zwei Kapos versetzten ihm Stockhiebe auf das Gesäß. Die restliche Haftzeit verbrachte Belgeonne in der Schlosserwerkstatt unter der Aufsicht eines Lütticher politischen Gefangenen, wo er am Schraubstock kleine Teile feilte. Es ist denkbar, dass Belgeonne vor einer noch höheren Strafe und vor einer Abordnung in ein besonders erschöpfendes Arbeitskommando durch die Fürsprache von belgischen Vorarbeitern bewahrt wurde.[618]

617 Billaux, Verbatim (2006).
618 Belgeonne, Tragique destin, S. 45–48.

Der Hochbau auf dem Gelände der Bremer Wollkämmerei war der Einsatzort des größten KZ-Arbeitskommandos

Der Gruppe von 190 jüdischen Häftlingen, die Ende Oktober mit einem Transport von Sachsenhausen gekommen war, wurde eine Liste mit Berufen verlesen, die benötigt wurden; die ca. 60 nach der Zuordnung übrig gebliebenen Gefangenen kamen in die Transportkolonne.[619] Dieses Arbeitskommando galt als gefährlich und auszehrend. Pierre Billaux erinnert sich: »Da meine Fähigkeiten als Friseur überhaupt nicht nützlich für die geforderte Arbeit waren, fand ich mich der Transportkolonne zugewiesen, deren Aufgabe es war, mühsame und gefährliche Arbeiten auszuführen (Transport von Blechen, von Gasflaschen für die Schweißer, Entladen von Maschinen, die aus bombardierten Fabriken stammten, und dies mit den allereinfachsten Mitteln). Wenn ich dazu noch sage, dass die Männer in diesen Arbeitsgruppen verschiedene Sprachen besaßen und dass die Kapos besonders grausam waren, so war die Transportkolonne zweifellos der schlimmste Platz in der Fabrik.«[620]

Die Rahmenbedingungen am Arbeitsort waren für alle Häftlinge gleich. Jeder arbeitete in einer Schicht von zwölf Stunden. Die deutschen »Meister« waren in der Mehr-

619 Rosenberg, Jahre, S. 130.
620 Billaux, Matricule, in: Elles, S. 3.

zahl nicht allzu bösartig.[621] Die Nachtschicht war personell bei Weitem nicht so stark wie die Tagschicht.[622] Manchmal begegneten sich die Marschkolonnen auf dem Weg. Die Verpflegung wurde mitgeführt. Häftlinge zogen einen Kesselwagen auf das Gelände der BWK; hier gab es in der Mittags- bzw. Mitternachtspause warme Verpflegung, die Nachtschicht erhielt eine erhöhte Ration.[623] Ein Belohnungssystem sah vor, dass bei guter Arbeit bis zu sieben Zigaretten in der Woche »verdient« werden konnten. Die schwere Arbeit in der Gießerei und der Schmiede wurde mit einer etwas höheren Suppenration honoriert.[624] Andererseits führten Kapos eine Strichliste, auf der »Verstöße gegen die Disziplin« aufgeführt waren. In der Schreibstube des Lagers erhielten die Arbeitskräfte die »Belohnungen«; hier wurden auch die Strafsanktionen, meistens in Form von Prügeln, manchmal auch in Form von Essensentzug, festgesetzt.

Häftlinge, denen es gelungen war, sich einen guten Arbeitsplatz zu sichern, die sich unter Landsleuten und weltanschaulich Gleichgesinnten vernetzt und sich zudem durch Leistungen bei den Meistern Anerkennung verschafft hatten, waren in der Werkstatt vor Übergriffen weitgehend geschützt. André Duroméa war Schlosser wie sein Freund und Parteigenosse Adolphe (Tarnname: »Adrien«) Legeay. Er erinnert sich: »Aber natürlich hatten wir überhaupt keine Lust, für das große Hitler-Reich zu arbeiten. Wir mussten jedoch, wenn wir Schläge oder die Hinrichtung wegen ›Sabotage‹ vermeiden wollten, so tun, als ob wir arbeiteten. Ich hatte mir selbst eine Verhaltens-Leitlinie festgesetzt: ich arbeitete, weil es mich beschäftigte und mir trübe Gedanken ersparte. Ich fing alles an und beendete nie etwas. Immer fehlte mir etwas. Und das dauerte mehrere Monate. Aber selbst wenn wir in der »Fabrik« relativ in Ruhe gelassen wurden, so war der Aufenthalt im Lager, abends oder sonntags, wenn wir nicht arbeiteten, etwas ganz anderes.«[625]

Marc Buggeln beschäftigt sich in einem Aufsatz mit der Bedeutung der Raumorganisation bei Zwangsarbeit. Er weist dabei auf die Hauptlogik am Arbeitsort hin[626]: »Während im Lager die Sicherungslogik und zum Teil die Vernichtungslogik dominierte, spielte am Arbeitsort die Verwertungslogik die zentrale Rolle.« Dabei könne zwischen einer Arbeitsanstrengungs- und einer Arbeitsergebnisüberwachung unterschieden werden. Duroméas Schilderung macht plausibel, dass in seinem Arbeitsbereich eine sinnvolle Überprüfung des Arbeitsergebnisses kaum möglich war; auch die Schil-

621 Poirson, Récit, Teil I.
622 Laut Metla betrug die Nachtschicht 200 Mann. Schreiben v. 16.1.1996, ANg 36-550.3/6.
623 Schreiben Metla an die KZ-Gedenkstätte Neuengamme, ANg 36-550.3/6. Um Mitternacht gab es eine 15-minütige Pause, in der Suppe ausgeteilt wurde. Juillet, Froides, S. 94.
624 Van Pée, Ik was 20, S. 80; Video-Interview Vyvey (1986), Stichting Auschwitz (Brüssel), YA/FA/0217.
625 Duroméa, André, S. 137.
626 Marc Buggeln, Tödliche Zone KZ-Außenlager: Raumorganisation und die Be- und Entgrenzung von Gewalt 1942–1945, in: Jörg Baberowski / Gabriele Metzler (Hrsg.), Gewalträume. Soziale Ordnungen im Ausnahmezustand (2012), S. 202.

derungen anderer Häftlinge bestätigen diese Aussage (vgl. Textblock von P. P. Metla, Ca. 15 Tage paßte ich also auf und warnte sie, Seite 186).

Die Werkstätten waren Orte, an denen KZ-Häftlinge mit deutschen Zivilisten in Kontakt kamen. Die Deportierten stellten schnell fest, dass diese unabhängig von ihrer weltanschaulichen Einstellung agierten. »Die Zivilen in der Fabrik, obwohl Nazis, waren ziemlich nachsichtig; ich kenne persönlich welche, die Mitleid hatten und uns heimlich halfen. So wurden wir von den Herren Devers[627] und Schreck, Ingenieure in der A.G.W.-Fabrik in Blumenthal/Bremen, gut behandelt.«[628] Andere, wie der Oberingenieur Scheffer[629] sei nie mit den Leistungen zufrieden gewesen und habe dafür gesorgt, dass zwei polnische Mithäftlinge wegen Sabotage gehängt worden seien.[630]

Die SS war am Arbeitsplatz nicht präsent. Für die Frage der Gewalttätigkeit in den Beziehungen waren daher vornehmlich die »zivilen« Kräfte des Betriebes verantwortlich. Das vorangehende Zitat weist darauf hin, dass Demonstrationen von Macht und Gewalt durch einzelne Personen am Arbeitsplatz nicht entgegengetreten wurde; Hilfe und Unterstützung für die Zwangsarbeiter erfolgte nur verdeckt. Dieser Umstand erlaubte es auch Verantwortlichen mit niedrigerem Status, ein gewaltgrundiertes Verhalten zu zeigen. Als besonders verhängnisvoll wurde von deutschen zivilen Beschäftigten, aber auch von Zwangsarbeitern, die Rolle des Werkobmanns Friedrich Proll* angesehen. Die französische Kriegsverbrechen-Ermittlungsgruppe vernahm ihn 1946. Proll erklärte, er stamme aus der Ukraine, seine Eltern seien Russen gewesen. Er kam laut eigener Aussage 1919 nach Deutschland[631] und hat möglicherweise die deutsche Staatsangehörigkeit erworben. Der Belgier Désiré Achten gibt an, dass Proll den Wachen regelmäßig Meldungen mit ins Lager gegeben habe. Somit sei er für viele Misshandlungen verantwortlich gewesen.[632] Er sorgte dafür, dass Kapos die Gefangenen schlugen oder dass diese in den Arrest kamen.[633] Es gab aber auch von deutscher Seite Aussagen[634], wonach Proll persönlich für Misshandlungen verantwortlich gewesen sei: »Über den Fall Proll können wir folgende Aussagen machen: Proll war unter den K.Z. Häftlingen, russischen Zivilarbeitern und Deutschen Gefolgschaftsmitgliedern als Verräter und sehr unbeliebter Mensch bekannt. Proll arbeitete ganz und gar unter der Anweisung des inhaftierten Betriebsleiters St. Die Behandlungsweise den K.Z. Häftlingen sowohl [sic] russischen Zivilarbeitern ging in sehr robusten Weise und sehr häu-

627 Nicht identifiziert.
628 Erklärung Herbert De Puysseler, CEGESOMA, Dossier 581/645.
629 Nicht identifiziert.
630 DAO/SAVG/AfK, Dossier no. 21104, Bericht Laurent Bernard.
631 StAB 4,66-I., 8499.
632 Aussage Achten, Dossier 581/645, CEGESOMA.
633 Aussage Stanislas de Battaglila, Dossier 581/645, CEGESOMA.
634 Vernehmung von K., Schmolze, P. und Schreck vor dem Vertreter der französischen Suchmission in Bremen (6.3.1946) Dossier 581/645, CEGESOMA.

fig mit Schlagen mit den Fäusten oder mit der Hand vor sich.« Der Seemaschinist Franz Friedrich Schreck sagte an Eides Statt aus: »Im Februar habe ich mit eigenen Augen gesehen, wie Proll ausländische Häftlinge mit Füßen getreten und mit Fäusten ins Genick und ins Gesicht geschlagen hat. Proll, St. und Lu. waren die Haupttreiber der Deschimag. In der Hauptsache war es Proll, der die meisten Anzeigen beim damaligen Betriebsleiter St. machte.« In einer ähnlichen Aussage erwähnt der ehemalige Häftlingskapo Ernst Hennig eine »Rundschrift des Lagerführers vom Endt«; demzufolge hätten die Zivilisten der Deschimag ihre Instruktionen erhalten, u.a., dass kein Häftling geschlagen werden dürfe.[635] In der Realität wurde am Arbeitsplatz wie auch im Lager tagtäglich gegen derartige Vorschriften verstoßen, ohne dass diese Handlungen geahndet worden wären. Die Denunziation war ein probates Mittel, um das Schreckensregime aufrechtzuerhalten; eine Gegenwehr schien so gut wie unmöglich. Die Zeugenaussage von Josef T. lautet: »Über den SS-Mann[636] Proll wohnhaft Bremen [...] kann ich berichten, dass er ein ganz gemeiner Mensch war. Wo er nur die Häftlinge schikanieren und ein Strick drehen konnte, war er bereit. Mir ist ferner bekannt, dass Proll sehr viel [sic] Misshandlungen vorgenommen hat. Proll war derjenige, der mit dem bereits in Haft genommenen Betriebsleiter St. zusammen gearbeitet hat. Es wurde während der Zeit, wo Proll die Funktion als SS-Mann[637] ausführte, von den Zivilrussen[638] erzählt, wenn sie den Proll erwischten, ihm [sic] ohne Bedenken umzubringen, weil er ein derart gemeiner Mensch war.«[639] In das Entnazifizierungsverfahren fanden diese Aussagen keinen Eingang. Nach einer mehr als zweijährigen Internierung wird er im Juli 1948 vernommen. Dabei verschweigt er, dass er KZ-Häftlinge beaufsichtigt hat. Er sei im »Aussenwerk Blumenthal« als Dolmetscher und Meister beschäftigt gewesen und habe diesen Arbeit angewiesen und sie beaufsichtigt. Der Ermittler vermerkt: »Der Betroffene macht den Eindruck eines glaubwürdigen und zu keiner Gewalttat fähigen Menschen. [...] Eine Nachfrage beim Betriebsrat der AG Weser hat nichts Nachteiliges für den Betr[offenen] ergeben.«[640] Das Verfahren wurde eingestellt, »da er vom Gesetz nicht betroffen ist«.[641]

635 Aussage Ernst Hennig v. 25.2.1946, Dossier 581/645, CEGESOMA.

636 Proll war kein Mitglied der SS.

637 Gemeint: als Kontrolleur der KZ-Häftlinge.

638 Offenbar hat Proll bereits vor Einrichtung des KZ-Außenlagers eine vergleichbare Funktion im zuvor eingerichteten Ostarbeiterlager ausgeübt. So äußert sich auch der ehemalige Kapo Ernst Hennig: »Vor dem [KZ-] Häftlingseinsatz haben ›Russen‹ in der ›Deschimag‹ gearbeitet. Wie mir von [...] Mitarbeitern des Proll erzählt wurde, sind die Russen derartig behandelt worden, dass es mit Menschlichkeit nichts gemein hat.« Aussage v. 25.2.1946, Dossier 581/645, CEGESOMA.

639 Eidesstattliche Versicherung v. 16.2.1946, Dossier 581/645, CEGESOMA.

640 StAB 4,66-I., 8499, S. 3 und 4.

641 StAB 4,66-I., 8499.

Franz Schreck gehörte zu den deutschen Zivilisten, die auch nach dem Krieg Kontakt zu ehemaligen Häftlingen hielten und darauf hinarbeiteten, dass Täter ihrer Strafe zugeführt wurden. In einem Brief an den ehemaligen Häftling Stanislas de Battaglia, der nach eigenen Angaben zum Sündenbock des Lagerschreibers Ewald Schmolze geworden war,[642] gibt Franz Schreck an, dass er seelisch stark darunter gelitten habe, jeden Tag dasselbe Elend und dieselben Ungerechtigkeiten habe ansehen müssen. Während die ehemaligen Kapos Hennig, Isemann und Schmolze in Blumenthal eine gewisse Rolle spielten[643], seien andere, wie er, nur deswegen aus ihren Funktionen entlassen worden, weil sie einfache Parteimitglieder der NSDAP gewesen seien. Er habe zum Beispiel als Arbeiter in einer Ziegelei arbeiten müssen. »Ich habe einem Mitglied der Mission française[644] all die Schweinereien und Missstände mitgeteilt, die Sie, Herr Battaglia, und Ihre Leidensgenossen ertragen mussten.« Es ist schwer zu entscheiden, ob Franz Schreck sich in einem Bemühen um Rückversicherung die Adresse von Battaglia besorgt hatte und die französische Mission womöglich mit dem Ziel informiert hatte, seine persönlich schwierige Situation zu verbessern, oder ob es ihm um die Verfolgung von Tätern ging. Vielleicht waren beide Motive gleichermaßen wirksam.

Georges Ducros bescheinigt in einer »Versicherung auf Ehrenwort«, dass der Mithäftling Maurice D. Mitglied einer Sabotagegruppe gewesen sei. Der Sabotage bei der Fertigung von Niederdruckturbinen verdächtig, sei dieser schwer bestraft worden und an den Misshandlungen gestorben.[645]

An der Darstellung des ukrainischen Häftlings Petr P. Metla lässt sich zeigen, in welcher Weise Kontingenz und eigenes Verhalten die Lage von Häftlingen bestimmten. Er war Mitglied der Nachtschicht, die ohnehin im Geruch stand, leichter zu sein. Möglicherweise konnten in Anbetracht der selteneren Kontrollen und der geringeren Anzahl an Arbeitenden auch positive Beziehungen geknüpft werden. Es war ein glücklicher Zufall, dass die beiden »Kapos« – wohl eher Vorarbeiter-Häftlinge – umgängliche Mitgefangene waren. Andererseits hatte Metla einiges dafür getan, sich selbst nicht zu gefährden. Angesichts des Gerüchts, dass Qualifizierte in ein anderes, unterirdisches Lager verbracht werden konnten, war er das Risiko eingegangen, sich ungeschickt anzustellen und war mit der einfachen Arbeit des Tankreinigens beauftragt worden. Da sich die Tanks unmittelbar vor dem Eingang befanden, konnte Metla die ruhebedürftigen Mitgefangenen in den oberen Stockwerken beim Nahen von Kontrollen warnen.

642 Aussage v. 19.7.1946, Dossier 581/645, CEGESOMA.

643 Die drei hatten sich unter Vorspiegelung falscher Tatsachen bei der US-amerikanischen Besatzungsbehörde Arbeitsplätze im Materialdepot Blumenthal verschafft. StAB 4,66-I., [Hennig]; StAB 4,54-E 2358, [Isemann]; StAB 4,66-I., [Schmolze].

644 Wahrscheinlich gemeint: Mission française de Rapatriement en Allemagne (oder: Service de Recherches des Crimes de guerre ennemis).

645 Dossier Maurice D., DAVCC, 21P 435452. Der Kamerad Quentin N. bestätigt die Misshandlungen und die Tatsache, dass Maurice D. trotz Operation am 1.4.1945 verstarb.

Ca. 15 Tage paßte ich also auf und warnte sie

»Ich unterhielt mich mit meinem Nachbarn, der in der Tagesschicht arbeitete. Er erzählte mir, wie brutal sie geschlagen werden, was für eine schwere Arbeit sie tun müssen. In der Nachtschicht war es natürlich viel leichter und die Arbeit war nicht besonders schwer, auch geschlagen wurde man nicht so oft. In der Nachtschicht gab es zwei Kapos; ein Franzose, der einen weißen Kreis auf dem Rücken trug. Niemand hatte was gegen ihn. Der andere war Belgier, strenger, aber auch kein Biest. Wir arbeiteten in zwei Hallen: im zweiten Stock Schlosser-Lehrlinge, in der unteren Etage – bei Werkmaschinen und Schweißer [sic]. Meine Aufgabe war es, die Tanks der Gasgeneratoren zu reinigen. Die Arbeit war sehr schmutzig, aber nicht anstrengend. Mein Arbeitsplatz lag zwei Meter entfernt vor dem Straßeneingang in die Halle. In der Nachbarschaft arbeitete ein Schweißer. Einmal sprachen mich in der Toilette zwei Häftlinge an: Pole und Franzose, diejenigen, die mir abgeraten hatten, mich als Dreher ausbilden zu lassen: als Dreher wäre ich ins KZ Dora nach Essen[646] in eine unterirdische Geheimfabrik geschickt [worden], von der niemand zurückkehrt. Ich hatte es daraufhin so eingerichtet, dass ich als für Drehwerk Ungeeigneter in die untere Etage verlegt worden war, wo ich Tanks reinigen musste. Jetzt sagten sie zu mir: da ich meinen Arbeitsplatz neben der Tür hatte, durch welche mitten in der Nacht der Hauptingenieur oft eintritt, muß ich den Schweißer warnen, wenn er hereinkommt. Neben der Tonne lag ein Armaturkabel. Ich mußte ihn [sic] zu sich [sic] ziehen. Ca. 15 Tage paßte ich also auf und warnte sie. Danach sagte man, es sei genug. Bis heute weiß ich nicht, wofür und für wen ich das tat, ob es [sic] eine Untergrundorganisation agierte oder Kapos Pause machten und gewarnt werden wollten. Denn Kapos waren nach Mitternacht kaum in der Halle zu sehen.«

Petr P. Metla[647]

Dennoch konnte leicht der Verdacht der Sabotage aufkommen. Dabei war es nebensächlich, ob die Gefangenen tatsächlich – was mehrfach bezeugt ist – alles dafür taten, um die Produktion zu verlangsamen oder zu stören, oder ob Materialschwäche bzw. anlasslose Schikane zugrunde lagen. Der Belgier Joseph Desaver gab in einem Nachkriegs-Fragebogen an, der Kapo »Edmond« habe ihn der Sabotage bezichtigt, anschließend sei er von »Edmond« nackt eine halbe Stunde mit kaltem Wasser abgespritzt worden.[648]

Die Angaben Desavers sind auch aus einem anderen Grunde interessant. Er gibt in einem Fragebogen an, in einem Kommando von 30 Personen an U-Booten gearbeitet zu haben. Von zwei Kapos bewacht, hätten die Gefangenen schweißen, entgraten und schwere Teile aus U-Booten entfernen müssen. Insbesondere die letztere Tätigkeit sei sehr erschöpfend gewesen, man habe den ganzen Tag im Wasser gestanden. Desavers Aussage ist unter den Häftlingsberichten singulär: Da die BWK kein Schiffsdock besaß, stellt sich die Frage, ob ein derartiges Kommando in der benachbarten Vegesacker

646 Es handelt sich um das heute als KZ Mittelbau-Dora bezeichnete Lager, dessen Insassen beim Ausbau und Betrieb einer unterirdischen Rüstungsfabrik eingesetzt waren. Der Nachkriegsprozess fand im Landgericht Essen statt.

647 ANg, HB 1696, Petr P. Metla (aus vorliegender Übersetzung).

648 Polizeiliche Vernehmung v. 4.2.1946, DAO/SAVG/AfK , Dossier 16547, J. Desaver.

Werft GmbH, einer Tochter der Vulkan Werft, eingesetzt war. Dieses Unternehmen war mit Schwerpunkt für die Produktion von U-Booten zuständig. Robert Kabelac, seinerzeit Vorstandsvorsitzender der Doppelwerft, hatte im Rahmen seines Entnazifizierungsverfahrens betont, dass es nach einem Einsatz von KZ-Häftlingen zur Trümmerbeseitigung[649] keine erneute Beschäftigung von KZ-Gefangenen auf der Werft gegeben habe.[650] Desavers Aussagen würden bedeuten, dass diese Aussage nicht zutrifft.[651] Andererseits: Als Arbeitsort gibt Desaver »slosser Werke« in Blumenthal an[652], und keiner der Kameraden, die er als Angehörige seines Kommandos benennt[653] – u. a. Timmermans und Achten – schildert eine vergleichbare Arbeitstätigkeit.

Arbeitskommando Stammwerft Gröpelingen

Ein zweites großes Arbeitskommando entstand auf der Stammwerft der A.G. »Weser« in Gröpelingen. Es wurde vermutlich im Oktober 1944 zusammengestellt. Der Lagerälteste »Karl« soll zusammen mit den anderen Kapos eine Razzia durchgeführt haben. Dabei wurden u. a. alle Rekonvaleszenten, Körperbehinderten oder Kranken in einer Liste erfasst.[654] Die Betroffenen, so erinnert sich Henri Pâques, seien erstaunt, aber auch nicht unzufrieden gewesen, etwas anderes als die demoralisierende Lagerumgebung zu sehen. Nach sehr frühem Aufstehen, dem mageren Frühstück und dem Zählappell sei man unter Aufsicht von Marinesoldaten in Fünfer-Reihen zum Anleger[655] marschiert und zu einem Schlepper mit Schute[656] gebracht worden. Während der Fahrt konnten die Häftlinge die enormen Schäden sehen, die die alliierten Bombardements verursacht

649 Es handelte sich um mindestens 75 Gefangene der KZ-Baubrigade II des Konzentrationslagers Neuengamme, die für mehrere Wochen zu Schachtarbeiten auf dem Werksgelände eingesetzt wurden. Genaueres mit Quellenangabe in: Thomas Urban, »Wendig sein und anpassen!« Robert Kabelac und die Leitung der Bremer Vulkan-Werft im Zweiten Weltkrieg, in: Jörg Osterloh/Harald Wixforth (Hrsg.), Unternehmer und NS-Verbrechen. Wirtschaftseliten im »Dritten Reich« und in der Bundesrepublik Deutschland (2014), S. 127–131.

650 »Nie hat ein KZ-Mann am Bremer Vulkan gearbeitet, wogegen ich mich standhaft von August 1944 an wehrte.« StAB 4,66-I., Kabelac, Robert, Bl. 94.

651 Zumindest wurde in der Spätphase des Krieges erneut der Einsatz von KZ-Gefangenen geplant. In einer Stellungnahme des Bremer Vulkan v. 5.1.1945 zur Frage der Verlegung seiner Rüstungssparte zum Bunker »Valentin« werden »Anlaufkosten« für die »Schulung der neu einzustellenden Leute«, darunter »KZ-Häftlinge« benannt. Schreiben an das Oberkommando der Kriegsmarine, abgedruckt in: Reinhold Thiel, Die Geschichte des Bremer Vulkan 1805–1997, Band II, 1919–1945 (2009), S. 144.

652 Fragebogen J. Desaver, ANg, HB 218, S. 5.

653 Fragebogen J. Desaver, ANg, HB 218 S. 9.

654 Darin drückte sich wohl der Versuch der Lagerleitung aus, sich der Arbeitsunfähigen und Geschwächten zu entledigen.

655 Vermutlich zum Kai der BWK, denn Pâques erwähnt eine Unterkunft für ausländische Arbeiter, an der sie vorbeimarschierten. Womöglich handelt es sich um den Ostarbeiterbereich des Deschimag-Lagers sowie Gebäude der Wollkämmerei.

656 »Allège« im Original.

hatten. Sie wurden in den Bauch des Schiffes gepfercht; dies habe immerhin den Vorteil gehabt, nicht frieren zu müssen. Neben anderen Kameraden, die sie jeden Morgen wiedersahen, ist Pâques der Mithäftling Henri Fieuillien[657] in Erinnerung geblieben. Diesem etwa 60 Jahre alten Offizier gelang es, durch seine Haltung, seine Erzählungen, seine Ratschläge und seine besonnene Einschätzung der gegenwärtigen Situation den Mitgefangenen moralisch Beistand zu leisten. »Die Fahrten mit dem Boot nach Bremen sind mir immer in guter Erinnerung geblieben, denn sie brachten uns eine Art Linderung unserer Befürchtungen, ebenso Hoffnung angesichts der Zukunft, die wie eine unüberwindliche Mauer vor uns lag. Die Haltung voller Weisheit eines reiferen Mannes in Hinblick auf unsere Widrigkeiten half uns oft genug, unser Elend zu ertragen.«[658] Auf diesen Fahrten gab es unweigerlich Kontakt zwischen der Schiffsbesatzung, den Marinesoldaten und den Gefangenen. Punktuell zu helfen, war deutschen Zivilisten in einer solchen Situation möglich, unterlag aber dem Risiko, von dem persönlich nicht bekannten Wachpersonal denunziert zu werden.

An manchen Tagen verhinderte Nebel, dass das Schiff auslief. Dann blieben die Gefangenen im Lager, hatten Aufräum- und Reparaturarbeiten zu verrichten und waren den grausamen Scherzen der Kapos ausgeliefert.[659]

Pâques wurde demselben Arbeitskommando wie Fieuillien zugewiesen.[660] In einer Holzbaracke, der Stahlputzerei, bearbeiteten die Häftlinge verschiedene Metallteile, z.B. Rohrverbindungen und Kupplungen. Diese wurden u.a. mit Presslufthämmern entgratet, mittels Elektrolyse glatt geschweißt, dann geschliffen und glatt geputzt. Pâques hatte keine Kenntnisse in Metallbearbeitung. Er konnte keinen Presslufthammer bedienen und wurde daher von einem deutschen Ingenieur dem Bogenschweißen zugeteilt. Der Facharbeiter Karl Duparré, etwa 40 Jahre alt, war offenbar unabkömmlich gestellt und vermittelte den Häftlingen als Lehrschweißer die Grundkenntnisse ihrer zukünftigen Tätigkeit. Das anfängliche Misstrauen wich zunehmend dem Verständnis. Nachdem er von den Zuständen im Lager erfahren hatte, brachte er hin und wieder etwas Essen für seine Schützlinge mit. Die Kommunikation erfolgte auf Flämisch und Plattdeutsch. Später bildete Pâques selbst Neulinge in der Schweißtechnik aus. Um die sonnenbrandähnlichen Verbrennungen an den Vorderarmen zu vermeiden, die beim Schweißen entstehen, forderte Duparré, dass den Häftlingen Schutzkleidung gestellt werde.[661]

657 Henri Fieuillien kam bei der Schiffskatastrophe in der Neustädter Bucht ums Leben. Die belgischen Behörden verliehen ihm postum den Status Politischer Gefangener.
658 Pâques, Récit, S. 80–82.
659 Ebd., S. 96, 120.
660 Hierzu und zum Folgenden: Pâques, Récit, S. 84–92.
661 Pâques, Récit, S. 99.
662 Ebd., S. 97–98.

Ich bin sehr erstaunt und kann nicht glauben, dass der Mann mich meint

»Eines Abends erlebte ich während der Rückfahrt auf der gewohnten Schute, angedockt an den seitlichen Schlepper, eine Begebenheit, die unauslöschlich in meine Sträflingserinnerung eingraviert bleiben wird: Wir waren eingepfercht wie immer, schön warm im Laderaum, aneinander gedrückt und warteten geduldig auf den Augenblick des Ablegens. Über uns hörten wir nur die Wachen hin- und her marschieren, um sich warm zu halten. An manchen Tagen passierte es, dass ein etwas mitleidigerer Wachsoldat uns erlaubte, an Deck zu kommen, um ein natürliches Bedürfnis zu befriedigen – unter der Voraussetzung, dass dies nicht zu häufig vorkam. An jenem Abend, ich weiß nicht richtig warum, fand ich die Atmosphäre im Laderaum bedrückender als sonst, daher versuchte ich es bei dem Wachsoldaten. Dieser hatte einen mehr als gutmütigen Gesichtsausdruck, und da ich diesen Wunsch gerade als einziger hatte, wurde er mir sofort gewährt. Ich kletterte also die Leiter auf allen Vieren hinauf mit der Idee, etwas frische Luft zu schnappen. In meiner halben Verzückung ließ ich meine Phantasie weit jenseits der Grenzen Richtung Westen schweifen, wo mir die Meinen, meine Verlobte und alle meine Pfadfinder-Brüder erschienen. Der Augenblick war so köstlich, dass ich ihn aus lauter Freude in die Länge zog.

Plötzlich wurde ich aus meinen süßen Träumereien durch ein leises Rufen auf Deutsch gerissen, es kam aus dem Maschinenraum. Ich bin sehr erstaunt und kann nicht glauben, dass der Mann mich meint; ich komme mit einer gehörigen Portion Misstrauen näher. Ich sehe dann im Halbdunkel einen Mann mit einem ölgeschwärzten Gesicht, in dem nur die hellen Augen glänzen; er macht mir ein Zeichen einzutreten, was ich mit einem Satz mache. Vorher habe ich einen schnellen Blick auf die Wache getan, die mir glücklicherweise gerade den Rücken zudreht. Unter dem lauten Kolbengeräusch reicht mir der Mann am ausgestreckten Arm einen Aluminiumtopf, in dem sich gut ein Pfund Eintopf befindet: eine nahrhafte Masse aus Rotkohl, Kartoffeln und salzigem Fisch, alles gewürfelt. Ich lasse mich nicht zweimal einladen und in geringerer Zeit als ihr euch vorstellen könnt, gelingt es mir, den Inhalt des Behälters hinunterzuschlingen, den ich dem Besitzer völlig gesäubert zurückgebe. Er sieht mich mit seinem breiten Lächeln in dem dunklen Gesicht an und ich drücke ihm dankbar die Hand. Der Schlosser sagt mir noch ein paar Worte, die ich nicht verstehen kann und ich beeile mich, auf die Brücke des Schleppers zu springen und von da auf das Deck der Schute. Dann verschwinde ich rasch in den Tiefen des Laderaums, um dort die Gruppe meiner Freunde wiederzufinden.

Zum Glück für mich hat die Wache keine Reaktion gezeigt, denn sie hat mich aus dem Maschinenraum herauskommen sehen, und das hätte mich teuer zu stehen kommen können. Aber an jenem Tag hatte ich das Glück auf meiner Seite. Wieder inmitten meiner Kameraden angekommen, mit etwas recht vollem Magen, habe ich plötzlich Gewissensbisse, als ich an meine Schlemmerei denke und das arme blasse Gesicht von André vor mir sehe, dessen Augen immer stärker glänzen.«

Henri Pâques[662]

Karl Duparré war Lehrschweißer bei der A.G. »Weser« und unterstützte KZ-Gefangene auch in schwierigen Situationen. Nachkriegsaufnahme

Mangelnde Erfahrung führte immer wieder zu Problemen. Gaston Robillard wurde beauftragt, mit Hilfe der Laufkatze große Teile in der Halle zu bewegen. Es handelte sich um eine Arbeit, die große Präzision verlangte. Ein kleiner Fehler konnte Zwischenwände oder Schweißkabinen zerstören. Der Häftling bekam wegen erster Fehler große Probleme mit dem Werkstattchef, der angeblich Nazi war. Später beherrschte er seine Aufgabe, musste sich aber, so Pâques, wegen eines nicht heilenden Phlegmons einer Amputation des rechten Beins im Lagerrevier unterziehen.[663] Fieuillien stieg zum Gruppenleiter auf. Er kontrollierte die eingehenden und ausgehenden Metallstücke und führte lange Unterhaltungen mit Offizieren der Kriegsmarine. Diese besorgten ihm Sanitärartikel und ein wenig Nahrung. Er nutzte seine Beziehungen dazu, dass Belgier auf eine Liste für schmutzige und gesundheitsschädliche Arbeiten gesetzt wurden; dies garantierte, dass sie eine doppelte Suppenportion bekamen. Nachdem Pâques glühendes Lötzinn auf seine Fußlappen gefallen war, sorgte Fieuillien dafür, dass er eine vernünftige Wundversorgung in der betrieblichen Krankenstation erhielt.

Der »Lohn« betrug sechs oder sieben Zigaretten, die gegen Brot eingetauscht werden konnten. Später ist dieser »Lohn« laut Pâques nicht mehr ausgezahlt worden. Mittags erhielten die Häftlinge in einer großen Halle die Suppe ausgeteilt, eine Gelegenheit, sich über die Kriegslage, Hoffnungen und Ängste auszutauschen. Immer häufiger wurde Luftalarm gegeben. Die Gefangenen beendeten mit großer Erleichterung die Arbeit, stellten sich auf, ließen sich zählen und

663 Pâques, Récit, S. 108. Gaston Robillard starb am 30.1.1945. Häftlingsdatenbank KZ-Gedenkstätte Neuengamme.

marschierten zum zentralen Betonschutzbunker. Auf dem Weg dorthin sahen sie Dutzende U-Boot-Rümpfe, die auf die Weiterbearbeitung warteten. Bombenschäden beeinträchtigten die Produktion. Die Häftlinge sahen mit großer Freude, dass die von ihnen bearbeiteten Stücke im Freien Rost ansetzten. Nach der Entwarnung konnten sie sich wieder in der wärmeren Werkstatt einfinden. Eines Tages wurden sie sogar in einen Schutzraum für deutsche Arbeiter geführt. Sie nutzten die Gelegenheit, die in ihren Augen luxuriösen Duschen auszuprobieren. »Augenblicklich sind wir aus den Kleidern und dann gibt es eine Zurschaustellung nackter und ausgemergelter Körper, wie sie in eine Darstellung von Dantes Hölle gepasst hätte.« Dies blieb eine einmalige Erfahrung. Die deutschen Arbeiter, so Pâques, hätten sich beschwert. Beim nächsten Alarm wurden die ausländischen Häftlinge wieder in den zentralen Bunker geführt, dessen kalte Luft für manch eine Lungenentzündung verantwortlich gewesen sei. »Wenige Tage später würden wir noch mehr Läuse auf uns tragen als vorher.«

Der Bericht von Henri Pâques verdeutlicht, dass sich die Häftlinge aufgrund von Mangelernährung und körperlicher Belastung am Rande der Erschöpfung befanden. Unter günstigen Umständen konnten sie ihre Situation eine Zeitlang ertragen; dabei waren sie ständig von Misshandlungen und Krankheiten bedroht. Der Bericht des deutsch-jüdischen Häftlings Heinz Rosenberg skizziert noch viel krasser, welchen Belastungen Mitglieder des Arbeitskommandos Gröpelingen ausgesetzt waren. Dabei handelt es sich um ein Gruppe jüdischer Häftlinge, die besonderen Schikanen und »Strafen« ausgesetzt waren. Rosenberg schildert, wie nach dem Wecken um vier Uhr dreißig um fünf Uhr fünfzehn die Fahrt nach Gröpelingen begann. In dem kleinen ungeheizten Boot habe es keine Sitzplätze gegeben und die Häftlinge seien durchgefroren in der Fabrik angekommen. In den Werkstätten gab es nur kleine Kanonenöfen, die in der Nähe der Arbeitsplätze der Deutschen aufgestellt waren. Die Arbeit dauerte zehn Stunden, unterbrochen von einer halben Stunde Mittagspause. Den deutschen Zivilarbeitern war es verboten, den Juden Lebensmittel zuzustecken. Nach der Rückkehr erfolgten der Zählappell und die »übliche Bestrafung der aufgeschriebenen ›Faulen‹«.[664] Einen Vorteil gab es bei den Arbeiten auf der Stammwerft gegenüber anderen Arbeitsorten: Bei Luftalarm wurde die Arbeit eingestellt, und die Arbeiter konnten sich in dieser Zeit erholen.[665]

Am ersten Weihnachtsfeiertag 1944 wurden Angehörige des Arbeitskommandos Stammwerft Gröpelingen aus Blumenthal abgezogen und in die neu entstandenen Unterkünfte des KZ-Außenlagers Schützenhof (Bremen-Gröpelingen) verlegt.[666] Es handelte sich um eine Gruppe von ca. 200 Personen[667], darunter die etwa 160 Bewohner

664 Rosenberg, Jahre, S. 131.
665 Alexandre Seghers, ANg, HB 946.
666 Ausführlich zum Bau und zur Einrichtung des KZ Schützenhof vgl. Halle/Huhn, Bremen-Gröpelingen, S. 41–54.
667 Der Zeitraum der Errichtung des KZ ist unklar. Henri Pâques berichtet, Yvon D' Have habe sich auf dem Gelände Schützenhof beim Bau der Gebäude eine Lungenentzündung zugezogen und sei nach kurzer Zeit

des »Judenblocks«.[668] Die Verlegung erfolgte vermutlich weniger, weil dem täglichen Schiffstransport Bombenangriffe drohten, sondern wohl eher, weil dringend Treibstoff gespart werden musste.[669] Das Gelände des Lagers Schützenhof hatte zuvor nach einer zwangsverfügten Räumung der Schützengilde zu Kriegsbeginn unter anderem als Sammelstelle für Bremer Sinti und Roma vor ihrer Deportation in den Osten und 1942/43 auch zur Unterbringung von 250 KZ-Häftlingen der II. SS-Baubrigade gedient. Alliiertes Bombardement zerstörte das Gebäude der Schützengilde im Oktober 1943. Ab Anfang November 1944 waren auf dem Gelände Häftlinge aus Blumenthal eingesetzt, um »das neue Lager in Bremen« zu bauen. Dieses soll aus vier Unterkunftsbaracken sowie Funktionsgebäuden bestanden haben.[670] Die Baracken waren ursprünglich

---

gestorben. Pâques, Récit, S. 94. In der digitalen Datenbank Neuengamme ist Yvon D'Haves Tod für den 24. Oktober 1944 verzeichnet. Van Pée benennt seinen Bruder Robert Van Pée und Felix Bruyninckx als Mitglieder eines 200er-Kommandos, das ab November täglich nach Gröpelingen gebracht worden sei, um dort das Lager Schützenhof aufzubauen. Van Pée, Ik was 20, S. 226. Von den jüdischen Überlebenden Albert U. und Nathan T. gibt letzterer an, Mitte Juli mit anderen zusammen das Lager aufgebaut zu haben. Archiv Gedenkstätte Bergen-Belsen, Entschädigungsakten, Irgun Z 1.
Diese Aussage steht der von van Pée nicht entgegen. Bezüglich der Größenordnung des Baukommandos Schützenhof ist allerdings anzunehmen, dass die Mehrzahl der 200 Häftlinge, wie z.B. Heinz Rosenberg, nach dem täglichen Transport per Schiff in der Stammwerft und nicht beim Bau des neuen Lagers eingesetzt wurde.
Weitere Häftlinge wurden im Laufe des Januar 1945 verlegt, so z.B. am 15.1.1945 Robert Van Pée und Felix Bruyninckx. Joseph Desaver führt sechs belgische Kameraden auf, die am 3.1.1945 nach Schützenhof verlegt wurden. Schreiben an das Commissariat au Rapatriement v. 26.5.1946, DAO/SAVG/AfK, Dossier 16547. Die Behauptung Hans Isemanns beim polizeilichen Verhör am 19.9.1975, ein Kontingent von 800 Personen sei zum Lager Riespott verlegt worden, ist nicht plausibel. Es hätte keinen Sinn ergeben, das Gros der Arbeitsplätze im Hochbau auf dem BWK-Gelände in Blumenthal ungenutzt zu lassen. StAB 4,89/3-985, Bl. 179. Dokumente und andere Häftlingsaussagen weisen allein auf eine Verlegung des ca. 200 Personen umfassenden Boot-Kommandos in das Lager Schützenhof hin. Die erhalten gebliebene Lagerliste Schützenhof führt 1070 Häftlinge auf. Archives de l'État en Belgique, Rep 280, Tr 2275. Die Namen von 202 Personen sind mit dem roten Vermerk »Bl[umenthal]« gekennzeichnet. Es dürfte sich dabei um die Daten aus dem bereits in der zweiten Jahreshälfte 1944 angelegten Blockbuch des Schiff-Transportkommandos handeln. Dennoch gibt es eine widersprüchliche Aussage: Der ehemalige Kapo Ernst Hennig behauptet: »Im Frühjahr 1944 [wohl gemeint: 1945, K. E.] kam aus dem Hauptlager in Neuengamme ein Häftlingstransport von genau 1.000 Häftlingen, und zwar Polen, Tschechen, Franzosen, Belgier, Jugoslawen und Deutschen [sic].« StAB 4,89/3-985, Bl. 190. Es ist allerdings zu vermuten, dass ein Transport dieser Größenordnung in den Erinnerungsberichten anderer Deportierter einen Niederschlag gefunden hätte. Dies ist nicht der Fall.

668 Rosenberg, Jahre, S. 136.

669 So meldete das Hafenbauamt Bremen bereits am 14.6.1944 an den Bevollmächtigten für den Nahverkehr in Berlin: »Die Beschaffung des Dieselkraftstoffes für die Fährschiffe ›Stedingen‹ und ›Grohn‹ wird immer schwieriger.« StAB 4,25/1-398. Bei einer Kommandeurbesprechung in Bremen Anfang 1945 wurde Klage geführt, dass aufgrund von Kraftstoffmangel die Blindgängerbeseitigung nicht mehr möglich sei; auch könne ein feindlicher Störballon in Worpswede nicht beseitigt werden. StAB Fundus Schwarzwälder, BA 8: Polizei 1943–45. Eine weitere Vermutung zielt auf die Tatsache, dass mit Eisgang auf der Weser gerechnet werden musste und daher regelmäßige Fahrten nicht gewährleistet waren. Vgl. Halle/Huhn, Bremen-Gröpelingen, S. 43.

670 René Thirion, Ansprache v. 29.4.2002 anlässlich der Einweihung einer Erinnerungstafel. Spurensuche Bremen, URL: https://www.spurensuche-bremen.de/, Aufruf vom 06.11.2017. Eine in der unmittelbaren Nachkriegszeit entstandene Skizze weist sechs Baracken auf. DAVCC, 26P1257. Nach U. Halle lässt sich eine Erweiterungsplanung mit sechs Wohnbaracken konstatieren. Dabei kann eine sukzessive Belegung je nach Baufortschritt vermutet werden. Halle/Huhn, Bremen-Gröpelingen, S. 42–47.

gut eingerichtet, jedoch entwickelten sich die Lebensumstände für die Inhaftierten in kurzer Zeit extrem negativ, so dass dieses nur wenige Wochen bestehende 700-Mann-Lager schließlich die höchste Todesrate der Neuengammer Außenlager – nämlich über 250 Häftlinge – in der Region Bremen aufwies.[671]

Häftlinge konnten leicht zur Disposition stehen, wenn es galt, sich geschwächter Gefangener zu entledigen. Nach einem morgendlichen Appell im Lager Blumenthal trennten Kapos Henri Pâques und fünf seiner Kameraden von den anderen, brachten sie auf die Schreibstube, durchsuchten und schlugen sie. Dann wurden sie, bewacht von zwei Marinesoldaten, in einen Güterwaggon verfrachtet. Zwei Kameraden fielen auf dem Fußmarsch zur Straßenbahnhaltestelle vor Erschöpfung immer wieder in den Schnee. Der Straßenbahnfahrer lehnte es zunächst ab, die Gruppe zu transportieren. Schließlich erreichten die Marinesoldaten, dass die Gruppe die Außenplattform reserviert bekam; die anderen Passagiere mussten in das Wageninnere. Die Häftlinge erkannten die Silhouette der A.G. »Weser« wieder und freuten sich über die Bombenschäden. Im Lager Schützenhof stellten die zuständigen Kapos fest, dass alle sechs aus dem Blumenthaler Krankenrevier stammten. Der Lagerleiter entschied, dass die Gruppe nach Bremen-Nord zurück müsse. Proteste der Marinesoldaten halfen nicht. In Blumenthal erhielten die sechs, da ja nicht eingeplant, kein Essen. Am nächsten Morgen entschied der »Kommandant« [i.e. Kommandoführer vom Endt, K. E.] endgültig. Pâques' Wunde auf dem Fußspann wurde erneut versorgt. Fünf Häftlinge wurden nach Gröpelingen verlegt, der sechste blieb wegen völliger Entkräftung in bedenklichem Zustand zurück.[672]

Andere Arbeitskommandos

Offenbar hat es auch, womöglich zeitlich begrenzt, ein Arbeitskommando auf der Baustelle des U-Boot-Bunker-Projekts »Valentin« gegeben. Dazu existiert kein Dokument, jedoch eine Anzahl von Aussagen aus der Bevölkerung in Bremen-Nord. Die meisten Befragten waren seinerzeit im Kindesalter. Der Zeitzeuge D. H. (Jahrgang 1937) sah zu bestimmten Zeiten, wohl eher nachmittags oder abends, einen langen Zug von Menschen in Sträflingskleidern aus Farge kommend an seinem Wohnhhaus vorbeigehen; seine Mutter habe verlangt, dass er ins Haus komme, wenn die Trupps vorüberzogen.[673] Für seinen Bruder H. H. (Jahrgang 1934) war dies eine Erscheinung, die nicht täglich, nicht wöchentlich, aber hin und wieder zu sehen war; er will auch Marinesoldaten be-

671 Vgl. auch Buggeln, Arbeit, S. 292–295.
672 Pâques, Récit, S. 125–129.
673 Mitteilung an Vf. 2.5.2013.

obachtet haben.[674] Die Nachkriegsrecherchen des Antifaschisten Hans Schwarz ergaben, dass der Blumenthaler Kapo Hennig im März oder April 1945 mit dem Farger Häftling Charly Heiß* in Kontakt treten konnte, und dies vermutlich auf der Baustelle Farge.[675] Hennig gehörte somit wohl zu einem Häftlingskontingent, das am Bau der Bunkerwerft »Valentin« beteiligt war.

Der Ex-Häftling Raymond Poirson, der selbst zum A.G. »Weser«-Kommando zählte, hält fest: »Es ist eine Tatsache, dass sich bestimmte Personen auf die Baustelle Farge begeben haben, aber in kleiner Zahl und gelegentlich.«[676] Die Belgierin Aline De Volder berichtet nach einer Erinnerungsfahrt der Amicale Belge: »Mein Großvater ist nicht in Neuengamme geblieben. Er hat dort nur zwei Nächte verbracht. Am 6. September wird er zum Lager Blumenthal bei Bremen geschickt. Er soll bis zum Tod in diesen Lagern, auf diesen Baustellen arbeiten, die von den Konzentrationslagern abhängen, und aus Gefangenen bestehen, die von der SS zu Zwangsarbeitern reduziert werden. / Er wird der Baustelle des ›Bunker Valentin‹ zugewiesen. [...] Jeden Morgen machen die Gefangenen den Weg vom Lager zum Bunker (ein Dutzend Kilometer) [...]. Gearbeitet wird dort rund um die Uhr, in zwei 12-Stunden-Schichten. Nach dem Rückweg und dem endlosen täglichen Appell können die Deportierten hoffen, vier Stunden zu schlafen. Sie werden kaum ernährt und sollen Zementsäcke von 50 kg tragen, wo doch die meisten von ihnen nicht mehr als 35 kg wiegen.«[677]

Frans Van Gilbergen stammte aus dem belgischen Kiezegem und wurde bei einer Razzia am 11. August 1944 festgenommen.[678] Er arbeitete im Außenlager Blumenthal, wurde aber auch in Bremen-Farge beim Vorhaben »Valentin« eingesetzt. Über diesen Arbeitsort berichtet er nach seiner Rückkehr in die Heimat: »Wir schliefen manchmal draußen. Wenn es sehr regnete, bekamen wir so eine dreckige Regenplane. Die war nicht für einen alleine gedacht, sondern wir mussten sie miteinander teilen. Zum Schaufeln hatte ich erst eine gute Schippe, die wurde aber geklaut. Ich bekam dafür Prügel, und sie gaben mir eine abgenutzte Schaufel. In große Betonmischer (zu dieser Zeit waren sie groß) mussten wir Kieselsteine, Sand und Zement schütten. Das Wasser stammte aus der Weser glaube ich. Die Wachmannschaften konnten recht übel sein. Wie es aussieht, haben ihnen die Ingenieure mächtig in die Hacken getreten, wenn die Mischung nicht gut war. Das ließen sie dann an uns aus. Manchmal mussten wir auch

674 Mitteilung an Vf. 19.8.2013.

675 Sie schmiedeten gemeinsame Fluchtpläne. »Nachträglich habe ich festgestellt, dass Charly Heiß [...] als Kapo beim Aufbau des U-Boot-Bunkers mit Hennig zusammen [...] tätig war. Nach der Flucht von Hennig ist Heiß ins KL Neuengamme gekommen und sollte exekutiert werden. Später kam er in die Strafkompanie [...]« Bericht Hans Schwarz v. 7.3.1961, StAB 4,89/3-985.

676 Schriftliche Mitteilung (1994) an Vf.

677 URL: https://www.rtbf.be/info/opinions/detail_sur-les-traces-de-mon-grand-pere-resistant-deporte-trois-generations-en-pelerinage?id=8978950; Aufruf v. 29.12 2018.

678 Zu den Repressionsmaßnahmen im belgischen Meensel-Kiezegem: Gaebelein, Begegnung.

Eisenträger schleppen. Essen musste fix gehen (wenn es etwas gab). Wir tranken von dem Wasser, das für den Beton gebraucht wurde. Da musste keiner entsetzt sein, wenn mit der Zeit Krankheiten ausbrachen, wie Typhus usw.«[679] Auch über den Elsässer Robert Dossinger, Häftling im Lager Bahrsplate, heißt es, er habe auf der Baustelle Farge gearbeitet.[680]

Ein weiteres, nur aus Juden bestehendes Arbeitskommando wird von dem Zeitzeugen Ian D. [ehemals Isaac L.] erwähnt. Er war wie sein Freund Michael C. in die USA ausgewandert und wurde dort 1973 befragt.[681] Die Vernehmungen fanden aufgrund der Initiative der Zentralen Stelle der Landesjustizverwaltungen Ludwigsburg[682] statt. Beide, so Ian D., hätten zu einer Gruppe von 55 bis 58 polnischen Häftlingen gehört und seien täglich per Lkw zum Entladen von Schiffen nach Bremerhaven [sic!] gebracht worden.[683] Dort seien er und sein Freund Michael C. nach der Bombardierung eines Schutzbunkers die einzigen Überlebenden dieser Gruppe gewesen. Ian D. gibt an, seit einer Verschüttung nur über ein eingeschränktes Gedächtnis zu verfügen. Die Stationen der Deportationen durch verschiedene KZ-Lager vor allem in Osteuropa, die Ian D. benennt, sind mit den vom Zeitzeugen Heinz Rosenberg erwähnten deckungsgleich, wenngleich die Reihenfolge sich unterscheidet.[684] Allerdings: Die einzigen beiden alliierten Luftangriffe auf Wesermünde/Bremerhaven im September und Oktober 1944 erfolgten abends bzw. nachts; die Blumenthaler Häftlinge wären um diese Zeit bereits wieder in ihrer Unterkunft im Lager Bahrsplate gewesen. Vermutlich wurde das angeführte Arbeitskommando nicht in Bremerhaven, sondern im Hafenbereich Bremen eingesetzt.

Neben diesen drei großen Stätten von Zwangsarbeit bildeten KZ-Häftlinge auch kleinere, oft zeitlich begrenzte Arbeitskommandos. Der Lebensmittelhändler L. I. etwa hatte offenbar gute Beziehungen zu dem Lagerschreiber Ewald Schmolze und beschäf-

---

679 In Vorbereitung des Films »Meensel-Kiezegem '44« (1997) befragte Oktaaf Duerinckx 1995 Frans Van Gilbergen. Interview, Archiv Landeszentrale für politische Bildung Bremen, Denkort Bunker »Valentin«, o. Reg.

680 Robert Dossinger zählte zu der Gruppe der »Malgré nous«, also der Elsässer, die in deutsche Militärverbände gezwungen wurden. Lt. Häftlingsdatenbank ist er am 22.1.1945 im Lager Blumenthal gestorben. Im Erinnerungsbericht »Nous étions 42« heißt es (S. 67), er sei vermutlich als »Muselmann« [also als Todkranker, K. E.] nach Neuengamme zurücktransportiert worden und dort vor dem 17.3.1945 gestorben. Nous étions 42. Contribution à l'histoire de la résistance à la conscription en Alsace annexe [sic] par l'Allemagne. Déportation au KZ Hamburg-Neuengamme de 42 officiers de réserve français résidant en Alsace (1944–1945) (1987).

681 Vernehmung durch den deutschen Konsul am 9.1.1973, StAB 4,89/3-985, Bl. 65–69.

682 Eingerichtet 1958 durch eine Vereinbarung der Bundesländer mit dem Ziel, Informationen für staatsanwaltschaftliche Vorermittlungen gegen NS-Verbrecher zusammenzutragen. Zunächst beschränkt auf NS-Verbrechen, deren Tatort außerhalb des Bundesgebietes lag, hat die Zentrale Stelle seit 1966 auch Taten im Binnenland aufzuklären. Die Befragung von Ian D. gehört in diesen Kontext.

683 Die Existenz eines derartigen Arbeitskommandos lässt sich durch schriftliche Quellen bislang nicht bestätigen.

684 Rosenberg, Jahre, S. 6, Inhaltsübersicht. Rosenberg erwähnt kein Arbeitskommando Bremerhaven.

tigte nach eigenen Angaben KZ-Häftlinge in seinem Betrieb.[685] Zu den kleinen Arbeitsgruppen zählte auch das Kommando Wegereparatur. Ein halbes Dutzend Gefangener zogen einen zweirädrigen Wagen und besserten Löcher auf den Wegen aus, vermutlich mit der Schlacke, die in der Gießerei anfiel.[686] Zu diesen Arbeiten wurden u.a. die Gefangenen Pierre Billaux und Guy Melen herangezogen.[687]

Im Übrigen nahmen offenbar einzelne qualifizierte Häftlinge an planerischen Arbeitsprozessen teil: François Guy De L. und Raoul M. waren beispielweise im Zeichenbüro tätig; sie konnten sich die neuesten Presse-Informationen über den Frontverlauf beschaffen.[688] Häftlinge in der Größenordnung von 20 – 30 Personen wurden zum Lagerdienst eingeteilt.[689] So holte etwa ein Kommando französischer Gefangener regelmäßig Küchenabfälle aus der Wirtschaftsbaracke. Den dort ebenfalls anwesenden deutschen Marinesoldaten war jeder Kontakt mit ihnen untersagt.[690] Innerhalb des Lagers existierte eine Zeitlang im jüdischen Wohnblock ein Textil-Arbeitskommando (s. Kapitel »Häftlingsgruppen«).

Ein privates Sonderkommando war etwa drei Wochen bei einem Tischler im Ort Blumenthal beschäftigt.[691] Der Kapo Ernst Hennig brachte in Begleitung eines Marinesoldaten jeden Morgen die Häftlinge Raymond Van Pée und Georges Courtine zu einer Tischlerei, dessen pronazistischer Eigentümer zu alt war, um noch tätig zu sein. Beide Häftlinge waren Tischler von Beruf. Der Bäcker des angrenzenden Hauses, der Möbel in Auftrag gegeben hatte, gab den beiden jeden Morgen ein halbes Brot. Die Häftlinge nutzten die Gelegenheit, um sich und ihren Kameraden heimlich weitere Lebensmittel zu verschaffen. Noch wichtiger war, dass sie Werkzeuge (Säge, Hammer, Nägel, Feile) ins Lager schaffen konnten, die bei den Arbeiten zum Fluchttunnel (s. Kapitel »Häftlinge als Akteure«) eingesetzt werden konnten. Der begleitende Marinesoldat, der sich als Nazigegner herausstellte, sorgte dafür, dass bei der Rückkehr keine Kontrolle am Lagertor stattfand. Im März wurde ein neues Arbeitskommando bestehend aus Van Pée, Courtine und fünf französischen Maurern zusammengestellt. Bewacht von zwei Marinesoldaten, fuhren sie Tag für Tag etwa eine Strecke von einer Dreiviertelstunde mit dem Lkw und arbeiteten dann an einem – auf einem Hügel gelegenen – Neubau. Am Ende der ersten Arbeitswoche erlebten sie einen großen Luftangriff auf Bremen, das sie in der Ferne liegen sehen konnten.[692]

685 Erklärung v. 11.3.1946, CEGESOMA, Dossier 581/645.
686 Ströbl, Audio-Interview (2011).
687 Billaux, Interview (1993); Melen, Interview (1993).
688 Billaux, Verbatim (2010); Vanden Eynde, Blumenthal (2008).
689 Schriftliche Erklärung Ewald Schmolze v. 7.3.1946, CEGESOMA, Dossier 581/645.
690 Amft, Erinnerung.
691 Die folgenden Ausführungen sind der Darstellung von Van Pée, Ik was 20, S. 108–114 entnommen.
692 Bei dem Beobachtungsstandpunkt könnte es sich um den Weyerberg bei Worpswede handeln.

… aber besorg uns etwas mehr zu essen, dann können wir mehr leisten

»Die Werkstatt des Möbeltischlers lag in derselben Straße. Wir wurden durch einen kleinen Mann in Arbeitszeug empfangen. Pfote hoch und »Heil Hitler!«, ein echter Nazi also. Mein Freund Georges wurde schon nervös, »Merde!« fluchte er. Ich beruhigte ihn, wir mussten gelassen bleiben. Essen und noch mal essen war alles, was für mich zählte. Die Deutschen redeten noch etwas miteinander und wir traten in die Werkstatt ein. Sie war etwa 10 mal 10 Meter groß; da standen ungefähr sechs Maschinen, vier Werkbänke, ein großer Ofen und ein breites Regal mit Schraubzwingen. Links von uns, in Richtung Wohnhaus, gab es drei Fenster. Am Ende rechts stand eine Presse aus Metall, um große Holzflächen zu leimen. Das schwere Holz lag draußen, unter einer Abdeckung. Der Mann hatte noch ziemlich viel Holz auf Vorrat, Triplex und andere, dickere Platten. Ich atmete den vertrauten Geruch von Holz mit Wohlbehagen ein. Wir fühlten uns hier sofort zu Hause. Wenn das deutsche Männchen jetzt auch noch ein bisschen menschlich wäre, dann wären wir doch von diesen Kapo-Bestien erlöst und sollte es uns hier bessergehen.

Unsere Handschellen wurden abgenommen und jeder bekam eine Werkbank zugewiesen. Wir mussten große Paneele grob abschmirgeln und danach mit noch feinerem Papier bearbeiten. Da fühlte ich, wie schwach wir waren. Es kostete uns fürchterlich viel Mühe, mit dem grobkörnigen Schmirgelpapier zu arbeiten. »Herr Kapo«, sagte ich, »wir wollen hier gerne arbeiten, aber besorg uns etwas mehr zu essen, dann können wir mehr leisten.« Er nickte zustimmend und sagte: »Wir werden sehen.« So ging der erste Morgen vorüber. Man brachte einen Henkeltopf Essen für den Kapo und den Soldaten, aber das Essen war nicht nach ihrem Geschmack und sie gaben es uns. Wir stürzten uns darauf und teilten uns den Eintopf, mit hier und da ein Stückchen Fleisch, unter uns auf. Die Deutschen ketteten uns an der eisernen Metallpresse fest und gingen dann beim Chef zum Mittagessen.«

Raymond Van Pée[693]

Mit großer Sicherheit handelte es sich bei derartigen Arbeitseinsätzen um im Grunde unerlaubte Leiharbeit, die für die Ausleihenden lukrativ war. Illegal erworbene Güter konnten in Luxuswaren jeder Art umgewandelt werden. Der Leiter des Wirtschaftsverwaltungshauptamtes der SS, Oswald Pohl, hatte in einem Schreiben (8. März 1944) an die KZ-Kommandanten gedroht: »Wer in seinem Haushalt oder für seine Privatzwecke ohne meine ausdrückliche Genehmigung und ohne Bezahlung Häftlinge beschäftigt, macht sich des Betruges schuldig. Ich werde gegen Übergriffe einschreiten.«[694] In der Praxis verpufften derartige Worte als leere Drohungen.

693 Van Pée, Ik was 20, S. 109.
694 BAK, All Proz 7, Roll 17, France 544. Zitat bei: Buggeln, System, S. 143.

10 Häftlinge als Akteure

Selbstbehauptung, Widerstand

Pierre Fertil hatte sich an der Werkbank im BWK-Hochbau ein Kreuz gefertigt: »Ich drücke in meiner Hand das metallene Kreuz, das ich bei der Arbeit in der Fabrik gemacht habe (Sabotage bedeutete gehängt zu werden). Auf diesem Kreuz steht: ›Maman‹. Diese Maman hat mir die die nötige Kraft zum Überleben gegeben. Die Vorstellung, dass meine Mutter leiden müsste, wenn ich stürbe, war mir unerträglich.[695]

Die Insassen des KZ Blumenthal waren Opfer eines gnadenlosen terroristischen Regimes. Die SS tat alles, um jeden Gedanken an Widerstand und Selbstbehauptung zu brechen. Schläge und andere Formen entwürdigender Behandlung, ein Hungerregime und die extreme Ausbeutung der Arbeitskraft, Alltagswillkür der Kapos, Angst und Heimweh stellten für jeden einzelnen Häftling eine enorme existenzielle Herausforderung dar. Pierre Billaux formulierte dazu folgende Überlegungen: »Tatsächlich funktioniert die Welt des Konzentrationslagers nach den von den Nazis geschaffenen Regeln, wo die brutale Gewalt, die Willkür und die Menschenverachtung die Regeln darstellen und wo es nötig sein würde, unter diesen schwierigen und unvorstellbaren Bedingungen Mittel zu finden, um sich nicht aufzugeben und seine Würde zu wahren. Dabei haben die Verbundenheit mit einem Ideal und die Kameradschaft eine große Rolle gespielt, und wehe dem, der es nicht vermochte, sich mit einigen guten Kameraden zu umgeben.«[696] Billaux verweist auf einen Aspekt, dessen Bedeutung in der Forschung zunehmend erkannt wird, der jedoch aufgrund der Quellenlage und -gattungen schwierig herauszuarbeiten ist: Die Häftlinge sollten nicht als willenlose Opfer, sondern als Akteure wahrgenommen werden, die durchaus Handlungsoptionen hatten – wenngleich begrenzte.[697]

695 Témoignage rédigé par Pierre Fertil, le 18 mars 2007, in: Cauchemars, S. 18.

696 Billaux, Matricule, S. 2.

697 »Es wird Zeit, die KZ-Geschichte nicht nur als Leidensgeschichte zu erzählen, sondern auch als eine von Selbstbehauptung, Eigensinn und Widerstand [...].« Jens-Christian Wagner, Selektion und Segregation. Vernichtung und Arbeit am Beispiel Mittelbau-Dora, in: M. Buggeln u.a., Arbeit im Nationalsozialismus (2014), S. 347. Über den Aspekt der individuellen Disposition urteilt der belgische Hochschullehrer Halkin: »In Gefangenschaft gibt es keine Mitte. Hier zeigt sich der wirkliche Charakter, und die Umstände machen den Rest. Dort treffen diejenigen aufeinander, die das Programm der Erniedrigung durch ihre Herren akzeptieren, und jene, die sich weigern, sich niederwerfen zu lassen. Seite an Seite, gebeugt unter derselben Bürde des Leidens und der Versuchung, sterben die Elenden ebenso wie die Helden. Nur die Verderbtheit ist spektakulär, das Tugendhafte sticht weniger hervor; der Heroismus besteht allein darin durchzuhalten.« Léon-E. Halkin, A l'ombre de la mort [1965], S. 181–182.

Es zeigte sich auf der Bahrsplate in der Tat, dass die Verankerung in Herkunftsgruppen (z. B. Belgier aus Boechout, Franzosen aus Murat) oder in weltanschaulich-religiösen Zusammenhängen einer prekären Vereinzelung entgegenwirkte. Handlungsspielräume auszunutzen und damit zumindest partiell die Opferrolle aufzugeben, war somit Bestandteil einer Resilienzerfahrung, die die Chance auf das Gestalten von Leben und Überleben vergrößerte.[698] Häftlinge konnten den Kampf um das Überleben als Einzelne kaum bestehen. Der Wille zur Selbstbehauptung bedurfte der Unterstützung durch andere und möglichst organisierter Solidarität.

Die Ernennung von deutschen »Grünen« als Kapos durch das Stammlager erwies sich als besonderes Hindernis für die nichtdeutschen Häftlinge in ihrem Bemühen, das Überleben zu organisieren. Dabei war es von großer Wichtigkeit für die Neueingetroffenen, Hinweise von erfahrenen Häftlingen zu erhalten, welche Verhaltensweisen geboten waren.[699] So gab André Mandrycxs, der im Arbeitseinsatzbüro in Neuengamme tätig war, seinen belgischen Landsleuten die Empfehlung, sich angesichts des nahenden Winters für das Produktionslager Blumenthal zu melden. Dazu diente auch ein Passwort, das Gaston Vandekerkhove in Verbindung mit dem belgischen Widerstand des zukünftigen Lagers bringen sollte.[700]

Vielen Häftlingen, aber auch vielen »Grünen« mangelte es an nötigen Sprachkenntnissen. Dies war die Chance etwa für den sprachkundigen »Weißrussen« Nikolai (Nicolas), eine Sonderrolle einzunehmen; er ließ sich von französischen Mitgefangenen zum Stubenältesten wählen, nahm aber sehr bald eine SS- und Kapo-freundliche Haltung ein und begann, den Häftlingen, auch denen seiner Herkunftsgruppe, extrem zu schaden.[701] Andererseits konnten Personen wie Achten und Laurent Bernard, die Deutsch beherrschten, für ihre Kameraden von größter Wichtigkeit sein. Die flämischen Häftlinge konnten allerdings häufig mit einheimischen Deutschen, soweit diese das Niederdeutsche beherrschten, kommunizieren. Einige aus der Gruppe des »Judenblocks« wa-

698 Die Resilienzforschung in der Tradition des österreichischen Neurologen und Psychiaters Viktor Frankl hat herausgearbeitet, welche Elemente bei der Verarbeitung schwerer krisenhafter Lebenssituationen hilfreich sind: Ungewissheit tolerieren können, Optimismus, auf die Opferrolle verzichten, das Geschehen mit Hilfe eines Sinngebungsmodells einordnen können, die Erwartung von Selbstwirksamkeit der eigenen Handlungen, eine aktive Haltung angesichts gegenwärtiger Probleme; eine Strategie entwickeln, sich auf das als Nächstes zu Bewältigende zu konzentrieren. Dennoch hat die Lagererfahrung Spuren hinterlassen: Heutige Einschätzungen besagen, dass drei Viertel aller KZ-Häftlinge in einem Ausmaß traumatisiert waren, dass sie psychologischer Hilfe bedurften oder bedurft hätten.

699 Der überwiegende Teil der Häftlinge des Lagers Deschimag war entweder ohne Zwischenaufenthalt vom Ort ihrer Verhaftung deportiert worden oder durch verschiedene Inhaftierungsinstanzen ihres Heimatlandes gegangen; ihr Verbleib in Neuengamme betrug nur zwischen drei Tagen und wenigen Wochen. Dies unterschied diese Deportierten von der Gruppe des »Judenblocks«, dessen Bewohner vorher zumeist durch viele Ghettos und Lager gegangen waren.

700 Vandekerkhove, Enfer, S. 33.

701 Juillet, Froides, S. 83.

ren originär Deutsche oder des Deutschen mächtig; es gelang ihnen, ihre schwierige Situation teilweise zu verbessern.

Zur Selbstbehauptung gehörte es beispielsweise, auf ein Maximum an Sauberkeit zu achten. Offenbar gab es in Blumenthal ausreichend viele Waschplätze. Jeder war für sich selbst verantwortlich, wenn es galt, sich – ohne Seife – zu waschen und, was etwa einmal alle 14 Tage möglich war, zu duschen.[702] Eine Möglichkeit, die verschmutzte Kleidung zu reinigen, existierte insbesondere in den Wintermonaten kaum. In der Baracke von Joseph Desaver wurde auf äußerste Sauberkeit geachtet; jedem war bewusst, welche Gefahr Ungeziefer mit sich brachte.[703] Manche Raucher erlagen der Versuchung, ihr Essen für Zigaretten einzutauschen und sich damit weiter körperlich zu schwächen. Kameraden hielten ihnen vor Augen, was sie damit für sich und ihre Familien heraufbeschworen.

Auch individuelle Strategien der Selbstbehauptung waren geeignet, die Moral aufrechtzuerhalten. Henri Pâques betont, dass er in langen Stunden heimlich ein Messer aus Zink hergestellt habe. Er nutzte dieses zum Schneiden und Bestreichen von Brotscheiben; ebenso wichtig war für ihn offenbar der moralische Gewinn, aus Eigensinn etwas geschaffen zu haben.[704] Didier D. fertigte »Zehner-Rosenkränze« an, die manche junge Häftlinge aus ihrer Pfadfindertradition kannten und verschenkte diese.[705]

Eine große Zahl der KZ-Häftlinge in Blumenthal hatte sich vor ihrer Inhaftierung am Kampf gegen die faschistische Besatzung beteiligt.[706] Einige waren Sozialisten oder Kommunisten, andere hatten sich in bürgerlichen Gruppen in der nationalen Résistance engagiert. Zu ihnen zählten auch als Geiseln Verschleppte wie z. B. Jean-Marie Vanden Eynde und Marcel Belgeonne. Jedoch wurde einzelnen Mitgefangenen auch nachgesagt, dass sie als Einzeltäter vor ihrer Festnahme delinquent gewesen seien; sie waren mit der Räumung der Gefängnisse in Westeuropa in das KZ-System gelangt.

702 Die Bedingungen, unter denen das Duschen vonstatten ging, mögen manchen davon abgehalten haben. Es war unvorhersehbar, ob das Wasser eiskalt oder brühend heiß sein würde, und da es keine Handtücher gab, musste die Kleidung den Körper trocknen.

703 Fragebogen J. Desaver, ANg, HB 218, S. 18. Nach Desaver konnte wöchentlich einmal geduscht werden.

704 Pâques, Récit, S. 95. Im französischen Original heißt es: »Par un reste de civilisation…«.

705 Pâques, Récit, S. 112.

706 Das Bestreben in der französischen Nachkriegsgesellschaft, als Mitglied des Widerstandes zu gelten, war allgemein verbreitet. In einem von großer Ernüchterung geprägten Schreiben versucht sich Georges Ducros in einer prozentualen Zuordnung seiner Leidensgefährten: »10 % Widerstandskämpfer, 15 % Politische, 50 % Leute, die da waren, ohne zu wissen, warum, 25 % aus Strafanstalten.« DAVCC, 21 P 574 594, Dossier Laurent Jacq, Schreiben an den Délégué interdépartemental du Ministère des anciens combattants v. 21.1.1953. Dies ist vermutlich ungerecht gegenüber vielen seiner Mithäftlinge, deren Resistenz gegen die Opferrolle nicht immer nach außen sichtbar sein konnte. Etliche Gefangene waren wie z. B. Jean-Marie Vanden Eynde zwar ursprünglich keine Widerstandskämpfer, sondern Geiseln; viele von ihnen nahmen jedoch den täglichen Kampf gegen ihr Schickschal und gegen die NS-Kriegsmaschinerie auf.

Widerständiges Handeln am Arbeitsplatz

Insbesondere der Arbeitsprozess bot zahlreiche Möglichkeiten, aktiv oder passiv Sabotage zu betreiben. Hier konnte der Einzelne konkret dazu beizutragen, die Kriegsmaschinerie zu verlangsamen oder zu behindern. Pâques berichtet in seinen Erinnerungen über seine Tätigkeit auf dem Werftgelände in Gröpelingen. Der verantwortliche Ingenieur habe ihm die Schweißer-Grundausbildung für neue Arbeitskräfte anvertraut. »Unglücklicherweise für ihn lenkt er zu sehr meine Aufmerksamkeit auf die Tatsache, dass es Deutschland sehr an Elektron [Elektroden K. E.] mangelt, dieses Spezialmetall, das wir in Form eines Stabes zum Schweißen benutzen und empfiehlt mir die allergrößte Sparsamkeit. In bewusstem Gegensatz dazu sorge ich dafür, dass ich enorme Mengen verbrauche, die ich heimlich in die Weser werfe.«[707] Nicolas N. gehörte zur Transportkolonne bei der Fabrik und musste Schiffsladung löschen. Er ließ Pressgasbehälter und anderes wichtiges Material mindestens einmal pro Woche in die Weser gleiten, Sabotageakte, die ihm den Strick hätten einbringen können. Einmal wurde er ertappt und versuchte, das Missgeschick plausibel zu erklären. Er wurde schwer geschlagen; dies war vielleicht die Ursache für seinen späteren Tod.[708]

Die Arbeit einzustellen, sobald es keine Aufsicht gab, extrem langsam zu arbeiten oder vieles anzufangen, ohne jemals etwas zu beenden, waren ebenfalls Möglichkeiten, den Produktionsausstoß zu senken. Je nach Ausmaß der Kontrolle war dies mehr oder weniger gut möglich. In keiner Aussage ehemaliger Häftlinge wird deutlich, dass ein Quantum an Produktion innerhalb einer gewissen Frist hätte erreicht werden müssen. Es reichte aus, gegenüber der erscheinenden Aufsichtsperson intensive Arbeit vorzutäuschen. Wenn die Organisation des Arbeitsprozesses allerdings arbeitsteilig war, konnte es zu Schwierigkeiten kommen. Der als Betriebselektriker eingesetzte Vanden Eynde berichtet: »In der Tat praktizierte ich passive Sabotage. Wenn ich in der Fabrik eine Maschine wegen mangelnder Stromzufuhr reparieren sollte, verließ ich unseren Arbeitsraum und sorgte dafür, dass der Rückweg viel länger als nötig war. Dann kehrte ich zu unserem Arbeitsort zurück, um dort nach einem ›Werkzeug‹ zu suchen. Dieses Spiel dauerte nach dem Geschmack unseres Mitgefangenen zu lange, denn er wurde der Sabotage bezichtigt, da er im Rhythmus der Produktion nicht nachkam!«[709]

Robert Juillet stellte mit Vergnügen fest, dass die Deckel von neuen Ölkompressoren, die er zu bearbeiten hatte, voller Löcher waren. Viele Widia-Bohrspitzen wurden zur Reparatur verbraucht; der Ausschuss sei enorm gewesen. Angeblich stammten die Deckel aus einer Gießerei, wo andere Franzosen ein Verfahren entwickelt hatten, um während des Gussvorgangs dem flüssigen Metall Luft beizumischen.

707 Pâques, Récit, S. 88.
708 Aussage Gaston Vandekerkhove (1947), DAO/SAVG/AFfK, Dossier Marcel Beatse. Der Gefangene starb wenige Tage nach der Befreiung im Lager Sandbostel.
709 Vanden Eynde, Blumenthal (2008).

Wir Sklaven konnten das Große Reich im Kernbereich treffen

»Ja, es war hart. Sogar sehr hart. Jede Nacht diese zwölf Stunden Fabrikarbeit und nur einem Liter Suppe im Bauch. Aber auf der anderen Seite, welch eine Entschädigung, wenn man tagtäglich nach Möglichkeiten suchte, um die Produktion zu sabotieren. Eine Kriegsproduktion natürlich, denn wir stellten Teile für U-Boote her. Wir Sklaven konnten das Große Reich im Kernbereich treffen, trotz der schwachen Mittel, über die wir verfügten. [...] Denn den »Boches«[710] einen üblen Streich zu spielen, das bedeutete gleichzeitig, unsere Moral zu stärken und neue Energie zu tanken um alles auszuhalten.

Die häufigste, weil einfachste Form von Sabotage bestand darin, die Produktion möglichst stark einzuschränken. Das bestand einfach darin, so zu tun, als ob man arbeitete. Aber wie musste man ständig aufpassen, um der Aufsicht der bewaffneten SS-Leute zu entgehen, die zwischen unseren Maschinen entlang gingen ...! Es war noch schwieriger, unsere zivilen Meister[711] zu täuschen, deren beruflich geschultes Auge sehr schnell die geringste Anomalie erkannte. Insbesondere die Russen waren in dieser gefährlichen Kunst Meister geworden. An ihren Maschinen stehend gelang es ihnen unter sehr schwierigen Bedingungen, wunderschöne Zigarettenschachteln aus Holz oder Aluminium zu basteln; alle mit naiven Figuren graviert. Und das alles ohne sich fast jemals schnappen zu lassen! Sie hatten sogar die Kühnheit, diese kleinen Wunderwerke gegen ein Stück Brot oder Zigaretten zu tauschen ... bei unseren Wachen!

Der Franzose begnügte sich im Allgemeinen mit dem Farniente vor seiner Maschine und versuchte sich in der schwierigen Kunst des Schlafens im Stehen. Manchmal, wenn er gefährlich schwankte, sorgte ein plötzlicher energischer Stiefeltritt in den Hintern dafür, dass er wieder gerade stand. Das war noch das geringste Übel, es sei denn, die SS-Leitung wurde in Kenntnis gesetzt. In einem solchen anderen Fall konnte die Bestrafung zwischen 25 bis dreißig Knüppelhieben liegen oder, viel schlimmer, konnte es bedeuten, der Sabotage bezichtigt zu werden.«

Robert Juillet[712]

Für die Gefangenen bestand eine große Gefahr darin, dass Kapos, Meister oder Wachleute etwaige »Vergehen« der Lagerleitung anzeigten. Diese verhängte daraufhin Schläge, Nahrungsmittelentzug oder Einzelhaft in der Arrestzelle, alles Maßnahmen, die Gesundheit und Leben der Betroffenen gefährdeten. Es wäre aus der Sicht der Häftlinge verdienstvoll gewesen, die Denunzianten auszuschalten. Leider war dies riskant, da die Lagerleitung mit radikalen Kollektiv- und Individualstrafen reagiert hätte. Wenn das denunziatorische Fehlverhalten jedoch aus den eigenen Reihen hervorging, waren die Skrupel, zur Selbstjustiz zu greifen, geringer. Raymond Van Pée hat seinen Bericht zwar erst in den 1990er Jahren verfasst, auch ist die Art der Schilderung semi-fiktional. Dennoch ist das folgende Geschehen nicht unwahrscheinlich. Ein polnischer Mithäftling habe wohl die Absicht gehabt, einen Funktionsposten zu erhalten. Er schwärzte wiederholt verschiedene Gefangene an, auch Landsleute. Ihm sei eine Falle gestellt wor-

710 »Boche« ist eine pejorative Bezeichnung für Deutsche.
711 Die deutschen Vorarbeiter wurden von den Häftlingen oft als »Meister« bezeichnet.
712 Froides, S. 102–103.

den. Es habe sich eines Tages bestätigt, dass er erneut als Denunziant tätig geworden sei. Ein abendlich tagendes Komitee im Lager habe beschlossen, dass diese Person unschädlich gemacht werden müsse. Zehn Tage später habe sich die Gelegenheit geboten, einen Arbeitsunfall zu inszenieren. Schwere Teile, die einen Meter über dem Boden hingen, hätten montiert werden müssen. Mehrere Arbeiter hätten darunter gelegen. Auf ein Zeichen des Vorarbeiters hätten sich drei Mitgefangene unter der Last weggerollt, das Teil sei heruntergefallen. »Der Verräter war auf einen Schlag tot.« Eine Untersuchung habe keinen Hinweis auf Sabotage ergeben. Der Tod des Polen habe unmittelbare Auswirkungen gehabt, denn es habe keine unvorhersehbaren Bestrafungen mehr gegeben. Allerdings: »Einige Kameraden hatte Probleme mit dem Geschehen. Aber es konnte nicht anders sein. Dieser Mann hatte an die fünf Tote auf seinem Gewissen, ganz zu schweigen von den wohl zehn Jungens, die durch sein Zutun schwer misshandelt worden waren.«[713] Diese inszenierte Tötung wird von keinem anderen bekannt gewordenen Zeitzeugen bestätigt. Dies bedeutete nicht unbedingt, dass der Bericht über den »Unfall« nicht glaubwürdig ist.[714] Schließlich ist nachvollziehbar, dass diejenigen, die einen solchen Plan entwickelten und durchführten, die Zahl der Mitwisser möglichst klein halten wollten. Allerdings gibt der ehemalige Kapo Hansen einen Hinweis, der einen Bezug zu dem Geschilderten haben könnte: »Ein Toter bei Betriebsunfall«.[715]

Gemeinsam handeln

Häftlinge setzten oft alles daran, der Vereinzelung zu entgehen. Sie wurden häufig Unterkünften oder Arbeitskommandos ohne ein Mitspracherecht zugeteilt. Dabei konnten Gesundheit oder Leben davon abhängen, ob der Einzelne einen – oft älteren – Betreuer fand, in einer solidarischen Gemeinschaft tätig war und sich vernetzen konnte. Bei der Aufteilung der Häftlinge auf die Wohnbaracken gelang dies häufiger, wo nicht, mutmaßten die Überlebenden, es habe systematisch eine Durchmischung der Gruppen gegeben, um diese besser gegeneinander ausspielen zu können. Es lässt sich nachträglich nicht entscheiden, welche Logik – wenn überhaupt – zur Anwendung kam. Wenn die Lagerpraxis besser organisiert werden sollte, konnte es aber in der Sicht der SS auch sinnvoll sein, die Insassen ethnisch-kulturell homogen unterzubringen und ihnen zu gestatten, etwa einen des Deutschen kundigen Stubenältesten zu benennen. Bei der Zuweisung zu Lagern, z. B. beim Zusammenstellen der Transporte von Neuengamme

713 Van Pée, Ik was 20, S. 90–91.

714 Van Pée verfasste seine Erinnerungen in den 1990er Jahren; die fiktionalen Anteile, so z. B. Dialoge, haben eine hohe Plausibilität; einige Schilderungen jedoch sind nicht überzeugend.

715 Interviewnotizen »Hansen«, ANg, Ng 6.4.13.

nach Blumenthal oder bei der Einteilung zu Arbeitskommandos gelang es Häftlingen manchmal, etwa unter Angabe falscher Berufsbezeichnungen, auf ihr Schicksal ein wenig Einfluss zu nehmen. Schwieriger war dies, wenn die Zuweisungen verwaltungstechnisch fixiert waren. Das Beispiel der Brüder Van Pée ist dafür aufschlussreich.[716]

So bildeten sich national, regional-lokal und ideologisch konsistente Gruppierungen, in denen die Mitglieder sich das Los gegenseitig zu erleichtern suchten. Am ehesten gelang es kommunistischen Gefangenen, die nationalen Schranken zu überwinden. Mit Hilfe eines Losungswortes konnte der Belgier Gaston Vandekerkhove den Kontakt zu den beiden Leitern der französischen Widerstandsgruppe, Adrien [in Wirklichkeit: Adolphe] Legeay und dem Häftlingsarzt René Leherpeux herstellen. Vandekerkhove erfuhr, dass die Franzosen und »Russen«[717] schon organisiert seien. Er selbst legte nach eigener Darstellung Wert darauf, dass beide belgische Volksgruppen repräsentiert waren – dies waren die Wallonen durch Guy De L. und die Flamen durch Bert R. aus dem belgischen Essen. Die Grundidee war, sich in kleinen Gruppen zu organisieren. So stellten möglicherweise vier belgische frankophone Mithäftlinge, die in den Aussagen der beiden Überlebenden Charles Lapaige und André Derouck aufgeführt werden[718], die »Chefs« einer Widerstandsgruppe dar.[719] Ein fünftes Mitglied sei der deutsche Kapo »Willy« von Höge aus Gelsenkirchen gewesen, der über Einfluss bei der SS verfügt habe. Dieser habe Laurent Bernard einen Kalfaktor-Posten bei der Marinebewachung [»alte Papis und Antifaschisten«] verschafft; so konnte er Kameraden jeden Tag zu Zusatzrationen verhelfen. Denkbar ist, dass eine kommunistisch-sozialistische oder generell eine antinazistische Überzeugung die gemeinsame Klammer war: So ließe sich auch die Vertrauensposition des deutschen Kapo-Häftlings erklären, wenngleich von Höge wohl ein »grüner«, also kein politischer Häftling war. Ähnliche Konstellationen entwickelten sich im Laufe der Monate häufiger.

Drei Obmänner der Franzosen und ein Vertreter der Belgier – Theo Timmermans – bildeten laut G. Vandekerkhove ein gemeinsames Widerstandskomitee.[720] Aufgrund des proportional hohen Anteils der Belgier im Lager wäre mit einer umgekehrten Gewichtung zu rechnen gewesen. Offenbar befand sich aber unter den französischen Häftlingen eine besonders große Anzahl politisch aktiver Widerstandskämpfer. Der spätere kommunistische Bürgermeister von Le Havre, André Duroméa, gibt an, dass er die Organisation analog zu denen in der besetzten Heimat konstituierte[721]: Adrien Legeay und er leiteten die geheime KP und erweiterten den Kreis um weitere Genossen, dazu zählte auch der Häftlingsarzt

716 Vgl. Kapitel »Die Lager-SS«.
717 Unter »Russen« wurden im Lager auch Ukrainer, Weißrussen und andere Angehörige der Sowjetunion verstanden.
718 DAO/SAVG/AfK, Dossier D. Achten.
719 Emile Reynders (Brüssel), Jean Janssen (Brüssel), Hubert Cavraine (Beyne-Heussay), Laurent Bernard (Beyne-Heussay).
720 Vandekerkhove, Enfer, S. 35–36.
721 Duroméa, Récit, S. 140–141.

Leherpeux. Diese Personalie war auch deshalb wichtig, da im Krankenrevier relativ unauffällig Sitzungen abgehalten werden konnten. Weitere Mithäftlinge aus dem politisch linken Milieu wurden ebenso angesprochen wie solche, die man für vertrauenswürdige Patrioten hielt. Dazu wurden Beziehungen zu kommunistischen Komitees der Belgier, Polen und der sowjetischen Häftlinge geknüpft. In einer Nachkriegsbescheinigung für den wegen Sabotage verdächtigten und schwer misshandelten Kameraden Maurice D. bezeichnet sich Georges Ducros als Vertreter der »France Combattante«[722] in den Lagern Blumenthal und Farge. Maurice D. habe unter der Leitung des belgischen Ingenieurs Guy De L. zu einer Gruppe von Schlossern gehört, die zu Sabotagetätigkeiten bereit gewesen seien.[723] In einer Nachbetrachtung bezeichnet A. Duroméa diesen Kampf als eine Quelle der täglichen Widerstandsarbeit: »Ein solches Leben benötigte eine seelische Kraft, die manche natürlich nicht hatten. Für uns, die wir sie besaßen, war diese Kraft das Ergebnis des geheimen Kampfes, den wir vor unserer Verhaftung geführt hatten. Das erklärt sicherlich, warum die Kommunisten insgesamt gesehen besser durchgehalten haben als andere. Manchmal sagten uns demoralisierte, geschwächte, depressive Burschen: ›Aber ich habe nichts gemacht, ich bin bei einer Razzia festgenommen worden.‹ Denen sagte ich regelmäßig: ›Da kannst du mal sehen, du armer Tropf, dass es falsch war, nichts gegen die Nazis zu machen, denn du befindest dich jetzt in derselben Situation wie wir.‹«[724]

Für die sowjetischen Gefangenen war es ungleich schwerer als für westeuropäische Mithäftlinge, sich zu orientieren und zu organisieren. Der Ukrainer Fjodr F. Leontjew schreibt 1997[725] zwar: »Mit deutschen Häftlingen standen wir hingegen in sehr guten und freundlichen Verhältnissen, und nicht nur mit deutschen, sondern auch mit anderen Häftlingen, mit Franzosen, Belgiern hatten wir guten Kontakt.« Andererseits gibt er an, dass seine Häftlingsgruppe von Informationen über das Weltgeschehen abgeschnitten war; es sei untersagt gewesen, zwischen den Baracken zu »kursieren«. Möglicherweise unterlagen die sowjetischen Gefangenen einem besonders strengen Verbot, denn anderen war es erlaubt, sich gegenseitig in den Blocks oder sogar im Revier zu besuchen. Die Beziehungen zu den sowjetischen Mithäftlingen dürften somit nicht sonderlich intensiv gewesen sein.

722 »Kämpfendes Frankreich«: Seit 1942 gebräuchlicher Begriff, um den Zusammenschluss der gaullistischen Exil-Regierung mit den innerfranzösischen Résistance-Gruppen zu kennzeichnen.

723 DAVCC, 21P 435452, Dossier Maurice D. Es ist nicht recht ersichtlich, auf welchem Wege Kontakte zwischen Häftlingen von Blumenthal und Farge möglich waren. Duroméa bezeichnet Georges Ducros als Mitglied der Einheitsfront [»Front National«]. Duroméa, André, S. 149. Struktur und Personal des Häftlingswiderstandes lassen sich aufgrund lückenhafter und widersprüchlicher Aussagen nicht rekonstruieren. Guy De L. hat offenbar im Lager eine wichtige Rolle gespielt, erwähnt diese in seiner eigenen Nachkriegs-Vernehmung jedoch nicht. Der Sohn von Georges Curial benennt als weitere Angehörige von Widerstandsgruppen: die Franzosen Laurent Jacq, Camille »Marius« Labrux, Georges Ducros, Georges Courtine, Georges Curial und den Belgier Jacques Devolder. Das gesamte Komitee soll ca. 15 Personen umfasst haben, darunter auch Russen und Griechen. Mitteilung von Jean Curial an Vf., 9.11.2018.

724 Duroméa, André, S. 143.

725 Häftlingsbericht Fjodr F. Leontjew, ANg HB 1285.

Die Zahl von »grünen« Kapos als Aufsichtführende an den Arbeitsplätzen war begrenzt. Als daher unter den Häftlingen schon wenige Tage nach Eintreffen in Blumenthal Vorarbeiter unter den nichtdeutschen Landsleuten benannt wurden, galt es, diese in intensiven Gesprächen daran zu erinnern, dass man einig bleiben müsse angesichts der »heiligen Sache«, der sie sich doch alle in der Heimat verschrieben hätten und dass insbesondere die Kameraden, die die Vorarbeiterposten bekleiden würden, sich nicht von den neuen Privilegien der Deutschen korrumpieren lassen dürften. Der Belgier Gaston Vandekerkhove erinnert sich, dass glücklicherweise nur zwei seiner Landsleute in ihrem Verhalten auf die deutsche Seite wechselten, Essensrationen auf Kosten ihrer Mitgefangenen abzweigten oder diese selbst schlugen.[726]

Die Quellen geben immer wieder Hinweise auf individuelle oder organisierte Solidarität. Dem belgischen Landwirt Joseph Desaver wird von mehreren Kameraden nach dem Krieg bescheinigt, dass er regelmäßig passiven Widerstand gegen die Deutschen geleistet habe und für andere belgische Mitgefangene eingetreten sei: »Sein unzähmbarer Wille, sich nichts gefallen zu lassen, hat ihm schwere Bestrafungen von Seiten der deutschen Bewacher eingebracht, und mehr als einmal ist er stark geschlagen worden. Aufgrund einer dieser Körperstrafen, die ihm verabreicht wurden, wurde der arme Junge im Krankenrevier des Lagers aufgenommen, und wir haben damals geglaubt, dass seine letzte Stunde geschlagen hätte.[727] Desaver habe schließlich aufgrund der großen Kameradschaft unter den belgischen Mitgefangenen gerettet werden können, indem diese ihn vor weiteren Nachstellungen verbargen. Heinz Rosenberg berichtet, er habe als Stubenältester dafür gesorgt, dass die Jüngeren mehr Nahrung erhielten.[728] Mit Zustimmung der anderen Kameraden teilte er Sonderrationen, die es manchmal am Sonntag gab, auf die jungen Leute auf. Trotzdem habe fast keiner von diesen überlebt.

Selbstjustiz

Insbesondere Nahrungsmitteldiebstahl provozierte den Wunsch nach Selbstjustiz. Der Pole Tadeusz Smoliński bezeichnet ihn als das Schlimmste, das in der Gemeinschaft passieren konnte. Beim ersten Mal sei dem Dieb ein Finger abgeschnitten worden, beim zweiten Mal habe man ihn mit Holzschuhen erschlagen.[729] Auch bei Tauschgeschäften

726 Vandekerkhove, Enfer, S. 35.

727 Aussage D. Achten, Dossier D. Achten, CEGESOMA. Auch Laurent Bernard bekundet seine Dankbarkeit bei namentlich aufgeführten Kameraden, »die mir geholfen haben [und] mir zusätzliche Lebensmittel von ihren mageren täglichen Rationen haben zukommen lassen, sonst, glaube ich, wäre ich heute nicht hier«. Dossier D. Achten, CEGESOMA.

728 Rosenberg, Jahre, S. 130–131.

729 Aussage in: Suchowiak, Mai 1945, S. 111. Smolińskis Aussagen sind im Allgemeinen nicht sehr zuverlässig; die Rigidität des Sanktionssystems bei Polen und Russen, die aus seinen Zeilen spricht, wurde jedoch auch von anderen Häftlingen wahrgenommen.

konnte es zu dramatischen Entwicklungen kommen. Der Ukrainer Petr P. Metla berichtet, dass er eines sonntags einen Stubenkameraden, der aus der Westukraine stammte, vor dem Block tot vorfand; dieser habe in einer Nachbarbaracke Zucker gegen Zigaretten tauschen wollen und sei »von einer Schar Häftlinge« totgeschlagen worden.[730]

Einige Fälle von Selbstjustiz werden von Zeitzeugen ausführlich berichtet. In einem Fall betraf dies den als gefährlich angesehenen »Weißrussen« Nikolaj (Nicolas).[731] Ein anderes Geschehen schildert Heinz Rosenberg. Zwei sowjetische Häftlinge, die von Mithäftlingen als »Iwan, der Schreckliche« und »Roter Schrecken« bezeichnet wurden, seien aufgrund ihrer Gewalttätigkeit extrem verhasst gewesen. »An diesem 24. Dezember war ein heftiger Schneesturm. Die meisten Wachen hatten dienstfrei, und man konnte nicht sehr weit sehen. Plötzlich begannen die polnischen Gefangenen, die beiden russischen Gefangenen im Schnee zu jagen, sie warfen Schneebälle und andere Dinge nach ihnen. Die Wachen hielten das für eine Schneeballschlacht und griffen nicht ein. Die beiden Männer wurden in den Waschraum gejagt und dort zusammengeschlagen. Als sie fast bewusstlos waren, tötete man sie, indem man ihre Köpfe zehn Minuten unter Wasser hielt. Die Leichen wurden unter denen anderer Gefangener versteckt, und dem Lagerältesten wurde am nächsten Vormittag erzählt, die beiden wären geflohen. Wir wussten nicht, ob er oder der Oberscharführer die Geschichte glaubten, aber jedenfalls geschah nichts, denn es war Umzugstag, Weihnachten 1944.« Eine Parallelerzählung liegt nicht vor; unabhängig von Fragen bezüglich der Fiktionalität[732] bzw. Konstruiertheit des Geschilderten wird jedoch plausibel, dass den Häftlingen das Handeln gegen ihre Peiniger und gegen Normbrecher aus den eigenen Reihen dringend geboten schien und dies stellenweise wohl auch möglich war.

Offener und heimlicher Widerstand

Dass offener Widerstand gezeigt wurde, war außerordentlich selten. In der Vorweihnachtszeit 1944, so berichtet der Belgier Henri Pâques, hätten die Kapos eine regelrechte Propaganda entfacht, um bei den Häftlingen »Freiwillige« zu finden, die nach dem Arbeitstag Spielzeug für deutsche Kinder basteln würden, deren Väter an der

730 ANg 36-550.3/6, Häftlingsbericht P. P. Metla.

731 Vgl. Kapitel »Die Evakuierung des Lagers«.

732 Zu den Daten der Wetterstation Bremen/Flughafen (20km von Blumenthal entfernt): Um den 24.12.1944 herrschten Tages-Temperaturen von minus drei Grad Celsius bei Schneehöhe Null. Vgl. URL: https://www.wetteronline.de/wetterdaten/bremen?pcid=pc_rueckblick_data&gid=10224&pid=p_rueckblick_diagram&sid=StationHistory&iid=10224&metparaid=TXLD&period=4&month=12&year=1944; Aufruf v. 17.8.2019. Es ist nicht entscheidbar, ob bezüglich der Wetterbedingungen eine Überschreibung der Erinnerung vorliegt oder ob nicht doch Reif oder eine dünne Schneedecke vorhanden war.

Front waren.[733] »Die allgemeine Reaktion ließ nicht auf sich warten, und die Antwort war schneidend: ›Wer in Belgien wird unseren Kindern ohne Väter Spielzeug schenken?' Nach meiner Kenntnis hat sich kein Belgier verleiten lassen und alle verweigerten kategorisch ihre Mitarbeit – zum großen Ärger der Kapos, die sich mit Vergeltungsdrohungen nicht zurückhielten.«[734] Laurent Bernard weigerte sich, nach einer schweren Bestrafung Stubenältester bei Griechen und Russen zu werden, da er nur Deutsch und Französisch sprach. Zum Glück für ihn verlangte ihn die Marine-Wachmannschaft als Kalfaktor zurück; dort besorgte er sich Zeitungen und las anderen auf der Latrine vor.[735]

Der Umfang von Widerstand in jeglicher Form kann nicht eingeschätzt werden. Ehemalige Deportierte sind in den Nachkriegsjahren eher bereit, die Aktivitäten von Kameraden in positivem Licht erscheinen zu lassen; immerhin geht es oft um die Anerkennung als politischer Häftling bzw. Widerstandskämpfer. In diesem Zusammenhang wird eher über die Solidarität unter den Häftlingen als über Demütigungen und Konflikte berichtet.[736] Dabei gibt es Hinweise, dass die meisten Häftlinge zumindest phasenweise von Lethargie und Depressionen befallen waren. Die Ungewissheit über ihre Zukunft war belastend, ebenso wie der Tod oder die Misshandlung nahestehender Kameraden, die öffentliche Hinrichtung zweier polnischer Mithäftlinge, das Ausbleiben von Luftangriffen, die sich erweisende Substanzlosigkeit von Gerüchten, aber auch militärische Entwicklungen außerhalb des Lagers. Der Belgier Charles Lapaige resümiert: »Die Hoffnung, schnell befreit zu werden, die bei unserer Ankunft im Lager noch lebendig war, verschwand schnell. Vor allem die Älteren unter uns starben um den Jahreswechsel herum wie die Fliegen. Die kurzen, aber vielsagenden Berichte über neue deutsche Angriffswaffen, die Europa heimsuchten, und die Von Rundstedt-Offensive ließ sie alle noch verfügbaren Kräfte verlieren.«[737] Die erwähnte deutsche Offensive in den Ardennen bedrohte erneut befreit geglaubte Gebiete Belgiens. Vandekerkhove schildert, wie die meisten Häftlinge im Dezember 1944 in großer Gleichgültigkeit dahinvegetierten.[738] Es habe seinerzeit zahlreiche zerstörte Hoffnungen gegeben, viele Kameraden seien gestorben. Die Mehrzahl der Häftlinge sei völlig ohne Energie gewesen und ha-

733 Pâques, Récit, S. 113–114.

734 Pierre Billaux hingegen behauptet über die Situation in seiner Unterkunft: »Es gab welche in Block 3, die Spielzeug für die Deutschen herstellten, auch Belgier.« Mitteilung an Vf. v. 4.12.2010.

735 Gemeinsame Erklärung von Charles Lapaige und André Rouck (o.J., vermutlich 1946), Dossier D. Achten, CEGESOMA.

736 In einer Bewertung zahlreicher Interviews formuliert Ulrike Jureit, Erinnerungsmuster, S. 397: »In der Überbetonung der Solidarität steckt eine Ausblendung der Gegebenheiten, die für die Masse der Gefangenen den Tod bedeuteten. Diejenigen, die wir heute interviewen, haben häufig von solidarischer Hilfe profitiert beziehungsweise waren selbst in derartigen Zirkeln aktiv, ihre Erzählungen können aber nicht als repräsentativ gelten. Die Suche nach dem Grund ihres Überlebens wird im Interview zum Gegenstand der individuellen Bedeutungskonstruktion.«.

737 Zitat in: Verschooris, Papegaai, S. 80.

738 Vandekerkhove, Enfer, S. 47–50.

be sich nur für eine Sache interessiert: die Suppe. Brotdiebstahl sei verbreitet gewesen. Offenbar zeigten aber einige Häftlinge Mut in dieser verzweifelten Lage. Nachdem Albert Willemsen wegen Brotdiebstahls auf dem Appellplatz schwer misshandelt worden war[739], habe sein Kamerad Marcel Beatse ihn in das Revier gebracht – ohne Rücksicht darauf, dass er sich dadurch selbst gefährdete, denn die Kapos hätten jede Hilfe verboten. Marcel Beatse wird in den Nachkriegserklärungen seiner Kameraden wegen seines selbstlosen Einsatzes einhellig gelobt.[740]

Für die Katholiken unter den Gefangenen war es wichtig, dass kultische Handlungen weiter möglich waren.[741] In Blumenthal gab es drei »Weiße Väter« aus dem belgischen Missionskloster Thy-le-Château, die heimlich die Messe lasen, die Beichte abnahmen und abends oder sogar nachts im Revier die Sterbesakramente erteilten. Die seelsorgerischen Aktivitäten des Paters Reynaert wurden verraten; er wurde von dem Kapo Bruno in Gegenwart von SS-Leuten und dem Chefkapo Karl schwer geschlagen. Das Widerstandskomitee beschloss, die Identität des Geistlichen zu ändern, um sein Überleben zu ermöglichen.

Aus den Beispielen mag deutlich geworden sei, dass erfolgreiche Selbstbehauptung vielfach davon abhing, inwieweit der einzelne Häftling in soziale Bezüge eingebunden war, innerhalb derer er materiell und psychisch auf Unterstützung rechnen konnte. Es ist schwer einzuschätzen, in welchem Umfang die von Vandekerkhove erinnerte Gleichgültigkeit im Winter 1944 um sich gegriffen hatte. Detlef Garbe formuliert dazu allgemein: »Die das Leben in den Konzentrationslagern bestimmende Erfahrung war für die große Mehrzahl der Häftlinge nicht die der solidarischen Hilfe, sondern der von der SS aufgezwungene Darwinismus, das Wolfsgesetz. Im Kontrast dazu ist in den Erinnerungsberichten vergleichsweise häufig von Solidarität und Widerstand die Rede. Hierin spiegelt sich der enorme Wert für den Überlebenswillen.«[742]

Fluchtversuche

Die Hoffnung auf eine erfolgreiche Flucht wird für die meisten Häftlinge eine drängende Perspektive gewesen sein. Dabei waren die Bedingungen nicht günstig. Zwar war die Doppelumzäunung vermutlich nicht elektrifiziert. Die Marine-Wachposten patrouillierten jedoch Tag und Nacht; die Wachtürme waren besetzt. Nach dem Zapfenstreich durften sich Häftlinge nur noch in Unterwäsche zu den Latrinen begeben;

739 Siehe Textblock im Kapitel »Existenzbedingungen«.
740 CEGESOMA, Dossier Marcel Beatse, Bescheinigungen u. a. von Willy De Keghel und Victor Van de Vliet.
741 Zum Folgenden: Van Pée, Ik was 20, S. 93–95.
742 Detlef Garbe, Selbstbehauptung und Widerstand, in: Benz/Distel, Ort des Terrors, Bd. I: Die Organisation des Terrors (2005), S. 255.

zudem wurde das Gelände nach Einbruch der Dunkelheit regelmäßig ausgeleuchtet. Selbst nach einer erfolgreichen Flucht hätten sich große Probleme ergeben. Flüchtende konnten sofort als Gefangene erkannt werden, da sie entsprechende (Sträflings-)Kleidung hatten und einen typischen Haarschnitt (»Autobahn« im Lagerjargon) trugen. Die allermeisten würden aufgrund ihrer Sprache als Ausländer erkannt werden. Im Allgemeinen würde es schwierig sein, sich zu orientieren und größere Strecken zurückzulegen, ohne kontrolliert zu werden.

Bislang kann allein nachvollzogen werden, dass es zwei Franzosen gelang, aus Blumenthal zu fliehen. Sie wurden jedoch kurz darauf wieder ergriffen. In der Erinnerung von Pierre Billaux waren die beiden Kameraden mit ihm in Block 3 untergebracht gewesen.[743] Einer der beiden, der wie er Friseur gewesen sei, habe aus Paris gestammt. Der Mithäftling Raymond M., im Zeichenbüro der Deschimag tätig, habe die beiden mit einer Karte von Westdeutschland ausgestattet. Sie seien über das Dach einer Lagerhalle geflüchtet, hätten die Weser in einem Boot überquert, seien jedoch beim Versuch gefasst worden, sich Nahrung zu beschaffen. Über eine Bestrafung der beiden sei nichts bekannt geworden. Jean-Marie Vanden Eynde erinnert sich, dass der Lagerleiter in einer Ansprache diese Tat verurteilt habe. Die beiden Mithäftlinge seien nicht wieder in das Lager aufgenommen worden.[744]

Erfreulicherweise liegen bezüglich dieses Fluchtversuchs weitere Dokumente vor, die Licht in die Angelegenheit bringen können.[745] Bei den beiden Geflüchteten handelt es sich um den Pariser Friseur Bruno De T. und den Landwirt Roger M. Bruno De T. überlebte die Deportation nicht und starb am 1. Mai 1945.[746] Der nach Hause zurückgekehrte Student Pierre Lefèvre ist im Juli 1945 noch zu schwach, um selbst Zeugnis über den Fluchtplan der beiden abzulegen, daher fasst sein Vater die Erinnerung schriftlich zusammen: Bruno De T. habe Pierre ins Vertrauen gezogen, dieser habe vergeblich versucht, ihn vom Fluchtplan abzubringen. De T. sei am 2. Januar des Morgens geflüchtet. Nach 1 ½ Monaten sei er ins Lager zurückgebracht worden. Pierre habe ihn sehen, aber nicht sprechen können. De T. sei dann nach Neuengamme gebracht worden. Angeblich sei er auch auf einem der Schiffe in der Neustädter Bucht gewesen. Nach anderen Aussagen hat De T. in Neuengamme einen neuen Ausbruchversuch gewagt. Der zweite Geflüchtete, Roger M., war in die Heimat zurückgekehrt und konnte im Juli 1946 seine Erinnerung[747] bekunden: Beide Häftlinge seien am 27. Dezember 1944 geflohen und

743 Billaux, Verbatim (2010).

744 Vanden Eynde, Blumenthal (2008).

745 DAVCC, 21P 443356; DAVCC 21P 589951.

746 Fondation, Livre-Mémorial. Suche unter URL: http://www.bddm.org/liv/details.php?id=I.254.#LEFRANCOIS und URL: http://www.bddm.org/liv/details.php?id=I.250.#DESTASIO. Außerdem URL: https://www.kz-gedenkstaette-neuengamme.de/geschichte/totenbuch/die-toten–1940–1945/

747 In einer Aussage von 1952 berichtet Roger M., er sei nach der Wiederergreifung zunächst nach Delmenhorst und Ende Januar in ein Straflager verlegt worden, an dessen Namen er sich nicht erinnere. DAVCC, 21P 589951.

am 1. Januar 1945 wieder ergriffen worden. Sie hätten dann gemeinsam in der Strafkompanie[748] von Neuengamme arbeiten müssen. Nach drei Monaten sei er, Roger M., in das Krankenrevier gekommen, später in das KZ Ravensbrück, dann nach Sachsenhausen. Die beiden hätten sich aus den Augen verloren. Sie wurden nicht wie andere wegen Fluchtversuchs zum Tode verurteilt – aus Gründen, die sich nicht eindeutig nachvollziehen lassen.

Möglicherweise hat es auch einen – gescheiterten – Fluchtplan oder Ausbruchsversuch unter den Belgiern gegeben. Nach Aussagen von Henri Pâques[749] hätten er und andere Landsleute davon keine Kenntnis gehabt. Dennoch hätten die Kapos sie antreten lassen und als Kollektiv eine Woche lang mit Straf-»Sport« und anderen Schikanen bestraft. Vielleicht handelte es sich um einen Plan, der verraten wurde: Laut Nachkriegsauskünften von Charles Lapaige plante eine belgische Organisation eine Massenflucht. Voraussetzung sei dabei die Hilfe des Kapos »Willy«[750] und die Duldung durch antifaschistische Marinesoldaten gewesen. Willy [von] Höge soll von seiner Frau einen großen Geldbetrag erhalten haben, der für das Weiterkommen der Flüchtigen hätte wichtig sein können. Der Plan sei von dem belgischen Mithäftling Henri R. verraten worden.[751] Der Realitätsgehalt dieser Erzählung lässt sich schwer einschätzen. Die Aussagen deuten jedoch auf eine Phase hin, in der allen Beteiligten das baldige Ende des Krieges vor Augen stand. Dass die Häftlinge angesichts der unübersichtlichen Situation alles daran setzten, ihr Schicksal in die eigenen Hände zu nehmen, ist nachvollziehbar. Viele Überlebende, so Felix Bruyninckx und Henri Désirotte, hoben in ihren Aussagen den Mithäftling Laurent Bernard, der als Dolmetscher im Lager tätig war, wegen seines vorbildlichen Verhaltens hervor. Er sei im Oktober 1944 als Mitglied einer geheimen Organisation denunziert worden, die einen Ausbruch plante. Bernard sei schwer mit 50 Schlägen und Arrest bestraft worden.[752]

Eine andere Unternehmung, so André Duroméa, fand kurz vor der Räumung des Lagers statt.[753] Der Strom war ausgefallen, und es wurde in den Werkstätten nicht mehr gearbeitet. Auch das Lager war nachts nicht mehr beleuchtet. Bei den Fluchtvorbereitungen habe der Kapo Hans [Isemann] geholfen, u.a. habe er als Verantwortlicher der

748 Bisher ist unklar, ob generell zutrifft, was H. Kaienburg formuliert: »Ab 1943 wurden ausländische Häftlinge nach Fluchtversuchen meist hingerichtet.« Hermann Kaienburg, Das Konzentrationslager Neuengamme 1938–1945 (1997), S. 239. Zugleich wies die Gestapo Menschen, die besonderem Vernichtungsdruck ausgesetzt werden sollten, aufgrund »schwerer Vergehen« wie Fluchtversuchen in sogenannte Strafkompanien ein. Siehe dazu Kaienburg, »Vernichtung«, S. 429–432.

749 Pâques, Récit, S. 95.

750 Vgl. Kapitel »Im Dienste der SS«.

751 Henri R. war als Übersetzer bei der Sipo [Sicherheitspolizei] in Antwerpen tätig gewesen; ein SS- und Polizeigericht hatte ihn 1944 verurteilt. Mitteilung DAO/SAVG/AfK v. 9.7.2014.

752 DAO/SAVG/AfK, Dossier no. 21104, Laurent Bernard.

753 Duroméa, André, S. 157–159.

Kleiderkammer den Fluchtbereiten die farbverschmierte Kleidung gegen unverdächtige Sachen getauscht. Duroméa und seine Kameraden Adrien und Marius machten sich daran, mit selbst gefertigten Werkzeugen den Doppelzaun zu durchtrennen. Die vertikal gespannten Drähte bereiteten keine Schwierigkeiten. Im inneren Zaun klaffte bald ein großes Loch. Beim Versuch, den horizontalen, kurz über dem Boden gespannten Signaldraht zu durchtrennen, wurden jedoch Posten aufmerksam; die drei flohen in ihre Unterkünfte. Damit war die Gelegenheit vorüber, denn ab dem nächsten Tag sei das Lager überfüllt gewesen mit den Insassen aus benachbarten KZ-Außenlagern.

Auch »Kapo Hennie«, also Ernst Hennig, so Raymond Van Pée[754], trug sich mit Fluchtplänen, in die er Van Pée und Georges Courtine Ende März einweihte. Nach seiner Idee würde es gelingen können, mit einem gültigen Marschbefehl versehen in Richtung der sich nähernden englischen Linien zu fahren. Marinesoldaten seien eingeweiht. Aufgrund der Anfang April verhängten »Lagersperre«, also des generellen Verbots, das Lager zu verlassen, sei dieser Plan allerdings gescheitert. Erfolgreich war allerdings offenbar die Flucht des Lagerschreibers Ewald Schmolze und der drei Kapos Isemann, Hennig und Maas.[755] Die Flucht von Hennig wurde dem Häftling und Betonfacharbeiter Detlef I. angekreidet; er soll daraufhin in den Strafblock nach Neuengamme deportiert worden sein. Unklar bleibt, wie I. als Häftling des Farger KZ auf das Geschehen in Blumenthal Einfluss nehmen konnte.

Am weitesten war jedoch ein Tunnel-Fluchtprojekt gediehen. Unter den Berichten vieler Überlebender sind vier Aussagen von Zeitzeugen überliefert, die relativ dicht am Geschehen waren. Eine relativ kurze Darstellung stammt von Georges Curial, einem der beiden in Baracke 7 wohnenden »Maulwürfe«, wie sie von ihren Kameraden bezeichnet wurden.[756] Eine zweite Beschreibung findet sich im semi-dokumentarischen Bericht von Raymond Van Pée.[757] Dieser verwendet neben seinen Erinnerungen auch Schilderungen von Mitgefangenen und imaginiert Dialoge, die so oder ähnlich haben stattfinden können. In diesem Fall hat seine Darstellung den Vorteil der Zeitzeugenschaft, denn zusammen mit dem zweiten Tunnelgräber, dem Möbeltischler Georges Courtine, nutzte er die Gelegenheit, sich bei einem Arbeitseinsatz in einer Blumenthaler Tischlerei Werkzeug für das Vorhaben zu verschaffen. Bei dem dritten Zeitzeugen handelte es sich um ein Mitglied der Widerstandsgruppe im Lager, den kommunistischen

754 Van Pée, Ik was 20, S. 120–121, S. 124.

755 Hans Isemann verlautbart bei einer polizeilichen Vernehmung: »Ich bin kurz vor der Auflösung des Lagers geflohen und habe mich in Bremen-Blumenthal bis zum Einmarsch der Engländer verborgen gehalten.« StAB 4,89/3-985, Bl. 182. Van Pée erinnert sich: »Wir vernahmen, dass Kapo Hennie doch geflüchtet war, zusammen mit noch zwei Kapos. Das musste sicher mit Hilfe von Wachen geschehen sein.« Van Pée, Ik was 20, S. 124. Das Einwohnermeldeamt Blumenthal verzeichnet mit Datum »2.4.45« für Isemann folgende Adressenänderung: »Letzter Wohnort: K.Z. Lager« und als neue Anschrift »Br Blumenthal, Lüssumerstraße [...]«.

756 Georges Curial (1967) in: Les Dossiers no. 10, S. 18–19.

757 Van Pée, Ik was 20, S. 115–123.

Schlosser André Duroméa aus Le Havre.[758] Zudem hat der Belgier Gaston Vandekerkhove in den 80er Jahren einen Erinnerungsbericht veröffentlicht; auch er gehörte zu der achtköpfigen Gruppe der »Maulwürfe«.[759]

Das Unternehmen wurde unter der Leitung des vierköpfigen französisch-belgischen Widerstandskomitees durchgeführt. Hauptmotiv war die Befürchtung, dass die SS die Häftlinge angesichts der sich nähernden Front nicht am Leben lassen würde. Der Plan bestand darin, einen Massenausbruch von 50 bis 60 Personen zu wagen. Die beiden Franzosen Georges Curial und Georges Courtine waren einige Zeit zuvor aus dem Revier entlassen worden, als die Mitglieder der Nachtschicht in ihrer Wohnbaracke bereits eingeteilt worden waren. So verblieben sie nachts zu zweit in ihrer Stube 3 des Blocks 7, einer Baracke, die parallel zur doppelten Umzäunung am Ufer der Weser lag. Vandekerkhove will es gelungen sein, einem belgischen Mithäftling, der ebenfalls zur Tagschicht zählte, weiszumachen, dass er sich krank fühlen und in das Revier aufnehmen lassen müsse. Der kommunistische Häftlingsarzt Leherpeux war als Mitglied des Vorbereitungskomitees eingeweiht. Insgesamt sollen bis zu zwölf Häftlinge an den etwa sechs Wochen dauernden Schachtarbeiten beteiligt gewesen sein.[760]

Das Vorhaben stand vor zahlreichen Schwierigkeiten. Arbeitsgeräusche durften in den Nachbarräumen und draußen nicht vernehmbar sein. Daher wurde eine abendliche Zeit zum Durchsägen der Dielen gewählt und dabei lauthals gesungen. Aus der Tischlerei konnten Courtine und Van Pée diverse Werkzeuge schmuggeln, die fehlende Lampe[761] und andere Gerätschaften[762] schafften andere heimlich in das Lager. Die Arbeit war aufreibend und erschöpfend; es gelang, Courtine während der Tagschicht unter einer Werkbank einen Schlafplatz einzurichten. Eine aus den Dielen gefertigte Klappe unterhalb eines der Etagenbetten erlaubte es, den Einstieg in der Stube jederzeit schließen und tarnen zu können. Da die Baracken auf Pfosten standen, ergab sich die Möglichkeit, den Abraum mit langstieligen Schiebern unter dem Gebäude zu verteilen. Unglücklicherweise war der von der Weservertiefung stammende Sand noch nicht ausreichend von Pflanzen durchwurzelt. Daher verwendete die Gruppe Latten, Fässerspanten, Eisendraht und Säcke, um eine gewisse Stabilität im Tunnel zu erreichen. Der Häftlingsarzt hatte tagsüber Gelegenheit, sich unbeaufsichtigt im Lager zu bewegen. So konnte er unbemerkt Latten aus Bettgestellen entnehmen. Um dem Sauerstoffmangel im Tunnel vorzubeugen, wurde ein schräg angeschnitte-

758 Duroméa, André, S. 149–156. Jean-Jacques Lallemant, André Duroméa. Un maire, un militant (2005), S. 57–59.

759 Vandekerkhove, Enfer, S. 53–61. Der Ehemalige Camille Labrux spricht von allein sechs französischen Teilnehmern: Georges Curial, Georges Courtine, André Duroméa, Adolphe (»André«) Legeay, René Leherpeux, Camille Labrux. Témoignage de Camille Labrux (Mle 36839), in: Les Dossiers de Neuengamme, Dossier no. 10 (2014), S. 19.

760 So A. Duroméa. Lallemant, André, S. 58.

761 So nach Van Pée, Ik was 20, S. 84.

762 Lt. Bescheinigung von Vandekerkhove und anderen Mithäftlingen, CEGESOMA, Dossier Marcel Beatse.

ner Schlauch zur Oberfläche geführt. Immer wieder hörten die Grabenden die Tritte von Wachen über ihnen. Häufig brachen die ungesicherten Wände ein, einmal sogar ein Stück der Decke. Zu tief zu gehen, barg das Risiko, dass man verschüttet wurde. Also blieben die Tunnelgräber nur wenig unterhalb der Grassoden-Schicht. Der Doppelzaun war nach wochenlanger Arbeit bereits unterirdisch überwunden; es fehlte noch die Ausgangsöffnung am Ufer der Weser. Es hatte zuvor bereits mehrfach im Lagerbereich Einsackungen gegeben. Dem Revierarzt war es immer wieder zusammen mit wenigen Eingeweihten gelungen, die Vertiefungen zu kaschieren. Jetzt gab es diese Möglichkeit nicht mehr. Nachdem es viel geregnet hatte, brach der Tunnel auf dem Strandweg außerhalb des Lagers ein.[763] Das Unternehmen war entdeckt. Die Unruhe unter den Verantwortlichen des Projekts war groß; die Kapos verkündeten, dass bald Gefangene im Dutzend hängen würden. Die beiden Georges, aber auch die Häftlinge der benachbarten Stube, wurden brutal verhört. Georges Curial und Georges Courtine behaupteten auch unter Folter weiterhin, den Tunnel in vielen Monaten ohne Hilfe anderer gegraben zu haben. Sie nahmen die Strafen allein auf sich: 50 Schläge auf das Gesäß und Bunkerarrest mit Essensentzug.[764] Im Gegensatz zu den beiden Polen wurden sie nicht gehängt.[765] An dieser Stelle gehen die Berichte und Mutmaßungen der Überlebenden auseinander. Laut Curial stellte der Kommandoführer vom Endt in einer Ansprache fest, dass es sich um Sabotage handle; andererseits soll er auch seine Hochachtung vor der Leistung der beiden ausgedrückt haben. Dieses Narrativ taucht häufig in Nachkriegsberichten auf.[766] Der Lagerleiter sei von der Unternehmung beeindruckt gewesen oder auch von der Behauptung der beiden, sie hätten befürchtet, nach Neuengamme zurückgeschickt zu werden, wohingegen sie doch lieber im Lager Blumenthal geblieben wären. So habe er die beiden Gefangenen begnadigt. Abgesehen davon, dass er zu Letzterem nicht befugt war, mögen andere Faktoren dafür gesorgt haben, dass sie überlebten: Sie wurden noch vor Verhängung der Kapitalstrafe aus dem Arrest geholt, weil das Lager geräumt werden sollte.[767] Vielleicht wollte der Lagerleiter die Angelegenheit aber auch unterdrücken, um keine Schwierigkeiten mit SS-Vorgesetzten zu bekommen, oder er hoffte, in weiteren Verhören andere Mitglieder der Gruppe benannt zu bekommen.[768]

763 Nach Vandekerkhove hatte ein Bauer mit seinem Pferdegespann den Uferweg befahren. Vandekerkhove, Enfer, S. 59.

764 Daher ist die Version von Georges Ducros nicht schlüssig, wonach er und Laurent Jacq noch im Tunnel festgenommen worden seien. Schreiben von Georges Ducros v. 21. 01. 1953 an den Délégué interdépartemental au Ministère des anciens combattants. DAVCC, 21 P 574 594, Dossier Laurent Jacq. Georges Ducros, der zur Planungsgruppe gehörte, bewohnte den Nachbarraum und wurde zusammen mit fünf weiteren Deportierten verhaftet, die jedoch nicht im Bilde waren. Duroméa, André, S. 155.

765 Georges Courtines Bewertung fällt nüchtern aus: »Wir wurden neu eingekleidet, mit zugenähten Taschen und roten Kreisen, dann eingesperrt jeder in eine Art Verlies, in der Erwartung hingerichtet zu werden.« Bericht, Typoskript, 2 Seiten, Archiv d. Vf.

766 Besonders ausgeführt bei Van Pée, S. 123.

767 So Pierre Billaux, Video-Interview KZ-Gedenkstätte Neuengamme (1999).

768 Melen, Résistance.

Weder Georges Courtine noch ich leugneten, es war zu eindeutig

»Welch eine Aufregung! Es war Tag, die SS verstand schnell und unsere Kameraden, die schliefen, wurden mit Stiefeltritten geweckt. Nach der Inspektion des Tatortes entdeckte sie unsere Klappe und räumten ein, dass unsere Kameraden, die tagsüber schliefen, diese Arbeit nicht hatten machen können, vor allem da ihr Stubenkapo ein Deutscher war. Daher kam man uns an unserem Arbeitsplatz holen, um uns zum Ort unseres ›Verbrechens‹ zu führen; unsere Kameraden waren immer noch in Habachtstellung auf dem Appellplatz, ohne recht zu verstehen, was geschah. Weder Georges Courtine noch ich leugneten, es war zu eindeutig. Wir bekamen zunächst eine Abreibung von 50 Schlägen (elektrisches Kabel von 1 m und 30 mm Durchmesser); bei 25 Schlägen wurde der Kapo gewechselt, damit er ›frisch‹ genug war. Derjenige von uns, der gerade nicht geschlagen wurde, musste die Schläge zählen; aus lauter Menschlichkeit hatten wir die Erlaubnis, unsere Mütze zwischen die Zähne zu klemmen. Nach dieser Bestrafung hielt uns der SS-Kommandant eine kleine Ansprache: Wir waren Saboteure, also würden wir gehängt; dennoch gratulierte er uns und sagte vor allem: ›Ich dachte nicht, dass Franzosen zu so etwas fähig sind.‹

Wir wurden zum Schneider gebracht, der uns ein neues »Gestreiftes« mit zugenähten Taschen und wunderbaren roten Kreisen auf dem Rücken, der Brust und den Beinen verpasste. Wir wurden in eine der Zellen des »Bunkers«[769] eingesperrt. Zum Glück bestand die Trennwand aus Holz, wir waren dicht beieinander an der Abtrennung, wir haben Stunden miteinander gesprochen. Wir warteten auf die Entscheidung des Kommandanten im Stammlager. Am nächsten Tag haben wir in der Stille unserer Zellen die ersten Kanonenschüsse der Alliierten gehört, immer näher. Das ist die Evakuierung des Kommandos, man holt uns, Freunde sorgen dafür, dass wir die Kleidung wechseln. Ich erinnere mich gut und werde es nie vergessen: die vier Griechen, die uns jeder eine gekochte Kartoffel gaben, diejenigen, die in einem KZ gewesen sind, wissen, was diese Geste bedeutet.

Wir waren am Ende unserer Kräfte, ich vor allem, ich fiel während der Aufstellung beim Abmarsch in Ohnmacht, aber alle Kameraden passten auf uns auf ...«

Georges Curial[770]

Kollaboration

Ausländische Arbeiter konnten in Blumenthal den Rang eines Kapos nicht erringen; hierfür waren deutsche »Grüne« vorgesehen. Jedoch wurde unterhalb dieser Hierarchieebene die Besetzung von weiteren Funktionsstellen durch Angehörige unterschiedlicher Gefangenengruppen für die SS-Lagerverwaltung unverzichtbar. Auch den Häftlingen erschien es hilfreich, dass Vertrauenspersonen ihres Netzwerkes solche Positionen einnahmen. Dennoch gerieten Mithäftlinge aufgrund ihrer Tätigkeiten immer wieder unter Rechtfertigungsdruck.

769 Der von den Häftlingen im Lagerjargon als »Bunker« bezeichnete Arrestraum ist nicht leicht zu lokalisieren. Es spricht einiges dafür, dass er sich in einer der Räumlichkeiten der Verwaltungsbaracke am Lagereingang befand. In diesem »Block« verortet ihn Vandekerkhove. Enfer, S. 29–30.

770 Bericht von 1967, in: Les Dossiers de Neuengamme, Dossier no. 10 (2014).

Dies lässt sich am Beispiel des belgischen ehemaligen Offiziers Henri Fieuillien zeigen, dessen Rolle und Persönlichkeit Henri Pâques ausführlich schildert.[771] Der 48-Jährige war für den jungen Pâques ein Vorbild aufgrund seiner religiös begründeten, »akzeptierenden« Einstellung zu der gegenwärtigen Lebensphase in Gefangenschaft. Fieuillien verfügte über viel Wissen und Lebenserfahrung. Fieuillien stieg in einer Werkstatt der Stammwerft der Deschimag zum Leiter einer Arbeitsgruppe auf und wurde damit zum Verbindungsglied zwischen den deutschen Vorarbeitern, dem verantwortlichen Ingenieur und der Verwaltung. Als Militär fand er Zugang zu einem Offizier der Marine-Wachmannschaft. Dieser besorgte ihm Sanitärartikel und ein bisschen Nahrung. Letzteres rief Neid unter Mitgefangenen hervor. Pâques äußert nachträglich Verständnis dafür, dass Fieuillien von dieser Verbindung profitierte, zumal er Mitgefangene ebenfalls bedacht habe. Außerdem habe er bewirkt, dass die Belgier zu einem Arbeitskommando kamen, wo die Arbeit zwar schwerer, die Essensportionen jedoch doppelt so hoch waren. Pâques selbst wurde auf Grund der Beziehungen Fieuilliens im Werkrevier der Werft – das eigentlich deutschen Beschäftigten vorbehalten war – medizinisch behandelt. Pâques berichtet weiter, dass Fieuillien auf Drängen seines deutschen Vorgesetzten ein System der statistischen Erfassung der Arbeitsleistungen eines jeden Einzelnen entwickelt hätte. Dies habe indes zu einem deutlichen Vertrauensverlust und viel Kritik seitens der Mitgefangenen geführt.

Vor der ganzen Reihe gab er den Kartoffeldiebstahl bekannt

»Ein harmloser Vorfall bringt das Fass zum Überlaufen. Der Leutnant, mit dem [Fieuillien] auf gutem Fuße steht, brachte ihm eines Tages mittags einige Pellkartoffeln, und [Fieuillien] beeilte sich, sie in dem persönlichen Schließfach unterzubringen, über das er in der Werkstatt verfügte. Ein geschickter Dieb konnte sie sich greifen, indem er den Schrank verschob, und als Henri Fieuillien sich zum Mittagessen niederließ, war der Schatz verschwunden. Wir saßen gerade untätig in dieser Pause um den Werkstattofen herum und genossen das bisschen Wärme und das Wohlbefinden nach der mageren Suppe. [...] Plötzlich, die Pause war noch nicht beendet, gab Henri Fieuillien das Zeichen zur Aufstellung und befahl uns das Stillgestanden. Vor der ganzen Reihe gab er den Kartoffeldiebstahl bekannt und befahl eindringlich, ihm sein Eigentum zurückzuerstatten. Nach einem ersten Augenblick der Erstarrung – keiner von uns hatte sich gerührt – geriet er in einen gewaltigen Zorn und wiederholte dieses Mal seine Frage auf Französisch und auf Flämisch, verbunden mit der Drohung einer Kollektivstrafe. Er beschuldigte formell einen der Neuen des Diebstahls und erteilte uns den Befehl, dass jeder dem Verdächtigten einen Schlag versetzen solle. In einem letzten Aufwallen von Würde gehorchte keiner dieser Aufforderung und schließlich, da er völlig das Gesicht verloren hatte, musste er uns an die Arbeit zurückschicken und beschimpfte uns als ›Feiglinge‹.«
Henri Pâques[772]

771 Pâques, Récit, S. 82–87.
772 Pâques, Récit, S. 132.

Am Beispiel von Henri Fieuillien zeigen sich die Unwägbarkeiten, angesichts derer die Häftlingsfunktionäre der zweiten Reihe – unterhalb der Kapo-Ebene – arbeiteten. Die »Staffelung von Macht«[773] durch die SS sollte einerseits Machtlücken schließen und die Überwachung optimieren; gleichzeitig mussten Freiräume zugestanden werden. In der Mittelstellung dieser Hierarchie angesiedelt, waren die Aktivitäten der Betreffenden hybrider Natur: Sie konnten Protektionsbeziehungen aufbauen, die ihnen und Mitgefangenen Zugang zu lebenswichtigen Gütern verschafften. Zur Wahrung der Freiräume musste andererseits alles getan werden, um die SS nicht auf den Plan zu rufen. Vor das Dilemma gestellt, Mitgefangene zu denunzieren – wozu er bei Unregelmäßigkeiten eigentlich verpflichtet war – oder eine eigene Lösung zu finden, entwickelten viele Inhaber einer solchen »delegatorischen Gewalt« ein System der Kontrolle und Repression, das auch Kollektivstrafen beinhaltete. Der Funktionshäftling strafte selbst und übernahm somit die Rolle der SS. Fieuillien war im vorliegenden Fall allerdings selbst Opfer eines Diebstahls geworden und scheiterte gegenüber den Mithäftlingen bei dem Versuch, eine Strafe durchzusetzen, weil er seine Rolle als Mittler nicht bewahren konnte. Er verzichtete jedoch augenscheinlich darauf, den Diebstahl weiterzumelden, da ihn dies völlig delegitimiert hätte und ein Signal dafür gewesen wäre, dass er gänzlich die Seite gewechselt hätte.

Generell äußerten sich die meisten Ehemaligen positiv über die Tatsache, dass Posten von Vertrauensleuten besetzt werden konnten. Da nicht alle Mithäftlinge gleichermaßen in den Genuss einer solchen Protektionsstruktur kamen, ist es nicht verwunderlich, dass Beurteilungen kontrovers ausfielen: Jacques De Volder bewertet das Verhalten des Übersetzers Achten folgendermaßen: »Jedoch hat er nach meiner Kenntnis nie einen anderen belgischen Häftling misshandelt. […] Ich denke im Gegenteil, dass die Tatsache, dass der Übersetzer ein Belgier war, meinen Landsleuten Vorteile verschaffte«.[774] Dagegen Willy De Keghel: »Ich persönlich habe kein Problem damit gehabt, aber es gab Mitgefangene, deren Namen ich nicht mehr nennen kann, die da wirklich Probleme hatten. [Achten] war ihnen gegenüber unverschämt und stellte die Arbeit in den Vordergrund anstatt durch die Finger zu sehen. Davon habe ich schon während meiner Gefangenschaft erfahren. Das geschah vor allem beim Werftkommando [in Bremen-Gröpelingen, K. E.], ich meine, dass so etwas nicht im Lager passierte.[775]

Am Beispiel des belgischen Häftlings Laurent Bernard zeigt sich, wie kontrovers das Verhalten eines »Bindenträgers« im Lager von Kameraden nach dem Krieg beurteilt wurde. Bernard hatte nach dem Krieg wie die meisten Überlebenden den An-

773 »Die Delegation sollte Machtlücken schließen und die Überwachung totalisieren, doch sie erzeugte zugleich Freiräume und zentrifugale Tendenzen. Um aktive Beihilfe zu gewinnen […], musste die SS Handlungschancen zugestehen, die auch gegen sie genutzt werden konnten.« Sofsky, Ordnung, S. 158.

774 DAO/SAVG/AfK, Dossier D. Achten.

775 DAO/SAVG/AfK, Dossier D. Achten.

trag gestellt, den Status als politischer Häftling zu erhalten. Es ist nachvollziehbar, dass sein Dossier[776] in erster Linie positive Zeugnisse von Mithäftlingen aufweist. Es findet sich darin jedoch auch eine Reihe kritischer Stimmen, die ihm unterstellen, zum Nachteil von belgischen Landsleuten gehandelt zu haben. Bernard beherrschte Französisch, Niederländisch und Deutsch und war als Dolmetscher zunächst in Blumenthal, später im Lager Schützenhof tätig. René Thirion führte nach der Repatriierung Klage, dass Bernard politische Gefangene geschlagen habe. Norbert W. erklärte, dass Bernard ein problematisches Verhalten gezeigt habe: »Er hat uns nur misshandelt. Ich selbst bin Opfer seiner schlechten Behandlung gewesen und infolge der Schläge, die er mir versetzte, habe ich mehrere Zähne verloren.« Mehrere andere heben in ihren Briefen und Stellungnahmen dem gegenüber hervor, dass Bernard ein unbeugsamer Gegner der SS gewesen sei. Er habe als guter belgischer Patriot Landsleuten geholfen, wo es möglich gewesen sei. Der Landsmann Charles Lapaige lobt in einem an Bernard gerichteten Schreiben: »Ich kann nur Gutes von Ihnen sagen, und ich werde Ihnen immer dankbar dafür sein, was Sie für mich und vor allem für die Belgier getan haben; ich werde nie vergessen, was Sie unter der SS für das Wohlergehen der Belgier gelitten haben.« Offenbar hatte Bernard – es hieß, wegen eines geplanten Fluchtversuchs – eine schwere Prügelstrafe erhalten, war in den Strafbunker gebracht worden und musste sich lange im Krankenrevier von den Schlägen erholen. In dieser Situation und später unterstützten ihn Mitgefangene. Michel H. versuchte eine Erklärung dafür, dass die Zustimmung zu Bernard nicht einheitlich war: »Im Lager wurde Bernard Laurent von allen Gefangenen geliebt, ich weiß, dass bei 4–500 belgischen Häftlingen weder Herr Bernard noch die belgische Organisation allen hätten helfen können, aber zahlreich sind diejenigen, die moralisch oder körperlich eine Unterstützung von Bernard erhalten haben. Er hat mehr als seine Pflicht als Belgier getan. Wenn Bernard heute von der einen oder der anderen Seite beschuldigt wird, dann handelt es sich um die persönliche Missgunst, nichts erhalten zu haben, was nicht die Schuld von Bernard war.«

Nach Darstellung von Charles Lapaige habe Bernard auch die französische Widerstandszelle im Lager Blumenthal gerettet. Der Anführer der französischen Gruppe, Gilbert De la Forge, sei als Helfer im Revier tätig gewesen.[777] Er sei von einem flämischen Belgier verraten worden. Der »Chef-SS« Hintze sei somit in den Besitz eines belastenden Briefes mit etwa zehn Namen gelangt und habe von Bernard eine Übersetzung gefordert. Dieser habe geistesgegenwärtig behauptet, es handele sich um eine Liste von jungen Belgiern und Franzosen, die aus dem Krankenrevier entlassen worden seien. Bernards Verhalten habe daher mehreren Mithäftlingen das Leben gerettet. Der Um-

776 DAO/SAVG/AfK, Dossier no. 21104, Laurent Bernard.

777 Bislang bekanntgewordene französische Häftlingsberichte erwähnen De la Forge nicht als Mitglied der Widerstandsgruppe.

stand, dass sich viele ehemaligen Kameraden nach dem Krieg für Bernard verwandten, reichte nicht aus. Die Kommission verweigerte Bernard mit Hinweis auf sein Verhalten vor der Deportation den beantragten Status als politischer Gefangener.[778]

Im Fall des ehemaligen Häftlings Baptiste O. entschied sich die belgische Bewilligungskommission anders. Als Belastungszeuge sagte Emile Dony aus, dass er in der Wäscherei des Lagers gearbeitet habe, zusammen mit den Mithäftlingen Pittois, Roberti und Désirotte. Er habe gesehen, wie Baptiste O. und der als brutaler Schläger verschriene Kapo Bruno gemeinsam einen Häftling vor sich hertrieben, der des Brotdiebstahls bei Kameraden bezichtigt wurde. Der Beschuldigte habe sich ausziehen müssen, O. habe mit dem Schlauch einen eisigen Wasserstrahl auf ihn gerichtet. Mithäftlinge, die zur Hilfe eilten, seien von Bruno brüsk zurückgetrieben worden. Im Übrigen habe O. in seiner Funktion als der für die Essensausgabe Zuständige Nahrung zurückgehalten, um sie seinen Stubenkameraden zukommen zu lassen. O. gibt an, sich an den Vorgang der Bestrafung zu erinnern. Er sei Bruno gefolgt und habe versucht, zugunsten des Gefangenen zu intervenieren. Mehrere Aussagen von ehemaligen Mithäftlingen bescheinigen O. Hilfsbereitschaft und Einsatz für Kranke, ohne dass er auf eine Gegenleistung habe hoffen können. Manche äußern den Verdacht, dass O. aufgrund seiner herausgehobenen Stellung, die ihm einige Vorteile verschaffte, beneidet worden sei.

Die Kommission lässt bei ihrer Begründung die positiven Äußerungen außer Acht.[779] Für sie ist vor allem von Bedeutung, dass Brotdiebstahl in der prekären Situation der Häftlinge ein »Verbrechen« dargestellt habe. Das Bespritzen eines Täters mit kaltem Wasser mitten im Winter habe sicher eine exemplarische Strafe dargestellt; sie sei jedoch gerecht gewesen, denn es habe die Gefahr bestanden, dass sich die zahlreichen Diebstähle zu einer »wahren sozialen Plage« auswüchsen. Mit dieser Argumentation stellt die Kommission fest, dass der Antragsteller einen Rechtsanspruch auf den Status als politischer Gefangener besitze. In der Argumentation verzichtet die Kommission darauf, die Widersprüchlichkeit des Lageralltags darzustellen. Kapos, Blockälteste, Essensausgeber, in der Küche eingesetzte Häftlinge unterschlugen regelmäßig Rationen oder »organisierten« Lebensmittel auf Kosten der Allgemeinheit, um Mitgliedern ihrer Gruppe etwas zukommen zu lassen. Der isolierte Mundraub eines Häftlings wurde jedoch – von Mitgefangenen, zumeist aber von Funktionshäftlingen – drakonisch bestraft. Häufig trafen diese Sanktionen wiederum auf das Einverständnis der anderen Deportierten, da der vom Hunger verursachte Mundraub – so auch die Kommission – gleichzeitig mehr als Diebstahl war, denn er setzte das Leben anderer aufs Spiel.[780]

778 Mitteilung von Gert De Prins, DAO/SAVG/AfK v. 9.7.2014.

779 Commission d'agréation de régime linguistique français pour l'application du statut des prisonniers politiques et de leurs ayants-droit, Beschluss v. 25.01.1949, DAO/SAVG/AfK, Dossier Baptiste O.; Mitteilung DAO/SAVG/AfK v. 9.7.2014.

780 Siehe dazu: Sofsky, Ordnung, S. 188.

Generell ist festzustellen, dass die Handlungsspielräume, die sich Häftlinge aufgrund der notwendigen, von der SS gewollten Machtstaffelung ergaben, extrem unterschiedlich genutzt werden konnten. Die Einzelnen konnten Korruptionsgemeinschaften oder Systeme persönlicher Patronage etablieren; es konnte aber auch – selbst wenn das Prinzip der Klientelbildung auch hier existierte – eine Art von Gegenmacht durch organisierten Widerstand entstehen.[781] An dieser Stelle mag die Tätigkeit des Häftlingsarztes René Leherpeux erwähnt werden. Dieser musste trotz seiner Funktion als Leiter des Krankenreviers und seiner unbestrittenen ärztlichen Kompetenz ständig Kompromisse machen. Er war kommunistisches Mitglied der französisch-belgischen Widerstandsgruppe, musste jedoch mit osteuropäischen Häftlingen zusammenarbeiten, die ihre Sonderposition ausnutzten, um sich an Häftlingen zu bereichern. Er erduldete die ständige Anwesenheit eines deutschen »Sanitäters«, der ihm »Ratschläge« erteilte, jedoch auch für den Nachschub von Medikamenten sorgte. Er hatte die unangenehme Aufgabe, Mithäftlingen mitzuteilen, dass sie das Revier zu verlassen hatten, um schwerer Erkrankten Platz zu machen – und war in einem solchen Augenblick in gewisser Weise der Erfüllungsgehilfe der Lager-SS. Dennoch gelang ihm offenbar die Gratwanderung, sich maximal für die Belange der Patienten – und seiner Mitarbeiter – einzusetzen, auch um den Preis, Zurechtweisungen und Sanktionen zu erfahren. Auf jeden Fall musste er die ihm von der SS-Lagerleitung zugeschriebene Rolle ausfüllen, ohne gleichzeitig das Vertrauen der Patienten zu verlieren. Leherpeux' Handeln wird in der Nachkriegszeit fast einhellig als hervorragend bezeichnet. Auch er hat, wie so viele andere, die Monate im Lager überlebt, nicht aber die Bombardierung der KZ-Schiffe in der Neustädter Bucht fünf Tage vor Ende des Krieges.

781 Ebd., S. 162–167.

11 Häftlingsgruppen: »Wir« und die »anderen«

Wenngleich alle Häftlingsgruppen im Prinzip gleichermaßen dem System von Straflosigkeit und Willkür seitens der SS und der deutschen Kapos ausgeliefert waren, so bildeten sich dennoch Unterschiede – in der Fremd- und in der Selbstwahrnehmung – zwischen einzelnen Gruppen heraus. Die entscheidende Kategorie war mit Ausnahme der Juden die nationale Zugehörigkeit. Die hauptsächliche, eindeutig scheinende Trennlinie verlief zwischen deutschen Funktionsträgern und nichtdeutschen Gefangenen.

Die Sicht auf »die Deutschen«

Zu den von den Häftlingen wahrgenommenen Deutschen zählten das SS-Personal und die »grünen« Kapos, Wachleute der Marine, Anwohner und Zivilangestellte der Deschimag. Bei letzteren, etwa bei dem einen oder anderen »Meister« am Arbeitsplatz, registrierten die Gefangenen zwar, dass sie nicht alle pronazistisch eingestellt waren; einige bekundeten sogar ihre Feindschaft gegenüber der Nazi-Herrschaft. Dennoch spiegeln die Erinnerungsberichte in ihrer Begrifflichkeit (»die Deutschen«, »les schleuhs«, »les boches« und andere) eine eindeutige Frontstellung. Eine klare Differenzierung zwischen Nazis und anderen Deutschen findet sich verständlicherweise selten. Der Kommandoführer vom Endt wurde fast nur in seiner Funktion wahrgenommen, in der er Ansprachen hielt und Drohungen ausstieß. Andere SS-Männer werden häufig als alkoholisiert und unberechenbar erinnert. Die Deportierten hatten es im Lageralltag vorwiegend mit »grünen« deutschen Kapos zu tun. Gerüchte, deren Wahrheitsgehalt kaum festzustellen war, machten die Runde: Kapos hatten angeblich Geliebte außerhalb des Lagers, die sie ohne Bewachung aufsuchen und mit selten gewordenen Waren beschenken konnten, welche sie sich durch Unterschlagung aus Rot-Kreuz-Paketen und Schwarzmarktgeschäften ergaunert hatten. Die Mehrzahl der Kapos sei homosexuell[782], manche unter ihnen machten sich 12–15 Jahre alte russische Gefangene sexuell gefügig, indem sie sie mit Nahrung bestachen. Die »Grünen« seien Bankräuber, Zirkusleute gewesen; einer habe seine Ehefrau erschlagen. Derartige Zuschreibungen schienen in der Vorstellung der Deportierten eine Erklärung für das exzessive Verhalten einiger Funktionshäftlinge geben zu können. In Einzelfällen nahmen Gefangene

782 Poirson, Récit, Teil I.

Deutsche jedoch auch als empathisch und hilfreich wahr (s. Kapitel »Das Konzentrationslager im Ort«). Vorherrschend blieb jedoch die Sicht, im Feindesland den Machenschaften oder dem Vernichtungswillen »der« Deutschen ausgesetzt zu sein.

Westeuropäer

Das Gros der Häftlinge bestand aus Belgiern und Franzosen. Es blieb nicht aus, dass sie die »Anderen« als von der eigenen Gruppierung unterschieden, ja andersartig wahrnahmen. Die Erinnerungsberichte geben sowohl zeitgenössische wie auch Sichtweisen wieder, die die Erinnernden zum Zeitpunkt ihres Nachkriegs-Berichts als die Ihren entwickelt haben. Insofern kann von einer doppelten Konstruktion der »Anderen« ausgegangen werden. In vermeintlichem Vorwissen, in Wahrnehmung und Kommunikation angelegt, erzeug(t)en derartige Narrative ein konsistentes und genormtes Selbstbild; das Bild des Anderen verfestigt(e) die – positive – Wahrnehmung der eigenen Gruppe.

Der größte Umfang an Zeugnissen Blumenthaler Häftlinge findet sich bei belgischen Überlebenden. Es ist gut nachzuvollziehen, wie sie sich ein Netz schufen, das ihnen im Lageralltag und für das Überleben hilfreich sein würde. Große Erleichterung verschaffte der Umstand, dass manche sich schon vor der Deportation kannten oder aus demselben Ort stammten. Marcel Belgeonne fand nach seiner Einlieferung sieben von dreizehn Deportierten aus dem Priesterseminar von Thy-le Château wieder.[783] Unter den Einzelpersonen, die aufgrund politischer und aktiver Widerstandtätigkeit bzw. als Geiseln deportiert worden waren, gab es zwischen den verschiedensprachigen Flamen und Wallonen keine Differenzen, jedenfalls soweit sich dies in Dokumenten niederschlägt.[784] Dabei mag eine Rolle gespielt haben, dass zahlreiche Flamen des Französischen mächtig waren. Hier bestand auch eine Brücke in das Lager der Franzosen: Drei Franzosen und ein Belgier waren Mitglieder in dem Komitee für den Tunnel-Fluchtplan; an den Vorbereitungsarbeiten wurden auch Belgier beteiligt. Es hat mit Sicherheit zahlreiche Fälle von Solidarität und individueller Unterstützung gegeben. Die Quellengruppe der individuellen Dossiers, in denen die Ehemaligen (oder ihre Angehörigen) den Antrag auf Zuerkennung eines Status als politischer Häftling stellen, weist eine große Zahl von Bescheinigungen auf. Hierin bekunden die Kameraden dem anderen Deportierten vielfach eine einwandfreie oder aktiv antinazistische Haltung im Lager und drücken ihre freundschaftliche Verbundenheit aus. Es bleibt jedoch zu bedenken, dass es auch die Dimension des Elends, der Verzweiflung und des Egoismus gab. Die

783 Belgeonne, Tragique, S. 42.

784 Van Pée, Ik was 20, S. 83–84. Ob es sich dabei um eine geschönte Sicht aus den 1990er Jahren handelt, also einer Zeit intensiver Auseinandersetzungen um die Frage flämischer Segregationstendenzen, ist nicht zu entscheiden.

globale Aussage von Raymond Poirson gibt hier einen Hinweis: »Der Hunger ist ein schlechter Ratgeber. Die Mehrheit von uns hatte jede Persönlichkeit verloren, wie Clochards, wie Sträflinge.«[785]

Osteuropäer

Die Kommunisten unter den Häftlingen sahen prinzipiell die Chance, mit sowjetischen Genossen zu kooperieren. Die Möglichkeit erwies sich jedoch vor allem infolge der Sprachbarriere als kaum realisierbar. Der Widerstandsangehörige André Duroméa versuchte, Kontakte zu knüpfen. »Auf nationaler Ebene bilden wir in Blumenthal die Parteileitung. Aber wir haben auch Verbindungen mit den Leitungen der Parteien, die sich im Lager erneut gebildet haben: Sowjetunion, Belgien, Polen usw., deren Angehörige in diesem Lager zahlreich vertreten sind. Die Polen sind zahlreich, aber recht wenige sind kommunistisch. [...] Diejenigen, die in unserem Lager sind, sind vor allem ›Nationalisten‹, und unsere Beziehungen mit ihnen sind nicht besonders gut. Gleich nach unserer Ankunft in Blumenthal haben wir Kontakt mit einem sowjetischen Offizier – Pilot im Rang eines Hauptmanns –, der Mitglied der KPdSU war. Eines Tages jedoch war er verschwunden. Was ist aus ihm geworden? Sicherlich ist er umgebracht worden!«[786]

Duroméas Bericht gibt keinen weiteren Hinweis auf den Versuch einer Zusammenarbeit mit Gruppen, die dem französisch-belgischem Widerstandskomitee sprachlich, politisch und kulturell fernstanden. Die Schwelle war verständlicherweise sehr hoch. Immerhin hätte es gegolten, noch vor einer etwaigen Zusammenarbeit gegenseitiges Vertrauen zu schaffen. Dies war im Gruppenzusammenhang schwierig. Raymond Poirson resümiert: »Die Russen und die Polen, da gab es gegenseitig kein Verständnis.«[787] Individuell gab es wohl immer wieder Möglichkeiten der Solidarität und des Einvernehmens. Häufig war die Wahrnehmung osteuropäischer Mitgefangener jedoch wohl von vorgefassten Stereotypen geprägt. Gegenüber polnischen Mitgefangen entwickelten westeuropäische Deportierte eine vorwiegend kritische Sichtweise. Für die kommunistische Widerstandsgruppe erwies sich ein Kontakt zu den Polen als besonders schwierig, da diese in ihrer Mehrzahl national-antikommunistisch eingestellt gewesen seien. Von anderen wird das Verhalten der polnischen Pfleger im Krankenrevier kritisch-negativ gewertet. Pierre Billaux spricht von den Polen, »die uns nicht mochten und umgekehrt.«[788] Jean-Marie Vanden Eynde erinnert sich, dass Rus-

785 Poirson, Récit, Teil I.
786 Duroméa, André, S. 140–141.
787 Video-Interview v. 28.5.1992, Archiv Internationale Friedensschule Bremen.
788 Schriftliche Mitteilung v. 9.3.2007 an Vf.

sen, Ukrainer und Polen eigene Gruppen bildeten, die nichts mit den Leuten aus dem Westen zu tun hatten.[789] Van Pée will wahrgenommen haben, dass sich »die Russen« rücksichtslos im Waschraum verhielten, nicht aufräumten und auf ihre toten Kameraden traten, die dort abgelegt waren.[790] Dennoch hat es wohl hin und wieder individuelle Kontakte gegeben. Der Franzose Jean Thébault schildert, wie nur ein Teil der in das Stammlager Neuengamme zurückverlegten Gefangenen im April 1945 Pakete des Roten Kreuzes erhalten:[791] »Die Russen sind aggressiv, sie sind stärker, sie haben die Deportation besser als wir überstanden. Ich weiß immer noch nicht, wie sie es in Blumenthal vermochten, sich Kartoffeln zu besorgen. Bei einem Appell auf dem Platz [im Lager Neuengamme, K. E.] erhalten wir ein Paket mit einer zu reichhaltigen Nahrung, an die unser Organismus nicht mehr gewohnt ist. Alle bekommen wir Durchfall. Diebstähle und Schlägereien mit den Russen greifen um sich, die kein Recht auf Zuteilung erhalten haben. In der Fabrik [in Blumenthal, K. E.] hatte ich gute Kontakte mit zwei russischen Deportierten, daher teile ich mit ihnen einige Lebensmittel. So vermeide ich Diebstähle und Schlägereien. Einige Tage später erinnern sie sich daran und schützen mich vor ähnlichen Schwierigkeiten.«[792] Pierre Billaux hatte den jungen kräftigen Russen namens Boris im Blumenthaler Krankenrevier kennengelernt. Boris setzte sich später in einer lebensbedrohlichen Situation für ihn ein, als beide sich im Kielraum der »Athen« in der Lübecker Bucht befanden.[793] Manche Gefangene, wie der Belgier Laurent Bernard, empfanden Mitleid mit jungen osteuropäischen Häftlingen, die den sexuellen Nachstellungen des Kapos Bruno Hilken ausgesetzt gewesen seien; dieser erpresste die Ausgehungerten mit Zusatzrationen.[794]

Jüdische Häftlinge[795]

Die Juden waren in den Augen der westeuropäischen Gefangenen besonders ungewöhnliche Mithäftlinge. Eine Gruppe von etwa 190 Juden[796] wurde vermutlich Ende

789 Vanden Eynde, Blumenthal (2008).

790 Van Pée, Ik was 20, S. 86.

791 Thébault, Neuengamme, S. 19–20.

792 Zu diesem Zeitpunkt, kurz vor der Befreiung, befand sich Thébault wie viele andere KZ-Häftlinge ohne Versorgung im überfüllten Laderaum eines der zu schwimmenden KZs umgewandelten Schiffe in der Neustädter Bucht.

793 Katja Hertz-Eichenrode, Video »Je n'aurais jamais imaginé« (1999).

794 Aussage von Laurent Bernard (1945); DAO/SAVG/AfK, Dossier no. 28814.

795 Wenn im Folgenden von »Juden« die Rede ist, so sind damit Menschen gemeint, die in nationalsozialistischer Vorstellung als Juden galten. Das Selbstverständnis der Betroffenen bleibt bei dieser Fremdbezeichnung unbeachtet.

796 Rosenberg gibt an, mit 190 jüdischen Leidensgenossen von Sachsenhausen nach Blumenthal verlegt worden zu sein; davon hätten Mitte Dezember 1944 noch 170 gelebt. Jahre, S. 128, S. 136. Zu den Toten gehörten

Oktober 1944[797] von Sachsenhausen bei Berlin nach Blumenthal verlegt. Es handelte sich um polnische[798] und deutsche – vielleicht auch ungarische[799] – Juden, darunter der aus Göttingen stammende Heinz Rosenberg. Dieser war zusammen mit Leidensgefährten wie Kurt Spitzkopf aus Hamburg durch mehr als zehn Ghettos und Konzentrationslager gegangen. Sie waren somit sehr erfahren, aber auch körperlich extrem geschwächt. »Mitten in der Nacht kamen wir in Bremen an. [...] Wir hofften, es würde ein gutes Lager sein. Jedenfalls war es sehr klein. Wir sahen nur wenige Baracken, und nach dem Zählappell betraten wir eine davon. Wir fanden Wasser, aber nichts zu essen. Wir fielen auf die Pritschen und schliefen sofort ein. Bereits nach drei Stunden wurden wir mit den Worten geweckt: ›Aufstehen, ihr Idioten. Dies ist kein Sanatorium. Dies ist ein Konzentrationslager.‹«[800] Die jüdischen Gefangenen bekamen es am ersten Tag mit dem Lagerschreiber und dem Lagerältesten zu tun. »Beide kamen aus Polen[801] und waren erfüllt mit Haß, und zu unserem Unglück hassten sie die Juden am meisten.«[802] Aber auch bei ihren Mitgefangenen, so Rosenberg, sei die antisemitische Haltung zu spüren gewesen. Für den »Judenblock« habe es bei zunehmend niedrigen Temperaturen weder Extrasuppe noch Extrabrot gegeben, denn die »Gefangenen, die die Vorräte und die Küche unter sich hatten, waren alle Russen und Polen und begünstigten ihre eigenen Leute. Sie brauchten keinen besonderen Befehl von der SS, um den Juden den denkbar geringsten Teil an Nahrungsmitteln zuzuteilen.«

Henri Pâques erinnert sich[803]: »Wir erleben in Blumenthal auch die Ankunft einer kleinen Gruppe polnischer oder ungarischer Juden, die in der Baracke uns gegenüber untergebracht werden. Eine buntscheckige Gruppe und mit den übelsten Kleiderlumpen, die man für sie finden konnte, darunter sind ebenso Greise wie Kinder, jedoch kein

---

vermutlich Sandor Sommer und Eugen Schächter. Beide Namen befinden sich auf der Bestandsliste Schützenhof mit einem Blumenthal-Vermerk und Todesdaten, die vor der Belegung des Lagers Schützenhof liegen. Rosenberg hat Blumenthal als besonders hartes Lager in Erinnerung: »Bremen brannte uns seine Spuren ein. [...] Es war ein kleines Lager, aber sehr erfinderisch in Grausamkeiten.« Jahre, S. 131–132.

797 Auf jeden Fall vor dem 29. Oktober, dem Tag der Hinrichtung zweier polnischer Häftlinge, ein Geschehen, das von Rosenberg geschildert wird.

798 Auf diese Gruppe könnte sich die Aussage von 1973 des in die USA emigrierten Überlebenden Ian D. (ehemals Isaac L.) beziehen: »Nach meiner heutigen Erinnerung bin ich Ende 1944 nach Blumenthal verbracht worden und blieb in diesem Lager vielleicht 5 Wochen. Ich kam zusammen mit einer Gruppe von 55 bis 58 jüdischen Polen nach Blumenthal. Wir hatten zusammen für einen Zweigbetrieb der Henkel-Werke in Plaszow gearbeitet. Diese Gruppe wurde geschlossen über Auschwitz nach Blumenthal gebracht, wo wir ebenfalls zusammen wohnten und arbeiteten.« Vernehmung durch den deutschen Konsul am 9.1.1973, StAB 4,89/3-985, Bl. 66.

799 Pâques, Récit, S. 94–95.

800 Rosenberg, Jahre, S. 129.

801 Dies trifft nicht zu; der als »langer Karl« bezeichnete Karl Decker war staatenlos, aber in Deutschland aufgewachsen, und der Schreiber Ewald Schmolze war Deutscher.

802 Auch für das Folgende: Rosenberg, Jahre, S. 129–130.

803 Pâques, Récit, S. 94–95. Guy Melen bestätigt, dass zu der Gruppe der jüdischen Gefangenen auch Kinder gehörten. Diese seien zusammen mit den Erwachsenen noch vor der Räumung des Lagers auf Lastwagen fortgebracht worden. Melen, Résistance.

Erwachsener. Sie machen uns mit vielen Gesten klar, dass sie 14 Tage im Waggon unterwegs waren, fast ohne Trinken und Essen. Unter ihnen befindet sich ein schönes Kind von neun bis zehn Jahren, das seine schönen dunklen Locken behalten hat und dessen Züge dem Bild eines italienischen Meisters zu entstammen scheinen. Es wird sofort von Bruno adoptiert und umsorgt: Er macht sich zu seinem Beschützer vor den anderen Kapos, jedoch man ahnt leicht seine uneingestandene Absicht.« Die einleitenden Bemerkungen Pâques sind dazu angetan, Mitleid hervorzurufen. Dann jedoch aktualisiert der Autor antisemitische Stereotype: »Das Leben im Lager ist ungesund geworden seit der Ankunft der Juden. Dank ihres findigen Geistes und ihrer deutschen Sprachkenntnisse zwängen sie sich überall hinein und besetzen die guten Posten im Lager; dabei verdrängen sie sogar die Russen, die ihnen dafür den Tod wünschen.« Zu dieser Erinnerung zählt auch die Erzählung über den jüdischen Schneider, der dem Lagerältesten einen wunderschönen Mantel gefertigt habe.[804]

Die jüdischen Häftlinge waren in verschiedenen Kommandos eingesetzt. Tatsächlich wurden zumindest einige von ihnen mit Textilarbeiten beschäftigt. Guy Melen erinnert sich, dass er im Winter hustete und Blut spuckte. Er habe alles darangesetzt, sich Stoff-Fetzen zu besorgen. Daher sei er tagelang um die Judenbaracke herumgeschlichen. Die Juden seien darin eingeschlossen gewesen; ihre Arbeit habe darin bestanden, alte zerlumpte Kleidung von Toten wieder instand zu setzen.[805]

Andere jüdische Gefangene[806] geben bei Nachkriegsbefragungen an, sie hätten in einer »Schiffs-Werkstätte« gearbeitet. Diese Aussage kann sich auf Arbeitsplätze im BWK-Gelände oder – wohl eher – auf die Stammwerft in Gröpelingen beziehen. Eine größere Gruppe der jüdischen Gefangenen, darunter auch Heinz Rosenberg, ging jeden Morgen auf Schiffstransport nach Bremen-Gröpelingen, bis schließlich das Kommando, darunter auch nichtjüdische Häftlinge, am 24. oder 25. Dezember in die vier Baracken des neu eingerichteten Lagers Bremen-Schützenhof in der Nähe der Stammwerft verlegt wurde.

Ein anderes jüdisches Arbeitskommando mag vorübergehend im Hafenbereich Bremen eingesetzt gewesen sein (s. Kapitel »Arbeitseinsatz«). Im Lager Blumenthal ver-

804 Dazu nach Lektüre des Berichtes Pâques' der ehemalige Häftling Pierre Billaux: »Das hätte die SS nie erlaubt.« Mitteilung an Vf. 4.12.2010. S. auch Fußnote 207.

805 Melen, Résistance. Während Melen und Roberti neutral berichten, schildert Belgeonne die Einlieferung in Blumenthal mit antisemitischer Akzentuierung: »Nach und nach wurden wir in das Innere des Lagers gebracht, neu gezählt und in Fünferreihen auf dem Appellplatz aufgestellt. Einige Juden, die sich bei uns eingeschlichen hatten, wurden am Eingang zurückgehalten und zu einem anderen Ort gebracht.« Belgeonne, Tragique destin, S. 41.

806 So etwa Chaim B., Samuel U., Carl C., Archiv Gedenkstätte Bergen-Belsen, L 295, Handakte.

blieben einzelne jüdische Häftlinge.[807] Noch im Februar 1945 wurden jüdische Deportierte in das Lager Blumenthal verschleppt.[808]

Dass die jüdischen Gefangene in besonderer Weise litten, erwähnen viele Deportierte in ihren Berichten. Umso erstaunlicher erscheint, dass der deutsch-jüdische Gefangene Martin Stock im Lager Blumenthal von einer ehemaligen Freundin einmal ein Paket erhalten haben soll.[809]

Dänen

Dänische Häftlinge waren für etwa acht Wochen im Lager Blumenthal. Sie hatten keinen Todesfall zu beklagen. Die Basis für gesicherte Aussagen ist recht schmal.[810]

Über die Identität der Mitglieder dieser Gruppe lässt sich verlässlich nichts sagen. Vermutlich handelte es sich nicht um Polizisten, sondern um Grenzgendarmen. Die durchschnittliche Sterblichkeitsrate in den Neuengammer Lagern lag bei den dänischen Polizisten bei vier Prozent, bei den Grenzgendarmen bei 27 Prozent. Während Polizisten um die Weihnachtszeit 1944 den Status von Kriegsgefangenen erhielten, wurde Grenzgendarmen dieser Status aus unerfindlichen Gründen nicht gewährt.[811] Es bleibt unklar, aus welchen Gründen sie aus ihrer Heimat deportiert worden waren. Von ihnen war eine Gruppe von sechzehn Personen am 15. Dezember 1944 nach Neuengamme gekommen.[812] In Blumenthal sind wohl dreißig, in Schützenhof acht Dänen interniert

807 In der Handakte der Gedenkstätte Bergen-Belsen L 295 werden fünf Häftlinge namentlich aufgeführt.

808 So z. B. Carl. C., geb. 1926. Archiv Gedenkstätte Bergen-Belsen, Entschädigungsakten, Irgun B 6.

809 Arthur Heinrich, Als Jude im deutschen Fußball: Die drei Leben des Martin Abraham Stock (2014), S. 163, Fußnote 178. Martin Stock, der zum engeren Kameradenkreis von Rosenberg gehörte, war vor seiner Verfolgung und Deportation Funktionär im Norddeutschen Fußball-Verband; nach dem Krieg engagierte er sich erneut und wurde als Leiter des Spielausschusses erstes jüdisches Mitglied des Deutschen Fußballverbandes.

810 Die folgende Darstellung beruht auf: FHM 24308.2. sowie Barfod, Helvede. Ich danke Heinz Büscher für die Übersetzung der Dokumente.

811 Vgl. die beiden Beiträge Henrik Skov Kristensen, Deportationen aus Dänemark, in: Oliver von Wrochem (Hrsg.), Skandinavien im Zweiten Weltkrieg und die Rettungsaktion Weiße Busse. Ereignisse und Erinnerung. Berlin 2012, S. 27–45 und Hans Sode-Madsen, Dänische Polizisten und Grenzgendarmen im KZ Neuengamme – September 1944 bis Mai 1945, in: von Wrochem (Hrsg.), Skandinavien, S. 63–70. Zum Punkt der Nichtgewährung des Kriegsgefangenenstatus s. Kristensen, Deportationen, S. 43.

812 Freundliche Mitteilung von Peter L. Smith an Verfasser v. 2.3.2013, in der er sich auf Barfod, Helvede bezieht. Die Rückverlegung nach Neuengamme stand im Zusammenhang mit der Rettungsaktion der »Weißen Busse«, in deren Verlauf beginnend im März 1945 überwiegend norwegische und dänische Häftlinge nach Skandinavien in Sicherheit gebracht wurden. Vgl. Ulrike Jensen, »Es war schön, nicht zu frieren.«. Die »Aktion Bernadotte« und das »Skandinavierlager« des Konzentrationslagers Neuengamme, in: Kriegsende und Befreiung. Beiträge zur Geschichte der nationalsozialistischen Verfolgung in Norddeutschland, H. 2 (1995), S. 24–34.

gewesen.[813] Die dänischen Gefangenen verfügten vergleichsweise über Privilegien und wurden gleichermaßen von Häftlingen und Funktionshäftlingen[814] »geschätzt«, die ihre Nähe suchten. Wenn der Kapo »Bruno« sich schon frühzeitig um die neuen Häftlinge bemühte[815], so deshalb, weil die »Neuen« in Neuengamme mit Rotkreuz-Paketen bedacht wurden.[816]

Es zeigte sich, dass sie als Skandinavier einerseits Privilegien genossen, andererseits denselben Sanktionen ausgesetzt sein konnten wie andere Häftlinge. Die Nachkriegsberichte von Ehemaligen[817] ergeben folgendes Bild: Ein Kommando von 30 Personen ging am 21. Januar 1945 von Neuengamme aus auf Transport nach Blumenthal.[818] Die hölzerne Wohnbaracke hatte vier Stuben, in jeder war Platz für 36 Gefangene in Etagenbetten. Die Dänen hatten in Neuengamme jeder zwei Rotkreuz-Pakete erhalten und waren gut mit Zigaretten versorgt. Somit gelang es ihnen, darauf hinzuwirken, dass sie gemeinsam in einer Stube untergebracht wurden. Die Stube enthielt Spinde und einen Kachelofen. Brennmaterial konnte beschafft werden, so dass jeden Abend Feuer im Ofen war; die Häftlinge verfügten über eine Bratpfanne und Geschirr. In der Regel besaß man Seife, Zahnbürste, evtl. auch Taschentücher und eine Pfeife. Es gab die Gelegenheit, sich mit Seife zu waschen, ebenso die Unterwäsche. Die Verpflegung wurde allerdings nach einer Woche zweimal reduziert (auf ¼ l Kaffee, 100g Brot, ¾ l Rübensuppe, abends 150g Brot). Mittags gab es Suppe am Arbeitsplatz. Die Hygiene war rudimentär – 12 Sitzplätze über einem Loch in der Erde. Auch wenn die Dänen zeitweise mehr zu essen hatten aufgrund der Rotkreuz-Pakete, so waren sie doch alle ausgehungert.

---

813 Mit einer alternativen Schätzung werden für Blumenthal 26 und für Schützenhof acht Deportierte angenommen. Jens-Christian Hansen, Dänische Häftlinge in den Außenlagern des KZ Neuengamme, in: von Wrochem (Hrsg.), Skandinavien, S. 101.
Die erhalten gebliebene Liste des KZ Schützenhof weist nur einen typisch dänischen Namen auf (Leo Christiansen, Matr. 69407). Archives Nationales, Belgien, Rep 280, Tr 2275. Dies könnte mit dem Umstand zu erklären sein, dass die Dänen, die nur recht kurze Zeit im Lager Schützenhof waren, aufgrund des Zeitpunktes der Listenerstellung nicht erfasst wurden.

814 Aber auch wohl von der SS: Die dienstverpflichtete Adeline B, die bei der Deschimag in Blumenthal eingesetzt war, will gesehen haben, wie ein SS-Mann im Personalbüro ein »Care-Paket aus Dänemark« (sic!) aufgerissen und den darin enthaltenen Käse »beschlagnahmt« habe; sie sei bedroht worden, damit sie nicht darüber erzähle. E-Mail v. 6.3.2010,; mündliche Mitteilung an Vf. v. 18.2.2012.

815 Pâques, Récit, S. 122.

816 Teilweise wurden Pakete unmittelbar den Außenlagern zugestellt. Allgemein galt jedoch: »Das Internationale Rote Kreuz in Genf schickte ab 1943 in Einzelfällen Pakete an KZ-Gefangene, deren Anschrift es erfahren hatte: sie wurden den Adressaten nicht immer, jedoch offenbar in den meisten Fällen ausgehändigt. Ab Ende 1944 trafen größere Sendungen mit Rotkreuzpaketen in Neuengamme ein, die pauschal an alle diejenigen Häftlinge verteilt werden sollten, die aus Mitgliedsländern des Roten Kreuzes stammten, das heißt an alle – auch deutsche – Häftlinge mit Ausnahme der Sowjetrussen. Die SS hielt diese Pakete jedoch trotz der katastrophalen Ernährungslage mehrere Monate lang zurück. Erst Ende März begannen mehrere Verteilungsaktionen.« Kaienburg, »Vernichtung«, S. 355.

817 Es handelt sich mutmaßlich um die Berichte zweier Ehemaliger.

818 Hierzu und zum Folgenden: FHM 24308.2.

Zwischen Ende Januar und Ende März kamen keine Pakete; Ende März wurden vier Pakete des Internationalen Roten Kreuzes auf einmal ausgeliefert. Nach dem Öffnen habe man die Hälfte abliefern müssen. Man musste für vier Pakete quittieren, erhielt aber nur drei. Diese waren schon geöffnet, und das Beste fehlte. Dennoch mussten die Empfänger weitere Teile des Inhalts an SS-Leute und Kapos abgeben. Danach durften die Pakete in den Spinden auf der Stube aufbewahrt werden; sie wurden geplündert, während ihre Besitzer bei der Arbeit waren. Der Versuch eines Mitgefangenen, sich zu beschweren, hatte schwere Folgen: Zunächst verlangten Funktionshäftlinge Zigaretten, die die Dänen in ihren Hosentaschen hatten. Der Beschwerdeführer erhielt Schläge und Tritte mit der Folge einer Gehirnerschütterung und geplatzter Trommelfelle. Alle Dänen mussten strafexerzieren, wer nicht mehr konnte, erhielt Peitschenhiebe. Nachdem keine weiteren Pakete eintrafen, wurde die Behandlung durch die Funktionshäftlinge schlechter.

Die Dänen waren ebenfalls in Metallwerkstätten im Hochbau auf dem Gelände der BWK eingesetzt und arbeiteten an U-Bootteilen. Als Entlohnung erhielten sie wöchentlich Zigaretten. Bei Luftalarm durften sie ihre Baracke nicht verlassen, sondern mussten dort in Deckung gehen. Nur zwei hatten etwas Verbindung zu den Deutschen. Glücklicherweise war einer der Dänen vom Lagerältesten zur Essensausteilung bestimmt worden und konnte so für sich und die Kameraden etwas Zusatzessen beschaffen. Über deutsche Arbeiter sowie Zeitungen und Radio im Betrieb waren die Dänen über Ereignisse außerhalb des Lagers informiert. Die dänischen Häftlinge erhielten keine Post von zu Hause. Nach dem Krieg stellte sich heraus, dass vereinzelt Briefe aus dem Lager den Adressaten in der Heimat zugestellt worden waren.

Am 21. März 1945 wurden sämtliche dänischen KZ-Häftlinge in einer humanitären Aktion des schwedischen Roten Kreuzes aus den Außenlagern in »Weißen Bussen« in das neu entstandene Skandinavier-Lager im Stammlager Neuengamme zurückgebracht und später weiter nach Dänemark transportiert.

Die Dänen standen in der Häftlingshierarchie gleich unterhalb der deutschen Kapos an der Spitze. Aus der Perspektive der anderen Gefangenen wirkten sie als geschlossene Gruppe. Sie hätten einheitliche Kleidung[819] und Stiefel mit Filzfütterung[820] getragen. Sie hätten nicht arbeiten müssen[821] – was nach der Selbstauskunft dänischer Überlebender nicht zutraf. Die Erinnerungen des Belgiers Henri Pâques sind positiv gefärbt; er hatte Kontakt mit einem von ihnen und profitierte beim Abrücken der dänischen Gruppe, als

819 In einer Zusammenfassung der Aussagen dreier Häftlinge berichten diese – oder einer der drei –, dass sie Kleidung vom Roten Kreuz erhalten hätten. FHM 24308.2 Vermutlich war die Kleidung vom dänischen Sozialministerium zusammengestellt worden. Vgl. Sode-Madsen, Dänische Polizisten, S. 65.

820 Schriftliche Mitteilung von P. Billaux an Vf. v. 9.3.07 nach Befragung zweier weiterer Ehemaliger (Roland Beaulès, Guy Melen).

821 Schriftliche Mitteilung von P. Billaux an Vf. v. 9.3.07.

Dänen ihm Lebensmittel überließen. Es ist anzunehmen, dass andere Gefangenen hingegen die Gruppe der privilegierten Dänen weniger positiv vermerkten.[822]

Es sind alles große, blonde und sportliche Kerle, die vor Gesundheit strotzen

»Wie es im Leben oft passiert, reißt uns ein glückliches Ereignis aus unseren trübsinnigen Gedanken, nachdem unsere Freunde nach Bremen[-Schützenhof] verlegt wurden, nämlich das Erscheinen einer kleinen Gruppe von ungefähr dreißig jungen Dänen, die deren frei gewordene Plätze einnehmen.
Es sind alles große, blonde und sportliche Kerle, die vor Gesundheit strotzen. Sie sind nicht, wie wir, mit der blau-gestreiften Zuchthaus-Tracht ausstaffiert, sondern mit einem schönen dunkelblauen Jersey-Trainingsanzug. Sie sind sehr geschlossen, bilden einen Block und halten regelmäßig Besprechungen in ihrer Stube ab. Der Älteste unter ihnen, ein Mann mit leicht ergrauten Haaren, ist ihr Gruppenleiter, und ihre hervorragende Disziplin beeindruckt die Deutschen stark. Bruno, der ihr Blockältester ist, hat sofort bemerkt, dass die Dänen zahlreiche Lebensmittelpakete und Zigaretten besaßen; er wird ein wahrer Vater für sie. Unaufhörlich ist er um sie herum. Er lässt sogar ihre Stube von russischen Gefangenen reinigen. Diese Sanftmut, die natürlich nicht ohne Hintergedanken ist, schwächt sich fortlaufend in dem Maße ab, in dem die dänischen Pakete aufgebraucht sind. Unsere neuen Kameraden zeigen sich großzügig und teilen ihre Reichtümer ohne Ansehen der Nationalität.[823] Mehrere Dänen können Englisch, und einer von ihnen, ein großer athletischer Kerl, etwa 20 Jahre alt, erklärt mir, dass sie alle aus demselben Ort stammen und dass sie zusammen beim Verlassen des Stadions von der SS festgenommen worden sind.[824] Zu unserem Unglück bleiben die Dänen nur kurze Zeit, bald schon fordert Neuengamme sie zurück infolge der persönlichen Intervention des Grafen Folke Bernadotte […], der ihre Freilassung durchsetzt. Ihr kurzer Aufenthalt im Lager hat jedoch eine positive Wirkung auf unsere Moral, denn sie haben uns einen Hauch Frischluft von außen gebracht, ebenso wahrheitsgemäße und beruhigende Nachrichten über den Gang der Ereignisse. Ich persönlich habe bei ihrer Abfahrt ein großes Stück Wurst geerbt, und ich kann mich zwei oder drei Tage daran laben.«
Henri Pâques[825]

822 »Die Pakete machten die dänischen Häftlinge gewissermaßen zur Oberschicht im Konzentrationslager – umworben, sehr beneidet – und nicht selten verhasst.« Kristensen, Deportationen, S. 37–38.

823 Nicht alle kamen in den Genuss der Paketeinhalte. Pierre Billaux spricht von »Dänen aus Kopenhagen, sie arbeiteten nicht, erhielten Pakete mit Tabak und Lebensmitteln (die sie nicht mit uns teilten)«. Billaux, Schriftliche Mitteilung an Vf. v. 9.3.2007.

824 Diese Behauptung widerspricht der Darstellung von Barfod, wonach die Häftlinge, die in Neuengamme zusammengefasst wurden, aus verschiedenen Transporten stammten. Barfod, Helvede, S. 218.

825 Récit, S. 122–123.

12 Das Konzentrationslager im Ort

Ein NSDAP-Ortsgruppenleiter begibt sich in das KZ

Der Dentist Carl Bungenstock war in Blumenthal als NSDAP-Ortsgruppenleiter tätig. 1948 musste er sich in einem Spruchkammerverfahren rechtfertigen

Der Blumenthaler Dentist Carl Bungenstock musste sich 1948 in einem Spruchkammerverfahren[826] wegen seiner nationalsozialistischen Vergangenheit rechtfertigen. Zu einem Vorgang äußerte er sich zweimal: »Es kann sein, dass ich einmal durch das KZ, welches sich in Blumenthal auf der Barenplate befand, gegangen bin. Es wird sich hierbei um ein Verlaufen meinerseits gehandelt haben. S.Zt.[827] war ich 2 Mal wöchentlich im Russenlager[828], welches sich ebenfalls auf der Barenplate befand, um dort Zahnbehandlungen an Insassen vorzunehmen. Bei dieser Gelegenheit kann es vorgekommen sein, dass ich versehentlich durch das KL gegangen bin.«[829] Und: »Anlässlich einer zahnärztlichen Behandlung der Russen im Lager machte ich einen kleinen Spaziergang im Garten des Lagers. Ich kam durch eine offene Tür und sah Männer in Gefangenenkleidung da herumlaufen, ich wusste aber nicht, daß das ein KZ war. [...] Das Lager war mir nur als Lager der Deschimag bekannt.«[830]

826 Ab 1946 fällten Spruchkammern, die mit deutschen Juristen und Laienrichtern besetzt waren, Urteilssprüche gegen Landsleute, die verdächtig waren, sich durch ihr Verhalten im Sinne des Nationalsozialismus schuldig gemacht zu haben. Die Spruchkammern stellten fest, welcher Kategorie der Betroffene zuzuordnen war. Es gab fünf Kategorien: Hauptschuldiger, Belasteter, Minderbelasteter, Mitläufer, Entlasteter. Die Spruchkammern konnten Sühnemaßnahmen verhängen. Zur normativen Grundlage und Praxis der Spruchkammern im Lande Bremen: Hans Hesse, Konstruktionen der Unschuld. Die Entnazifizierung am Beispiel von Bremen und Bremerhaven (2005).

827 Seinerzeit.

828 Gemeint: das Ostarbeiterlager des Lagers Deschimag auf der Bahrsplate (»Barenplate«).

829 StAB 4,66-I., Bungenstock, Carl.

830 Öffentliche Sitzung der Spruchkammer (1949), StAB 4,66-I., Bungenstock, Carl.

Eines Tages kam Bungenstock in das Lager, ich war Kapo
»Ich war im ganzen 11 Jahre im KZ. Die letzte Zeit war ich in Bremen-Blumenthal (Barenplatte). Eines Tages kam Bungenstock in das Lager, ich war Kapo. Da es nicht zulässig war, dass Parteimenschen oder SA-Leute in das Lager kamen, habe ich damals den Bungenstock g[e]fragt, was er hier im Lager wolle. Auch habe ich B. gefragt, wie er überhaupt in das Lager gekommen ist, da er sich nur in Begleitung der SS dort bewegen durfte. Bungenstock antwortete mir mit den folgenden Worten: »Wissen Sie nicht, wer ich bin?« B. machte nun abfällige Bemerkungen, die ich ja leider als Häftling einstecken musste. Später habe ich den Bungenstock noch einmal wieder in dem Lager gesehen und zwar bei der Hinrichtung 2er Polen. Weitere Angaben kann ich in dieser Angelegenheit nicht machen. Bemerken möchte ich noch, dass Bungenstock in brauner Uniform im Lager war.«
Hans Isemann[833]

Bungenstock war einer der aktivsten Nazis in seinem Heimatort gewesen und bekleidete ab Oktober 1943 kommissarisch den Posten des NSDAP-Ortsgruppenleiters. Die Bevölkerung nahm ihn in der Öffentlichkeit vornehmlich in SA-Uniform wahr.[831] Bereits 1940 hatte er Sorge getragen, dass die aus Polen nach Blumenthal verschleppten Zwangsarbeiter in ihrer Freizeit nicht an Stelle der einheimischen Bevölkerung die Bänke im neu geschaffenen Volkspark Barenplate belegten.[832] Seine Teilnahme am Novemberpogrom 1938, die Härte gegenüber Verfolgten und die häufige ostentative öffentliche Präsenz in Uniform machten ihn bei vielen Einwohnern unbeliebt. Bungenstock stritt im Spruchkammerverfahren den Großteil der Vorhaltungen ab. Wo es möglich schien, banalisierte er seine Aktivitäten, konnte jedoch nicht leugnen, das KZ besucht zu haben, da der Spruchkammer Aussagen ehemaliger Kapos vorlagen. Diese belasteten ihn schwer und schrieben ihm Äußerungen zu, die in ihrer Inhumanität den von Blumenthaler Einwohnern zitierten ähnelten.

Bungenstock war wiederholt im Lager gewesen; von Verlaufen konnte keine Rede sein. Die Existenz von Konzentrationslagern gehörte zum Allgemeinwissen von Erwachsenen in der Nazizeit. Bungenstock konnte schwerlich übersehen haben, dass die Häftlinge mit ihrer Zebrakleidung zu einer gesondert gekennzeichneten Kategorie gehörten. Es gehörte nicht zu seinen Obliegenheiten, als Dentist hier tätig zu werden. Die Spruchkammer stufte ihn als »Minderbelasteten« ein. Spätesten 1948 hatten

831 Über seine Behandlung von Zwangsarbeitern: »Einer war vielleicht etwas hart zu denen. Das war der Zahnarzt B. Der wollte die ja nie behandeln. Der lief immer mit ner Pistole rum. Das war aber auch der Einzige. Morgens hat der seine Praxis gemacht und wenn der dienstfrei hatte, dann hat der sich die SA-Uniform angezogen, und dann lief der vor dem Russenlager rum.« Zeitzeugin W., in: Betscher, Häftlingskolonnen, S. 105. Zum gesamten Vorgang mit ausführlicher Bewertung: Buggeln, Arbeit, S. 605–608.
832 Norddeutsche Volkszeitung v. 20.8.1940.
833 StAB 4,66-I., Bungenstock, Carl, Bl. 13.

sich die Spruchgerichtsverfahren zu einem Phänomen entwickelt, das treffend als »Mitläuferfabrik«[834] bezeichnet worden ist; es zielte darauf ab, die Verfahren abzukürzen und die Sanktionen gering zu halten. Dem Beschuldigten kam in diesem Fall aber auch entgegen, dass die beiden aufgerufenen Kapo-Zeugen selbst wegen falscher Angaben in ihren Fragebögen als nicht glaubwürdig dargestellt werden konnten.[835]

... dass ich als freier Mann mit einer derben Ohrfeige geantwortet hätte

»Über meine Haft und Erlebnisse im Lager Blumenthal kann ich sagen, dass der beschuldigte ehemalige Ortsgruppenleiter Bungenstock aus Bremen-Blumenthal mehrmals das Lager besucht hat und sich den Häftlingen in meinem Beisein derartig [sic] geäußert hat, dass ich als freier Mann mit einer derben Ohrfeige geantwortet hätte. B. kam sogar ohne Begleitung eines Lagerleiters in die Unterkünfte. Ich kann sagen, dass er einmal geäussert hat, dass man am besten alle aufhängen sollte, soweit die Häftlinge nicht arbeiten könnten. Er ist durch seine wiederholten Besuche genau über die erbärmlichen Zustände im Lager unterrichtet gewesen.«

Ernst Hennig[836]

Ein Ort des Terrors – unbemerkt?

Das am Rande Blumenthals eingerichtete Konzentrationslager war ein Ort des Terrors.[837] Wie der Fall Bungenstock zeigt, handelte es sich keinesfalls um einen von der Außenwelt völlig abgeschotteten Kosmos. Es stellt sich die Frage, wie es um die Verbindung mit dem Ort und das Verhältnis zu den Einheimischen bestellt war. War das KZ ein Fremdkörper in den Augen der Anwohner? Erkannten diese, dass es sich um eine besondere Lagerkategorie handelte, zu unterscheiden von anderen Lagern wie denen der »Fremdarbeiter« oder der Kriegsgefangenen? Gab es die Möglichkeit, in die Abläufe Einblick zu nehmen? Wenn es personelle Verbindungen gab, welcher Art waren diese? Wie gestalteten sich das Beschweigen und das Erinnern nach der Auflösung des Lagers?

Die Nähe zur Wohnbevölkerung war bereits den Verantwortlichen des Gesundheitsamtes bei der Einrichtung des Gesamtlagers problematisch erschienen. Die heraufbeschworene Gefahr von Seuchen und der Anblick von »Fremdvölkischen« – gemeint waren ursprünglich gefangene Soldaten der Roten Armee – ließen sie zunächst für einen anderen Standort plädieren.

834 Vgl. Lutz Niethammer, Die »Mitläuferfabrik«: die Entnazifizierung am Beispiel Bayerns (1982).
835 Vgl. Kapitel »Im Dienste der SS«.
836 StAB 4,66-I., Bungenstock, Carl, Bl. 13.
837 So der Titel eines Standard-Nachschlagewerks zum System der nationalsozialistischen Lager und Ghettos: Benz u.a., Der Ort des Terrors, 9 Bände (2005–2009).

Die vorgebliche Problematik blieb bestehen. Die Gefangenen der drei Lager auf dem Deschimag-Areal – also Ostarbeiter, sowjetische Soldaten und ab August 1944 KZ-Häftlinge – wurden regelmäßig durch den Ort geführt, um sie zu ihrer Arbeitsstelle marschieren zu lassen. Die örtliche Öffentlichkeit nahm wahr, dass die Häftlinge z. T. in sehr schlechter Verfassung waren und bemerkte, wie sie von den sie begleitenden Wachmannschaften und Kapos behandelt wurden. Diesen Umstand nahmen die Behörden in ihrer Logik der Verwertung ausländischer Arbeitskraft in Kriegszeiten dennoch hin.

Es wurde kolportiert, dass die Insassen des KZ-Außenlagers gefährliche Verbrecher seien.[838] Der Anblick der zumeist Ausgehungerten und ihrer Sträflingskleidung taten ein Übriges, um Abscheu und Distanz zu erzeugen. Mit Beginn der kälteren Jahreszeit trugen auch diese Gefangenen jedoch vermehrt zivile Oberbekleidung, allerdings oft nicht passend, da willkürlich zugeteilt und mit Signalmarkierungen versehen. Somit waren die Insassen des KZ-Lagers nach außen hin qualitativ durchaus von denen anderer Lager zu unterscheiden. Es wurde in Schriftstücken durchweg euphemistisch als »Arbeiterlager« bezeichnet. Ein Großteil der Anwohner hatte in der Endphase des Krieges angesichts der Mühen und Sorgen des Alltags keine Motivation, zwischen den verschiedenen Kategorien fremder Arbeitskräfte zu unterscheiden. Dies trug dazu bei, dass nach dem Krieg unter den Einheimischen die Idee vorherrschte, es habe in Blumenthal nie ein Konzentrationslager gegeben. Einzelne Zeitzeugen bekunden jedoch, dass sie sehr wohl die Besonderheit des Lagers vermerkt hatten. Der mit seiner Einheit (ca. 200 Mann) im Ostarbeiterlager untergebrachte Marineangehörige Werner Amft nahm wahr, dass die Gefangenen Sträflingskleidung trugen. Regelmäßig hätten unter Bewachung herangeführte »französische« Häftlinge die Lebensmittelabfälle der Marineeinheit mitgenommen (»keine persönlichen Kontakte, dafür sorgten die Kapos«). Die täglichen Appelle seien zu sehen und zu hören gewesen. Und auch: »Augeneinsicht zu einer Hinrichtung auf dem Appellplatz eines Häftlings, der Anlass soll ein Fluchtversuch gewesen sein, der Mann aufgehängt am Mast. Die regelmäßig stattfindenden Abmärsche zu Arbeitseinsätzen waren zu beobachten. […] Die Gefangenen hatten KZ.Sträflingskleidung an und gingen zu Fuß zur Arbeit.«[839] Nach Auskunft der Zeitzeuginnen K. K. und M. E. sprachen Blumenthaler Anwohner von dem KZ als dem »Konzertlager« und persiflierten so die Nazi-Abkürzungen KZ bzw.

838 Aus einem Interview mit ehemaligen Anwohnern: »I: Das waren jetzt die mit den gestreiften KZ-Anzügen? M: Ja, ja, das waren die so… es war eine Gruppe in Lila, nech, da waren wohl dreißig Mann und da, ich glaub da waren Zollposten bei. Das waren ganz gefährliche, nech, Politische irgendwie waren das welche, nech? Die hab ich auch 'n paar Mal beobachtet.« In: Betscher, Häftlingskolonnen, S. 72.

839 Amft, Erinnerung.

KL.[840] Die Brüder I.I.[841] und E.H.[842] erinnern sich an große Marschabteilungen von Menschen in gestreifter Kleidung, die die Rönnebecker Straße entlang zogen.[843]

Die Überstellung einzelner Gefangener in ein anderes Lager unter Bewachung durch einen Soldaten führte ebenfalls zu Kontakten mit der Bevölkerung: Raymond Van Pées Versuch, mit seinem Bruder Robert zusammenzubleiben, scheiterte; er wurde nach Blumenthal zurückgebracht (s. Kapitel »Die Lager-SS«). Die Straßenbahnfahrt war für ihn ein besonders emotionaler Moment, da er kurzzeitig wieder »unter Menschen« kam und spontane Hilfe erfuhr.

...zurück unter Menschen zu kommen und mit einer Straßenbahn zu fahren

»Ein Soldat der Kriegsmarine musste mich zurück nach Blumenthal bringen; ich wurde an ihn gekettet. Unsere Bewacher waren alle mindestens fünfzig oder älter. Erst wollte der Mann nicht mit mir reden, aber als wir erst einmal außer Sichtweite des Lagers waren, taute er ein bisschen auf. Er fragte, ob ich seine Tasche tragen würde, dann bekäme ich etwas zu essen. Ich war sofort einverstanden. Ich fragte ihn, was ich wohl in Blumenthal zu erwarten hätte, aber darauf konnte er nicht antworten. Er gab mir Recht, als ich erzählte, warum ich mitgegangen war nach Schützenhof. Er hätte auch so gehandelt, sagte er. ›Der Krieg ist doch bald vorbei, und wir können nicht mehr gewinnen.‹ Seinetwegen könnte ich nun nach Hause. Er und viele seiner Kameraden waren nicht einverstanden mit der Handlungsweise der SS-Leute. Aber vorläufig waren die noch die Herren, und sie konnten nicht viel dagegen machen. Wir nahmen eine Straßenbahn und setzten uns zusammen auf die Bank. Die deutschen Bürger sahen mich an, als ob ich ein Galeerensträfling sei und wollten von meinem Bewacher eine Erklärung. Es waren emotionale Momente für mich, zurück unter Menschen zu kommen und mit einer Straßenbahn zu fahren. Der Soldat machte seine Tasche auf, und ich kriegte einen Teil seiner Ration: Brot, Wurst und eine kleine Dose Leberpastete. Ich aß alles auf. Eine Frau sah das und gab mir aus ihrer Handtasche noch ein paar Kekse und ein paar Stück Zucker. Ich dankte ihr. Sie antwortete: ›Ich hoffe, dass eine andere Mutter irgendwo in Russland meinem Sohn auch etwas zu essen gibt.‹ Als ich den Soldaten fragte, ob ihr Junge Kriegsgefangener bei den Russen sei, antwortete er: ›Vermisst, wie so viele zehntausend Kameraden.‹«
Raymond Van Pée[844]

Kleinere Arbeitskommandos von Häftlingen bewegten sich unter Aufsicht in der lokalen Öffentlichkeit. Der Marinegefreite Josef Ströbl führte mehrfach Gruppen, die die Wege mit Schlacke reparierten. Andere Wachsoldaten fuhren mit Bahn und Straßenbahn, um einzelne Häftlinge in ein anderes Lager zu bringen. Es gab noch weitere klei-

840 Telefonische Mitteilung an Vf. v. 25.5.2010.
841 Telefonischer Hinweis v. 19.8.2013.
842 Telefonischer Hinweis v. 2.5.2013.
843 Es handelt sich um eine Verbindungsstraße zwischen den Ortsteilen Blumenthal und Farge.
844 Ik, S. 104–105.

ne Arbeitskommandos, wie das in einer Blumenthaler Tischlerei, auch jenes für einen privaten Hausbau (s. Kapitel »Arbeitseinsatz«) oder die Beschäftigung bei dem lokalen Lebensmittelhändler L. I. Es kam sogar vor, dass KZ-Häftlinge einzeln im Ort unterwegs waren. So schreibt Henri Désirotte: »Ich erinnere mich, dass ich eines Tages etwas in einer Gaststätte besorgen musste. Ein wahres Hochgefühl. Ein paar Häuser, ein paar Geschäfte ansehen zu können oder auch Passanten, welche Freude! Wie gut ist es doch, an die Freiheit zu glauben, wenn sie verloren ist!«[845]

Es war indes nicht einfach, als Außenstehender Informationen zu sammeln. Der Antifaschist Albert Häusler war 1933/34 als politischer Häftling im Lager Esterwegen interniert. Später wurde er als Marinesoldat eingesetzt und war ab September 1944 aus Krankheitsgründen zur Genesung wieder zu Hause in Blumenthal. »In dieser Zeit habe ich versucht, mir Einblicke in die großen Arbeitslager in Blumenthal und Farge zu verschaffen. Wir, eine kleine Gruppe von Widerstandskämpfern, haben zivile Angestellte aus den Lagern befragt. Es war aber nicht herauszubekommen, wer die Hauptverantwortlichen in den Lagern waren. Direkte Kontakte in die Lager waren nicht herzustellen.«[846] So auch der ehemalige Kapo Hansen: »Lager war vom Ort aus zu sehen, Leute konnten aber nicht heran.«[847]

Die Außenansicht des KZ-Lagers mag dazu beigetragen haben, dass viele Anwohner es nur als eines von vielen Lagern unterschiedlicher Belegung registrierten. Die Umzäunung bestand aus einer doppelten Reihe aus Maschen- und Stacheldraht, der an Betonpfeilern von mindestens 2 m Höhe befestigt war. Wie ein Nachkriegsfoto belegt, waren die Zäune ausreichend weit voneinander entfernt, so dass Patrouillen im Innenbereich möglich waren.[848] Sicherlich wurden Teile des Zaunes wie auch des Lagers nachts beleuchtet. Ob es Wachtürme gegeben hat[849] oder ob der Innenzaun unter Hochspannung stand[850], ist schwer zu entscheiden. Anwohner sprechen in ihren Erinnerungen[851] weder

845 Désirotte, Tragédie, S. 69.

846 Befragung durch die Kriminalpolizei Bremen v. 5.3.1976, StAB 4,89/3-985, Bl. 208. Häusler gehörte zu einer Gruppe von Antifaschisten, die im Rahmen der Initiative des Generalsekretärs der Internationalen Lagergemeinschaft des Konzentrationslagers Neuengamme, Hans Schwarz, Nachforschungen unternommen hatten. Zu seiner Person s. URL: https://de.wikipedia.org/wiki/Albert_Häusler (Aufruf v. 28.4.2020).

847 Interviewnotizen »Hansen«, ANg, Ng 6.4.13.

848 Ein Nachkriegs-Foto des lokalen Pressefotografen Otto Schulte zeigt neben dem Stichweg in der Verlängerung der Kleinen Straße zur Weser entlang Reste der Umzäunung. Vgl. Abbildung auf S. 255 oben.

849 Zur Existenz von Wachtürmen: Viele ehemalige Häftlinge berichten von der Existenz dieser Aufbauten. Auffällig ist jedoch, dass aus der Zivilbevölkerung dergleichen nicht erinnert wird. Dies wäre aber wohl der Fall gewesen, denn damit hätte sich das KZ-Lager von den anderen Zwangsarbeiterlagern auf der Bahrsplate unterschieden.

850 Laut Buggeln verlangte die SS, dass der Innenzaun durch einen Elektrozaun gesichert würde; dies sei jedoch nicht überall realisiert worden. Buggeln, Arbeit, S. 152.

851 »Ich bin noch nicht mal der Meinung, dass das alles unter Strom war.« Ströbl, Audio-Interview (2007). Auch der Anwohner I. C. erinnert sich an keinen Elektro-Zaun. Mündliche Mitteilung v. 23.11.2006.

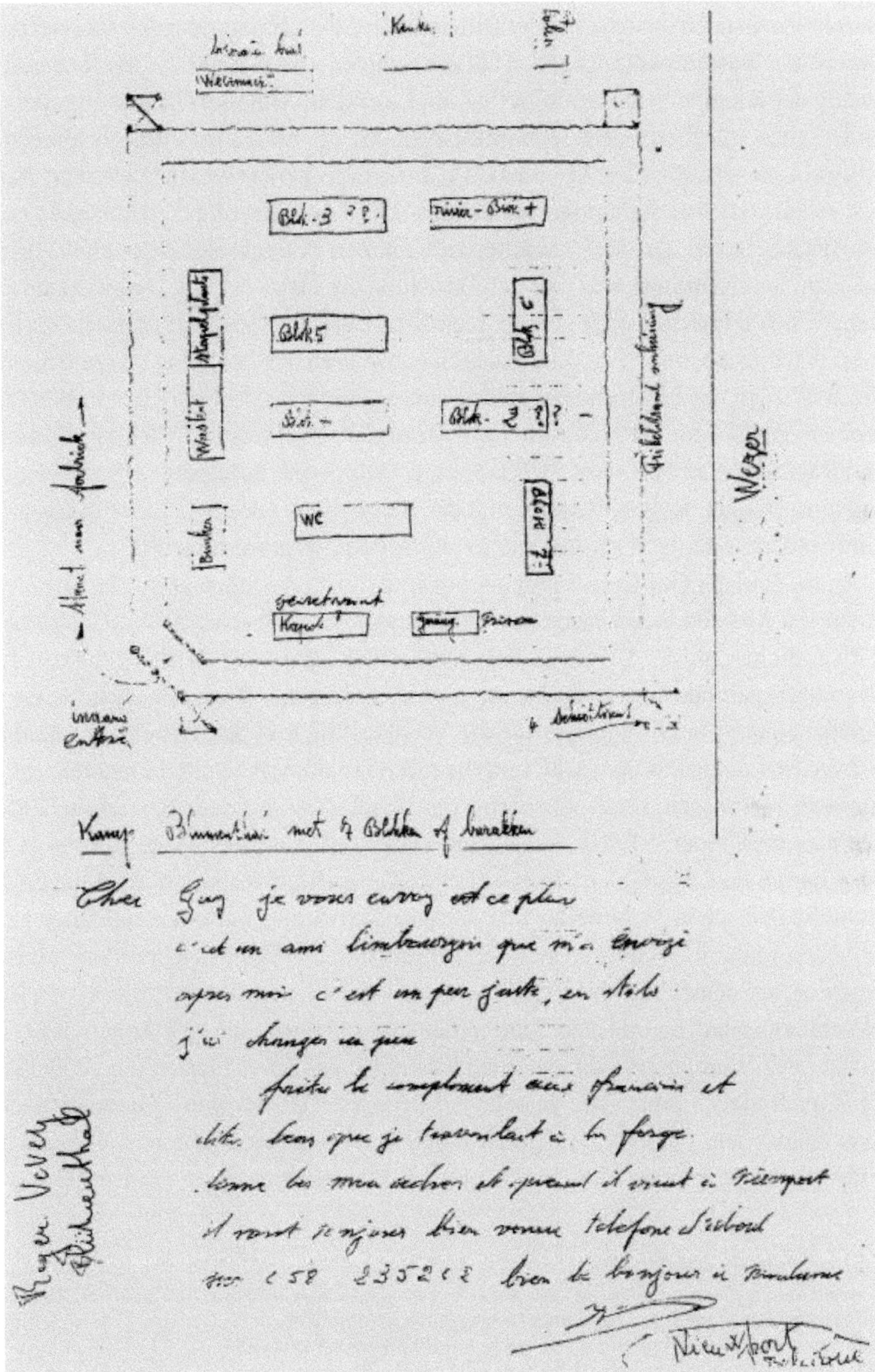

Schreiben von Roger Vyvey an Guy Melen. Die Ehemaligen versuchten, untereinander Kontakt herzustellen und ihre Erinnerungen zu fixieren

von Wachtürmen noch davon, dass der Binnenzaun elektrifiziert gewesen sei oder dass es entsprechende Warnhinweise gegeben hätte. Da ein Sandweg zum Ufer der Weser in Verlängerung der Kleinen Straße unmittelbar am Lagerzaun entlangführte, wären derartige Besonderheiten – insbesondere Keramik-Isolatoren für Starkstrom mit entsprechenden Warnhinweisen – Bestandteil der lokalen Erinnerungsgemeinschaft geworden; es hätte das KZ-Areal vom Ostarbeiterlager abgehoben. Der Zeitzeuge Manfred Schulken berichtet von Wachpersonal, das sich zwischen den Zäunen bewegte und bezweifelt, dass der Binnenzaun unter Strom stand.[852] In den Berichten der überlebenden Deportierten ist die Existenz von Wachtürmen nicht strittig. Jean-Marie Vanden Eynde ist sich sicher: »Es gab mehrere Wachtürme, mit schweren Maschinengewehren bestückt, und starke Scheinwerfer, die alle Ecken des Lagers ausleuchten konnten, und ich sah vor allem den Wachturm, der meinem Block 4 am nächsten stand.«[853] Bezüglich der Frage der Elektrifizierung behauptet Raymond Van Pée, dass der Zaun unter Starkstrom gestanden habe.[854] Die Franzosen Pierre Billaux, Roland Beaulès und der Belgier Guy Melen äußern hingegen übereinstimmend, dass keine Starkstromsicherung vorhanden gewesen sei.[855]

Über die Zahl der Gebäude wurden unterschiedliche Angaben gemacht. Der Verantwortliche der Mission Belge führt für 950 Insassen 15 Wohnbaracken an, letztere eine deutlich zu hohe Zahl.[856] Auf jeden Fall erfuhr eine nicht kleine Zahl von Anwohnern und Beschäftigten des Ortes von Facetten des KZ-Lebens. Dies galt etwa für die Verantwortlichen der Deschimag, die für die Verpflegung und den Arbeitseinsatz der ihnen Anvertrauten zuständig waren und die offenbar keine Anstalten machten, die Verhältnisse zu verbessern. Im Zeichenbüro der Deschimag auf dem Betriebsgelände der BWK kamen z.B. Pierre Lefèvre und Guy De L. mit deutschen Angestellten in Kontakt. Sie hatten dort mit Glück einen guten Posten gefunden. In den Werkhallen überwachten die deutschen Vorarbeiter und Meister die oft unerfahrenen Häftlinge bei der Metallbearbeitung; hier konnten sich Beziehungen in der Dreierkonstellation zwischen Gefangenen, aufsichtführenden Kapos und den betrieblichen Beauftragten entwickeln. Die Wachmannschaften im Lager waren dienstverpflichtete ältere Männer, die z.T. ihre Frauen nach Blumenthal holten – auch hier ragte der KZ-Alltag in die zivile Gesellschaft Blumenthals hinein. Am Beispiel der privaten Tischlerei- und Bau-Sonderkommandos zeigte sich, dass KZ-Häftlinge »verliehen« werden konnten; möglicherweise war dies nicht der einzige Fall. Ein Kapo soll Kontakt mit einer Frau im Ort aufge-

852 Mündliche Mitteilung v. 27.06.2016.

853 Antwort auf Fragebogen (2008). So auch Roger Vyvey: »Das Lager in Blumenthal hatte vier Wachtürme.« Video-Interview, freundliche Zusammenfassung durch John Gerardu.

854 Van Pee, Ik was, S. 73. So auch in der Skizze S. 119. Privatarchiv Pierre Billaux.

855 Schriftliche Mitteilung von Pierre Billaux an Vf. v. 14.12.2016.

856 De Maen, Enquêtes sur les prisons et les camps douteux, K.Z.-Lager Barplate (o.J.), DAO/SAVG/AfK, Classeur spécial 986. Vgl. Kapitel »Existenzbedingungen«.

baut haben, die er nach dem Krieg heiratete; er sei in gestreifter Kleidung durch Blumenthal gelaufen.[857] Zivilangestellte im Lager, wie etwa die dienstverpflichtete Köchin, waren ebenfalls im Kontakt mit dort eingesetzten Häftlingen. Einheimische holten bei der Wirtschaftsbaracke »Drang« (Lebensmittelabfälle) für die Schweinefütterung ab.[858] Fuhrunternehmer kamen in bestimmten Abständen, um Material zu transportieren oder auch die Toten mitzunehmen und nach Farge zu bringen. Angehörige der SS und Kapos unternahmen Fahrten, um Lebensmittel zu »organisieren« oder um sich im Rotlichtmilieu zu amüsieren.[859] Lebensmittelhändler und Bäcker lieferten in das Lager und rechneten mit der Lagerverwaltung der Deschimag ab.[860] Eine Kontoristin der A.G. »Weser« sah sich Drohungen eines SS-Mannes ausgesetzt, der Inhalte eines Paketes unterschlug. Kapos bewegten sich mit Arbeitsaufträgen ohne Bewachung durch Blumenthal.[861] Kinder, Jugendliche und junge Soldaten gingen in der Freizeit zum Ufer der Weser; auf dem Wege konnten sie Einzelheiten des Geschehens in den Lagern wahrnehmen. »Manchmal ging ein französischer Dienstverpflichteter[862] am Uferweg entlang; wir haben mit ihm gesprochen, aber er hat uns nie geholfen.«, erinnert sich Pierre Billaux.[863] Die Zeitzeugin M. T., Jahrgang 1932, befand sich auf dem Stichweg zur Weser und beobachtete durch den Zaun, wie ein vor Schmerzen schreiender Gefangener von Mithäftlingen auf einer Decke über das Gelände getragen wurde.[864] Die Todesmeldungen, die vom Endt in großer Zahl im Standesamt des Rathauses Blumenthal abgab, konnten kein Geheimnis bleiben, da die Registrierung von Verwaltungskräften bearbeitet wurde. Insbesondere die öffentliche Hinrichtung zweier polnischer Häftlinge signalisierte der Bevölkerung, dass dieses Lager sich von anderen grundlegend unterschied.

Die Darlegungen des Seemaschinisten Franz Schreck in einer Nachkriegsvernehmung belegen – unabhängig von der sachlichen Richtigkeit einzelner Elemente – dass zivile Kräfte wiederholt Details aus dem Inneren des KZ über Misshandlungen an Häftlingen erfuhren.[865]

---

857 Zeitzeuge Siegfried Sieland, Mitteilung v. 26.2.2007.

858 Diese Aufgabe fiel dem achtjährigen I. C. zu. Seine Mutter stellte im Gegenzug der Frau eines Marineoffiziers eine Unterkunft bei ihren Besuchen zur Verfügung. Betscher, Häftlingkolonnen, S. 107.

859 Eine Notiz aus dem Interview mit dem ehemaligen Kapo Hansen lautet: »schwere Jungs waren oft in Bremen im Bordell (mit SS-Bewachung)«. ANg, Ng 6.4.13. Dabei ist es undenkbar, dass die SS und die Kapos dasselbe Etablissement nutzten. Ich danke R. Möller von der KZ-Gedenkstätte Neuengamme für den Hinweis.

860 CEGESOMA, Dossier 581/645, De Puysseleer.

861 So nach dem Zeitzeugen F. C. Interview v. 9.12.2016, Archiv d. Vf.

862 Im Original: STO (Service du travail obligatoire).

863 Mitteilung P. Billaux an Vf. v. 14.12.2006.

864 Mitteilung an Vf. v. 14.11.2007.

865 Schreck, dem von de Battaglia in Nachkriegsvernehmungen in Belgien korrektes Verhalten bescheinigt wurde, trat mit diesem nach dem Krieg in Briefkontakt und erklärte ihm, dass er ohnmächtig den Misshandlungen von de Battaglia und anderen habe zusehen müssen. Er habe u.a. veranlasst, dass Proll inhaftiert wurde. CEGESOMA, Dossier Stanislas de Battaglia, Schreiben v. 8.6.1946. Proll war lt. Einwohnermeldeverzeichnis Bremen seit dem 19.2.1946 im Internierungslager Neuengamme festgesetzt.

Ich will hiermit auch noch andere Fälle aufklären

»In Gegenwart von H. und R.[866] erklärt der Franz Friedrich Schreck, [...], Seemaschinist wohnhaft Bremen-Blumenthal [...] an Eidesstatt:

Ich will über Proll folgende Aussage machen: Ich habe gesehen, dass der Obengenannte im Lager gegen [sic], Belgier, Polen und Russen des Öfteren geschlagen und Fusstritte versetzt hat. Weitere Zeugen von diesem Vorfall sind: Herr V., Blumenthal, [...] und Herr T., Blumenthal [...].

Über den Schreiber Kapo Ewald Schmolze kann ich folgendes berichten: Durch 2 Belgier, deren Namen de Bata und Osty, wurde mir [sic] im Häftlingsbetrieb auf einem [sic] Herrn aufmerksam gemacht und befragt, ob ich diese Person kenne. Bei meinem Verneinen wurde mir von den beiden Belgiern erzählt. Dies sei der Schreiber-Kapo Ewald Schmolze, einer der grössten Sadisten des Blumenthaler K.Z.Lagers; dessen Misshandlungen keine Grenzen hatten. Der Beweis gibt die linke Hand, an der der Mittelfinger fehlt, welcher von einem Russen bei einer Misshandlung angebissen wurde. Ich will hiermit auch noch andere Fälle aufklären, dass der Obengenannte [sic] belgische K.Z. Häftling Bata mit einer Beschwerde zu mir kam, dass er wegen einer nicht vorschriftsmässigen Verdunkelung von Schmolze in den Bauch mit Füssen getreten wurde und ins Gesicht geschlagen wurde. Bei dieser Gelegenheit erzählte mir Bata, dass Schmolze einen Russen in seine Schreibstube geholt hat und den dermassen geschlagen und zugerichtet hat, wonach man den 18 jährigen Russen nicht wieder zu Gesicht bekommen hat. Er sagte mir wörtlich, dass der Russe wohl zu Tode geschlagen wurde. Auskunft hierüber können Herr W. und Herr T. geben. Ein Wachmann, der bei einem Bauern T. in Rönnebeck beschäftigt ist, kann hierüber weitere Auskunft über Lager Blumenthal geben. Die Häftlingszahl im Lager Blumenthal betrug ca. 1.000 Mann, wovon ca. 150 Kranke waren. Nach Aussagen der Häftlinge beliefen sich die Sterbefälle auf 4–5 täglich, die durch Unterernährung kam. [...] Blumenthal den 5. Februar 1946 v.g.u. (Franz Schreck)«

Franz Friedrich Schreck[867]

Das KZ-Außenlager war ein Ort des Terrors. Wer etwas intensiver in Kontakt mit den Betroffenen kam, gelangte schnell zu der Erkenntnis, dass hier Gefangene unter menschenverachtenden Bedingungen untergebracht, zu Sklavenarbeit gezwungen, vernachlässigt und misshandelt wurden. Dies bezeugt auch der Kommunist Albert Häusler: »Es war hier Tagesgespräch, daß man die Häftling, die nicht mehr arbeitsfähig waren, verrecken ließ oder umgebracht hat. Konkrete Tötungsfälle sind mir nicht bekannt, mit Ausnahme der beiden Polen, die man im Lager auf der Barsplatte gehängt hat.«[868]

Für viele Einheimische hatte jedoch längst ein Prozess der Gewöhnung und Anpassung an die Kriegsgesellschaft begonnen: Entbehrungen im eigenen Lebensbereich, ständige Luftalarme, die Verschlechterung der materiellen Situation, ideologische Beeinflussungen (»Volksgemeinschaft«) und die Angst vor etwaigen Folgen eines »Fehl«-Verhaltens, der Verlust von Angehörigen, die Präsenz einer großen Zahl von Menschen aus anderen Ländern. Gerade auch der Anblick von Zwangsarbeitern hatte für viele den

866 Mutmaßlich Polizeibeamte des Polizeireviers 22.

867 GEGESOMA, Dossier 581/645.

868 StAB 4,89/3-985, Bl. 208.

ethischen Rahmen des Urteilens und Handelns verschoben.[869] Oftmals fehlte daher die Bereitschaft genauer hinzuschauen, geschweige denn, tätig zu werden.

Es gibt einzelne Berichte darüber, dass Häftlingen geholfen wurde. Henri Pâques erlebte, wie ihm ein Mitglied der Schiffsbesatzung etwas zu essen gab; die Anwohnerin L. L. wurde als Kind von ihrem Vater dazu auffordert, Brot durch den Doppelzaun zu reichen. Josef Ströbl erwähnt, dass er heimlich Brotschnitten deponiert habe. Ein Marineposten hinterließ regelmäßig Äpfel in einer Wohnbaracke. Bei manchen Erinnerungen an Tauschgeschäfte (Kinderspielzeug gegen Lebensmittel) dürfte es sich wohl eher um Kontakte mit Ostarbeitern gehandelt haben. Das Ausmaß derartiger aus heutiger Sicht »kleiner«, jedoch für Hilfebedürftige wie für Helfende elementar bedeutsamer Hilfsaktionen, ist jedoch nicht zu quantifizieren.

Nach dem Krieg

Die Zeit des Beschweigens und des Vergessens hatte mit dem Kriegsende begonnen. Die deutsche Nachkriegsgesellschaft war vornehmlich auf den Wiederaufbau und die Sicherung der persönlichen Lebensverhältnisse ausgerichtet. Die Umstände wollten es, dass fast alle in das Lager involvierten Personen nicht mehr in Bremen wohnten. Viele Häftlinge, soweit sie das Lager, die Räumungstransporte und die Bombardierung der Schiffe in der Lübecker Bucht überlebt hatten, waren unmittelbar oder nach einer Rekonvaleszenz-Phase repatriiert worden; die Marine-Wachmannschaften und SS-Leute waren in ihre Heimatorte zurückgekehrt; dies galt auch für etliche bei der Deschimag Beschäftigte. Allein der Umstand, dass die ehemals »grünen« Häftlinge Hennig, Isemann und Schmolze zunächst in Blumenthal wohnen blieben, ermöglichte es, Informationen zum KZ-Lager zu erhalten und z.B. den NSDAP-Ortsgruppenleiter mit seinem Ausflug in das KZ zu konfrontieren. Dennoch blieben die lokalen Verfolgungsbestrebungen gering. Eine der wenigen Ausnahmen stellt das Verhalten des Rentners F. G. dar, der am 16. März 1962 Anzeige wegen »Gewaltverbrechen in der Blumenthaler Heide und Bremen-Farge« erstattete und damit Ermittlungen auslöste.[870]

Ein Vermerk des Landeskriminalamtes Bremen aus dem Jahr 1967 macht deutlich, dass in den Jahren 1949/50 und 1953/54 »auf Ersuchen der Belgischen und Französischen Regierung über sämtliche Gefängnisse und Lager während des Krieges« in Bre-

869 Das Konzept der »Shifting Baselines« beschreibt das Phänomen, dass die Orientierungspunkte, anhand derer Menschen ihre Umwelt beurteilen, sich schleichend verschieben können. Der Sozialpsychologe Harald Welzer erklärt beispielsweise, wie die Verschiebung sozialer Koordinaten in Situationen extremer Unsicherheit die Beteiligung von deutschen Polizisten an Massenerschießungen in Osteuropa möglich machte. Vgl. Harald Welzer, Täter. Wie aus ganz normalen Menschen Massenmörder werden (2006), S. 249–250.

870 StAB 4,89/3-985, Bl. 158.

men Untersuchungen angestellt wurden. Dabei habe sich ergeben, dass ein Neuengammer Nebenlager mit der amtlichen Bezeichnung »KZ-Lager Neuengamme, Arbeitseinsatz Blumenthal-Barplate« existiert habe. Dort seien ca. 950 politische Gefangene untergebracht gewesen, die von SS-Angehörigen bewacht worden seien. Die Gefangenen seien bei der Deschimag (A.G. »Weser«) eingesetzt gewesen. »Über das Lager konnten trotz intensivster Bemühungen keine weiteren Erkenntnisse erlangt werden. Den polizeilichen Berichten zufolge, sind Mißhandlungen an Gefangenen nicht bekannt geworden. Auch dem Leiter des Ortsamtes, Herrn Kunde, ist darüber nichts Negatives bekannt.«[871]

871 StAB 4,89/3-985, Bl. 8.

13 Die Evakuierung des Lagers

Lagerräumung

Unter welchen Bedingungen die SS das Lager Bahrsplate auflöste, wurde im Eingangskapitel teilweise geschildert. Überlebende haben die Märsche und Transporte nachträglich mit dem Begriff »Todesmarsch« versehen, da eine große, aber unbekannte Zahl an Mithäftlingen vor dem Erreichen des Stammlagers Neuengamme zu Tode kam. Bis heute ist nicht geklärt, warum manche KZ-Außen- und Stammlager geräumt und andere den vorrückenden Alliierten ohne weiteres überlassen wurden.[872] Die SS- und Polizeispitze des Wehrkreises X hatte schon 1944 Abwehrpläne gegen einen imaginierten Aufstand ausländischer Zwangsarbeiter entwickelt. Das Szenario ging als Ausgangspunkt von einer Landung alliierter Truppen nördlich von Bremen aus. Diese stießen jedoch im Frühjahr 1945 von Süden vor. Somit erwies sich der Plan, »ausländische Arbeiter« in der Region Verden zu internieren, als hinfällig. Dennoch wurde der »Alarm Küste« am 4. April in Bremen ausgerufen. Polnische Zwangsarbeiter mussten ihre Unterkunft verlassen und wurden in Grambke (die Männer) bzw. im Lager Osterort (die Frauen) interniert; die Konzentrierung der Ostarbeiter, also sowjetischer Zwangsarbeiter, gelang nicht mehr. Zugleich begann die Räumung der Bremer Außenlager des Konzentrationslagers Neuengamme.[873]

Wann wurde das KZ-Lager Bahrsplate evakuiert? In der zweibändigen Publikation »Ein KZ wird geräumt. Häftlinge zwischen Vernichtung und Befreiung«[874] geben die Verfasser an, die drei Lager Bremen-Schützenhof, Bremen-Riespott und Bremen-Blumenthal seien zwischen dem 7. und dem 9. April 1945 evakuiert worden. Die Angaben von Zeitzeugen und Recherche-Organisationen in der unmittelbaren Nachkriegszeit sind verständlicherweise nicht einheitlich. Dass insbesondere das anekdotische Gedächtnis von Häftlingen, die zwischen Hoffnung auf Befreiung und Angst um ihr Leben

872 Dazu zuletzt: Wagner, Produktion, S., 261–262.

873 Vgl. Hartmut Müller/Günther Rohdenburg, Kriegsende in Bremen (1995), S. 149–150. Ausführlicher zu den Räumungsplänen der SS, der Rüstungsindustrie und der städtischen Verwaltungen: Buggeln, Arbeit, S. 625–657.

874 Katharina Hertz-Eichenrode (Hrsg.), Ein KZ wird geräumt. Häftlinge zwischen Vernichtung und Befreiung. Die Auflösung des KZ Neuengamme und seiner Außenlager durch die SS im Frühjahr 1945. Katalog zur Wanderausstellung, 2 Bde. (2000), S. 17. Siehe auch: Detlef Garbe/Carmen Lange (Hrsg.), Häftlinge zwischen Vernichtung und Befreiung. Die Auflösung des KZ Neuengamme und seiner Außenlager durch die SS im Frühjahr 1945 (2005); Detlef Garbe, Neuengamme im System der Konzentrationslager. Studien zur Ereignis-und Rezeptionsgeschichte (2015).

schwankten, nicht geeignet war, genaue Daten und zeitliche Abläufe zu speichern, ist nachvollziehbar. Dies gilt in geringerem Ausmaß für den SS-Lagerleiter vom Endt. Seine Aussage wurde in Brüssel folgendermaßen protokolliert: »Am 7.4.1945 nachmittags erhielt ich den Befehl von Neuengamme, das Lager aufzulösen und die Häftlinge teils zu Fuß, teils mit der Bahn nach Neuengamme zurückzuführen. Bei der Auflösung des Lagers hatte ich noch 1019 Häftlinge [...] davon 900 Häftlinge in Neuengamme, der Rest fiel wegen Marschbeschwerden und anderer Beschwerden unterwegs aus, wurde aber ärztlich betreut und mit dem Omnibus dem Internationalen Roten Kreuz in Bremervörde übergeben. Ich selbst marschierte mit meinen Häftlingen bis Farge, von dort weiter zu Fuß bis Bremervörde mit verschiedenem Nachtaufenthalt (bei Bauern).«[875]

Vom Endts Erklärung bedeutet nicht unbedingt, dass das Lager Blumenthal unmittelbar am Folgetag des Räumungsbefehls evakuiert wurde. Es könnte sich so zugetragen haben, wie es der belgische Überlebende Marcel Belgeonne schildert[876]: »Unglücklicherweise waren wir nicht am Ende unseres Leidensweges. Die letzten Stationen sollten noch härter sein. Eines Samstags[877], als wir von der Arbeit zurück waren, informierte uns der Lagerkommandant während des Appells, dass wir beim Appell am nächsten Morgen neue Befehle erhalten würden. [...] Am Sonntag erklärte er uns beim Appell, dass die Arbeit in der Fabrik eingestellt sei und dass wir wahrscheinlich das Lager verlassen würden. Den Sonntag verbrachten wir mit Diskussionen. Wir wussten nicht, was wir denken sollten. Kamen die alliierten Truppen näher, stand die Befreiung bevor?«[878] Für den Fall, dass Belgeonnes Datumsangabe korrekt ist, wäre der Abmarsch ins sieben Kilometer entfernte Lager Bremen-Farge am Montag, den 9. April, erfolgt.[879] Die dra-

875 CEGESOMA, Dossier 581/645. Die angebliche Übergabe von Häftlingen in Bremervörde wird durch keine Dokumente und keine Zeitzeugenaussage gestützt. Um Gegenteil, Bremervörde war der Ort, in dem am 13. April ein Transport von nicht marschfähigen Häftlingen aus Bremen-Osterort entladen wurde. Er war tagelang auf Irrfahrt unterwegs gewesen, und ein Großteil der Häftlinge konnte in Bremervörde nur tot geborgen werden. Hemmer/Milbradt, Bunker »Hornisse«, S. 107–108; Zeitzeugenaussage von P. Brunet, Hans-Schwarz-Nachlass Nr. 1 13-6–25, in: Antifaschistischer Arbeitskreis des Gustav-Heinemann-Bürgerhauses, »Wir wußten, daß die Schwachen im Recht waren und der Starke dort im Unrecht war«. Erinnerung an die Todesmärsche Anfang 1945. Dokumentation einer Gedenkveranstaltung (1987), S. 48. Wenn die Zahlen von vom Endt als korrekt angenommen werden, so haben also von 1019 Gefangenen 119 nicht das Ziel Neuengamme erreicht. Es lässt sich nicht einschätzen, wie viele von ihnen auf der Wegstrecke vor Schwäche umkamen oder ermordet wurden bzw. wie vielen die Flucht gelang. Dass geschwächte und kranke Häftlinge medizinisch betreut oder dem Internationalen Roten Kreuz übergeben worden seien, dürfte eine Schutzbehauptung sein; sie hat in keinem Häftlingsbericht eine Entsprechung. Dagegen finden sich Hinweise auf die Ermordung mehrerer Gefangener. Antifaschistischer Arbeitskreis, »Wir wußten«, passim.

876 Belgeonne, Tragique destin, S. 65.

877 Der 7. April 1945 war ein Samstag.

878 In der Folge seiner Erzählung nimmt Belgeonne wie viele andere an, dass der Abmarsch Richtung Bremen-Farge doch am Sonntag, den 8.4., erfolgt sei.

879 Der ehemalige Kapo Ernst Hennig bekundet in seinem Antrag auf Wiedergutmachung: »In Blumenthal bei Auflösung des Lagers am 9.4.45 geflohen«. StAB 4,54-E 6310.

matischen Szenen der rücksichtslosen Verladung der Kranken[880] hätten sich u.U. schon am Vortag abspielen können, die Ermordung von Kameraden durch den Kapo Bruno, wie im ersten Kapitel geschildert, eher am Tag der Evakuierung, also am Montag, d. 9. April 1945.[881] Zwei Indizien weisen darauf hin, dass der Elendszug von mehr als zehn Marschkolonnen von Blumenthal nach Farge-Rekum durch bewohntes Gebiet erst am Montag in Gang gesetzt wurde: Alle Häftlinge stimmen darin überein, dass sie nur eine Nacht in Farge verbrachten, bevor sie den Todesmarsch tags darauf fortsetzten. Die Quellen zum KZ-Lager in Farge-Rekum besagen in großer Übereinstimmung: Der Abmarsch der Häftlinge begann von dort am Dienstag, den 10. April.[882]

In den ersten Apriltagen hatte sich das Ende bereits abgezeichnet. Die jüdischen Häftlinge, die aus dem Lager Schützenhof nach Blumenthal verlegt worden waren, wurden vielleicht bereits am 7. April 1945[883] auf einen Elendstransport in Getreidewaggons geschickt. Kaum unterwegs versorgt, erreichten viele von ihnen das Sterbelager Bergen-Belsen nicht mehr lebend. Die »marschfähigen« Gefangenen aus dem Lager Schützenhof waren am 7. oder am 8. April nach Blumenthal gekommen; erstmalig waren die Stuben überfüllt. Unter den Neueingetroffenen befanden sich aber auch Freunde und Verwandte, nämlich Angehörige des Kommandos, das im Dezember 1944 Blumenthal verlassen musste. Raymond Van Pée traf seinen Bruder Robert wieder, auch René Thirion und Pater Reynaert, ehemals Oberster des Ordens der »Weißen Väter« in Thy-le-Château (Belgien). Alle zusammen würden am Folgetag nach Farge marschieren. Die

880 Zu ihnen zählte beispielsweise Léon C., über dessen Schicksal sein Vater aufgrund der Erzählungen von Mithäftlingen sagte: »2. April Verlegung (départ) meines Sohnes zu schwach zum Marschieren mitgenommen im Lkw dann Eisenbahn dann nichts mehr.« DAVCC, 21 P 425215. Léon C. ist vermutlich nach Sandbostel gelangt. Dieses Lager war seit 1939 ein Kriegsgefangenen-Mannschafts-Stammlager (Stalag). Im April 1945 wurde es Auffanglager für etwa 9.500 KZ-Häftlinge, von denen etwa 3.000 starben. Vgl. Werner Borgsen/Klaus Volland, Stalag X B Sandbostel. Zur Geschichte eines Kriegsgefangenen- und KZ-Auffanglagers in Norddeutschland 1939–1945 (2010).

881 In der noch frischen Erinnerung (1946) führt Roger Vyvey an, die Morde hätten sich am Vortag des Abmarsches ereignet. DAO/SAVG/AfK, Dossier PP 2444 (Roger Vyvey).

882 Vgl. Buggeln, Bunker, S. 163. Der ehemalige Häftling Léonard Q. bekundet 1946: »[Ich] versichere [...], dass ich Marcel D., ebenfalls Deportierter in diesem Lager, gekannt habe, dass ich mit ihm im Lager in Blumenthal gelebt und ihn am 10. April 1945 in Bremen-Farge an Erschöpfung habe sterben sehen, wo er vermutlich in einem Massengrab beerdigt wurde.« DAVCC, 21 P 433814. Insbesondere französische und belgische Delegationen recherchierten in der unmittelbaren Nachkriegszeit Wegstrecken, Konvois und Häftlingsgruppen. Eine englischsprachige Aufstellung der Strecke Blumenthal – Lübeck verzeichnet für Blumenthal: »left on 9.4.1945 / on foot to Bremervörde«. URL: https://digitalcollections.its-arolsen.org/0503/place/pageview/843639/1210227. Die französischsprachige Version ergänzt, Tote dieses Konvois seien in Farge beerdigt worden; ein Teil der Gefangenen sei über Sandbostel nach Lübeck gelangt. François Hochenauer sagt aus, das Lager Farge sei am frühen Nachmittag des 11. April evakuiert worden. Hans-Schwarz-Nachlass, 1.1.30.0/0010/0161, ITS Digitales Archiv. Es ist anzunehmen, dass die Evakuierung von Farge, das nunmehr Durchgangslager geworden war, schon am Vortag begann und sich über mehr als einen Tag erstreckte.

883 Archiv Gedenkstätte Bergen-Belsen, Handakte L 295, Arnold M. Drei andere jüdische Häftlinge, Carl C., Chaim B. und Samuel U., erklärten, sie seien bereits im Februar bzw. im März 1945 nach Bergen-Belsen verlegt worden. Archiv Gedenkstätte Bergen-Belsen, Entschädigungsakten, Irgun B 6.

nicht Marschfähigen allerdings, zu denen auch Alexander Seghers gehörte[884], wurden mit Lastwagen zu einer Bahnstation gebracht. Der Transport im Waggon dauerte mehrere Tage und Nächte. Zwischenzeitlich wurden die Häftlinge aus den Waggons getrieben und gezwungen, Tote eines anderen Transportes am Bahndamm zu begraben. Ihre Odyssee endete im Kriegsgefangenenlager Sandbostel, das für Tausende von KZ-Gefangenen zu einem Todeslager werden sollte.

Ein Fall von Selbstjustiz?

Das Schicksal des russischen Gefangenen Nikolaj Dabrowski zeigt beispielhaft, wie Zeitzeugenaussagen und Dokumente die Dramatik und Tragik der Endphase in jeweils besonderer Art wiedergeben. Am 7. oder am 8. April könnte sich ein Ereignis abgespielt haben, das in den Erinnerungen vieler Gefangener Widerhall gefunden hat. Nach der Schilderung mehrerer Gefangener übten osteuropäische Mithäftlinge Selbstjustiz an einem angeblich weißrussischen Häftling, »Nicolas« oder »Nikolaj« genannt. Dieser, so André Duroméa, sei bereits Wochen zuvor seiner Funktionen – u. a. als Dolmetscher – enthoben und in ein anderes Lager [vermutlich Schützenhof, K. E.] verlegt worden. Nunmehr gelangte er mit den »Marschfähigen« zurück nach Blumenthal. »An diesem Aprilmorgen 1945 waren wir also dabei, im Hof zu marschieren, als die Reste des Bremer Kommandos[885] zu uns stießen. Unter diesen Phantomen – wahre Gespenster, die diesem sehr harten Kommando entkommen waren – befand sich Nicolas. Er war nur noch ein Schatten seiner selbst. Aber niemand, vor allem nicht die Sowjets, hatten ihn vergessen. Da stellte ihn eine Gruppe junger Deportierter. ›He! Nicolas, komm her!‹ Nicolas kam näher und hoffte wohl, dass die früheren ›Schweinereien‹ vergessen waren. Um ihn bildet sich ein Kreis: Faustschläge, dann Fußtritte brachten ihn zu Boden – unter den gleichgültigen Blicken der Deutschen. Als der Kreis aufhörte, war Nicolas tot. ›Er war ein Hund‹ sagten die Deutschen an Stelle einer Trauerrede über denjenigen, der ihnen einst mit großem Eifer gedient hatte.«[886] Der Bericht von Robert Juillet weist eine gewisse Parallelität mit der Schilderung von Duroméa auf. Beide geben sich als

884 Seghers, Fragebogen (1986), ANg, HB 946, S. 22.

885 Gemeint: des Lagers Schützenhof. Wenn man die Schilderungen der Ehemaligen aus Blumenthal zugrunde legt, dürfte dieses Kommando erst am 8.4.1945 für eine Nacht auf die Bahrsplate gekommen sein. Recherche-Ergebnisse der alliierten Delegationen nennen für Schützenhof als Evakuierungstermine für die Kranken den 3.4.1945 und den 5. für die anderen – mit den Stationen »Gröpelingen, Bremen, Schwanewede, Blumenthal«; dies widerspricht den Erinnerungen von Überlebenden aus Schützenhof, wonach der Marsch von Schützenhof nach Blumenthal an einem Tag erfolgte.

886 Duroméa, André, S. 161 – 162. Eine ähnliche Schilderung gibt Belgeonne, Tragique destin, S. 63 – 64. Er berichtet, Nicolas sei in die Schreibstube gerufen und dort seiner Kapo-ähnlichen Funktion enthoben worden. Als einfacher Gefangener sei er nunmehr der Rache vornehmlich der Russen ausgesetzt gewesen.

Das ist der spektakuläre Fall vom Gipfel ins Nichts

»Alles wäre zum Besten in der schlechtesten aller Welten gewesen, wenn der kleine Pariser nicht den Weißrussen getroffen hätte. Dieser, der schnell zum Stubenältesten der Franzosen in Baracke 1 geworden war, zeichnete sich durch seinen Eifer bei den Inspektionen oder dann aus, wenn alle zusammengerufen waren. Tatsächlich war die Meisterschaft, mit der er den Gummiknüppel über den Köpfen seiner Kameraden handhabte, das Sprungbrett, das ihm erlaubte, im Rang aufzusteigen. [...] Der große Fehler für ihn als Russe bestand darin, seine Landsleute zu schlagen: Die russische Gemeinschaft des Lagers war zahlreich und gut organisiert, sie stellte sozusagen die am stärksten zusammengeschweißte Kraft im Lager dar. Außerdem verabscheuten sie Verräter. [...] (An einem grauen, feuchten und kalten Sonntag) befinden wir uns in unserer Stube[887], deren eines Fenster auf den Appellplatz hinaus geht, als uns plötzlich Lärm dorthin zieht. Eine Gruppe von einem Dutzend Russen umringt einen großen Kerl und beschimpft ihn heftig. Wir erkennen sofort unsren Weißrussen. Sein großer Körper dreht sich in alle Richtungen unter den Schlägen, die ihm heftig verpasst werden. Zu den Russen gesellen sich bald andere Nationalitäten, und in der Mitte dieses Gewühls verteidigt sich der Weißrusse mit dem Mut der Verzweiflung. Nichts von seiner früheren Anmaßung ist in seinem bleichen, geschwollenen Gesicht zu sehen. Dahin die schönen rehbraunen schnittigen Stiefel. Elende Holzschlappen sind an ihrer Stelle. Verschwunden die pelzbesetzte Weste und die Reithose; ein abgewetzter Streifenanzug kleidet unseren Mann. Das ist der spektakuläre Fall vom Gipfel ins Nichts, vom Prominenten zur Plebs der Lager. Ein von der SS gewollter und inszenierter Fall. Diese betrachtet die Szene grinsend vom Schreibstubenfenster aus. Dies ist eine der zahlreichen Arten, das Urteil umzusetzen: die unvermeidliche Todesstrafe. [...] Da bemerke ich den kleinen Pariser an meiner Seite: ›Das soll er mir bezahlen, dieser Mistkerl, ich muss ihm das Wechselgeld in seiner Münze zurückgeben‹, grummelt er in meine Ohren. Und ich sehe ihn, wie er in Richtung Tür geht – auf den Platz, sich drängelnd, mit Schlägen vorwärts kommend, um zum Russen zu gelangen. Mit Tritten und Faustschlägen macht sich die Menge über den ausgestreckt liegenden Körper her. Sie bringen ihr trauriges Werk zu Ende. Ich sehe dann, wie der kleine Pariser zur Gruppe humpelt, die Kombattanten auseinanderdrängt und sich darunter mischt. Er hat mir nichts gesagt, aber dieses neu aufgetretene Humpeln besitzt bestimmt einen Zusammenhang mit dem Objekt seines Hasses. Wie stark muss dieser Hass sein, um ihn dazu zu bringen, einen Sterbenden zu schlagen? [...] Am nächsten Tag erfahren wir bei der Suppenausgabe, dass (der Weißrusse) diese »Schock«-Behandlung nur eine halbe Stunde nach seiner Aufnahme im Revier überlebt hat.«

Robert Juillet[888]

Augenzeugen zu erkennen, für beide wurde Nicolas angeblich wegen krummer Geschäfte seiner Funktion enthoben. Bei Duroméa wird Nicolas zeitweise in ein anderes Lager verlegt. Die Erinnerung von Robert Juillet ist sehr präzise: Der »Weißrusse«, sprachkundig und im Laufe der Zeit zum »Aufpasser« in der Fabrik aufgestiegen, habe sich zum Schrecken seiner Mitgefangenen entwickelt. Er habe den Fehler begangen,

887 »stüb« im Original.
888 Froides, S. 85–88.

auch seine sowjetischen Mithäftlinge zu schlagen. Dann sei bekannt geworden, dass er sich an den Lebensmitteln in der Wirtschaftsbaracke vergriffen hatte. Die SS habe nicht interveniert, als ihn ein Dutzend Russen auf dem Appellplatz schwer verletzt hätten. Der »Weißrusse« sei kurz darauf im Revier gestorben. Der Vorfall hat eine authentische Färbung, da der Verfasser den Bericht mit der Leidensgeschichte eines Mithäftlings (»der kleine Pariser«) verknüpft, der sich an dem Gelynchten rächen will. Allerdings: Juillet verlegt dieses Geschehen auf einen Novembersonntag.

Einen ähnlichen Bericht gibt Raymond Van Pée. In seiner Erinnerung spielte sich der Vorfall an einem Februartag 1945 ab. Nikolaj hatte als mehrsprachiger Häftling den Ehrgeiz, eine höhere Funktion einzunehmen. Er misshandelte bei der Arbeit und bei der Essensausgabe seine Kameraden. Außerdem vermochte er, eine Gruppe junger Russen um sich zu scharen, die ein Schreckensregiment führten. Als die SS eines Tages Nikolai ihr Vertrauen entzog, war dieser ungeschützt der Wut vor allem seiner osteuropäischen Mithäftlinge preisgegeben.

Auch im Bericht des Ukrainers Petr P. Metla findet sich ein Hinweis auf das Drama. Die Vorfälle hätten sich abgespielt, als das Blumenthaler Lager Durchgangslager für andere Gefangene geworden war.[889] »In einer Kolonne aus Bremen erkannten unsere Häftlinge den Vorarbeiter (Pole), der früher in unserem Lager war und Häftlinge brutal schlug. In einer Nacht wurde er beinah umgebracht und deshalb nach Bremen versetzt. Jetzt stürzte die Menge auf ihn zu und zertrat ihn zu Tode.«[890]

Ist es tatsächlich zu einem dramatischen, womöglich tödlichen Geschehen um einen »weißrussischen« Mithäftling namens Nicolas (Nikolaj) gekommen? Die in den Quellen genannten Daten und die Berichte über die Ereignisse bleiben widersprüchlich. Zu den pointierten Darstellungen von Duroméa und Van Pée über ihre Lagererfahrungen mit »dem Weißrussen« passen die Nachkriegsauskünfte des Polizeipräfekten von Bordeaux (1963).[891] Danach war ein in Frankreich lebender Russe namens Nicolas Dabrowski bereits vor der Zeit der deutschen Besatzung mit einem Betrugsvorwurf vor einem Militärgericht konfrontiert, jedoch freigesprochen worden. Als Handelsvertreter sei er, seit 15 Jahren in geschäftlichem Kontakt mit deutschen Firmen, von den Okkupanten zum Wirtschaftsvertreter im Dienst der Kriegsmarine ernannt worden, seine Geschäfte und sein Vermögen hätten sich bedeutend vermehrt. Er habe einen Gestapo-Ausweis besessen und habe sich wiederholt »anti-französisch«[892] geäußert. Er soll ein ausschweifendes skandalöses Leben geführt und wiederholt Personen mit dem Eingreifen von deutschen Stellen gedroht haben. Später war er eine Zeitlang im Lager Blumenthal,

889 Also vermutlich kurz vor der Räumung.
890 P. P. Metla, Schreiben an die Gedenkstätte Neuengamme v. 16.1.1996, ANg, 36-550.3/6.
891 Hierzu und für die folgenden Informationen: Dossier Nicolas Dabrowski, DAVCC, 21 P 444235.
892 Gemeint: im Sinne des mit den deutschen Besatzungsbehörden kollaborierende Vichy-Regime.

Die SS-Leute reagierten nicht auf dieses Abschlachten

»Es war noch ein übler Kerl mit uns aus Neuengamme mitgekommen, ein gewisser Nicolai, ein Weißrusse. Dieser Mann war ungefähr 25 Jahre alt und hatte schon im Hauptlager [Neuengamme] auf sich aufmerksam gemacht. Die französischsprachigen Gefangenen verstanden kein Deutsch und verstanden die Kapo-Befehle nicht. Sie reagierten verkehrt, und Schläge und Bestrafungen folgten unerbittlich. Nicolai sprach verschiedene Sprachen, darunter auch Französisch. Er spielte den Dolmetscher für die französischen Freunde und brachte uns bei, wie wir marschieren und in Reih und Glied stehen mussten usw. Aber in Blumenthal führte er sich noch schlimmer auf als die Kapos. Als Vorarbeiter ließ er sich zu den widerwärtigsten Praktiken hinreißen, in der Fabrik und im Lager selbst. Er musste und würde besser als die Kapos sein. Vielleicht war es sein Ziel, auch Kapo zu werden. Bei der Suppenausgabe hob er sich durch Sadismus und Grausamkeit hervor. Schwachen Gefangenen, die in der Reihe nicht richtig anstanden, schlug er mit dem eisernen Löffel voller Suppe auf den Kopf. Wenn das Opfer dann fiel, goss er eine Kelle voller Suppe über seinen Kopf und rief: ›Du Schwein, alles auflecken!‹ Und unser Freund musste dann seine Portion Suppe mit den Händen und den Fingern vom Grund aufschlecken. Das geschah täglich, und er fand immer irgendetwas Neues, um uns zu piesacken und zu traktieren. Die anderen Kapos und die SS-Leute nickten dann zustimmend. Und dann fühlte sich Nicolai in seinem Element und brüllte und schlug noch mehr.
An die zehn junge Russen von etwa 15 Jahren hatten sich Nicolai angeschlossen. Diese Bande führte ein wahres Schreckensregiment. Viele schwache Mitgefangene wurden von diesen Kerlchen überfallen und ihrer Zigaretten oder ihres letzten Stückchens Brot beraubt. Wir standen machtlos daneben, und die Kapos ließen es geschehen. Nicolai ging so weit, selbst seine eigenen Landsleute zu drangsalieren und zu verraten.
Es war schon Februar 1945, als Nicolai an einem Sonntagnachmittag auf die Schreibstube befohlen wurde. Alle waren zwangsweise draußen, es lag viel Schnee und es war bitterkalt. Warum musste der Schurke zum SS-Kommandanten kommen? Wir haben es nie mehr herausfinden können. Hatte er etwas gestohlen oder mit den deutschen Kapos Streit gehabt? Nicolai selbst konnte es uns nicht mehr berichten. Der SS-Mann entzog ihm jeden Rang, und der Bandit war wieder ein gewöhnlicher Gefangener wie jeder. Karl[893], der zusammen mit Nicolai hineingegangen war, beförderte ihn mit einem einfachen Tritt die vier Stufen aus dem Büro hinaus. Und da lag er nun mit seinem großen Maul im Schnee. Er richtete sich auf und flüchtete in Richtung seines Blocks. Aber die Russen und die Polen, die er so hatte leiden lassen, ließen die Gelegenheit nicht vorübergehen. Sie ließen ihn wohl hundert Meter flüchten, und dann schlossen sich die Reihen. Der Schurke kriegte schnell ein paar Schläge auf den Kopf. Er wehrte sich wie ein Teufel. Seine kleinen Freunde verschwanden spurlos. Dann fiel er vornüber, damit war sein Todesurteil gefällt. Seine Landsleute stampfen ihn zu einem blutigen Brei, der Schnee färbte sich rot. Als wir ein paar Stunden später hingingen um nachzusehen, konnten wir ihn nicht mehr erkennen. Die SS-Leute reagierten nicht auf dieses Abschlachten. Man hatte den Schurken einfach ausgeliefert. Gerechtigkeit war geschehen. Seine Stubengenossen plünderten seinen Kasten, die Essensvorräte, die er und seine Kameraden gestohlen hatten, kamen zum Vorschein. Abends wurde sein Leichnam zum Waschplatz geschleppt und zu den anderen Toten gelegt. Niemand hatte Mitleid mit dieser Bestie in Menschengestalt. Jammerschade, er war ein Mann mit Qualitäten und hätte für seine Kameraden eine sehr große Hilfe sein können.«
Raymond Van Pée[894]

893 Der Chefkapo des Lagers.
894 Ik, S. 91–92.

wo er sich bei vielen Mithäftlingen verhasst machte, anschließend im Deschimag-Lager Schützenhof in Bremen-Gröpelingen. Der französische Ex-Häftling Norbert W. sagt im August 1945 aus, beide seien zusammen im Lager Kriegsmarine (i.e. KZ-Außenlager Riespott) gewesen. Dieses Lager sei etwa am 6. April 1945[895] geräumt worden, die Gefangenen seien nach Blumenthal verbracht worden, wo Dabrowski vor seinem Aufenthalt in Bremen[-Kriegsmarine] »Block Altester« gewesen sei. »Am nächsten Tag begab er sich morgens in die Krankenstation wegen seines kranken Beines; seitdem habe ich ihn nicht mehr gesehen.« Auf die Behauptung hin, Dabrowski sei von seinen Landsleuten gelyncht worden, vermutet Norbert W., dies sei wohl denkbar gewesen, andererseits hätten die Deutschen[896] so etwas nicht toleriert. Ein anderes Recherche-Ergebnis des zuständigen französischen Ministeriums[897] besagte, allerdings mit einem Fragezeichen versehen: »von Russen am 10/4/45 im Lager Blumenthal getötet«. Dabei handelte es sich jedoch vermutlich um unmittelbares Nachkriegs»wissen«. Spätere behördliche Nachforschungen (1950) ergaben nämlich, dass der zunächst nach Neuengamme deportierte Nicolas [sic] Dabrowski am 20. April 1945[898] in Guttau bei Dresden verstorben ist. »Den Nachforschungen in diesem Ort zufolge ist der Leichnam des Betreffenden, der sich auf dem Friedhof von Guttau befand, als der eines sowjetischen Staatsbürgers auf den Heldenfriedhof in Bautzen gebracht worden.«[899]

Die wahrscheinlichste Version scheint zu sein, dass Dabrowski tatsächlich von Landsleuten misshandelt wurde, jedoch überlebte. Sein Weg nach Guttau ist indes nicht nachvollziehbar. Von besonderem Interesse ist eine Liste, die am 21. Juni 1945 an die Russische Legation in Stockholm gerichtet wurde. Sie wurde in Falkenberg – mutmaßlich Falkenberg bei Torgau – aufgesetzt und führt in alphabetischer Reihenfolge 38 Namen sowjetischer Staatsbürger auf, die im Lager Schützenhof zugrunde gegangen sind: »Alle diese hier angegebenen Kameraden sind durch Schläge den Märtyrertod gestorben.« Sie enthält die KZ-Matrikelnummern sowie Geburts- und Sterbedaten der Toten.[900] Außerdem sind die maschinenschriftlich aufgeführten Namen handschriftlich in kyrillischer Schrift transkribiert. Sämtliche Todesfälle liegen vor dem Beginn der Lagerräumung, mit Ausnahme des Todes von Nikolaj Dabrowski. Eine derartige Liste konnte nur erstellt werden, wenn ihr Verfasser im Besitz des Blockbuchs Schützenhof

895 Das Lager wurde am 7.4.1945 geräumt. Vgl. Hemmer/Milbradt, Bunker »Hornisse«, S. 97.

896 »Les boches« im Original.

897 Ministère des prisonniers déportés et réfugiés, DAVCC, 21 P 444235.

898 Ausweislich der Kartei des SS-Wirtschaftsverwaltungshauptamtes gelangte er am 18.7.1944 nach Neuengamme; er wurde als staatenlos geführt. BA NS 3/1577, Nikolaj Dabrowski. Ich danke Marcus Meyer, Denkort Bunker Valentin, für den Hinweis.

899 DAVCC, 21 P 444235.

900 URL: https://www.obd-memorial.ru/html/info.htm?id=75947938; Aufruf v. 2.3.2019. In der rekonstruierten Lagerliste Schützenhof (digitale Liste Bremen-Schützenhof, ANg) finden sich Todesfälle sowjetischer Deportierter, die die Falkenberg-Liste nicht aufführt. Ein Grund ist nicht ersichtlich.

(oder einer Kopie) war, aus dem sämtliche Angaben stammten. Möglicherweise ist es Dabrowski gelungen, eine derartige Liste auf seinem Weg in den sowjetisch besetzten Teil Deutschlands mit sich zu führen. Somit konnten die Behörden über den Tod seiner Landsleute unterrichtet werden. Nikolaj Dabrowski ist lt. Liste am 25. April 1945 gestorben; sie konnte also nicht von ihm erstellt worden sein. Ein weiterer Hinweis französischer Behörden in seiner Personalakte erwähnt unter der Rubrik »Medizinische Bescheinigungen« als Todesursache »Auszehrung«.[901] Nikolaj Dabrowski hat die Strapazen der Lagerhaft und die Folgen der Schläge in Blumenthal nur kurze Zeit überlebt.

Todesmärsche und -transporte

Die jüdischen Häftlinge, die zu ihrem Unglück im Dezember in das harte Lager Schützenhof im Stadtteil Bremen-Gröpelingen verlegt worden waren, kamen für einen halben Tag wieder nach Blumenthal. Dort wurden sie zusammen mit den Blumenthaler Leidensgenossen in Güterwagons gepfercht. »Nach einem halben Tag [seit der Ankunft aus Schützenhof, K. E.] mußten wir, die jüdischen Gefangenen, uns wieder extra versammeln. Ich sah mich um und entdeckte immer noch ein paar vertraute Gesichter. Es waren von uns etwa 100 übriggeblieben, und hinzu kamen 50 Juden aus anderen Lagern. Es mußten etwa 50 Juden aus Minsk unter uns sein. Wir sahen alle schrecklich aus nach den Wochen ohne Essen, Schlaf, Wasser und Waschen. Man brachte uns zu zwei Getreidegüterwagen, stieß uns hinein und schloß die eisernen Türen. Es waren offene Wagen, aber oben mit Stacheldraht gesichert. [...] Dies war der schlimmste Transport von allen. Es regnete und war kalt, und Krankheit und Tod reisten mit uns.«[902] Die Häftlinge erreichten, nicht im Geringsten versorgt, nach sieben Nächten und sechs Tagen das Sterbelager Bergen-Belsen.[903]

Die Revierkranken des Blumenthaler Lagers verließen nach Auskunft des ehemaligen Häftlings Frédéricq Piqué Blumenthal, 80 Personen eingeschlossen in einem Viehwaggon. Sie waren zehn Tage unterwegs[904] und bekamen in den letzten vier Tagen nichts

---

901 »Exenatation« im Original, DAVCC, 21 P 444235. Gemeint ist »exténuation«.

902 Rosenberg, Jahre, S. 140.

903 Nach Rosenberg, Jahre, S. 140–141. In Bergen-Belsen, von den Nazis ursprünglich u.a. als »Schonlager« eingerichtet, war die Versorgung der Häftlinge völlig eingestellt worden. Vgl. Eberhard Kolb, Bergen-Belsen. Vom »Aufenthaltslager« zum Konzentrationslager 1943–1945 (1996), S. 42–50.

904 Der Transport irrte in Norddeutschland umher und wurde von alliierten Flugzeugen bombardiert. In Wolterdingen (Kreis Soltau) wurden die Opfer eines derartigen Angriffs in einem Massengrab beerdigt (Ermittlung von Routen und Opfern von Todesmärschen, 5.33/84625011, ITS Digitales Archiv Arolsen). Der französische Ehemalige Honoré H. gibt zu Protokoll: »Aus dem Kommando Blumenthal am 7.4.45 mit den Kranken des Kommandos per Bahn in Richtung Neuengamme via Hamburg evakuiert, vor Hamburg durch ein Bombardement gestoppt, zum Stalag XB Sandbostel umgeleitet – und am 8.5.45 [sic!] in Sandbostel befreit. Archiv Internationale Friedensschule, Reg. Todesmärsche. (Die Befreiung fand bereits am 29. 4. 1945 statt! K. E.)

mehr zu essen. Bei Ankunft in Sandbostel hätten 40 Prozent nicht mehr gelebt. »Ich habe selbst vier Nächte neben einem Toten geschlafen, das war ein Pole, glaube ich.«[905]

In Blumenthal ließ die SS die Akten verbrennen und bereitete sich auf den Abmarsch vor.[906] Die Räumung der noch bestehenden Außenlager mit etwa 40.000 Häftlingen begann Ende März 1945. Im Hauptlager Neuengamme befanden sich weitere 12.500 Häftlinge.[907] Auf Druck der Hamburger Wirtschaft und Politik wurde das Stammlager ab dem 19. April total geräumt – ein Plan der Weißwaschung durch Abschiebung. In den letzten sechs Wochen des Krieges starben im KZ-Komplex Neuengamme mindestens 16.000 Menschen. 30% der im März noch lebenden Häftlinge fanden in dieser Zeit den Tod. Es ist nach wie vor Gegenstand der Forschung, zu erklären, warum mit den Gefangenen tage- und wochenlang Märsche, Lkw- und Eisenbahntransporte unter unvorhersehbaren und unsäglichen Bedingungen durchgeführt wurden. Diese Maßnahmen gingen mit zahllosen Todesfällen einher, etwa Erschießungen am Ende einer Marschkolonne oder tagelanger Unterversorgung in Güterwagons. Der Leiter des Blumenthaler Lagers vom Endt gibt an, dass von ursprünglich 1019 Gefangenen 900 das Stammlager Neuengamme erreicht hätten. Die anderen seien aufgrund von »Marschbeschwerden« ausgefallen und dem Internationalen Roten Kreuz in Bremervörde übergeben worden. Dies sind offenbar Schutzbehauptungen vom Endts. Bremervörde war vielmehr Ort einer weiteren Tragödie: Dort wurden »marschfähige« Häftlinge aus den Lagern Bremen-Osterort, Farge und Blumenthal gezwungen, die Leichen von Kameraden derselben Lager aus Güterwaggons zu bergen; diese waren als »Muselmänner« drei Tage vor Auflösung der Lager auf einen siebentägigen Bahntransport geschickt und kaum versorgt worden.[908] Einrichtungen wie das Kriegsgefangenenlager Sandbostel waren nicht auf die Aufnahme die Aufnahme von mehreren Tausend KZ-Häftlingen vorbereitet. Wenige Tage vor der Kapitulation des NS-Reichs wurden Tausende von Deportierten, darunter auch Häftlinge aus Blumenthal, auf Schiffe verfrachtet, die in der Neustädter Bucht ankerten. Fünf Tage vor Kriegsende, am 3. Mai 1945, bombardierte die Royal Air Force die Schiffe, die sie für Truppentransporter hielt. Der Untergang der »Cap Arcona« und der »Thielbeck« kostete etwa 7.000 Menschen das Leben. Viele Häftlinge, die Verhaftung und Deportation, Hunger und Schläge in den Lagern und auch die Todesmärsche überstanden hatten, gingen fünf Tage vor der sicheren Befreiung hier zugrunde.

Es ist nicht Ziel dieser Untersuchung, die Geschichte der Räumungsmärsche und -transporte darzustellen. In jüngster Zeit hat es etliche Veröffentlichungen zu der Endphase des Krieges und der damit verknüpften Verbrechen gegeben, die der Ergänzung

905 Auditorat général, Dossier »Vom Endt«, Aussage Frédéricq Piqué.
906 Aussage J. Desaver v. 13.2.1946, DAO/SAVG/AfK, Dossier 16547.
907 Hierzu und zum Folgenden: Buggeln, Arbeit, S. 634–646.
908 Aussage von Pierre Brunet, Hans-Schwarz-Archiv 13-6–25, in: Antifaschistischer Arbeitskreis, Wir wußten«, S. 48.

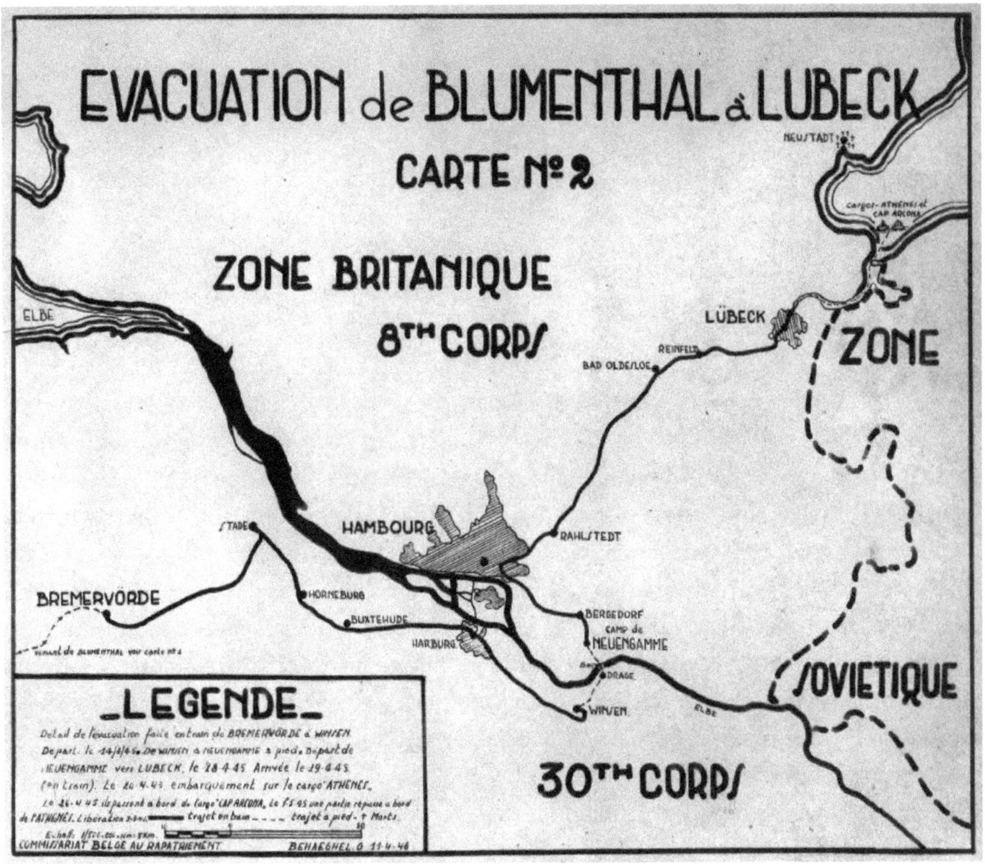

Carte no. 2. Die belgische Repatriierungsbehörde skizzierte den weiteren Verlauf des Evakuierungstransportes (per Bahn und zu Fuß). Die Häftlinge wurden auf Schiffe der Lübecker Bucht getrieben, deren Bombardement kurz vor Kriegsende ca. 7.000 Menschen das Leben kostete

durch lokale Studien harren. Wer zu den Evakuierungen in der Region Bremen-Nord forschen möchte, findet einen guten Ausgangspunkt in den Ergebnissen[909] des Gedenkmarsches und der Gedenkfahrt, die der antifaschistische Arbeitskreis des Gustav-Heinemann-Bürgerhauses in Bremen-Vegesack 1985 und 1990 durchführte.

Aus der Gruppe der Täter wurde trotz zahlreicher Ermittlungen keiner strafrechtlich zur Verantwortung gezogen.

909 Antifaschistischer Arbeitskreis, »Wir wußten«.

14 Zum Schluss

Zur Nachgeschichte des KZ-Lagers: Notunterkünfte, Volkspark, Gedenkstätte

Für eine Übergangszeit wurde der Lagerkomplex vorübergehend von polnischen Displaced Persons, also ehemaligen Zwangsarbeitern, bewohnt. Die US-Militärregierung verlegte sie Anfang 1946 in die amerikanische Zone Süddeutschlands.[910] In die erhalten gebliebenen Wohnbaracken zogen kinderreiche Familien ein, die zumeist aus den deutschen Ostgebieten stammten. 1958 waren noch 16 hölzerne Wohnbaracken erhalten, in denen 42 Familien mit 181 Personen wohnten.[911] Auch wenn in der Endphase aus baupolizeilicher Sicht kein Anlass geboten schien, die Baracken zu räumen[912], so wurden im Rahmen eines Barackenräumprogramms Unterkünfte abgerissen.[913] Nach der Sturmflut von 1962 waren auch die letzten Baracken unbewohnbar. Die Stadtgemeinde entschloss sich, erneut ein Parkgelände zu planen, das schließlich 1966 eingeweiht werden konnte. Offenbar schien dies auch eine Möglichkeit, die Erinnerung an die jüngste Geschichte dieses Geländes zu entsorgen: »Dem anhaltenden Bemühen der verantwortlichen Stellen ist es gelungen, auch auf diesem ehemals verwahrlosten Gelände die Vergangenheit zu bewältigen und eine Stätte kontemplativer Ruhe und stiller Beschaulichkeit zu schaffen.«[914]

---

910 Zwei Versuche der Lagerräumung Ende 1945 waren zunächst gescheitert; die Bewohner hatten gedroht, die Baracken zu zerstören und abzubrennen. StAB 16,1/2, FHMG B. Part I, S. 106–107. Anlässlich einer Besprechung wies die US-Militärregierung darauf hin, dass dennoch Sicherungsmaßnahmen zu treffen seien: »Sobald die Räumung vorgenommen worden sei, müßte dafür Sorge getragen werden, daß die Baracken von der Bevölkerung nicht für Feuerholz abgebaut würden. Es sei notwendig, daß eine polizeiliche Bewachung eingesetzt werde [...]«; StAB 3-M.2.h.3–298.

911 Aufstellung »Baracken und Behelfsheime im Ortsbereich Blumenthal/Farge« v. 16.6.1959, Archiv Ortsamt Blumenthal 1512-00-631-01. Vgl. auch die Luftaufnahme von 1956 (GeoInformation Bremen) in Anhang II.

912 Schreiben Bauamt Bremen-Nord an Ortsamt Blumenthal v. 27.9.1961, Archiv Ortsamt Blumenthal 1512-00-631-01.

913 Protokoll der Besprechung v. 15.1.1962 über die Verteilung der im Rahmen des Barackenräumprogramms im Jahre 1962 zu errichtenden Wohnungen. Archiv Ortsamt Blumenthal, 1512-00-631-01.

914 Norddeutsche Volkszeitung v. 27.8.1966.

Stichweg von der Kleinen Straße zur Weser. Im Hintergrund rechts die ehemalige Schreibstube. Aufnahme Otto Schulte (ca. 1952)

Strandweg mit Pappeln. Etwa in diesem Bereich sollte der Fluchttunnel enden. Aufnahme Otto Schulte (ca. 1952)

Am Grenzzaun des Deschimag-Lagers (März 1945)

Die um den »Stein der Hoffnung« erweiterte Gedenkstätte »Rosen für die Opfer« (2009)

Die Gedenkstätte »Rosen für die Opfer«

Die erinnerungskulturelle Wende der 1980er Jahre ermöglichte es, verstärkt die Zeit des deutschen Faschismus zu thematisieren. Seit 1985 weist eine Gedenkstätte auf die Häftlinge dieses KZ-Außenlagers hin, die den NS-Terror hier nicht überlebt haben. Dabei handelt es sich um einen mehrfach erweiterten Gedenkort, der durch Initiativen »von unten« entstand. Ideengeber war der Antifaschistische Arbeitskreis des Gustav-Heinemann-Bürgerhauses in Bremen-Vegesack unter der Leitung von Gerd Meyer. Beteiligt bei der Entwicklung und Umsetzung des Konzepts waren der Beirat Blumenthal zusammen mit dem Ortsamtsleiter Karl Lüneburg[915], die VVN/BdA Bremen und die Friedensgruppe in der evangelisch-reformierten Kirche Blumenthal unter Leitung des Pastors Harm Ridder. Joachim Manske von der Bremer Kulturbehörde unterstützte und genehmigte das Vorhaben. An der zentralen Veranstaltung anlässlich des 40. Jahrestages des Kriegsendes nahmen mehrere hundert Menschen teil. Die ehemaligen Belegschaftsmitglieder der A.G. »Weser« Gustav Böhrnsen und Georg Gumpert berichteten aus ihrer Widerstandstätigkeit. Eine neue Plakette trug die Aufschrift: »Auf der Bahrsplate befand sich in der Zeit des Faschismus ein Außenlager des Konzentrationslagers Neuengamme. Hier wurden Menschen gequält und ermordet. Die Opfer und Widerstandskämpfer mahnen uns: Nie wieder Faschismus. Nie wieder Krieg.« [916]

Der ehemalige Deportierte Pierre Billaux mit 18 und mit 84 Jahren (2009)

Im Rahmen eines Workcamps mit Familien aus Marzabotto (Italien) und Bremen-Nord sowie Seminarteilnehmern der bremischen Jugendbildungsstätte »Lidice-Haus« aus Tschechien und Ungarn entstand 1987 eine Anlage mit Rosen-Rabatten als erster Abschnitt der Gedenkstätte »Rosen für die Opfer«. Seit 1989 ergänzen zwei in der Justizvollzugsanstalt Bremen-Oslebshausen gefertigte Sandsteinskulpturen (»o.T.«, mitunter imaginiert als »Bewacher« und

915 Möglicherweise waren der Ausgangspunkt die Vorhaltungen zweier Witwen, die diese anlässlich einer der Gedenkfahrten der französischen Amicale geäußert hatten: »Hier wurde von zwei Witwen ehemaliger KZ-Häftlinge, die hier im Lager 1945 verstorben sind, Enttäuschung und Befremden geäußert, daß überhaupt kein Hinweis auf dieses Lager vorhanden ist.« Auszug aus der Niederschrift über die 5. Öffentliche Sitzung des Beirates am 19.11.1984, Archiv Ortsamt Blumenthal 1512-00-631-04.

916 Die Norddeutsche v. 9.5.1985.

Der Belgier Roger Vyvey nach seiner Rückkehr (24. Mai 1945)

»Häftling«) das Gelände. Mit Unterstützung durch lokale Gremien initiierte eine Gruppe der Internationalen Friedensschule Bremen die Entwicklung einer Skulptur, auf der die Namen der im Lager ums Leben gekommenen Gefangenen auf Plaketten verzeichnet werden sollten. Das Projekt wurde von einer Bau/Architektur-Klasse des Schulzentrums an der Alwin-Lonke-Straße (Bremen-Grambke) aufgegriffen. Die SchülerInnen realisierten mit geringen Mitteln selbst den ausgewählten Entwurf »Stein der Hoffnung«. Er stellt ein Tor aus aufeinandergetürmten Steinblöcken dar, dessen Durchgang durch verrutschende Quader verschlossen zu werden droht. Bei der Einweihung konnte als letzter Zeitzeuge am Ort seines Leidens der Belgier Jean-Marie Vanden Eynde eine Rede an die Öffentlichkeit (4.11.2009) richten.[917] Sein ehemaliger Kamerad Pierre Billaux war aus gesundheitlichen Gründen verhindert, wandte sich aber mit einem Schreiben an die »jungen deutschen Freunde«.[918]

Mit einer Plakette (»Häftlingswege«) am sogenannten Müllerloch erinnerte die Internationale Friedensschule Bremen daran, dass sich hier der Weg befand, auf dem die Häftlinge zur Arbeit auf das BWK-Gelände getrieben wurden. 2018 initiierte die Archivgruppe der Friedensschule Bremen die Aufstellung eines großen Weser-Findlings, der mit dem Hinweis auf die Gedenkstätte »Rosen für die Opfer« versehen ist.

917 Nachzulesen in URL: http://www.friedensschule-bremen.de/bahrs_plate.html; Aufruf v. 22.6.2019.
918 URL: http://www.friedensschule-bremen.de/bahrs_plate.html; Aufruf v. 22.7.2019.

Bei der Einweihungsfeier zum »Stein der Hoffnung« (2009). Der ehemalige Häftling Jean-Marie Vanden Eynde mit dem Schüler Arslan Boyoğlu

Schlussbetrachung

Diese Untersuchung endet mit der Evakuierung des Lagers.
Vieles in den Ergebnissen stellt nicht zufrieden.
Unbefriedigend bleibt, dass die tragischen Vorkommnisse bei der Verschleppung der Gefangenen in andere Lager auf den tödlichen Transporten und Märschen sowie die Schiffskatastrophe in der Neustädter Bucht mit über 7.000 Opfern hier nicht thematisiert werden können.

Unbefriedigend ist, dass ich die einzelnen Deportierten nur in ihrem Status als KZ-Häftlinge wahrnehmen konnte. Sie besaßen jedoch ein Leben vor ihrer Verschleppung – viele als Kämpfer im Widerstand gegen die faschistische Besetzung ihres Landes, als Geiseln oder als Opfer blinder nazistischer Repression.[919] Sie hatten auch ein Leben nach ihrer KZ-Erfahrung: als Angehörige angesehener Berufe, Dokumentaristen, Historiker, Bürgermeister, als Zeitzeugen und als engagierte Vertreter ihres Häftlingsverbandes. Manche fanden nicht ins Leben zurück. Andere konnten sich oft erst nach Monaten und Jahren der Krankheit wieder in familiäre und berufliche Zusammenhänge integrieren. Zum Gesamtbild würde auch gehören, sich mit der Situation der von Deportation betroffenen Familien zu beschäftigen, vor allem ihrer materiellen und psychischen Lage, wenn die verschleppten Angehörigen nicht zurückkehrten.[920] Solches war in diesem Rahmen nicht zu leisten.

Konnte das Ziel der Untersuchung erreicht werden? Ist es gelungen, ein Tableau zu entwickeln, das 75 Jahre nach der Befreiung aus den Lagern und der Vernichtung der NS-Herrschaft einen Eindruck vom NS-Terror-Lager am Ortsrand einer kleinen Gemeinde vermitteln kann? Konnten Alltag und Handlungsoptionen bei den Akteuren zumindest ansatzweise deutlich werden? Wurde deutlich, auf welche Probleme Recherchen und Strafverfolgung in der Nachkriegszeit stießen? Gab die Darstellung Gelegenheit, Wahrscheinlichkeits- und Plausibilitätserwägungen bei der Suche nach dem Geschehen kritisch zu begleiten?

---

919 Am 6.3.2019 wurden in Gent (Belgien) 20 Widerstandskämpfer mit der Verlegung von Stolpersteinen geehrt. Die Nationale Confederatie van Politieke Gevangenen en Rechthebbenden stellt ihre Aktivitäten vor der Deportation ausführlich dar. Vgl. URL: https://vriendenkringamicaleneuengamme.be/wp-content/uploads/2019/03/De-20-Weerstanders-frank-FINAAL-2.pdf). Vgl. auch: Alfons Matthys, Jules Matthys en »De 8 von OIP«. Een 100-jarig verhaal van 1919 tot 2019 (2019).

920 Vgl. als Beispiel einer Recherche: Christel Trouvé, Keiner wagte, die Überlebenden zu fragen. Die familiäre Weitergabe der Erinnerungen an die Razzia in Murat, in: Oliver von Wrochem (Hrsg.), Repressalien und Terror. »Vergeltungsaktionen« im besetzten Europa 1939–1945 (2017), S.191–202.

Die Leser mögen entscheiden, ob ihnen das Dictum Hans Magnus Enzensbergers zusagt: »Die Geschichte ist eine Erfindung, zu der die Wirklichkeit ihre Materialien liefert.«[921] Oder trifft eher zu, was der französische ehemalige Häftling Pierre Billaux, mit dem ich in freundschaftlichem Kontakt stand[922], einmal als seine Vorstellung zu dem Thema formulierte: »Ich anerkenne durchaus in Ihrer Zurückhaltung Ihr Bemühen um Wahrheit hinsichtlich der Art, die Geschichte des Lagers zu schreiben und zu vermitteln. Es gibt das Geschehen, die brutale Tatsache, die Art und Weise, in der der Zeuge sie erlebt hat und sodann die Erinnerung, die er daran behält, aber mit allen Unterschieden je nach Zeuge. Ich glaube jedoch, dass aus der Zusammenziehung dieser Zeugnisse eine wahrhaftige Geschichte hervorgehen kann …«[923]

Das Gros der Dokumente, die die Struktur und die Aktivitäten der Täter hätten aufklären können, ist vernichtet. Die Annäherung an die »Wahrheit« aus Vernehmungsprotokollen und Egodokumenten der Nachkriegszeit konnte bei der Beschreibung mancher Vorfälle häufig nicht eindeutig sein. In gewisser Weise gilt, was Christopher Browning in seinem grundlegenden Werk zu den Mördern in Polizeiuniform im Holocaust formulierte: »Paradoxerweise hätte ich eine – allerdings illusorische – größere Gewissheit über die Vorgänge um das Bataillon gehabt, wenn mir statt 125 nur eine detaillierte Aussage zur Verfügung gestanden hätte.«[924] Bei der Bewertung der Ergebnisse muss berücksichtigt werden: Die Konstruktion von Erinnerung unterliegt eigenen Gesetzmäßigkeiten. Auch wenn es ein Motiv für manche KZ-Häftlinge gewesen sein mag, für den Fall des Überlebens Zeugnis ablegen zu wollen, so ging es vorrangig ums Überleben und nicht darum, Informationen zu speichern, um später ein differenziertes Bild des Geschehens wiedergeben zu können. Dazu kommt, dass die erhalten gebliebenen Stimmen überwiegend aus Frankreich und Belgien stammen; es sind von Opferseite nur vier weitere Zeugnisse aus russischer bzw. ukrainischer Sicht, zwei Berichte aus Dänemark, ein polnischer Häftlingsbericht und von deutscher Seite einerseits Notizen zu einem Interview mit einem ehemaligen deutschen Kapo und andererseits ausführliche Berichte eines aus Göttingen stammenden jüdischen Bürgers bekannt. Die Umstände bringen es mit sich, dass die Art der Sozialbeziehungen unter den Funktionsträgern und ihr Verhältnis zur SS weitgehend unbekannt bleiben. Welchen Stellenwert das Lager im Ort besaß – angefangen bei der Frage, ob den Anwohnern der Sondercharakter des Lagers bewusst war – ist in Anbetracht der geringen Zahl an punktuellen Dokumenten und Aussagen nicht wirklich zu klären. Nur stellenweise wird deutlich, wie apologetische

921 Hans Magnus Enzensberger, »Über die Geschichte als kollektive Fiktion«, in: ders., Der kurze Sommer der Anarchie. Buenaventura Durrutis Leben und Tod, Frankfurt/Main 1972, S. 13.

922 Pierre Billaux ist am 28.12.2018 in Chambois (Frankreich) verstorben.

923 E-Mail an Vf. v. 3.7.2006.

924 Christopher Browning, Ganz normale Männer. Das Reserve-Polizeibataillon 101 und die »Endlösung« in Polen (2002), S. 14.

Strategien gegenüber Nachforschungen und juristischen Ermittlungen entwickelt wurden. Diese Untersuchung ist somit auch ein Bericht über die Grenzen der Möglichkeit, historische Rekonstruktionsarbeit zu einem Thema der rezenten lokalen Zeitgeschichte zu betreiben.

Immerhin konnte bei der Recherche auf einen umfangreichen Fundus an Nachkriegs-Dokumenten zurückgegriffen werden. Eine besondere Stellung nehmen dabei die Dossiers der belgischen und französischen Häftlinge ein, die sich um die Zuerkennung eines Status als politische Häftlinge oder als Widerstandskämpfer bemühten. Hier liegen mitunter eindringliche Schilderungen des Lageralltags und seiner Herausforderungen vor.

Gewiss fehlt es in vieler Hinsicht an der wünschenswerten Tiefenschärfe. Dass der Schwerpunkt der Zeugenaussagen bei westeuropäischen Häftlingen liegt, ist bedauerlich. Vielleicht sollte man das Gesamtbild weniger aus der Nahsicht, sondern – wie bei einem stellenweise unvollständigen Mosaik – aus einer gewissen Entfernung betrachten.

Meines Erachtens ist deutlich geworden, dass es die Geschichte des KZ-Lagers Bremen-Blumenthal – wie diejenige Tausender anderer im Herrschaftsbereich der Nazis – verdient, Bestandteil der lokalen und regionalen geschichtlichen Erinnerung zu sein. Es handelte sich in einer Zeit extremer Überlebenspraktiken der NS-Kriegsgesellschaft um einen Ort des Terrors, dessen Charakter vielen Außenstehenden nicht verborgen blieb.

Ein Überlebender resümiert am Ende einer Erinnerungsfahrt zu Gedenkstätten in Norddeutschland: »Aber das Schwerste für mich ist, wenn ich am Ende dieser Gedenkfahrt wieder in den Zug steige, der uns nach Frankreich zurückbringt. Wenn ich den Bahnhof Hamburg hinter mir lasse, sage ich ein weiteres Mal: ›Ich fahre nach Hause.‹ Aber ich bin traurig, wenn ich an all diejenigen denke, die auf diesem deutschen Boden geblieben sind, ohne Grabstätte, zu der ihre Familien mit Freude kommen würden um zu gedenken. Ich denke an euch und ich möchte weiter dazu beitragen, dass die Erinnerung an sie nicht verschwindet.«[925]

925 Raymond Poirson, Récit, Audio-Kassette, Teil II.

Anhang I: Der Bauplan von 1942

Aus der Zeit des Bestehens des Deschimag-Lagers existieren nur wenige Bilddokumente. Dazu zählt eine Reihe alliierter Aufklärungsfotos aus dem Jahr 1945. So ist etwa auf dem Luftbild vom 22. Februar 1945[926] der Bereich des Deschimag-Lagers deutlich zu erkennen; er liegt im oberen Bildteil zwischen dem Fähranleger und den Flächen der Holzhandlung Lohmüller. Nördlich und südlich wird er von der Weserstrandstraße und dem Uferstrand der Weser begrenzt. Die mäßige Qualität der Bilder erlaubt mit Mühe, ca. 20 größere und eine Reihe kleinerer Gebäude auszumachen. Für die Frage der Umzäunung und der Zugänge zu einzelnen Lagerteilen sowie zu Binnenabgrenzungen sind die Aufnahmen nicht hilfreich.

Ein Luftbild aus dem Jahr 1956 lässt erkennen, dass die Zahl der Baracken bereits deutlich reduziert war.

Ein Lageplan des Gesamtgeländes von Juli 1942 ist erhalten geblieben.[927] Vermutlich im Baubüro der Gröpelinger Stammwerft entstanden, trägt er den Titel »Wollkämmerei, Bremen-Blumenthal Barackenlager auf der Baar-Plate«. Die Überschrift verweist auf den Tatbestand, dass die Lagerinsassen in angemieteten Gebäuden der Bremer Wollkämmerei zu arbeiten hätten. Die Karte ist zu großen Teilen lesbar, wenngleich die Eintragungen verblasst sind. Sie enthält neben den Wohn- und Funktionsgebäuden auch eine Unterscheidung zwischen Wegen und Freiflächen. Die 59 Gebäude sind nicht als Ensemble erkennbar angeordnet. Die typische Streustruktur entspricht den Forderungen des Luftschutzes. So hatte die Marinebauleitung für die Errichtung der »Arbeiterlager« bei der »Baustelle Farge« verfügt: »Die Baracken werden eingeschossig und sollten locker aufgestellt werden unter Vermeidung eines lagermäßigen Eindrucks. Dies ist auch aus Luftschutzgründen erwünscht.«[928] Zu jedem Bau gehört die Bezeichnung seiner Funktion: »Mannschaftsbaracke«, Quarant(änebaracke)«, Entlausungsb(aracke), »Abort« einschließlich ihrer Abmessungen. Sechs Gebäude liegen im Westen, abgetrennt durch einen Weg jenseits des eingezäunten Geländes; es handelte sich vermutlich um Unterkünfte von Wachmannschaften einschließlich der sanitären Einrichtungen.[929]

926 URL: https://ncap.org.uk/frame/1-1-1-24-236 (Aufruf v. 14.05.2020).

927 HA Krupp, WA 143-166.06.

928 StAB 4,31/1-VII A 121.

929 So lauten Angaben Wachbaracke, Waschhaus u.ä. Möglicherweise befand sich hier auch eine Bürobaracke. Nach Auskunft des Bauamtes Bremen-Nord befand sich im dortigen Archiv eine Akte »Unvorschriftmäßige Feuerstelle in Bürobaracke/1944/«. Die Akte scheint nicht erhalten.

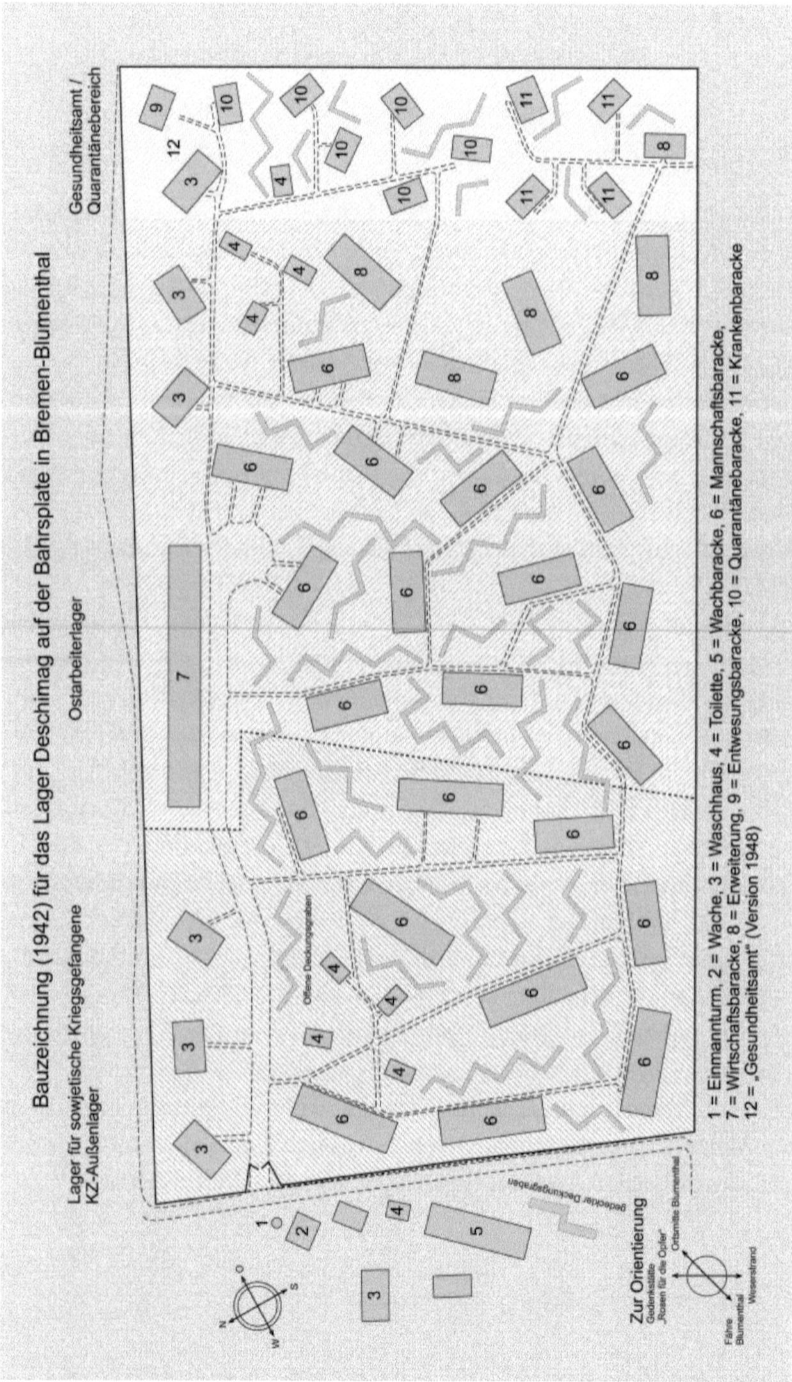

Bauzeichnung (1942) für das Lager der Deschimag auf der Bahrsplate (erneute Verwendung 1948). HA Krupp, Bearbeitung Bernd Schulze (2020)

Barackenlager Bahrsplate

Die Lage des Gesamtlagers Deschimag am Rande Blumenthals, vermittelt durch die Synopse eines Luftbildes von 1956 und der maßstabsgerechten Zuordnung der geplanten Baracken nach der Bauzeichnung von 1942. Geofinformation Bremen/Landesarchäologie Bremen, Caroline Rehbock

Die Karte ist 1948 weiter bearbeitet worden. Daraus geht hervor, welche Gebäude mittlerweile abgerissen waren und welche zur Vermietung nicht zu Verfügung standen. Die Desinfektionsanstalt im Nordosten des Geländes befand sich ausweislich eines Eintrages weiter im Verantwortungsbereich des Gesundheitsamtes.[930]

Die Außensicherung des Gesamtgeländes dürfte den »Vorläufige(n) Richtlinien für die Unterbringung und Bewachung sowjetrussischer Zivilarbeiter« entsprochen haben: »Für jedes Lager ist von dem zuständigen Betrieb eine ausreichende Sicherung zu fordern. Freistehende Barackenlager müssen von einer 2 m hohen Stacheldrahteinfriedung mit Überfall nach innen umgeben sein, die ausreichend beleuchtet ist.« Da 1942 nur die Ankunft von »Russen« oder »Zivilrussen« erwartet wurde, kann angenommen werden, dass das gesamte Areal auf diese Weise eingezäunt wurde. Wachtürme waren wohl zunächst nicht vorgesehen. Die Karte verzeichnet nur einen Eingang im Nordwesten. Zeitzeugenaussagen besagen, dass es zwei weitere Eingänge gegeben hat: eine im Norden in der Nähe der Wirtschaftsbaracke und eine weitere im Osten, die zu den Funktionsgebäuden der Desinfektionsanstalt führte. Ein Foto (ca. 1943) lässt zwischen diesem Areal und dem restlichen Teil des Ostarbeiterlagers eine Binneneinzäunung erkennen.[931] Der Plan von 1942/1948 weist keine Binneneinzäunungen auf. Es ist anzunehmen, dass Unterlager eingezäunt waren, wie etwa das nur wenige Monate bestehende Lager für französische Kriegsgefangene.[932] Der ehemalige KZ-Gefangene Vanden Eynde erinnert sich an eine Doppelreihe Stacheldrahtzaun zwischen den Häftlingsunterkünften einerseits und dem Wirtschaftsgebäude, der Unterkunft für die SS[933] und der Marinesoldaten andererseits. Dies schließt nicht aus, dass Durchgänge zwischen den einzelnen Lagerbereichen für Nichthäftlinge vorgesehen waren.[934] Da sich die Unterkünfte von Marinewachmannschaften ebenfalls auf dem Gelände befanden, dürfte es sich für sowjetische Kriegsgefangene und entsprechend ab August 1944 für KZ-Häftlinge verboten haben, ohne Not den angrenzenden Lagerbereich zu betreten.

930 »Außerdem haben wir in Bremen-Blumenthal vor einigen Monaten die Desinfektionsanstalt der A.G. ›Weser‹ auf der Barenplatte übernommen und in Betrieb gesetzt. Dies war unbedingt erforderlich, weil durch den Flüchtlingsstrom die Bevölkerung in den Außenbezirken Bremens sich stark vermehrt hat und weil auch dort Vorsichtsmaßnahmen getroffen werden mussten, um eine Verbreitung von ansteckenden Krankheiten zu verhüten.« Bericht an Landesgesundheitsamt v. 4.9.1946, StAB 4,130/1-715.

931 Wiedergegeben in: Ellebrecht, Sowjetische Kriegsgefangene, S. 200.

932 Im Zuge der Vermietung von Wohnbaracken an das Bauamt Bremen-Lesum formulierte die Deschimag am 7.4.1943: »1. Wir stellen Ihnen im Quarantäneteil unseres Ostarbeiterlagers Blumenthal vier näher bezeichnete Baracken mit Bettgestellen, Oefen und Aborten zur Verfügung. 2. Diese Baracken werden von Ihnen so eingezäunt, dass die Kriegsgefangenen mit den Ostarbeitern in keiner Weise in Berührung kommen.« StAB 4,29/1-1422.

933 Eine derartige Unterkunft hat es auf dem Gelände vermutlich nicht gegeben.

934 Darauf verweist auch die Angabe des Dentisten und vormaligen NSDAP-Ortsgruppenleiters Bungenstock vor der Spruchkammer, er habe sich von einem zum anderen Lagerbereich »verlaufen«. Vgl. Kapitel »Das Konzentrationslager im Ort«. Auch der zum KZ-Wachpersonal gehörige Josef Ströbl bestätigte: »Man konnte hin und her gehen, wie man wollte« Audio-Interview (2007).

Die meisten Funktionsbezeichnungen auf dem Lageplan von 1942/1948 sind lesbar. Es gibt zwei Typen Mannschaftsbaracken: sechs Unterkünfte sind mit den Maßen 29 x 8 Meter und 19 Einheiten mit den Maßen 18 x 8 Meter versehen. Vermutlich handelt es sich um Normtypen, die 1939 für den Reichsarbeitsdienst entworfen und erprobt worden waren. Diese wiesen für den Typ RL IV/3 19,95 x 8,14 Meter und für den größeren Unterkunftstyp RL IV/4 26,55 x 8,14 Meter auf. Es ist unklar, warum diese präzisen Angaben nicht in den Plan übernommen wurden. Immerhin gab es auch in Bremen eine Produktion vorgefertigter Teile, die reichsweit ausgeliefert wurden. Andere Normteile waren selten in Gebrauch.[935] Weiter sind im Plan von 1942 verzeichnet: eine zentrale Wirtschaftsbaracke (ca. 80 x 8 m), sieben Waschhäuser und acht Latrinen (»Aborte«). Im Nordwesten, in Südverlängerung der Kleinen Straße, ging ein Feldweg zur Weser; an seinem Beginn weist der Lageplan den Eingangsbereich auf. Hier führt ein breiter Weg zu einem Rondell vor der Wirtschaftsbaracke.

935 Rainer Kubatzki, Die Standorte für Zwangsarbeiter und Kriegsgefangene in Berlin nach den Bauunterlagen im Bundesarchiv Koblenz, in: Rimco Spanjer u.a. (Hrsg.), Zur Arbeit gezwungen. Zwangsarbeit in Deutschland 1940–1945 (1999).

Anhang II: Tabelle Todesfälle und Wetterdaten

Tabelle Todesfälle und Wetterdaten[936]

Die Überlebenschancen von Häftlingen waren von vielen Faktoren, oft auch von Zufällen abhängig. Das Hungerregime, die Auszehrung durch lange Arbeitstage, die täglichen Erniedrigungen und die systematische Vernachlässigung beispielsweise durch eine mangelhafte Versorgung bei Krankheiten lassen sich quantitativ nicht erfassen. Ein weiterer Faktor, von Ehemaligen oft beschrieben, ist das Wetter. Hier sind für die Anfangsphase des Lagers regionale Daten erhalten. Kälte, Regen und die mangelnde Möglichkeit, die Kleidung zu trocknen, haben zu der Entwicklung der Todeszahlen beigetragen.

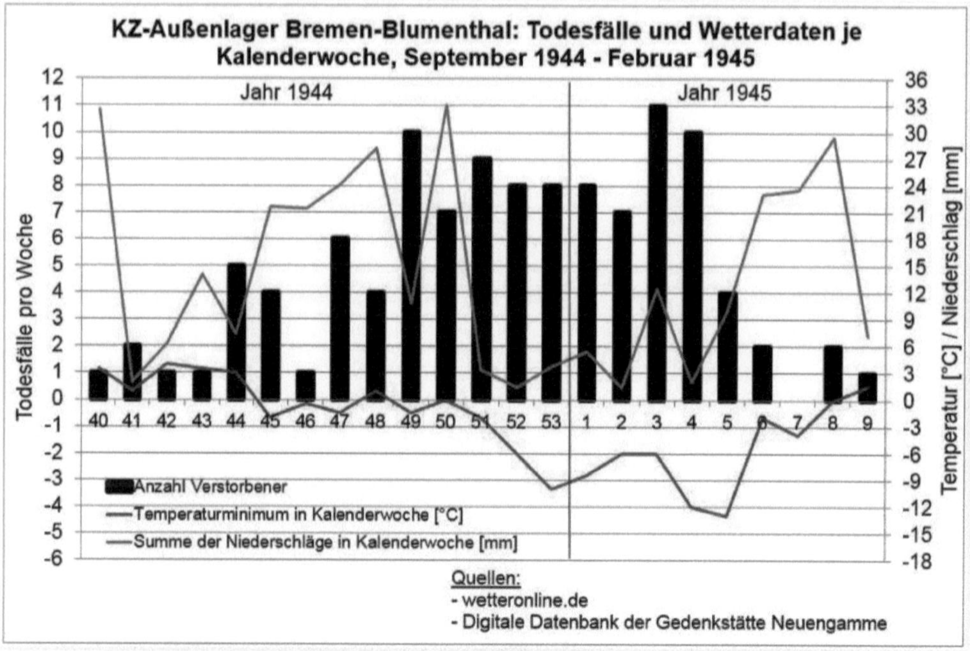

936 Datensätze mit freundlicher Genehmigung von: www.wetteronline.de.

Anhang III: Um das Grauen zu bewältigen

Pierre Fertil wurde mit 21 Jahren aus der Bretagne nach Deutschland deportiert. Im selben Konvoi befand sich Pierre Billaux aus der Normandie, 19 Jahre. Beide überstanden den Transport nach Neuengamme, die langen Monate im KZ-Außenlager Bremen-Blumenthal und die Räumungstransporte bei Kriegsende. Pierre Fertil wurde als Kranker in das Auffang-KZ Sandbostel verschleppt, Pierre Billaux befand sich auf einem der Schiffe in der Neustädter Bucht, als diese am 3. Mai 1945 bombardiert wurden. Die beiden lernten sich erst bei Veranstaltungen der Amicale de Neuengamme in der Nachkriegszeit kennen. Bei einem Besuch in der Bretagne stellte Pierre Billaux fest, dass sein ehemaliger Lagergefährte Wachs- und Pastellzeichnungen anfertigte, die das Thema Deportation und KZ zum Inhalt hatten. Pierre Fertil: »Ich malte auf allem, was sich in Reichweite befand: Zeitungen, Rezeptformulare. Das war meine Therapie. Anschließend verbrannte ich alles.« Pierre Billaux sorgte dafür, dass die Bilder erhalten blieben und der Öffentlichkeit zugänglich gemacht wurden.

Informationen aus: Archives départementales du Calvados (Hrsg.), Cauchemars d'un déporté de Neuengamme. Dessins de Pierre Fertil, Cahier no. 34, Caen 2007

Abdruck mit freundlicher Genehmigung durch: Privatarchiv D. Fertil

Weitere Bilder auf der Homepage: pierrefertil.com/les-dessins/

Anhang IV: Literatur

Literatur

Amicale de Neuengamme et de ses Kommandos/Fondation pour la Mémoire de la Déportation: Mémorial des Français et des Françaises déportés au camp de concentration de Neuengamme et dans ses kommandos, Paris 1995.

Amicale de Neuengamme et de ses Kommandos: Neuengamme, camp de concentration nazi (1938 – 1945), Paris 2010.

Amicale de Neuengamme et de ses Kommandos, Le Kommando de Bremen-Blumenthal-Bahrsplate, Dossier no. 10, 2e édition, Paris 2014.

Antifaschistischer Arbeitskreis des Gustav-Heinemann-Bürgerhauses: »Wir wußten, daß die Schwachen im Recht waren und der Starke dort im Unrecht war«. Erinnerung an die Todesmärsche Anfang 1945. Dokumentation einer Gedenkveranstaltung, Bremen 1987.

Archives départementales du Calvados (Hrsg.), Cauchemars d'un déporté de Neuengamme. Dessins de Pierre Fertil, Cahier no. 34, Caen 2007.

Barfod, Jørgen H.: Helvede har mange navne. En beretning om koncentrationslejre og fængsler, hvor der sad danskere 1940 – 1945, Kopenhagen 1969.

Bertho, Yves: Ich war Pierre, Peter, Pjotr, Bremen 2016. Originaltitel: Yves Bertho, Ingrid, Paris 1976.

Betscher, Silke: Die Häftlingskolonnen im Ort: »Och, das war doch so gang und gäbe«. Bremen-Nord: die Nachbarschaft zwischen den Orten und den Lagern 1943 – 45, Magisterarbeit Bremen 2004.

Borgsen, Werner/Volland, Klaus: Stalag X B Sandbostel. Zur Geschichte eines Kriegsgefangenen- und KZ-Auffanglagers in Norddeutschland 1939 – 1945, Bremen 2010.

Bories-Sawala, Helga: Franzosen im »Reichseinsatz«. Deportation, Zwangsarbeit, Alltag. Erfahrungen und Erinnerungen von Kriegsgefangenen und Zivilarbeitern. Bd. 1, Frankfurt/M 1996.

Bories-Sawala, Helga: Erinnerung – Göttin, Liebesdienerin, Kronzeugin? Zum Stand der Oral History in Europa, in: Francia 24/3 (1997).

Brossard, Eric/Brossard, Jean-Pierre: Alice & Gaston. Un couple et son village dans la guerre. Artenay (Loiret) 1939-1945, Artenay (Frankreich) 1995.

Browning, Christopher R.: Ganz normale Männer: Das Reserve-Polizeibataillon 101 und die »Endlösung« in Polen, Reinbek 2002.

Buggeln, Marc: Arbeit und Gewalt. Das Außenlagersystem des KZ Neuengamme, Göttingen 2009.

Buggeln, Marc: Bunker »Valentin«. Marinerüstung, Zwangsarbeit und Erinnerung, Bremen 2010.

Buggeln, Marc: Die Errichtung von KZ-Außenlagern von 1940 bis zum Frühjahr 1943. Standardisierung des Verfahrens und Machteinbußen der SS, in: Wolfgang Benz/Barbara Distel/Angelika Königseder (Hrsg.): Nationalsozialistische Zwangslager. Strukturen und Regionen, Täter und Opfer, Dachau 2011, S. 175–193.

Buggeln, Marc: Tödliche Zone KZ-Außenlager: Raumorganisation und die Be- und Entgrenzung von Gewalt 1942–1945, in: Jörg Baberowski/Gabriele Metzler (Hrsg.): Gewalträume. Soziale Ordnungen im Ausnahmezustand, Frankfurt/Main 2012, S. 189–203.

Buggeln, Marc: Das System der KZ-Außenlager. Krieg, Sklavenarbeit und Massengewalt, Bonn 2012.

Buggeln, Marc: Unterschiedliche Lebens- und Arbeitsbedingungen in den Außenlagern des KZ Neuengamme unter Wehrmachts- und unter SS-Bewachung? Klärungsansätze auf der Basis quantitativer und qualitativer Daten, in: Beiträge zur Geschichte der nationalsozialistischen Verfolgung in Norddeutschland, Heft 13, Bremen 2012, S. 40–51.

Buggeln, Marc: Unfreie Arbeit im Nationalsozialismus. Begrifflichkeiten und Vergleichsaspekte zu den Arbeitsbedingungen im Deutschen Reich und in den besetzten Gebieten, in: Marc Buggeln/Michael Wildt (Hrsg.), Arbeit im Nationalsozialismus, Berlin 2014, S. 231–251.

Buggeln, Marc: Die Zwangsarbeit im Deutschen Reich 1939–1945 und die Entschädigung vormaliger Zwangsarbeiter nach dem Kriegsende: eine weitgehend statistische Übersicht, https://www.historikerkommission-reichsarbeits ministerium.de/sites/default/files/inline (Aufruf v. 12.05.2019).

Ellebrecht, Karsten: Sowjetische Kriegsgefangene und »Ostarbeiter« auf der Bahrsplate. Zur Geschichte zweier Zwangsarbeiterlager in Bremen-Blumenthal 1942–1945, in: Bremisches Jahrbuch Bd. 95, Bremen 2016.

Enzensberger, Hans Magnus: »Über die Geschichte als kollektive Fiktion«, in: ders., Der kurze Sommer der Anarchie. Buenaventura Durrutis Leben und Tod, Frankfurt/M 1972.

Fondation pour la Mémoire de la Déportation: Livre-Mémorial des déportés de France arrêtés par mesure de répression et dans certains cas par mesure de persécution 1940–1945, Bd. 2, Paris 2004.
Fröbe, Rainer: KZ-Häftlinge als Reserve qualifizierter Arbeitskraft. Eine späte Entdeckung der deutschen Industrie und ihre Folgen, in: U. Herbert u.a., Die nationalsozialistischen Konzentrationslager. Entwicklung und Struktur, Göttingen 1998, S. 636–681.
Gabcke, Harry u.a.: Bremerhaven in zwei Jahrhunderten, II. Band 1919–1947, Bremerhaven 1991.
Gaebelein, Raimund: Begegnung ohne Rückkehr. Auf der Suche nach den Opfern eines Rachefeldzuges. Meensel-Kiezegem – Neuengamme – Bremen 1944–2009, Bremen 2009.
Garbe, Detlef: Kapitel »Neuengamme – Stammlager, in: Wolfgang Benz/Barbara Distel, Der Ort des Terrors. Geschichte der nationalsozialistischen Konzentrationslager, Bd. 5., München 2007, S. 315–346.
Garbe, Detlef: Selbstbehauptung und Widerstand, in: Benz/Distel, Ort des Terrors. Geschichte der nationalsozialistischen Konzentrationslager, Bd. I: Die Organisation des Terrors, München 2005, S. 242–257.
Garbe, Detlef: Kapitel »Neuengamme« in: Benz/Distel, Ort des Terrors. Geschichte der nationalsozialistischen Konzentrationslager, Bd. I: Die Organisation des Terrors, München 2005.
Garbe, Detlef/Lange, Carmen (Hrsg.): Häftlinge zwischen Vernichtung und Befreiung. Die Auflösung des KZ Neuengamme und seiner Außenlager durch die SS im Frühjahr 1945, Bremen 2005.
Garbe, Detlef: Neuengamme im System der Konzentrationslager. Studien zur Ereignis- und Rezeptionsgeschichte, Berlin 2015.
Giordano, Ralph: Die zweite Schuld oder von der Last Deutscher zu sein, Köln 2008.
Halkin, Léon-E.: A l'ombre de la mort, Brüssel 1985, S. 181–182.
Halle, Uta/Huhn, Ulrike (Hrsg.): Bremen-Gröpelingen, Bromberger Straße 117: »Schützenhof« – Internierungslager – Polenlager – KZ-Außenlager – Wohn- und Arbeitsort. Forschung und Erinnerung zur vielschichtigen Geschichte des »Schützenhofs« im 20. Jahrhundert, Bremen 2019.
Haneberg, Manfred (Hrsg.): Manches wird im Dunkeln bleiben, o. O. [Bremen], o. J., S. 15.
Hansen, Jens-Christian: Dänische Häftlinge in den Außenlagern des KZ Neuengamme, in: Wrochem, Oliver von (Hrsg.): Skandinavien im Zweiten Weltkrieg

und die Rettungsaktion Weiße Busse. Ereignisse und Erinnerung, Berlin 2012, S. 94–107.
Heinrich, Arthur: Als Jude im deutschen Fußball: Die drei Leben des Martin Abraham Stock, Göttingen 2014.
Hemmer, Eike/Milbradt, Robert: Bunker »Hornisse«. KZ-Häftlinge in Bremen und die U-Boot-Werft der A.G. »Weser« 1944/45, Bremen 2005.
Herbert, Ulrich: Fremdarbeiter. Politik und Praxis des »Ausländereinsatzes« in der Kriegswirtschaft des Dritten Reiches, Bonn 1999.
Hertz-Eichenrode, Katharina (Hrsg.): Ein KZ wird geräumt. Häftlinge zwischen Vernichtung und Befreiung. Die Auflösung des KZ Neuengamme und seiner Außenlager durch die SS im Frühjahr 1945. Katalog zur Wanderausstellung, 2 Bde., Bremen 2000.
Hesse, Hans: Konstruktionen der Unschuld. Die Entnazifizierung am Beispiel von Bremen und Bremerhaven, Bremen 2005.
Hörath, Julia: Terrorinstrument der »Volksgemeinschaft?« KZ-Haft für »Asoziale« und »Berufsverbrecher« 1933 bis 1937/38, in: Zeitschrift für Geschichtsforschung 60 (2012), H. 6, S. 513–532.
Hörath, Julia: »Asoziale« und »Berufsverbrecher« in den Konzentrationslagern 1933 bis 1938, Göttingen 2017.
Hördler, Stefan: Ordnung und Inferno. Das KZ-System im letzten Kriegsjahr, Göttingen 2015.
Jensen, Ulrike: »Es war schön, nicht zu frieren.« Die »Aktion Bernadotte« und das »Skandinavierlager« des Konzentrationslagers Neuengamme, in: Kriegsende und Befreiung. Beiträge zur Geschichte der nationalsozialistischen Verfolgung in Norddeutschland, H. 2, Bremen 1995, S. 24–34.
Jerchow, Friedrich: 1883 – 1983. Die Geschichte der Bremer Wollkämmerei zu Blumenthal. Ein Jahrhundert im Dienste der Textilwirtschaft, Bremen 1983.
Johr, Barbara/Roder, Hartmut: Der Bunker. Ein Beispiel nationalsozialistischen Wahns. Bremen-Farge 1943–45, Bremen 1989.
Jureit, Ulrike: Erinnerungsmuster. Zur Methodik lebensgeschichtlicher Interviews mit Überlebenden der Konzentrations- und Vernichtungslager, Hamburg 1999.
Jureit, Ulrike: Konstruktion und Sinn. Methodische Überlegungen zu biographischen Sinnkonstruktionen, Oldenburg 1998.
Kaienburg, Hermann: »Vernichtung durch Arbeit«. Der Fall Neuengamme. Die Wirtschaftsbestrebungen der SS und ihre Auswirkungen auf die Existenzbedingung der KZ-Gefangenen, Bonn 1991.
Kaienburg, Hermann: Das Konzentrationslager Neuengamme 1938–1945, Bonn 1997.

Kaienburg, Hermann (Hrsg.): Nationalsozialistische Konzentrationslager 1933–1945: Die Veränderung der Existenzbedingungen, Berlin 2010.

Kaienburg, Hermann: Die Systematisierung der Gewalt. Das KZ Sachsenhausen als neues Zentral- und Musterlager, in: Kaienburg, Hermann (Hrsg.): Nationalsozialistische Konzentrationslager 1933–1945: Die Veränderung der Existenzbedingungen, Berlin 2010, S. 51–71.

Kania, Heiko: Neue Erkenntnisse über Opferzahlen und Zwangsarbeiter während des Baus des U-Boot-Werftbunkers »Valentin« in Bremen-Farge (https://www.denkort-bunker-valentin.de/fileadmin/Lernen_Lehren/Texte_und_Karten/Heiko_Kania_Aufsatz_neue_Erkenntnisse.pdf, o.O., 2008 (Aufruf v. 04.05.2019).

Klausch, Hans-Peter: »Vernichtung durch Arbeit« – Strafgefangene der Emslandlager im KZ Neuengamme, in: Ausgegrenzt. »Asoziale« und »Kriminelle« im nationalsozialistischen Lagersystem. Beiträge zur Geschichte der nationalsozialistischen Verfolgung in Norddeutschland, H. 11, Bremen 2009, S. 62–86.

Kolb, Eberhard: Bergen-Belsen. Vom »Aufenthaltslager« zum Konzentrationslager 1943–1945 Göttingen 1996.

Kristensen, Henrik Skov: Deportationen aus Dänemark, in: Oliver von Wrochem (Hrsg.), Skandinavien im Zweiten Weltkrieg und die Rettungsaktion Weiße Busse. Ereignisse und Erinnerung. Berlin 2012, S. 27–45.

Kubatzki, Rainer: Die Standorte für Zwangsarbeiter und Kriegsgefangene in Berlin nach den Bauunterlagen im Bundesarchiv Koblenz, in: Rimco Spanjer u.a. (Hrsg.): Zur Arbeit gezwungen. Zwangsarbeit in Deutschland 1940–1945, Bremen 1999, S. 43–47.

Kuckuk, Peter/Pophanken, Hartmut: Die A.G. »Weser« 1933 bis 1945: Handels- und Kriegsschiffbau im Dritten Reich, in: Peter Kuckuk (Hrsg.): Bremer Großwerften im Dritten Reich, Bremen 1993, S. 11–103.

Kühl, Stefan: Ganz normale Organisationen. Zur Soziologie des Holocaust, Berlin 2014.

Lajournade, Julien: Le courrier dans les camps de concentration 1933–1945. Système et rôle politique, Paris 1989.

Lallemant, Jean-Jacques: André Duroméa. Un maire, un militant, Pantin (Frankreich) 2005.

Malbecq, Victor : Camp de concentration de Neuengamme. Liste des détenus belges, o. O. (Belgien), 1990.

Matthys, Alfons: Jules Matthys en »De 8 von OIP«. Een 100-jarig verhaal van 1919 tot 2019, o. O. (Belgien), 2019.

Meiners, Peter-Michael: Die Organisation Todt. Oberbauleitung Unterweser in Bremen-Rekum. Baustelle U-Bootbunkerwerft »Valentin«. Ergebnisse einer Recherche – Teil I, Ritterhude 2014.

Meiners, Peter-Michael: Die Lager der Baustelle U-Bootbunkerwerft »Valentin«. Ergebnisse einer Recherche, Teil 2, Ritterhude 2014.

Meiners, Peter-Michael: Gräber im Lagerbereich der U-Boot-Bunkerwerft »Valentin«. Rechercheergebnisse, Ritterhude 2016.

Meyer, Marcus: Historische Räume und forensische Pädagogik: Die Konzeption des »Denkortes Bunker Valentin« in Bremen, in: Janina Fuge u.a. (Hrsg.), Gedächtnisräume. Geschichtsbilder und Erinnerungskulturen in Norddeutschland, Göttingen 2014, S. 351–365.

Möller, Reimer: Wehrmachtsangehörige als Wachmannschaften im KZ Neuengamme, in: Beiträge zur Geschichte der nationalsozialistischen Verfolgung in Norddeutschland, H. 13, Bremen 2012, S. 24–39.

Müller, Hartmut: »Wie sollt ich je vergessen« – KZ-Außenlager Obernheide. Erinnerte Geschichte, Bremen 2020.

Müller, Hartmut/Rohdenburg, Günther: Kriegsende in Bremen, Bremen 1995.

Nationale Confederatie Politieke Gefangenen En Rechthebbenden – Gewest Gent-Eeklo (Hrsg.): Herinneringsstenen in Gent Voor weerstanders van W.O.II, o.O., o.J. [2019].

Niethammer, Lutz: Die »Mitläuferfabrik«: die Entnazifizierung am Beispiel Bayerns, Berlin 1982.

Pingel, Falk: Häftlinge unter SS-Herrschaft. Widerstand, Selbstbehauptung und Vernichtung im Konzentrationslager, Hamburg 1978.

Reemtsma, Jan Philipp: Vertrauen und Gewalt. Versuch über eine besondere Konstellation der Moderne, Hamburg 2008.

Römmer, Christian: Die Vergabe von Häftlingsnummern im KZ Neuengamme (2006), https://docplayer.org/47283737-Die-vergabe-von-haeftlingsnummern-im-kz-neuengamme.html (Aufruf v. 3.12.2018).

Rosenberg, Heinz: Jahre des Schreckens. …und ich blieb übrig, daß ich Dir‘s ansage, Göttingen 1985

Schminck-Gustavus, Christoph (Hrsg.): Hungern für Hitler. Erinnerungen polnischer Zwangsarbeiter im Deutschen Reich 1940–1945, Reinbek 1984.

Schmidt, Bärbel: Geschichte und Symbolik der gestreiften Häftlingskleidung, Diss. Oldenburg 2000.

Schwarzwälder, Herbert: Geschichte der Freien Hansestadt Bremen, Bd. 4: Bremen in der NS-Zeit (1933–1945), Hamburg 1985.

Sode-Madsen, Hans: Dänische Polizisten und Grenzgendarmen im KZ Neuengamme – September 1944 bis Mai 1945, in: Oliver von Wrochem (Hrsg.): Skandinavien im Zweiten Weltkrieg und die Rettungsaktion Weiße Busse. Ereignisse und Erinnerung. Berlin 2012, S. 63–70,

Sofsky, Wolfgang: Die Ordnung des Terrors: Das Konzentrationslager, Frankfurt/M 2008.

Suchowiak, Bogdan: Mai 1945. Die Tragödie der Häftlinge von Neuengamme, Reinbek 1985.

Suderland, Maja: Ein Extremfall des Sozialen. Die Häftlingsgesellschaft in den nationalsozialistischen Konzentrationslagern, Frankfurt/Main 2009.

Thiel, Reinhold: Die Geschichte des Bremer Vulkan 1805–1997, Band II – 1919 – 1945, Bremen 2009.

Trouvé, Christel: Keiner wagte, die Überlebenden zu fragen. Die familiäre Weitergabe der Erinnerungen an die Razzia in Murat, in: Oliver von Wrochem (Hrsg.): Repressalien und Terror. »Vergeltungsaktionen« im besetzten Europa 1939–1945, Paderborn 2017, S. 191–202.

Urban, Thomas (Hrsg.): »Wendig sein und anpassen!« Robert Kabelac und die Leitung der Bremer Vulkan-Werft im Zweiten Weltkrieg, in: Jörg Osterloh/Harald Wixforth (Hrsg.), Unternehmer und NS-Verbrechen. Wirtschaftseliten im »Dritten Reich« und in der Bundesrepublik Deutschland, Frankfurt/M. 2014, S. 111–141.

Verschooris, Marc: De Papegaai is geschoten. De bevrijding von Martin Gent 15 Juli 1944. Bij het verzetswerk von Jozef Speeckaert (1907–1945), Gent 1994.

Wagner, Jens-Christian: Selektion und Segregation. Vernichtung und Arbeit am Beispiel Mittelbau-Dora, in: Marc Buggeln u. a., Arbeit im Nationalsozialismus, München 2014, S. 329–348.

Wagner, Jens-Christian: Produktion des Todes. Das KZ Mittelbau-Dora, Göttingen 2015.

Wewer, Heinz: Spuren des Terrors. Postalische Zeugnisse zum System der deutschen Konzentrationslager, Berlin 2020.

Welzer, Harald: Täter. Wie aus ganz normalen Menschen Massenmörder werden, Frankfurt/M. 2005.

Winter, Johannes: »Als Einziger Gefühle der Menschlichkeit gezeigt«. Der KZ-Kommandant Erwin Dold, in: Wolfram Wette (Hrsg.): Stille Helden. Judenretter im Dreiländereck während des Zweiten Weltkrieges, Freiburg 2005, S. 215–232.

Erinnerungsberichte

Belgeonne, Marcel: Tragique destin dans l'enfer nazi, Editions Scaillet, Montigny-le-Tilleul (Belgien) 1991.

Billaux, Pierre: Matricule 39359 à Neuengamme, in: Caroline Langlois/Michel Reynaud, Elles et Eux et la Déportation. Quel engagement? Paris 2005, S. 311 – 322.

Courtine, Georges: Déporté Résistant à Neuengamme. Commando Blumenthal. Matricule 40.460, Lyon o.J. (Typoskript).

Curial, Georges: Kommando de Blumenthal, Pusignan (Frankreich) 1967 (Typoskript).

Désirotte, Henri: La tragédie de Lubeck (sic), Edition Universelle, Brüssel 1945.

Duroméa, André: André Duroméa raconte: la Résistance, la Déportation, … le Havre, Editions sociales, Paris 1987.

Eremenko, Alexander: Schreiben an den »Bürgermeister Bremen-Blumenthal«, Schelkovo (Russland) 1997.

Eremenko, Alexander: Wo seid ihr, meine Jugendjahre? O.O., 2002 (Typoskript), Übersetzung Gerd Wiesner, Archiv Internationale Friedensschule Bremen.

Juillet, Robert: Froides sont les cendres ou les martyrs sans étoiles, o.O. 1988 (Typoskript).

Lallemant, André: Duroméa. Un maire, un militant, Le temps des cerises, Pantin (Frankreich) 2005.

Langlois, Caroline/Reynaud, Michel: Elles et Eux et la Déportation. Quel engagement? Paris 2005.

Melen, Guillaume: La Résistance, o.O. 1993; Digitalversion: http://bibliotheque.territoires-memoire.be/doc_num.php?explnum_id=1751 (Aufruf v. 25. 02. 2019).

Nous étions 42. Contribution à l'histoire de la résistance à la conscription en Alsace annexe (sic) par l'Allemagne. Déportation au KZ Hamburg-Neuengamme de 42 officiers de réserve français résidant en Alsace (1944 – 1945), Roquewihr 1987.

Pâques, Henri: Récit de Henri Pâques, Matricule Neuengamme 44.625, o.O. (Belgien), o.J. (Typoskript).

Thébault, Jean: Neuengamme. L'enfer de mes 20 ans, Redon (Frankreich) 1994 (Typoskript).

Thirion, René: Rede zur Einweihung einer Erinnerungstafel, Bremen 2002 (Typoskript).

Vandekerkhove, Gaston: 20 Ronsenaars in de hel van Neuengamme, Uitgeverij Ceres, Nukerke (Belgien) 1976.

Vandekerkhove, Gaston: l'enfer de Neuengamme. la tragédie de la baie de Neustadt, Edition Ceres, Nieuwkerk (Belgien) 1983. [Übersetzung des vorangehenden Titels]

Vanden Eynde, Jean-Marie: Blumenthal, Brüssel 2008.
Vanden Eynde, Jean-Marie: Interview für den Film »Die leeren Gräber«, Meensel-Kiezegem (Belgien) 2005 (Typoskript).
Van Pée, Raymond: Ik was 20 in 1944. Relaas uit Neuengamme en Blumenthal, Antwerpen 1995

Andere Berichte

Amft, Werner: Aus der Erinnerung eines Zeitzeugen – Zeitraum Juni 1944 – März 1945, o.O., 2009 (Typoskript).

Antworten auf Fragebögen

Seghers, Alexandre (1986): ANg, HB 946.
Vanden Eynde, Jean-Marie: Antwort auf Fragebogen, Brüssel 2008, Archiv d. Vf.

Audio- und Video-Interviews, Transkripte, Internviewnotizen

Amft, Werner: Audio-Interview 2009, Archiv d. Vf.
Curial, Jean: Video-Interview 16.10.2018, Archiv d. Vf.
Hansen, Egmont*: Interviewnotizen 1983, ANg Ng. 6.4.13.
Poirson, Raymond: Récit de l'aventure dominante de ma vie: concentrationnaire à Neuengamme et dans le kommando extérieur à Bremen-Blumenthal, 2 Audio-Kassetten, Dokumentationszentrum Blumenthal, 25a zwa 11 / audio Nr. 95, Arnaville (Frankreich) 1990.
Robertson, Henry (aka Rosenberg, Heinz): Interview mit Ulrike Jureit, Transkript, New York 1993.
Ströbl, Josef: Audio-Interview (2009), Archiv d. Vf.
Ströbl, Josef: Audio- Interview (2007), Transkript/Zusammenfassung, Archiv Internationale Friedensschule Bremen.
Thirion, René: Video-Interview, o.O. 2002, ANg. M 2003/4713.
Vyvey, Roger: Video-Interview 1986 Stichting Auschwitz, YA/FA/0217.
Vyvey, Roger: Audio-Interview (1986), Privatarchiv Kristof Van Mierop.

Archive

Rijksarchief in België, Dienst Archief Oorlogsslachtoffers (DAO) / Archives de l'État en Belgique, Service Archives des Victimes de la Guerre (SAVG) / Belgisches Staatsarchiv, Archivdienst für Kriegsopfer (AfK), Brüssel (Belgien)
Archivserie Statut de prisonnier politique

Centre d'Études et de Documentation Guerre et Sociétés contemporaines (CEGESOMA), Brüssel (Belgien)
Dossier 581/645 Commission Belge des Crimes de Guerre

Archiv des Auditorat général, Brüssel (Belgien)
Dossier « Vom Endt »

Division Archives des victimes des conflits contemporains (DAVCC), Caen (Frankreich)
Archivserie Titre de déporté ou interné résistant ou politique

Frihedsmuseet Kopenhagen (FHM)
24308.2

Bundesarchiv (BA), Berlin
BA, NS 3-386
BA, ZA II/02381

ITS Digitales Archiv Bad Arolsen

Historisches Archiv Krupp, Essen
WA 143-166

Archiv der Hansestadt Lübeck
Dena-Akten

Deutsche Dienststelle für die Benachrichtigung der nächsten Angehörigen von Gefallenen der ehemaligen deutschen Wehrmacht (WASt), Berlin
Personalunterlagen

Staatsarchiv Bremen (StAB)
4,13/1-A.8.c.Nr. 51.
4,25/1-398
4,29/1-1422
4,31/1-VII A 121
4,54-E 63104
4,55-I. 4416
4,60/5-4819
4,66-I.
4,89/3-819
4,89/3-985
4,89/3-986
4,60/5-4819
4,130/1-715
4,130/1-797
4,137/1-113-05/2
3-M.2.h.3-298
3-M.2.h.3-306
3 R.1.m. Nr. 18/107
5,4 ZB No. 1970/4/10-61/9
7,1066-95
16,1/2, FHMG B. Part I
Fundus Schwarzwälder
Einwohnermeldeamt

Stadtarchiv Augsburg
MK2
Gesundheitsamt, Kartei

Kreisarchiv Osterholz, Osterholz-Scharmbeck

Archiv der Handelskammer Bremen (HK)
HK SZ I 19, Bd. 9

Archiv der KZ-Gedenkstätte Neuengamme (ANg)
Häftlingsberichte, Interviews und Fragebögen
Häftlingsdatenbank

Archiv der Gedenkstätte Bergen-Belsen
Entschädigungsakten

Archiv der Landeszentrale für politische Bildung Bremen, Denkort Bunker Valentin

Archiv der Friedhofsverwaltung Riensberg, Bremen

Archiv des Ortsamts Blumenthal, Bremen
Reg. 1512-00-631-01
Reg. 1512-00-631-04

Dokumentationszentrum Blumenthal (Doku), Bremen
25a F rech 1
25a zwa 11 / audio Nr. 95

Internationale Friedensschule Bremen
Reg. Bahrsplate
Reg. Stein der Hoffnung
Reg. Todesmärsche

Fotoarchive
Archiv Verlag Neegenbargs Heide
Fotoarchiv Ernst

Privatarchive
Pierre Billaux
Karsten Ellebrecht
Kristof Van Mierop

Zeitungen
Norddeutsche Volkszeitung
Bremer Zeitung – Norddeutsche Volkszeitung
Die Norddeutsche / Weser-Kurier

Wetterdaten
www.online.de

Abbildungsnachweis

Archiv der Gedenkstätte Dachau: S. 155
Archiv der Gedenkstätte Neuengamme: S. 140, 141, 161, 171, 172, S. 173 und 174 (Datenbearbeitung I. Bado)
Archives départementales du Calvados 79FI/43: Umschlagseite verso
Archiv Projekt Internationale Friedensschule Bremen: S. 69, 237
Arolsen Archives: S. 17, 162, 253
Bundesarchiv Berlin: S. 53
Collège des Procureurs Généraux (Brüssel): S. 55
DAVCC Caen (tabellarische Gestaltung I. Bado): S. 167
GeoInformation Bremen (Bearbeitung C. Rehbock, Landesarchäologie Bremen): S. 265
Landesamtes für Geoinformation und Landesvermessung Niedersachsen : S. 27
Historisches Archiv Krupp (Bearbeitung B. Schultze, Internationale Friedensschule): Nachsatz, S. 264
Staatsarchiv Bremen: S. 45, 66, 145, 231
Staatsarchiv Nürnberg: S. 35, 67
Verlag Neegenbargs Heide: S. 36 unten, 255
WetterOnline (tabellarische Gestaltung I. Bado): S. 268
Fotoarchiv Ernst: S. 36 oben
Privatarchiv Ahlers: S. 256 oben
Privatarchiv Billaux: Umschlagseite recto, S. 75, 113, 120, 121, 122, 123, 160, 179, 257
Privatarchiv Duparré: S. 190
Privatarchiv Ellebrecht: S. 180, 181
Privatarchiv Fertil: Umschlagseite verso, S. 269, 270
Privatarchiv Rothe: S. 256 unten, 259
Privatarchiv Van Mierop: S. 258
Privatarchiv Van Pée: S. 49, 119
Michael Tessmer, gwf-ausstellungen: Vorsatz, S. 33

Trotz größter Sorgfalt konnten die Urheber des Bildmaterials in einigen wenigen Fällen nicht ermittelt werden. Es wird gegebenenfalls um Mitteilung gebeten: Karsten.ellebrecht@gmail.com.

Textblöcke

Ich danke für die freundliche Genehmigung des Abdrucks längerer Textpassagen:

Marcel Belgeonne	Editions Scaillet
André Duroméa	Editions Sociales
Guy Melen	Bibliothèque Territoires de la Mémoire
Gaston Vandekerkhove	Editon Ceres (1983)
Raymond Van Pée	Utgeverij EPO

Danksagung

Das Projekt war eine Angelegenheit von vielen Jahren. Ich habe mich mit Wünschen und Hilfeersuchen an eine große Zahl an Menschen gewandt. Sie sind daher Mitautoren. Mein Dank geht an:

- Jens Böhrnsen (Präsident des Senats a. D.) für das Geleitwort und Prof. Dr. Helga Bories-Sawala für eine erneute kritische Lektüre des Manuskripts und das Vorwort;
- Ulrich Schröder, Marita Rothe, Julia Werner, Jürgen Meierkord und Dr. Sabine Horn für ihre Unterstützung; sie lektorierten den Manuskriptentwurf ganz oder in Teilen und waren mir durch Rückmeldungen behilflich; Jürgen Meierkord und Dr. Klaus Volland erwarben sich große Verdienste bei der Erstellung der zweiten (korrigierten) Version;
- meine Tochter Itka Bado für Unterstützung bei der Planung und Durchführung des Vorhabens, der Gestaltung von Graphiken, Bearbeitung von Layout-Fragen sowie inhaltliche Rückmeldungen;
- Dr. Jan Schlake für wertvolle Hinweise;
- meinen Sohn Dr. Iring Ellebrecht für Hinweise zu medizinischen Fachfragen;
- Lutz Koch für immer wieder notwendigen IT-Support;
- die Mitglieder der Archivgruppe der Internationalen Friedensschule Bremen und ihre Schwarmintelligenz; darunter Gerd Meyer für Vorarbeiten und die Anbahnung von Kontakten; Wiltrud Ahlers für Anregungen sowie Dokumente und Auskünfte über den Kosmos Blumenthal; Heinz Büscher für die Übersetzung dänischsprachiger Dokumente; Hans-Georg Böttger für die Aufbereitung von digitalen Daten; Walter Schörling für Hinweise auf Material. Ein besonderer Dank gebührt Bernd Schulze, der die aufwendige digitale Bearbeitung von Karten und Bildmaterial übernahm;
- John Gerardu für seinen Einsatz bei der Übersetzung von niederländisch-flämischen Texten und die Kommunikation mit belgischen Bürger*innen;
- Christine Iwanczuk und Bert Henke für Übersetzungen aus dem Polnischen bzw. Niederländischen;
- Herbert Bauer, Josef Ströbl, Arthur Heinel und Siegfried Sieland für die Teilnahme an einem lokalen Zeitzeugenkreis;
- Dr. Silke Betscher für die Bereitschaft, mich Einblick in das Manuskript ihrer Magisterarbeit nehmen zu lassen;

- Raimund Gaebelein (†), Dr. Christine Eckel, Robert Milbradt und Detlef Gorn für Auskünfte und die Bereitstellung von Archivmaterial;
- an die zur selben Thematik tätigen Fachleute, mit denen ich mich im Austausch von Material und Informationen befand. Ich danke der wissenschaftlichen Leitung des Denkort Bunker Valentin: Dr. Christel Trouvé für konstantes Interesse und Aktivitäten, die zum Gelingen des Vorhabens beitrugen; Dr. Marcus Meyer, der mir mit Hinweisen auf Archive und Dokumente sehr hilfreich war. Von Prof. Dr. Uta Halle (Landesarchäologie Bremen) und Dr. Ulrike Huhn (Universität Bremen) fand ich mich ebenso unterstützt wie von Peter-Michael Meiners;
- die zahlreichen Mitarbeiter*innen verschiedener Archive, vorrangig des Staatsarchivs Bremen, die für meine Wünsche stets ein offenes Ohr hatten. Des Weiteren seien namentlich erwähnt: Dr. Reimer Möller (KZ-Gedenkstäte Neuengamme) und Ronald Sperling (Gedenkstätte Lager Sandbostel); Gert De Prins (Brüssel), Henrik Lundbak (Kopenhagen);
- die Edition Falkenberg für das Engagement und die Kooperation bei einem u.a. durch enge Zeitvorgaben bestimmten Vorhaben;
- Überlebende des Konzentrationslagers Blumenthal, die mir ihr Vertrauen schenkten und mich durch Wort und Tat auf dem Weg bestärkten, das Buchvorhaben zu verwirklichen, insbesondere Pierre Billaux (†), Jean-Marie Vanden Eynde (†) und Raymond Poirson (†) sowie die Angehörigen Paulette Billaux, Nady Ravaz, Jean-Pierre Lefèvre und Dominique Fertil;
- belgische Unterstützer meines Vorhabens: Marcel Daloze für Interviewtätigkeit und zahlreiche Hilfestellungen; Kristof Van Mierop und Alfons Matthys für die vertrauensvolle Zusammenarbeit;
- französische Unterstützer meines Vorhabens, namentlich Jean-Pierre Brossard, Jean Curial sowie Annette und Yves Tanguy;
- meine Hauptunterstützerin Karin Ellebrecht für mannigfache Anregungen und einen langen Geduldsfaden.

Lager der Deschimag auf der Bahrsplate

(nach dem Bauplan von 1942)

Lager für sowjetische Kriegsgefangene
KZ-Außenlager

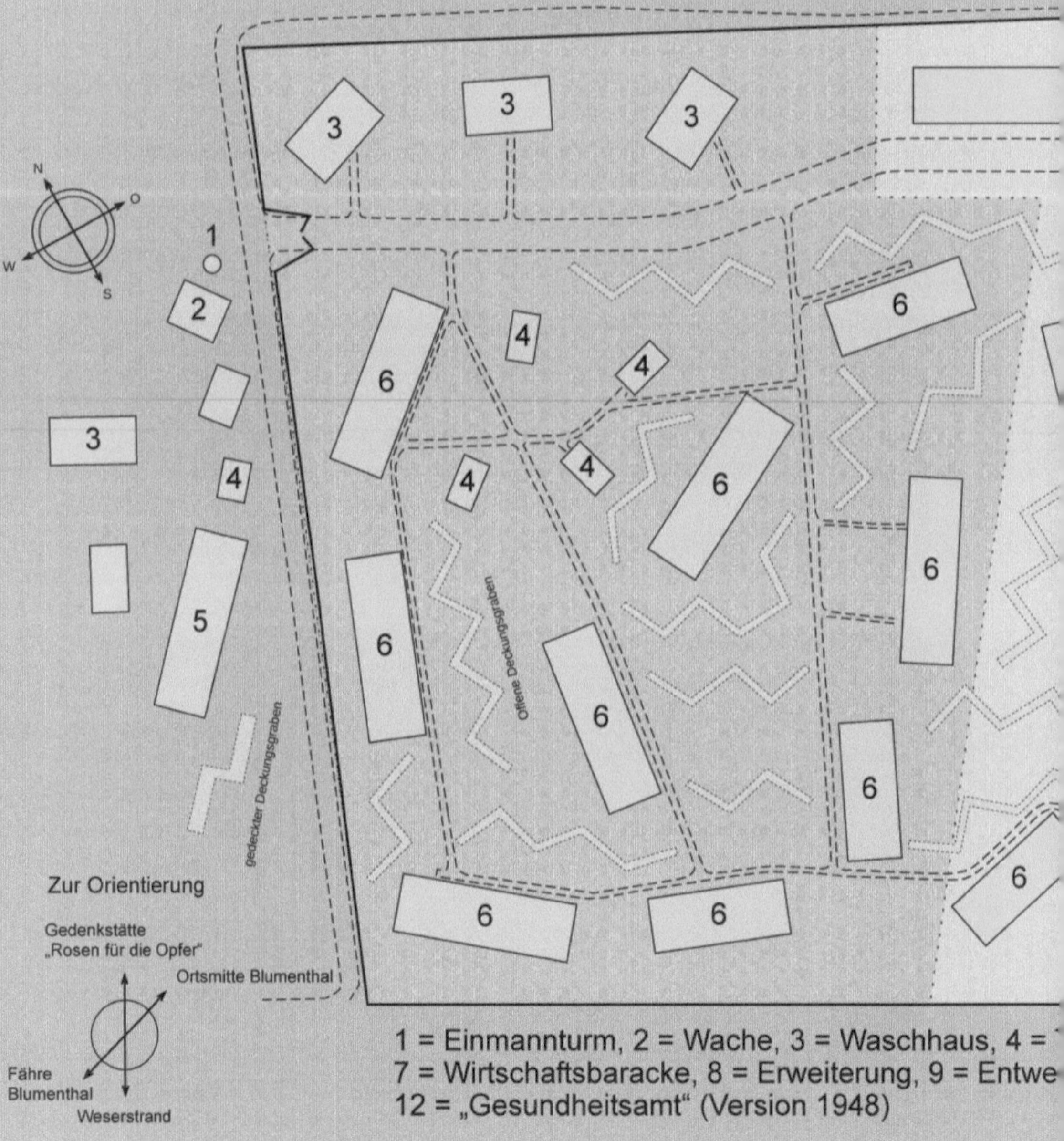

1 = Einmannturm, 2 = Wache, 3 = Waschhaus, 4 =
7 = Wirtschaftsbaracke, 8 = Erweiterung, 9 = Entwe
12 = „Gesundheitsamt“ (Version 1948)

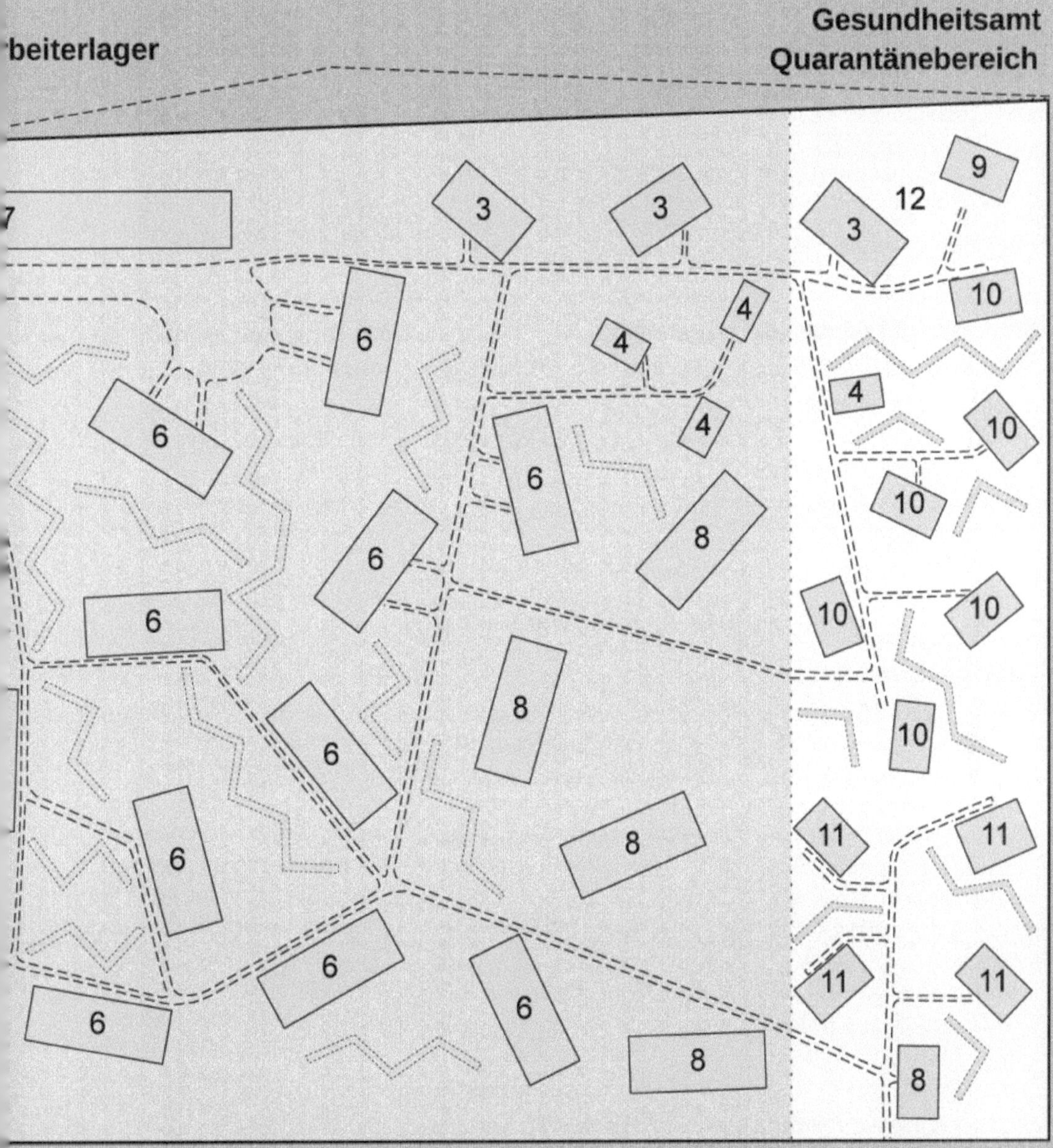

e, 5 = Wachbaracke, 6 = Mannschaftsbaracke,
sbaracke, 10 = Quarantänebaracke, 11 = Krankenbaracke

Erster Weltkrieg

Peter Kuckuk

Bremen in der Deutschen Revolution 1918/1919

Revolution, Räterepublik, Restauration

unter Mitarbeit von Ulrich Schröder

508 Seiten, 56 Abbildungen
Taschenbuch, Format 17 x 22 cm
29,90 Euro
ISBN 978-3-95494-115-5

Das Standardwerk: aktualisiert & überarbeitet!

Behandelt werden die revolutionären Vorgänge in Bremen und die daraus resultierenden Veränderungen in den politischen Machtverhältnissen der Stadt dar. Dabei werden die handelnden politischen Kräfte auf seiten der Revolutionäre wie Arbeiter- und Soldatenrat, Linksradikale/Kommunisten, Unabhängige und Mehrheits-Sozialdemokraten untersucht und die Machtverhältnisse zwischen diesen Fraktionen der Arbeiterbewegung gezeigt.

Mit neuen Beiträgen zu Hemelingen und Bremen-Nord von Ulrich Schröder und Bremerhaven (Peter Kuckuk).

Lars U. Scholl (Hrsg.)

Bremen und der Erste Weltkrieg

Kriegsalltag in der Hansestadt

Jb. der Wittheit zu Bremen 2012/2013

240 Seiten, 102 Abbildungen
Hardcover, Format 17 x 24 cm
24,90 Euro
ISBN 978-3-95494-045-5

Aktuelle Untersuchungen zu den Auswirkungen des Krieges auf die sogenannte Heimatfront. Wie gestaltete sich der Schulunterricht? Welche Auswirkungen hatte die Seeblockade? Welchen Herausforderungen mussten sich die Frauen stellen, die nicht nur »Liebesgaben« sammelten oder Kleider nähten, sondern auch den im Felde stehenden Ehemännern Trost und Zuwendung spenden sollten, obwohl sie mit ihren Kräften am Ende waren? Gab es wirklich Frauen, die Lebensmittel verschwendeten und deshalb die »gefährlichsten Feindinnen unserer Soldaten im Felde« waren? Musste »die deutsche Hausfrau den Krieg gewinnen«?
Zu all diesen Themen werden Antworten gegeben.

Diethelm Knauf, A. & R. Ritter

Mit Fotoapparat und Infanteriegewehr

Der Bremer Eugen Ritter: Bilder eines deutschen Lebens

mit Multimedia-DVD
176 Seiten, 286 Abbildungen
Hardcover, Format 16,5 x 23,5 cm
19,90 Euro
ISBN 978-3-95494-046-2

20 Fotoalben mit ca. 1600 Fotos, Zeichnungen, Gemälde, Objekte wie selbst gebasteltes Spielzeug, Medaillen und Orden, dazu mehrere Tagebücher, drei Stunden Schmalfilme und ein Erinnerungsband mit dem Titel »Kriegstagebuch«: Das ist der Nachlass des Bremer Kaufmannssohns Eugen Ritter, der den Zeitraum zwischen den letzten Jahrzehnten des 19. Jahrhunderts und 1973 umfasst. Ein Bremer Fotoalbum also erzählt deutsche Geschichte, zeigt die Kontinuität in den milieubedingten Mentalitäten vom Kaiserreich über die frühen Jahre der Weimarer Republik bis in die 1930er Jahre auf.

Weitere Titel zum Thema Aufarbeitung der NS-Geschichte

Andreas Babel

Kindermord im Krankenhaus

Warum Mediziner während des Nationalsozialismus in Rothenburgsort behinderte Kinder töteten

3., überarbeitete u. erweiterte Auflage
408 Seiten, 175 Abbildungen
Hardcover, Format 16,5 x 23,5 cm
19,90 Euro
ISBN 978-3-95494-245-9

Mit Helene Sonnemann nahm die Recherche ihren Anfang, sie war während der NS-Zeit an Morden im Hamburger Kinderkrankenhaus Rothenburgsort (KKR) beteiligt, wo sie eigenhändig zwölf behinderte Kinder tötete. Es folgten weitere Ärztinnen, die während der NS-Zeit am KKR gearbeitet hatten: Elf von ihnen wurden zu Mörderinnen, vier verweigerten die Mitwirkung an dem Tötungsprogramm. Nach dem Krieg setzten sie alle ihre Laufbahn fort, als sei nichts gewesen. Dieses Buch zeigt, zu welchen Taten Menschen fähig sind und wie die Nachfahren mit deren »ganzer Lebensgeschichte« umgehen.

Heinrich Lohmann

Der Bremer Fichtenhof und seine Bewohner

Ein wenig bekanntes Kapitel aus dem Widerstand gegen den Nationalsozialismus

312 Seiten, 67 s/w Abbildungen
Softcover, 16,5 x 23,5 cm
24,90 Euro
ISBN 978-3-95494-153-7

Der Autor deckt Zusammenhänge zwischen Wirtschaft und Politik während des NS-Regimes auf. Seit 1934 war der Fichtenhof das Domizil des Generaldirektors der »Nordsee« Deutsche Hochseefischerei AG, der die Firma modernisierte, neue Produktions-/Vermarktungsmethoden installierte, u.a. das Tiefkühlverfahren für Lebensmittel. Parallel entstand ein Gesprächskreis NS-kritischer Persönlichkeiten. Nach dem 20. Juli führte die Unterstützung des Widerstandes zu Roloffs Verhaftung. Seine Ehefrau Lexi schleuste sich in die Gestapo-Verhöre ein, verschleppte diese und rettete ihrem Mann so das Leben. Am Ende des 2. WK war der Fichtenhof Fluchtziel der ostpreußischen (Adels-)Familie, so u.a. der Lehndorffs, der Dönhoffs, der Baroness von der Ropp.

Gerda Engelbracht

»denn bin ich unter das Jugen[d]amt gekommen«

Bremer Jugendfürsorge in der NS-Zeit

176 Seiten, mit 66 Abbildungen
Softcover, 16,5 x 23,5 cm
9,90 Euro
ISBN 978-3-95494-160-5

Wie war der Umgang mit Kindern und Jugendlichen, die zwischen 1933 und 1945 in evangelischen Heimen der Kinder- und Jugendfürsorge untergebracht waren? Was erlebten sie dort und welche Rolle spielten HeimleiterInnen, Psychiater und die Verantwortlichen in den Behörden? Welche Auswirkungen hatte das „Gesetz zur Verhütung erbkranken Nachwuchses" und die Verlegungen in außerbremische Erziehungsanstalten und Jugendkonzentrationslager?

Neben der Rekonstruktion des Heimalltags und des Fürsorgenetzwerks sind es vor allem die Biografien von jugendlichen Mädchen und Jungen, in denen die dramatischen Folgen der Aussonderung aus der „Volksgemeinschaft" greifbar werden.

Weitere Titel zum Thema

Uta Halle, Ulrike Huhn (Hrsg.)

Bremen-Gröpelingen, Bromberger 117

Schützenhof – Internierungslager – Polenlager – KZ-Außenlager – Wohn- und Arbeitsort ...

144 Seiten, farb. Abb., 19,90 Euro
Taschenbuch, 21 x 29,7 mm
ISBN 978-3-95494-194-0

Das Außenlager »Schützenhof« des KZs Neuengamme in Bremen-Gröpelingen bestand 1944/45 nur wenige Monate. Das Gelände besitzt eine spannende Geschichte davor und danach. 1907 errichtete die Bremer Schützengilde von 1904 e.V. dort eine Schießanlage und eine Gaststätte, der »Schützenhof« war fortan Ausflugsort. 1939 diente er kurzzeitig als Internierungslager für indische Seeleute, dann als Sammelort für Sinti- und Romafamilien, anschließend als Lager für zivile Zwangsarbeiter. Nach der Zerstörung der Gebäude im Oktober 1943 wurden Ende 1944 Baracken für ein KZ-Außenlager errichtet. Nach 1945 zogen Mitarbeiter der A.G. »Weser« und die Schützengilde in die Baracken; die Geschichte der Lager geriet jedoch bis Anfang der 2000er Jahre in Vergessenheit. 2018 setzten eine archäologische Lehrgrabung und ein Geschichtsseminar an der Universität Bremen neue Impulse für die Erforschung des Ortes und förderten bislang unbekannte historische, archäologische und geophysikalische Erkenntnisse zutage. In diesem Buch wird die wechselvolle Geschichte des Ortes erstmals vorgestellt.

Michèle Callan

Forgotten Hero of Bunker Valentin

176 Seiten, 49 Abbildungen
Taschenbuch, Format 14 x 22 cm
14,90 Euro
ISBN 978-3-95494-156-8

Dies ist die ergreifende Geschichte von Harry Callan, von seiner Gefangenschaft, dem Widerstand und der Befreiung. Und es ist das letzte Kapitel in seinem Bestreben, den vergessenen Männern vom Bunker Valentin Ehre zu erweisen. Harry Callan war 16, als er 1943 – im Dienst der Britischen Handelsmarine stehend – auf See von den Nazis festgesetzt und im Lager Sandbostel, später im »Arbeitserziehungslager« Farge eingesperrt wurde. Als verängstigter Teenager wurde er Zeuge der furchtbaren Gräueltaten der Nazi-Kriegsmaschinerie. Tausende Lagerinsassen kamen ums Leben. Sie hungerten, wurden misshandelt und mussten an den Fundamenten für eine gewaltige U-Boot-Werft graben: Bunker Valentin. Die überlebenden irischen Kriegsgefangenen wurden nur gerettet, weil ein paar anständige Deutsche ihr Leben riskierten und Menschlichkeit bewiesen.

Hartmut Müller

»Wie sollt ich je vergessen« KZ-Außenlager Obernheide

152 Seiten, 79 Abbildungen
Hardcover, Format 16,5 x 23,5 cm
14,90 Euro
ISBN 978-3-95494-224-4

Obernheide war ein Außenlager des Konzentrationslagers Neuengamme. Im August 1944 hatte man 800 Frauen, 500 ungarische und 300 polnische Jüdinnen, von Auschwitz nach Bremen deportiert, wo sie zu Aufräumarbeiten in der durch Bomben zerstörten Stadt sowie im Behelfswohnungsbau eingesetzt werden sollten. Zunächst in den ehemaligen Pferdeställen der Hindenburg-Kaserne in der Bremer Neustadt untergebracht, waren sie am 26.9.1944 nach Obernheide (heutige Gemeinde Stuhr) in ein zum KZ-Außenlager umfunktioniertes Arbeitslager verlegt worden. Hier blieben sie bis zur Räumung des Lagers. Deportiert nach Bergen-Belsen, wurden sie dort am 15.4.1945 befreit. Die Geschichte des Außenlagers Obernheide ist keine große Geschichte, aber sie ermöglicht als Einzelstudie den Blick auf das Alltagsleben in der Zeit des Nationalsozialismus, einen Blick auf die Opfer, die Täter, die Mitläufer vor Ort. Überlebende kommen zu Wort und erinnern an »die Zeit davor«, vor Auschwitz, an Familie und Heimat. Sie schildern ihren Lageralltag, berichten von Arbeitseinsätzen, von Demütigungen und Gewalt, von Hunger, Krankheit und Tod, aber auch von Gesten der Hilfsbereitschaft. Und davon, wie das Leben weiterging.